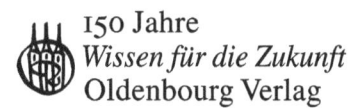

150 Jahre
Wissen für die Zukunft
Oldenbourg Verlag

Hand- und Lehrbücher der Pädagogik

Herausgegeben von Dr. Arno Mohr

Lieferbare Titel:

Borchert, Einführung in die Sonderpädagogik
Callo, Modelle des Erziehungsbegriffs
Callo, Handlungstheorie in der Sozialen Arbeit
Callo, Das bewegte Denken
Faulstich, Weiterbildung
Faulstich-Wieland, Individuum und Gesellschaft
Haefner, Gewinnung und Darstellung wissenschaftlicher Erkenntnisse insbesondere für universitäre Studien-, Staatsexamens-, Diplom- und Doktorarbeiten
Musolff · Hellekamps, Geschichte des pädagogischen Denkens
Schröder, Lernen – Lehren – Unterricht, 2. Auflage
Schröder, Didaktisches Wörterbuch, 3. Auflage
Skiera, Reformpädagogik
Werning · Balgo · Palmowski · Sassenroth, Sonderpädagogik

Das bewegte Denken

Geisteswissenschaftliche Grundlagen
der Sozialen Arbeit

von
Prof. Dr. Christian Callo

Oldenbourg Verlag München Wien

Bibliografische Information der Deutschen Nationalbibliothek

Die Deutsche Nationalbibliothek verzeichnet diese Publikation in der Deutschen Nationalbibliografie; detaillierte bibliografische Daten sind im Internet über <http://dnb.d-nb.de> abrufbar.

© 2008 Oldenbourg Wissenschaftsverlag GmbH
Rosenheimer Straße 145, D-81671 München
Telefon: (089) 45051-0
oldenbourg.de

Das Werk einschließlich aller Abbildungen ist urheberrechtlich geschützt. Jede Verwertung außerhalb der Grenzen des Urheberrechtsgesetzes ist ohne Zustimmung des Verlages unzulässig und strafbar. Das gilt insbesondere für Vervielfältigungen, Übersetzungen, Mikroverfilmungen und die Einspeicherung und Bearbeitung in elektronischen Systemen.

Lektorat: Wirtschafts- und Sozialwissenschaften, wiso@oldenbourg.de
Herstellung: Anna Grosser
Coverentwurf: Kochan & Partner, München
Gedruckt auf säure- und chlorfreiem Papier
Gesamtherstellung: Books on Demand GmbH, Norderstedt

ISBN 978-3-486-58602-2

Vorwort

Erfahrungen aus einer größeren Anzahl von Supervisionskursen, die am Institut für Fortbildung, Forschung und Entwicklung der KSFH München erfolgreich durchgeführt wurden und für deren Konzeption meine Kollegin Ulrike Wachsmuth-Biller und ich in den Jahren von 1986 bis 2005 die Verantwortung hatten, bilden einen Teil des Erkenntnisinteresses dieses Buches. Innerhalb des Lernprozesses nahm dabei die *Reflexion der Begrifflichkeit von Themen* einen hohen Stellenwert ein. Es war nicht selten der Fall, dass sich durch deren geistige Anregung Problemstellungen differenzierter klären ließen.

Zum anderen Teil des Interesses gehören Ergebnisse meiner Mitarbeit am Institut für Betriebspädagogik (IBS), an dem ich über zwei Jahrzehnte hinweg zusammen mit dessen Inhaber Bruno Schmäling und seinem Team zahlreiche Ideen zur Weiterentwicklung von Seminaren zum Thema „Arbeitssicherheit" einbringen konnte.

In beiden Feldern waren es die philosophischen Hintergründe von Erkenntnis- und Denkmodellen, die aufzeigten, dass ein reflektierter Sprachgebrauch die Entwicklung sensibler Haltungen ermöglicht, um bei der Analyse und Diagnose von Problemstellungen der Praxis die anstehenden Themen gezielter erfassen, verstehen und diskutieren zu können.

Ähnliches gilt auch für das Studium der Sozialen Arbeit, dem dieses Buch in besonderem Maß gewidmet ist. Vor allem dort, wo das Subjekt im Zentrum steht, ist ein erkenntnistheoretisches Basiswissen zum Erlernen professioneller Kommunikation und Handlungskompetenz unabdingbare Voraussetzung.

So gehören die Fragen, wie Menschen bewusst wahrnehmen, wie sie Erfahrungen gewinnen, erkennen und verarbeiten, zusammen mit dem Wissen über die Facetten des Sozialen und über ethische Prinzipien des Handelns zum Kreis der unverzichtbaren Lernmodule.

Bedanken möchte ich mich über den genannten Personenkreis hinaus bei meiner Frau Cornelia für wertvolle Anregungen, bei Alexander Buck für wichtige Literaturhinweise zur neueren Bewusstseinsforschung sowie bei der Hochschulleitung, die mir ein Forschungssemester zur Verfügung stellte.

Christian Callo

Katholische Stiftungsfachhochschule München

Einleitung

Die Gewinnung von Erkenntnissen über die innere und äußere Wirklichkeit von Menschen ist für die Soziale Arbeit konstitutiv. In allen Feldern dieser Profession müssen Fragen zu psychosozialen Problemen bearbeitet werden, und es muss nach angemessenen Antworten für Menschen gesucht werden, deren Teilhabe an der Gesellschaft erschwert ist.

Das professionelle Interesse an der Durchleuchtung der sozialen Komponenten der Subjekt-Umwelt-Verstrickung kennzeichnet ein weit reichendes theoretisches und praktisches Querschnittsthema. Darin gefordert wird in erster Linie ein besonderer Blick, der den geistigen Kern sozialarbeiterischer Aufgaben erfassen kann. Dieser Blick wird vor allem aus der **Philosophie als Bezugswissenschaft** gewonnen.

- Wovon wird dabei ausgegangen?

Erkenntnisse sind immer das **Ergebnis von Denkprozessen**, die versuchen, Antworten auf Fragen zu geben. Daher befinden wir uns von Beginn an in einer Debatte über wissenschafts- und erkenntnistheoretische Geltungsbereiche, deren Ziel es ist, Zweifel an der Angemessenheit des Handelns auf möglichst niedrigem Niveau zu halten. Denn in der Arbeit mit Menschen wollen wir in besonderem Maße sicher sein, dass das, was wir zu erkennen glauben, auch tatsächlich der Fall ist, also wirklich vorliegt und nicht ein Produkt von Vorurteilen ist. Von Anfang an geht es also um ein angemessenes Maß an Reflexion bei der Unterstützung und Förderung von Menschen, die in die Gesellschaft finden, sich qualifizieren, eine Identität erwerben und sich selbst bestimmen wollen.

- Was ist das Hauptziel?

Das Buch will einen Beitrag zur **Theorie des Subjekts** liefern und orientiert sich an geisteswissenschaftlichen Grundlagen und Schlüsselbegriffen der Erkenntnisgewinnung.

- Was ist der Hauptgegenstand?

Zentraler Gegenstand sind Bausteine für ein **Basiswissen über Erkenntnisfähigkeiten** in Interaktion zu gesellschaftlichen Entwürfen. Dabei sind neben allgemeinen Querschnittsthemen Kenntnisse über den Kognitionsraum des Subjekts, über dessen Dimensionen und Ressourcen, über Erkenntnismittel und -inhalte sowie über Strukturen des Bewusstseins von besonderer Bedeutung.

Eine Betrachtung dieses umfangreichen Komplexes führt zu einer oft verwirrenden Theorienvielfalt im Hinblick auf Klärungshilfen bei der Bearbeitung von Themen und Schwerpunkten. Die Hauptaufgabe liegt daher in der Erstellung eines Beitrags zur begrifflichen Katalogisierung erkenntnistheoretischer Bezüge.

- Wie sieht das Grundverständnis von Sozialer Arbeit dazu aus?

Die Soziale Arbeit will bei der Bewältigung ihres Aufgabenfeldes – also der Verbesserung der Lebenslagen sozial Benachteiligter durch Beziehungsarbeit wie auch durch die Steuerung und Verwaltung psychosozialer Problemstellungen – angemessene Analysen und Diagnosen der sozialen Wirklichkeit erstellen. Thematisierung, Hinterfragung und Begründung von Arbeitsaufträgen folgen dabei einem eigenen Anspruch, der die Soziale Arbeit zu einer geistigen **Orientierungswissenschaft** und **Orientierungspraxis** macht.

- Wie ist der Text aufgebaut?

Die Textgestaltung folgt **didaktischen Überlegungen**: So wird der komplexe Inhalt eines Abschnitts zunächst immer aus einem gewissen Vorverständnis heraus strukturiert. Dieser Teil gibt eine Übersicht, die anschließend durch einschlägige Veröffentlichungen vertieft wird. Die Literaturauswahl stammt hauptsächlich aus dem Bereich der Philosophie und folgt dem subjektiven Interesse des Autors. Der Übersicht und leichteren Nachlesbarkeit halber werden an mehreren Stellen auch Lexikonartikel zitiert.

Der Text beginnt mit den Paradigmen der wissenschaftlichen Profession. Dazu wird das Verhältnis von Wissenschaft und Profession thematisiert, das sich durch alle Kapitel zieht. Zum Wissenschaftsbegriff werden gängige Modelle gestreift und auf den Begriff der geistigen Orientierung zurückgeführt. Sodann geht es um die Suche nach einer geistigen Plattform. Die Kognition des Geistigen, Emotionalen und Instrumentellen führt zu einem zentralen Begriffskatalog. Dazu werden die Bezugsfelder einzeln angegangen. Bearbeitet werden geistige, biologisch-physikalische und rationale Energien und Quellen des Subjekts und dessen Bewusstsein. Weitere Kapitel beschäftigen sich mit der Betrachtung des Emotionalen und des Instrumentellen. Durch die Rückführung auf Rahmenbedingungen, Prinzipien und Schaltstellen geistiger Zugriffe der Sozialen Arbeit werden weitere Grundlagen behandelt. Im Mittelpunkt stehen die Begriffe „sozial", „Mitleid, Anteilnahme, Barmherzigkeit", „Fürsorge und Almosen", „Gesellschaft" und „Kultur", aber auch „Person", „Identität", „Tugend" und „Haltung" in Verbindung zu den Menschenrechtswerten der „Freiheit", „Gleichheit" und „Gerechtigkeit" und den Schaltstellen geistiger Zugriffe, also der „Intersubjektivität", „Wahrheit" und „Wirklichkeit", „Einheit" und „Differenz". Ein letztes Kapitel befasst sich schließlich mit praktischen Auswirkungen der Erkenntnis- und Denkmethoden. Im Mittelpunkt stehen „Hermeneutik", „Dialektik" und „Phänomenologie", die bei der Themenfindung sowie der Analyse und Diagnose von Problemen als Erkenntnismittel benutzt werden.

Inhaltsübersicht

Vorwort	**V**
Einleitung	**VI**
Inhaltsverzeichnis	**XI**
1 Theorie-Praxis-Allianz der Sozialen Arbeit	1
2 Konstruktion eines Überbaus	25
3 Kognition des Geistigen	37
4 Kognition des Emotionalen	125
5 Kognition des Instrumentellen	151
6 Rahmenbedingungen, Prinzipien und Schaltstellen geistiger Zugriffe der Sozialen Arbeit	161
7 Geisteswissenschaftliche Erkenntnismethoden	225
Literatur	**259**
Personenregister	**269**
Sachregister	**273**

Inhaltsverzeichnis

Vorwort		V
Einleitung		VI
Inhaltsübersicht		IX

1 Theorie-Praxis-Allianz der Sozialen Arbeit 1
  1.1 Profession und Wissenschaft 1
  1.2 Paradigmen 4
  1.3 Wissenschaftlichkeit 9
    1.3.1 Wissenschaftsbezüge 9
    1.3.2 Zur Überwindung von Differenzen in
          den Grundlagenwissenschaften 12
    1.3.3 Erkenntnistheoretische Verzweigungen 15
  1.4 Soziale Arbeit als Wissenschaft und Praxis der Orientierung 17
  1.5 Zentrale Gegenstände: Modelle, Themen, Arbeitsbereiche 22

2 Konstruktion eines Überbaus 25
  2.1 Vorüberlegungen zu einer Plattform 25
    2.1.1 Das Problem der Orientierung am Theoretischen 25
    2.1.2 Orientierung durch Betrachten 26
    2.1.3 Orientierung an Erkenntnisressourcen 28
    2.1.4 Orientierung an der sozialen Welt 29
    2.1.5 Orientierung an einem Modell 31

3 Kognition des Geistigen 37
  3.1 Geistige Energien 42
    3.1.1 Seele 42
    3.1.2 Geist 43
  3.2 Biologisch-physikalische Energien 49
    3.2.1 Natur und Materie 49
    3.2.2 Gehirnforschung 51

3.3 Registrierungs- und Ordnungsquellen 57
    3.3.1 Das Bewusstsein als vitales Gewahrsein 57
    3.3.2 Das Unbewusste als Kraftquelle 64
    3.3.3 Denken 67
    3.3.4 Verstand, Vernunft, Logik 71
3.4 Flüsse im Subjekt 73
    3.4.1 Erkenntnis 73
    3.4.2 Wahrnehmung 89
    3.4.3 Bewusstes Erleben 94
    3.4.4 Erfahrung, Anschauung, Vorstellung 100
    3.4.5 Wissen 110
    3.4.6 Reflexion und Kritik 116
3.5 Flussbett: Ethik 119

4 Kognition des Emotionalen   125
4.1 Gefühle 125
4.2 Intuition, Inspiration, Kreativität 136
4.3 Haltung und Einstellung 137
    4.3.1 Querdenken 139
    4.3.2 Tugend 140
4.4 Wille 143

5 Kognition des Instrumentellen   151
5.1 Sprache 151
5.2 Fragen als philosophische Methode 153
5.3 Methode und Handeln 158
5.4 Ziele 159

6 Rahmenbedingungen, Prinzipien und Schaltstellen geistiger Zugriffe der Sozialen Arbeit   161
6.1 Rahmenbedingungen des Sozialen 161
    6.1.1 Inhaltliche Rahmenbedingung: Facetten des Begriffs „sozial" 161
    6.1.2 Prinzipielle Rahmenbedingung: Menschenrechte 171
    6.1.3 Strukturelle Rahmenbedingungen: Gesellschaft, Macht, Ökonomie 177
    6.1.4 Historisch gewachsene Rahmenbedingung: Kultur 181
6.2 Prinzipien 188
    6.2.1 Freiheit und Verantwortung 188
    6.2.2 Gleichheit 190
    6.2.3 Gerechtigkeit 192

	6.3	Schaltstellen und deren Verankerungen	194
		6.3.1 Person und Identität	194
		6.3.2 Lebenswelt und Lebenslage	197
		6.3.3 Beziehung und Bindung oder das Problem des Intersubjektiven	202
		6.3.4 Wirklichkeit und Wahrheit	205
		6.3.5 Einheit und Differenz	219
7	**Geisteswissenschaftliche Erkenntnismethoden**		**225**
	7.1	Überblick	225
		7.1.1 Methodenverständnis	225
		7.1.2 Spektrum der Erkenntnismethoden	226
		7.1.3 Allgemeine Betrachtungsgegenstände und Themenebenen	228
		7.1.4 Themen und deren Genese	231
		7.1.5 Allgemeiner Erkenntnisweg im Rahmen von Analyse und Diagnose	235
	7.2	Phänomenologie oder das blitzschnelle Erfassen thematischer Einschlägigkeit	237
	7.3	Hermeneutik oder die Konstitution des Verstehens	241
	7.4	Dialektik oder die Wirkung des Widerspruchs	252

Literatur   **259**

Personenregister   **269**

Sachregister   **273**

1 Theorie-Praxis-Allianz der Sozialen Arbeit

1.1 Profession und Wissenschaft

Zwei unterschiedliche Komponenten bestimmen den Umfang der Sozialen Arbeit. Sie werden in einer gängigen Definition so zusammengefügt: Soziale Arbeit ist eine auf Praxis hin angelegte *Profession auf wissenschaftlicher Grundlage.*

Die viel zitierte Passage aus der internationalen Konferenz der IASSW & IFSW (Montréal/Quebec, August 2000) präzisiert den Sachverhalt genauer: „Soziale Arbeit ist eine Profession, die sozialen Wandel, Problemlösungen in menschlichen Beziehungen sowie die Ermächtigung und Befreiung von Menschen fördert, um ihr Wohlbefinden zu verbessern. Indem sie sich auf Theorien menschlichen Verhaltens sowie sozialer Systeme als Erklärungsbasis stützt, interveniert Soziale Arbeit im Schnittpunkt zwischen Individuum und Umwelt/Gesellschaft. Dabei sind Prinzipien der Menschenrechte und sozialer Gerechtigkeit von fundamentaler Bedeutung." So lautet die offizielle Übersetzung des Grundsatzpapiers (in: Mitteilungen der Deutschen Gesellschaft für Sozialarbeit 1/2001). Weiter heißt es: „Soziale Arbeit gründet ihre professionellen Methoden auf einen empirisch überprüften Fundus an systematisiertem Wissen, der das (revidierbare) Produkt von Forschung und Praxisevaluation ist. Dies schließt lokales, kontextspezifisches Wissen mit ein."

Die Leitidee des Textes macht die Ambivalenz des Verhältnisses von Praxis und Wissenschaft deutlich:

a) Im Mittelpunkt stehen der Umgang mit Menschen in psychosozialen Notlagen und die Notwendigkeit der Einflussnahme auf humane Strukturen der Umwelt und Gesellschaft.
b) Zur Unterstützung der Ziele sind Forschungsergebnisse und Erkenntnisse aus der eigenen Wissenschaft erforderlich.

Damit wird von vorneherein die Komplexität des Unterfangens klar. Vor dem Hintergrund der Polarität von Wissenschaft und Profession sind mehrere Hindernisse zu überwinden:

a) Ein erstes Hindernis betrifft die Differenzen in wissenschaftlichen Ansätzen und deren Zuordnung zu Disziplinen. Es wird zwar versucht den Gegenstand der Sozialen Arbeit – nämlich den umfassenden Umgang mit psychosozialen Problemen – vor allem mit Hilfe psychologischer, soziologischer und pädagogischer Erklärungsmodelle einheitlich anzugehen. Doch dies kann nur gelingen, wenn sich die einzelnen Ansätze einander annähern. So werden – um nur ein Beispiel zu nennen – sowohl die Frage der Behandlung des individuellen Erlebens als auch die nach der dazugehörigen Allgemeinheit eines Problems sehr unterschiedlich angegangen. Das hängt u.a. von den jeweiligen wissenschaftlichen Grundannahmen ab. Die einen gehen davon aus, dass Probleme nur bearbeitet werden können, wenn es eine „Wiederkehr des Gleichen" gibt. Andere meinen, dass solche Vorstellungen die „Einmaligkeit der Subjektivität" verfehlen.

b) Ebenso uneinheitlich wird zweitens eine Lokalität der oben angeführten Schnittpunkte angenommen. Die Frage lautet: Befinden sie sich im Individuum oder in der Gesellschaft oder im sprachlichen Austausch? Oder können wir überhaupt nicht von einer Verteilung von Schwerpunkten ausgehen? Kurzum: Das alles bedeutet, dass der sogenannte „Gegenstand" der Sozialen Arbeit nicht in der Weise schematisierbar ist, als wäre er von vorne herein für einen abstrakten wie auch klinischen Verwendungszusammenhang brauchbar. Ein Ergebnis dessen ist die Erkenntnis, dass der sich entwickelnde einzelne Mensch in seiner individuellen Ganzheit, Selbstbestimmung und Freiheit sich eben nicht in theoretische und technische Formen zwängen lässt.

Gerade wegen dieser „menschlichen Besonderheit" ist die Soziale Arbeit selbst mit anderen „Applied Sciences" nicht recht vergleichbar. Die Elektrotechnik etwa kann ihr Wissen „immerhin" in Maschinen unterbringen. Die Soziale Arbeit kann dies nicht. Der Mensch ist keine Maschine, auch wenn viele neuere Erklärungen aus der Bewusstseinsforschung ihn gerne so sehen. Hinzu kommt noch ein weiterer Punkt, der den Begriff „science" und die damit verbundene öffentliche Anerkennung betrifft. Auf diesem Gebiet bekommt die Wissenschaft der Sozialen Arbeit vom Wahrheitsprivileg der Universitäten viel Gegenwind zu spüren, mehr als manch andere Fachhochschuldisziplinen. Für die Universität gilt nämlich, dass ein „Fach" entweder eine Disziplin ist oder eine Profession, niemals aber beides. Wie revidierungsbedürftig diese Meinung ist, liegt auf der Hand. Dennoch aber ist hier im akademischen Denken, das sich nach wie vor vom praktischen Tun abgrenzt, das Bild des Verhältnisses zwischen Krankenschwester und Arzt tief verwurzelt.

Das zweite Hindernis bildet die spezifische Mischung des beruflichen Wissens der Praxis. Einerseits müssen sich Kompetenzen an Ergebnissen der Wissenschaften und an allgemeinen Bildungsgütern orientieren, andererseits muss – neben der Erfahrung einer Wiederkehr von Phänomenen – in konkreten Situationen ein kreativer Bezug zu einmaligen Wahrnehmungen, Gefühlen und Intuitionen bestehen.

Zum Kennzeichen der Praxis gehört daher eine Vielfalt von Wissensrückgriffen:

a) Zum einen orientiert sich ein solcher Rückgriff am Spektrum einer mit individuellen Feldkompetenzen vermengten allgemeinen, formal geordneten theoretischen Wissens-Systematik.

b) Zum anderen ist das oben zitierte „lokale- und kontextspezifische" praktische Wissen, das dem lebendigen Alltagswissen nahe steht, unmittelbar für die Arbeit vor Ort bedeutsam.

1.1 Profession und Wissenschaft

Die Andersartigkeit von „wissenschaftlichem Wissen" und „Alltagswissen" entfacht auch hier die Diskussion um die Wissenschaftlichkeit. Das Thema lässt sich nicht abschließen, solange der Begriff an das Postulat der reinen Außensicht gebunden ist und einer unmittelbaren Einbindung in den Alltag fern bleibt. Soziale Arbeit aber ist immer an alltäglichen Austauschprozessen zwischen Menschen und Systemen beteiligt und in Folge dessen nur zu einer begrenzten Außensicht in der Lage. Wäre dies anders, wäre vieles, was die Soziale Arbeit in der Praxis konstituiert, nicht essentiell: nämlich z.B. weder Mitgefühl noch Parteilichkeit.

Was aber heißt das? Soziale Arbeit agiert in erster Linie mit dem Repertoire der eigenen Subjektivität und der Einbindung der Akteure in einen sozialen Interaktionsablauf. Sie kann nicht nur den rein wissenschaftlichen Kriterien der „Objektivität" und „Intersubjektivität" folgen, sondern muss sich um möglichst viel Klarheit, um *Erkenntnis* und *Orientierung* in der Praxis bemühen. In dieser Hinsicht ist sie meines Erachtens ebenso mit der geistigen Eroberung von Problemen befasst wie mit deren praktischer Lösung.

Was dies auf der Ebene der Sprache bedeutet, die die Soziale Arbeit spricht, soll folgendes aufzeigen: Die Sprache der Sozialen Arbeit darf nicht nur der pragmatischen Handhabung der sozialen Realität dienen, sondern sie muss sich dem Chiffrenhorizont sozialer Wirklichkeit stellen.

Auch wenn immer wieder gefordert wird, nur Worte zu verwenden, die sofort verstehbar sind, darf damit nicht festgelegt werden, man dürfe *nur* solche verwenden. In der Sozialen Arbeit bilden nämlich gerade die Wörter, die aus Sphären stammen, die nicht in die explizit definierbare „Welt" und dem darin „Gegebenen" passen, den eigentlichen Stoff für die zu bearbeitenden Themen. Das gilt in besonderem Maße für den Begriff des „Sozialen". Das Soziale kann nicht ausschließlich nur von einem Bereich seinen Ausgang nehmen, auf den wir direkt mit dem Finger deuten können. Er generiert sich ebenso aus Chiffren und Symbolen, aus Ideen, Visionen und Utopien.

Dennoch ist bei all dem eines zu beachten: Eine sich ausschließlich an empirischen und logischen Ableitungen orientierende pragmatische Sprache hat für die Soziale Arbeit etwas Faszinierendes. Das babylonische Tun und Reden an das Eindeutige zu binden, findet durchaus Zustimmung. Es muss aber auch deutlich gemacht werden, dass die positivistische Grundlage und Haltung dahinter für eine auf die Belange und Nöte von Menschen eingehende sensible Herausforderung oft nicht geeignet ist.

Soziale Arbeit muss daher vor allem in ihrer Praxis die *Kunst des Lesens zwischen den Zeilen* beherrschen. Gewiss braucht sie dazu zur Vermeidung von Handlungsirrtümern eine Orientierung an wissenschaftlichen Ordnungskonstrukten und exakten Daten. Es muss aber auch immer das Bewusstsein vorhanden sein, dass vorliegende Fakten keine blutleeren Elemente mit mathematischen Ambitionen sind.

Ein weiterer Aspekt kommt noch hinzu:

Was diejenigen, die die Praxis erforschen, oft vergessen, ist die Tatsache, dass in jedem winzigen und vielleicht für unbedeutend gehaltenen Teil der Empirie Lebensenergien aus der Arbeitskraft von Menschen stecken. Fakten und deren Zurückführung auf Daten sind nicht „einfach so gegeben", man kann sie nicht „einfach so hernehmen und hochrechnen". Hinter ihnen stehen immer Schicksale von Menschen. Nebenbei: Eine Wissenschaft, die keinen Respekt vor dem sozialen Entstehungszusammenhang dessen hat, was sie als Rohmaterial benutzt, wäre in diesem Zusammenhang ohnehin fehl am Platz.

Das Erkenntnisspiel zwischen Wissenschaft und Praxis ist also ebenso sensibel wie weitreichend. Auf der einen Seite muss zwischen den Zeilen gelesen werden, auf der anderen darf die Interpretation Fakten und Daten nicht außer Acht lassen, um Fehldeutungen zu vermeiden. Es dürfen weder Daten automatisch gewisse Realitäten erzwingen, noch dürfen reine Deutungen die einzige Richtschnur des Handelns sein. Die Erfassung des Individuellen und der allgemeinen Lebensumstände muss sich daher sehr umsichtig bemühen, auf rationale und emotional reflektierte Weise an das Vorhandene und das Hintergründige heranzukommen.

Nebenbei erwähnt: Von dem Mathematiker Kurt Gödel wird berichtet, dass das Märchen von den sieben Zwergen gerade deshalb sein liebstes war, weil es ihn wohl überhaupt erst darauf gebracht haben soll, den Beweis der Unvollständigkeit zu finden, mit dem er so manchen Vertreter der exakten Wissenschaften schockiert und blamiert hat (Yourgrau 2005).

1.2 Paradigmen

Die Zuordnung der Sozialen Arbeit zu Wissenschaftsmodellen ist zwar in formaler Hinsicht geboten, inhaltlich jedoch schwierig. Eine permanente Diskussion um Ziele, die zwischen Initiativen der Anpassung, der Stärkung und Befreiung des Individuums wechseln, ist unvermeidlich. Dies gilt auch für Bemühungen einer strukturellen Veränderung der Lebenslage und des Lebensraums vom Menschen (vgl. Engelke 1992: 77–157).

Die zu diesem Komplex entwickelten Sichtweisen sind nicht ohne weiteres kompatibel. Das hängt damit zusammen, dass die zentralen Bezugswissenschaften nach wie vor in ihrer natur- und geisteswissenschaftlichen Orientierung elementar divergieren. Der Versuch der Herstellung einer Interdisziplinarität ist zumindest an der Stelle schwierig, wo Eigenheiten einer Disziplin unter ein fremdes metatheoretisches Schema geordnet werden.

Zur Ordnung der Positionen stellt Silvia Staub-Bernasconi (2002: 144–175) für die Soziale Arbeit eine Übersicht vor. Diese orientiert sich an der Konstruktion von Ansätzen und lässt damit Rückschlüsse auf die Inhaltlichkeit der Disziplin und Profession erkennen. Die Darstellung ist dialektisch ausgerichtet. Zunächst werden die radikalen Unterschiede hervorgehoben, um aus der Kritik heraus Verknüpfungen für einen eigenen Standpunkt aufzeigen zu können.

1.2 Paradigmen

Drei Modelle werden thematisiert, deren „metatheoretische Vorentscheidungen" nicht nur Auswirkungen auf die Theorienbildung haben, sondern auch zu einer historischen Spaltung sozialarbeiterischen Denkens beigetragen haben. Im Mittelpunkt steht „eine Geschichte der Entscheidungen zwischen subjekt-, sozio- und systemisch orientiertem Paradigma" (ebd.: 256).

Es handelt sich erstens um ein „individuum- oder subjektzentriertes Paradigma" mit egozentrischen Mustern, zweitens um das „soziozentrierte Paradigma" mit holistischen Gesellschaftsvorstellungen und drittens um das „systemische oder systemistische Paradigma [...] mit einer komplexen Theorie von Individuum und Gesellschaft [...]" (ebd.: 246).

Die einzelnen Modelle differenzieren sich im Hinblick auf Fragen nach einer allgemeinen Charakterisierung. Unterschiedlich sind Einschätzungen zur Machart sozialer Probleme, zu Vorstellungen über ethische Wertesysteme, zu Instanzen einer Veränderung, zu Konsequenzen für eine Professionalisierung und zu Methoden. Nachfolgend sind einige wesentliche Gesichtspunkte dazu ausgewählt:

a) Primat des ersten Modells ist die Zentrierung auf das „Subjekt". Durch die Entkernung von individual- und sozialpsychologischen Kräften stellt die Konzentration auf die Eigenheit des Subjekts die Ressourcen der „Lebenswelt" in den Mittelpunkt. Kraft derer kann sich der Einzelne in der Gesellschaft bewähren. Dieser Gedanke führt u.a. zu einem klinischen Verständnis individueller Hilfe, unabhängig davon, wo sich das Individuum befindet: Es wird grundsätzlich als anpassungsfähig behandelt und darin als ein der Ökonomie förderlicher Leistungsträger verstanden. Staub-Bernasconi äußert sich zu diesem Paradigma verständlicherweise kritisch. Sie sagt, dass die Gesellschaft dabei „unterkomplex" bleibt und individuelle Bedürfnisse „ohne Rücksicht auf soziale Folgen und gesellschaftliche Verpflichtungen [...] zum Gehilfen illegitimer Wünsche [...] werden" (ebd.: 252). Es entsteht ein „Egozentrismus", zu dem sich ethische Vorstellung von Werten und Normen gesellen. Freiheit und Selbstbestimmung stehen an der Spitze und deklarieren den rechtlichen Vorrang des Individuums gegenüber sozialen Rechten und Pflichten. „Die Gesellschaft ist nur ein Instrument, um die Rechte der Individuen zu schützen". Das Prinzip der gerechten Verteilung wird „umdefiniert" in eines, das lautet: „Man soll den anderen nicht zur Last fallen" (ebd.: 255f.).

b) Das zweite Paradigma ist „soziozentristisch" strukturiert. In ihm bildet die „Gesellschaft" die dominante Einflussgröße, indem sie über Rollen- und Positionsverteilung die Identität des Individuums festlegt. Zentral sind die prägenden und unausweichlich gegebenen Bedingungen des Strukturellen einerseits sowie die System erhaltenden Funktionen andererseits (vgl. auch Bommes; Scherr 2000). Der Aspekt des Individuellen bleibt dabei jedoch – weil nicht mehr greifbar – ausgeblendet.

Kritisch zu sehen ist hier die Gefahr, sich der „funktionsgestützten Macht mehr zu verpflichten als der Solidarität mit den Leidenden an der Gesellschaft und Kultur" (Staub-Bernasconi, ebd.: 252). Darüber hinaus besteht ein starker Trend zum Holismus und dessen Betonung der „Erhaltung von sozialen Ganzheiten" mit unterschiedlichen ideologischen Ausrichtungen. Der dem zugrunde liegende Soziozentrismus schafft ein Wertesystem, das die Individuen im Hinblick auf das Prinzip der Verteilungsgerechtigkeit zur „Herstellung von Loyalitätsleistungen" verpflichtet, nach dem Motto, „wenn es dem/einem Kollektiv gut geht, [geht] es allen gut" (ebd.: 252).

c) Das dritte Paradigma ist als Teil-Synthese konstruiert. Im Mittelpunkt steht die Theoretisierung des Austausches zwischen Individuum und Gesellschaft (Umwelt) durch die systemische Beschreibung von Interaktionen. Das Attribut „systemisch" weist darauf hin, dass der Blick auf einzelne Bestandteile innerhalb eines Ganzen (z.B. der Familie) nur durch Beschreibung der gegenseitigen Wirkungen etwas Fokusiertes auf den Punkt bringen kann. In dieser Hinsicht ist – zumindest was den Umgang mit Symbolen betrifft – der Einfluss des ersten Paradigmas unübersehbar. In dem Moment aber, wo das Systemische auch andere Grundlagendisziplinen – etwa solche aus der Sozialbiologie – einbezieht, weitet sich der Blick aus auf eine Fülle anderer Erklärungsansätze, die dann allerdings wieder in Bezug zur Sozialen Arbeit gesetzt werden müssen.

Ergebnis:

Medium der systemischen Sicht ist zum einen die Sprache und deren kommunikative und interaktive Wirkung, zum anderen die Symbolik der Kulturwelt. Ferner zählen auch Forschungsergebnisse anderer Disziplinen – z.B. die der Gehirnforschung – dazu.

Der systemische Ansatz fördert daher viele Aspekte der Erkenntnisentwicklung. Deutlich wird dies am Begriff der sich „bedingenden Gegenseitigkeit". Erst dadurch bekommen die sich untereinander ablösenden Werte- und Ethik-Vorstellungen der einzelnen Modelle Konturen. „Soziale Ordnungs-, Solidar-, Gerechtigkeitswerte und Sozialrechte ermöglichen die Befreiung von Elend, Armut, Unwissenheit, sozialer Benachteiligung zu aktiver, frei gewählter Partizipation und sozialer Gestaltung". Da der Mensch seine Lebensrechte nur in der Gesellschaft und nirgends sonst qualitativ lebenswert entwickeln kann, muss die Gesellschaft auch so konstruiert sein, dass die „menschlichen Bedürfnisse und legitimen Wünsche befriedigt werden können". Dazu müssen die „Sozialrechte verbindlich einlösbar sein. [...] Die Menschen sind [...] nicht dazu da, supponierte ‚Bedürfnisse' von Organisationen oder ‚der Gesellschaft' zu erfüllen" (ebd.: 252).

Eine kritische Bewertung aller Modelle zeigt zwar deutlicher die Problematik der zwei ersten, aber eben auch den Preis des diffusen Sowohl-als-auch-Denkens des dritten. Die Unversöhnlichkeit der ersten beiden Paradigmen, also die des Egozentrismus und Soziozentrismus, wird durch Bereiche festgeschrieben, die beide nicht erfassen können. Im ersten ist es z.B. die Meinung, mit der Betrachtung des Individuums sei es schwer möglich, auch noch Aussagen über dessen soziale Umgebung zu machen. Umgekehrt muss die Analyse der Gesellschaft auf Grund ihrer Abstraktionstendenz das Individuelle ausklammern.

Um eine Überwindung der Beschränkungen wissenschaftlicher Eingrenzung ist der *Perspektivenwechsel* bemüht. Allerdings ist der dabei zu vollziehende Schauplatzwechsel auch problematisch. Nach wie vor ist nämlich die Darstellung eines wissenschaftlich überprüfbaren Übergangs von „Ist-Aussagen auf Sollaussagen" ein Hindernis.

Staub-Bernasconis Rettungsversuch einer geglückten Transformation von Ist- in Sollzuständen liegt neben der Erweiterung des Systemischen in der Hinzunahme einer – eigentlich trans-systemischen – „Wertetheorie und Ethik", in Form eines umfassenderen Erklärungswissen zu den Entstehungszusammenhängen von Problemen sowie in einem forschungsgestützten „Evaluations- und Wirksamkeitswissen" über Problemlösungen. Auffällig ist, dass der Vorschlag an keiner Stelle wissenschaftliches Terrain aufgeben will. Der Praxis werden verlässliche methodische Handreichungen geliefert, die auf einem durch Forschung gestützten Wissen über die

1.2 Paradigmen

Wirksamkeit von Maßnahmen beruhen und die es ermöglichen verschiedene Wissensformen zu verknüpfen. Die entscheidenden Gedanken zum Programm werden so formuliert: „Die Kombination dieser drei Wissensformen lässt sich in Handlungsregeln transformieren, die lauten: Um das Veränderungsziel Z herbeizuführen, tue H, das sich aufgrund empirischer Studien für die Veränderung von Problemursachen und Problemen als wirksam erwiesen hat. Dieser Imperativ ist kein Befehl und schon gar kein unfehlbares Rezept, sondern eine Empfehlung und Aufforderung, aufgrund der ermittelten Gesetzmäßigkeit etwas zu versuchen, ja zu wagen." Und weiter heißt es: „Trifft die erhoffte Wirkung nicht ein, so kann dies beispielsweise mit einem zu allgemeinen, zu wenig präzisen Wissen, mit unerwarteten Ereignissen, mit der Widerständigkeit der Individuen oder mit bis anhin unbekannten Problemursachen zu tun haben. Oder es kann ganz einfach und leider zu oft mit fehlenden analytischen und methodischen Kompetenzen der AkteurInnen zusammenhängen" (ebd.: 249).

Der letzte Satz ist natürlich für unser Anliegen besonders bedeutsam, weil er den wissenschaftlichen Betrachtungsraum enorm dynamisiert. Die Notwendigkeit des Besitzes analytischer und diagnostischer Kompetenzen ist für den in der Praxis sich meist schnell vollziehenden Perspektivenwechsel unverzichtbar. Differenzierende Erkenntnis- und Reflexionsfähigkeiten im Prozess der Wahrnehmung, des Verstehens und sich Verständlichmachens, sowie in der Auseinandersetzung und dem Umgang mit dem oftmals Nicht-Lösbaren sind die Komponenten einer zentralen Praxis-Kompetenz. Damit rücken hermeneutische, dialektische und phänomenologische Denkansätze in den Vordergrund.

Der Begriff „methodisch" darf sich nicht nur auf das direkte Handeln beziehen, sondern er muss vor allem auf einen flexiblen Umgang mit Denk- und Erkenntnismethoden achten. Analysen machen nur Sinn, wenn sie zu transparenten und kritischen Diagnosen führen. Die Konsequenz daraus ist eigentlich konstruktivistischer Natur in Form einer der Praxis gegenüber offenen philosophischen Herangehensweise mit einer epistemischen Basis. In ihr müssen die Grundlagen und Werkzeuge rationaler und emotionaler Zugriffe diskursiv thematisiert werden. Die zentralen Stichworte dazu sind „Bewusstsein", „Denken und Erkennen" sowie „Haltung", „Intuition" und „Gefühl".

Ein weiterer Aspekt analysiert nach Staub-Bernasconi die Denkmodelle der einzelnen Paradigmen: Zum einen gibt es die Annahme, dass nur ein szientistischer Blick in kleinste (atomistische) Einheiten von wissenschaftlichem Wert ist, sodann die Vorstellung, nur ein „holistischer" Zugang kann mit Hilfe eines Ganzen die Existenz und Eigenschaft der Teile zu einer Identität führen. Ferner ist es ein dem zwar ähnlicher, aber dennoch von ihm verschiedener „systemischer" Blick auf transdisziplinäre Entstehungszusammenhänge.

> Dass dabei die Grundlagen des Symbolischen Interaktionismus dem Subjektzentrismus untergeordnet werden, scheint mir aber in Bezug auf den medialen Charakter der Sprache nicht angemessen zu sein. Die systemische Arbeit ist vom Ansatz her auf allen Ebenen gezwungen auf der Basis symbolischer Interaktion zu arbeiten, gerade auch wenn es um den Einbezug transdisziplinärer Erklärungen geht. Das gilt unabhängig davon, ob es sich – Staub-Bernasconi zitiert hier Mario Bunge (1998) – um „bottom-up" oder um „top-down-Erklärungen" und insbesondere um einen Wechsel zwischen beiden handelt.

Die Herausforderung für die Soziale Arbeit besteht in der Fähigkeit eines Umgangs mit deduktiven, induktiven, mit hermeneutischen, dialektischen und phänomenologischen Denkmodellen. Das heißt, sie muss die naturwissenschaftliche und geisteswissenschaftliche Angemessenheit im jeweiligen Fall erkennen und entscheiden, wann Systeme verlassen werden müssen. Dazu ist eine sehr komplexe Erkenntnis- und Praxis-Fähigkeit eines „Systemwechsels" erforderlich. Es müssen permanent Daten in Zusammenhänge gestellt und Entwicklungen entziffert werden und auf Grund derer Entscheidungen getroffen werden.

Den Denkmodellen der einzelnen Paradigmen sind Ansätze zugeordnet, die mit entsprechenden Zentralaussagen arbeiten und diese in den Feldern inhaltlich, methodisch und räumlich ausdifferenzieren. Sie nennen sich „Einzelfallhilfe", „Gemeinwesenarbeit" und „systemischer Ansatz". Generell aber ist die Herstellung eines Überblicks über die Grenzen und Reichweiten von Paradigmen meines Erachtens nur durch eine philosophische Herangehensweise möglich.

Besonders interessant sind die „landschaftlichen" Ausprägungen der drei Paradigmen. Sie werden besonders greifbar, wenn man sich in speziellen Fragestellungen bewegt. Staub-Bernasconi geht u.a. mehreren von ihnen gezielt nach. Besonders hervorzuheben sind die klar formulierten Antworten auf die Fragen nach der Definition und Entstehung von sozialen Problemen, nach dem sozialarbeiterischen „Subjekt" und dessen Professionalität sowie nach den Methoden und der modellinternen Methodik (ebd.: 249–255). Einige von ihnen sollen auch hier zur Sprache gebracht werden:

Das subjektzentrierte Paradigma definiert ein soziales Problem durch die Vorstellung des „(Markt)Versagens von Individuen", die utilitaristischen und an Lösungen orientierten Entscheidungen nicht folgen können. Das heißt, das Individuum muss sich selbst helfen, was solange gut geht, solange entsprechende Ressourcen aus einer „Ökonomie des Überflusses" vorhanden sind oder es muss von einer wiederum individuell organisierten Wohltätigkeit aufgefangen werden (ebd.: 252). Vom Standpunkt der Professionalität aus gesehen ist dies nur sehr reduziert möglich, da die gesellschaftlichen Gegebenheit als „Black Box" ausgeklammert bleiben. Soziale Arbeit wird zu einer (oft therapeutisch ausgerichteten) „Privatpraxis" ohne „soziale Kontrolle". Genannt werden auch persönliche „Ressourcenerschließung" zur „Arbeitsintegration", „Casemangement" und auch erlebnispädagogische Maßnahmen (ebd.: 254).

Im soziozentrierten Paradigma werden soziale Probleme als Folgeerscheinungen defizitärer Sozialisation behandelt und als „Abweichung von Norm-Wert- und Sinnvorgaben" sowie als „Stigmatisierung" beschrieben, die durch eine Nicht-Beantwortung der „Anforderungen von Funktionssystemen" entstehen (ebd.: 250). Genauer heißt es: „Man folgt meist dem Durkheimschen Dictum, Soziales durch Soziales, in neuerer Zeit Kulturelles durch Kulturelles, oder gar Text durch (Kon)Text zu erklären. Hier bleibt das Individuum eine ‚Black Box'." (ebd.: 251). Die Ansätze sind sehr dazu geneigt, leistungswillige Menschen gegen nicht leistungswillige abzugrenzen und damit die Sozialhilfe auch an besondere Voraussetzungen zu knüpfen. Ebenso wirkt sich dies auf die Professionalitätsfrage aus: Soziale Arbeit wird automatisch stärker an „Trägerinteressen" und gesellschaftliche Machtverhältnisse geknüpft und muss daher dem gegenüber besonders kritisch bleiben (ebd.: 253). Auch das Ziel der Integration wird durch gesellschaftliche Normen definiert, die über dem Individuum stehen. Ihnen folgen auch Methoden der „kulturellen Assimilation" (ebd.: 254).

Den größten Raum nimmt verständlicher Weise das systemische Paradigma mit seinen zahlreichen Syntheseelementen und neuen Gegenständen aus dem Transsystemischen ein. Staub-Bernasconi nennt dazu eine differenzierte Liste von Entstehungsfaktoren „individueller Nöte" (ebd.: 250). Verkürzt dargestellt sind es vor allem Defizite auf den Gebieten des „Sozioökonomischen", der Organisation von „Bildung und Erziehung", der professionellen „Erkenntnis- und Handlungskompetenz", der „Selbst-, Fremd- und Gesellschaftsbilder" und der „Integra- tion". Darüber hinaus ist auch das Regelungswerk, das dem entlanggeht, lückenhaft im Hinblick auf eine gerechte Behandlung aller. Zu überwinden wären: „Verständigungsbarrieren", „diskriminierende und privilegierende Regeln der Ressourcenverteilung", der „Arbeitsteilung", der „kulturellen Kolonisierung" durch „symbolische Ungleichheitsordnungen" mit „willkürlichen Legitimationsverfahren für Ungleichheitsordnungen" sowie die „willkürliche Kontrolle" und „organisierte Gewaltausübung". Das systemische Handlungskonzept muss alle Beteiligten eines Problems – aktiv und/oder reflexiv – einbeziehen. Genannt werden die „Problembetroffenen, Problemverursacher, soziale Bewegungen, Selbsthilfe- und Aktionsgruppen, Parteien und Gewerkschaften, Justiz, sozialverantwortliche Wirtschaftunternehmen; private wie öffentliche Träger des Sozialwesens, Nichtregierungsorganisationen usw." (ebd.: 253). Zur Professionalität wird auch eine Textpassage der Vereinten Nationen zitiert. In ihr wird gesagt, dass in der Sozialen Arbeit „der Dienst gegenüber den Menschen höher (steht) als die Loyalität zur Organisation" (United Nations 1994, 5). In diesen Hintergrund reiht sich Staub-Bernasconis ethischer Ansatz: „Es geht [...] darum, Menschen zu befähigen, ihre Bedürfnisse so weit wie möglich aus eigener Kraft, d.h. dank geförderten und geforderten Lernprozessen zu befriedigen. Und es geht darum, darauf hinzuarbeiten, dass menschenverachtende soziale Regeln von sozialen Systemen in menschengerechte Regeln und Werte – kurz dass behindernde Machtstrukturen in begrenzende Machtstrukturen transformiert werden – soweit sie der Sozialen Arbeit zugänglich sind" (ebd.: 254).

Das methodische Feld des systemischen Paradigmas gleicht einem bunten Aufgabenfeld. Es besteht bei Staub-Bernasconi aus vielfältigen Facetten. Die Liste der Maßnahmen ist sehr umfangreich. Ebenso das Methodenspektrum. Daher erscheint mir auch ein Punkt im Hinblick auf die Schwierigkeit der richtigen bzw. angemessenen und verantwortungsbewussten Wahl von Methoden besonders die „Bewusstseinsbildung für Probleme der Erkenntnisgewinnung" bedeutsam zu sein (ebd.: 255).

1.3 Wissenschaftlichkeit

1.3.1 Wissenschaftsbezüge

Wissenschaft umfasst Wissensrecherche, Erkenntnisgewinnung und Theoriebildung. Die Wissenschaftlichkeit, die diese normt, folgt prinzipiellen Vorstellungen über das epistemische Verhältnis von *Subjekt* und *Objekt*. Eine dieser allgemeinen Normen lautet: Es soll versucht werden, Objekte möglichst genau zu erfassen. Das heißt: Erkenntnisse sollen zweifelsfrei, wahr und richtig sein. Darüber hinaus sollen sie wertfrei und ohne Vorinterpretationen gewonnen werden.

Die dafür infrage kommenden Wege der Forschung und Entwicklung sind vielschichtig und gehen in zwei Richtungen. Auf der einen Seite steht die Sammlung von objektiven Fakten und Daten, auf der anderen die von subjektiven Meinungen. Auch wenn beiden die soziale Welt als Bezugsfeld gemeinsam ist, ist der Unterschied enorm. Zum einen wird der Versuch unternommen, Ausschnitte der Realität möglichst exakt zu erfassen und zu *erklären*, zum anderen deren Wirklichkeit angemessen zu *verstehen*. So will ein Teil der Forschung hauptsächlich die Realität zum Zeitpunkt X an einem Ort Y dokumentieren und auf mögliche Ursachen reduzieren. Ein anderer will schwerpunktmäßig das thematisch ausweiten, was an Hintergründen dieser Realität – als Vergangenheit oder als Wirklichkeit zwischen den Zeilen – berechtigterweise zu vermuten ist, was geglaubt bzw. für wirklich und wahr gehalten wird.

- Die *Sprache* spielt dabei eine hervorgehobene Rolle. Sie repräsentiert die erfassten Objekte in all ihren Dimensionen. Sie benennt, veranschaulicht und verlebendigt Gegenstände.

  In Entsprechung zu den Ansätzen ist auch die *wissenschaftliche* Sprache zweigeteilt:

  Zum einen bilden Wörter und Sätze das Gegebene unmittelbar in der Form „dies ist das" ab, wobei das „dies" auf den Gegenstand zeigt, das „das" auf das zugehörige Wort, während das „ist" die logische Zugehörigkeit regelt.

  Zum anderen können Wörter und Sätze auch auf das nicht unmittelbar Sichtbare hindeuten. Gemeint ist das nicht mehr vorhandene Vergangene oder Historische. Es sind die Spuren und Wirkungen, die hinter dem Gegebenen angenommen werden und die die inhaltliche Bedeutung von Objekten generieren.

Über die Unterschiedlichkeit von Erkenntnis- und Wissenschaftspositionen ist viel geschrieben worden. Theoretisiert wird dieses Feld in der Beschreibung der Möglichkeiten und Grenzen der **Natur- und Geisteswissenschaft** sowie in deren empirischen, analytischen, rationalistischen und kritischen Varianten. Die Frage, ob im Sinn des Wunsches nach Gemeinsamkeit eine Synthese möglich wäre, blieb bislang unbeantwortet. Es gibt zwar immer wieder Versuche in diese Richtung, ob sie jedoch als gelungen gelten können, wird solange nicht deutlich, solange die Ergebnisse immer nur Ausdruck *einer* Richtung sind.

Auch die Vorstellung, ein Richtungswechsel müsse infolge der Interdisziplinarität generell erlaubt sein, tut sich dort schwer, wo Geltungsansprüche allgemein plausibel gemacht werden müssen. So werden oft immer nur die Modelle bevorzugt, die sich einer gewissen naturwissenschaftlichen Exaktheit verschrieben haben.

Mit dieser Auffassung aber hat es die Geisteswissenschaft besonders schwer, weil sie den Standpunkt vertritt, dass der Materialismus in der Naturwissenschaft zu vielem nicht in der Lage ist, was gerade für das Verhältnis von Mensch und Gesellschaft grundlegend ist. Darin enthalten sind die Bereiche, die die Inhalte des Lebens mitgestalten, wie z.B. die Geschichte, die Kultur, die Kunst und Literatur, und mit ihnen die gesamte Symbolik der Welt.

Was für unser Thema daher besonders gilt, ist die Tatsache, dass es der empirisch-analytischen Forschung eigentlich nicht möglich ist, von der Beschreibung dessen, wie und was etwas ist, zu dem zu kommen, was es sein soll. Dazu ist eine über die Empirie hinausgehende philosophische Denk- und Begriffssystematik notwendig. Begriffe wie Ethik und Humanität

1.3 Wissenschaftlichkeit

sind nämlich von sich aus nicht schon so real, als dass es sie wirklich gäbe. Sie gehören nach wie vor zu einer Gegenwirklichkeit, die sich nur über geisteswissenschaftliche Ansätze, über hermeneutische, phänomenologische und dialektische Wege erschließt.

Die Praxis steht inmitten dieser Kontroverse und muss, um nicht von der einen oder anderen Seite vereinnahmt zu werden, den eigenen Standort verteidigen. Dieser aber, so behaupte ich, gewinnt seine Standfestigkeit eher aus einer geisteswissenschaftlichen Provinz. Die Praxis kann nämlich nicht selbst empirisch-analytisch forschen, muss aber ihre Konzepte belegen und verteidigen können. Sie muss ihr Handeln, ihre Entscheidungen und Maßnahmen auf der Grundlage ethischer Haltungen reflektieren, argumentieren und begründen, und dazu braucht sie vor allem einen geisteswissenschaftlichen Wissenshintergrund, was durch folgende Argumente belegt wird:

Die Daten der Praxis sind in der Regel in einen biographischen Kontext eingeordnet. Das Anamnesebild daraus erklärt zwar vieles, um es aber zu verstehen, muss es über sich hinweg in Richtung Umgang mit den Folgen erweitert werden.

Die Praxis ist als Erbringer und Empfänger von Daten zwar am Entstehungszusammenhang von Ergebnissen beteiligt, nicht aber an deren Hochrechnung. Sie ist so gesehen ein Objekt der Forschung. Die Daten werden woanders zu Erkenntnissen verarbeitet. Dennoch hat die Praxis die Aufgabe, die wissenschaftlich ermittelten Ergebnisse oder Erklärungsgrundlagen zu verwenden und in Handlungsmaßnahmen umzusetzen. Das bedeutet wiederum, dass sie Ergebnisse in den eigenen, qualitativen Handlungskontext einbinden muss.

Für beide Aufgaben bietet die Wissenschaft im Großen und Ganzen keine Unterstützung. Die Praxis muss die Ergebnisse selbst deuten, sie muss sie in einen eigenen Kontext einordnen und ihnen einen eigenen praktischen Sinn geben. Hierfür aber reicht reines Handlungstalent kaum aus. Handeln muss im Vorfeld geistig tätig werden. Neben der praktischen Zuordnung müssen die Inhalte von Ergebnissen ausgelotet werden. Damit gemeint sind nicht nur das qualitative Verstehen, Erfassen und Auseinandersetzen mit Forschungsergebnissen, sondern auch der Einbezug der Person der Sozialarbeiterin und des Sozialarbeiters im Sinne der Selbsterkenntnis und -erfahrung in das Handlungsgeschehen.

Alles in allem ist daher ein *diskursives Wissen* über geeignete Erkenntniswege in Bezug zur sozialen Welt, also in Bezug zum Individuum und zur soziologischen sowie politischen Verfasstheit der Gesellschaft erforderlich. So lautet die These: Die Praxis muss bei der Beachtung und Umsetzung von Ergebnissen der empirisch-analytischen Forschung Bausteine eines geisteswissenschaftlichen Basiswissens verwenden.

Orte im professionell handelnden Subjekt, das diese Aufgabe zu erfüllen hat, sind die *Kognition*, die *Reflexion* sowie die *kritische Haltung* bei Analyse- und Diagnosevorhaben, bei Konzepterstellungen und beim Management. Daher liegt unser Hauptaugenmerk vor allem auf dem Subjekt sowie auf dem diskursiven Wissen über erkenntnistheoretische Konstituenten, die in Verbindung zu Interaktions- und Kommunikationsformen stehen.

1.3.2 Zur Überwindung von Differenzen in den Grundlagenwissenschaften

Es wird zwar immer wieder versucht, eine Brücke zwischen empirisch-analytischen, geisteswissenschaftlich-kritischen und historischen Vorgehensweisen zu schlagen. Doch dies ist im Sinne des Gedankens, dass die Erkenntnis eine Einheit ist, mit vielen Schwierigkeiten verbunden.

Das erste Hindernis nimmt seinen Ausgang von der *ereignisreichen Empirie*, in der Form der sinnlichen Erfahrung, des unmittelbar Wahrnehmbaren des Hier und Jetzt, Beobachtbaren, Befragbaren, experimentell Messbaren, Wiegbaren, logisch Quantifizierbaren und pragmatisch Verwertbaren. Im Brennpunkt des zweiten befindet sich der *unruhige Geist*, in Form von Rationalität, Vernunft, Bewusstsein, Denken und Haltung, aber auch in der Form von Emotionen, Sprache und Kommunikation sowie der Betrachtung der Geschichte des Vergangenen. Beide Spektren sind von ihrem gesamten Umfang her gesehen eher dialektische Spannungsfelder.

Trotz dieser Unterschiede besteht das gemeinsame Bemühen, möglichst *objektiv* und *intersubjektiv* an die Welt heranzugehen. Es bleibt das Ziel, ein objektiv gegebenes Zweifelsfreies zu suchen und mit Hilfe intersubjektiv nachvollziehbarer Erkenntnismethoden verbindliche Ergebnisse zu finden.

Dieses Vorhaben trägt insgesamt stark idealistische Züge. Allein die Prinzipien *Objektivität* und *Intersubjektivität*, die die Grundlagen zur wissenschaftlichen Erkenntnisgewinnung bilden, beruhen auf abstrakten Grundannahmen und Wegen.

- Was sind die Unterschiede?

Die emprisch-analytische Forschung betrachtet einen Gegenstand möglichst aus der Außenperspektive. Sie verwendet dabei ein Vokabular, das mit dem inhaltlichen Innenleben des Subjekt wenig gemein hat, denn von außen zu sehen ist immer nur das Wie, nicht aber das Was. Verwendet werden nur empirische Methoden wie die der Beobachtung, Befragung und des Experiments, der Skalierung und logischen Verarbeitung von Daten.

Anders durchleuchtet ein historischer und geistig-kritischer Blick ein Objekt. Die Sprache, die hier zur Erfassung eines Phänomens verwendet wird, basiert nur zum Teil auf eindeutigen Regeln. Versucht wird die Mehrdeutigkeit zu erfassen. Evidenz entsteht nicht quantitativ, so als müssten wir nur eins und eins zusammenzählen, sondern qualitativ. Ebenso wird auch der Standpunkt vertreten, dass das Gegebene nur ein Symptom des zeitlichen Werdens und Vergehens kommunikativer Prozesse ist und u.a. aus Bruchstücken von Sichtweisen und Haltungen besteht.

So deckt sich für die eine Richtung der Begriff „objektiv" mit dem, was unmittelbar gegeben ist und sich kausal nachweisen lässt. Für die andere ist er das, was unmittelbar einsichtig ist und was eine – nicht über Kausalität vermittelte – unmittelbare Bedeutung hat. Beim Begriff der Intersubjektivität ist es ähnlich. Empirische Intersubjektivität ist logische Allgemeinheit. Geisteswissenschaftlich bedeutet Intersubjektivität hingegen allgemeine Teilhabe an einer semantischen Vielfalt.

1.3 Wissenschaftlichkeit

Diese Verschiedenheit führt zu einer Kontroverse, die vor allem dort nicht auflösbar ist, wo der Mensch in seiner sozialen Einbindung Subjekt und Objekt zugleich ist und auch dort, wo äußere methodische Hilfen unmittelbar an die Identität einer Person gebunden sind. Das heißt, das Zustandekommen von Ergebnissen ist parallel zu den Erkenntnismethoden zwangsläufig ebenso different wie das Verständnis der Prinzipien.

Leider gesellt sich zur Vergrößerung der Trennung ein allgemeiner Trend, der dem materialistischen den Vorzug vor dem idealistischen Denken gibt. So erscheint z.B. die Rückführung von Erkenntnis- und Wahrnehmungsvorgängen auf physikalische und biologische Wissensmodelle des neurologischen Aufbaus des Gehirns griffiger zu sein als etwa symbolische und metaphysische.

Die Unabschließbarkeit der Mehrdeutigkeit und Offenheit von Symbolen wird in vielen Kreisen meist als anstrengend empfunden. Anders ergeht es den technologischen Ansätzen von Methoden. Sie werden oft bevorzugt, weil sie angeblich ein Ergebnis besser sichern können, als offene Angebote, deren Chaotik den Einzelnen und dessen Nervenkostüm gewöhnlich mehr fordern als ein zurechtgemachtes strukturelles Bett.

Die Soziale Arbeit steht in gerade diesem Dilemma und sie ist sich dessen auch bewusst. Einerseits muss sie Ergebnisse annehmen, auch wenn sie sie im einzelnen nicht prüfen kann. Andererseits will sie die ermittelten Erkenntnisse auch in die Praxis transformieren, ohne dass sie sich von der Wissenschaft instrumentalisiert fühlt. Dieses Problem wurde von mir in der *Handlungstheorie* (Callo 2004) genauer beleuchtet. Die Gründe liegen in dem Versuch einer Aufhebung der Subjekt-Objekt-Trennung wissenschaftlichen Denkens innerhalb der Praxis zugunsten eines besseren Einbezugs der Individualität der Lebenswelt von Menschen.

Die von Silvia Staub-Bernasconi vorgestellte *Soziale Arbeit als Handlungswissenschaft* (2007) gibt an verschiedenen Stellen Hinweise auf die Notwendigkeit, den eigenen Wissenschaftsbegriff der Sozialen Arbeit angemessen zu verstehen. Zu diesem Umfeld werden einige historische und systematische Aussagen kurz dargestellt, durch Hinweise ergänzt und zusammengefasst:

Im bedürfnistheoretischen Ansatz von Ilse Arlt (1876–1960) wird betont, dass mit den Armen nicht experimentiert werden darf. Daher bilden das „Erkennen von eintretenden und drohenden Schäden", das „Verstehen ihrer unmittelbaren und entfernteren Ursachen", das „Verständnis für das Tempo der Lageverschlechterung", die „Analyse sämtlicher günstiger oder ungünstiger Faktoren", die „Kenntnis der möglichen oder vorhandenen Hilfsweisen", das „Überprüfen ihrer Wirksamkeit" zentrale Momente der Handlungsorientierung (ebd.: 37 f.).

Zum geisteswissenschaftlichen Hintergrund zählen mehrere Aspekte: „Die Kompromisslosigkeit" im Hinblick auf die Norm eines funktionierenden sozialen Ganzen, die inhaltliche Differenzierung von menschlichen Bedürfnissen, die „wertbezogene Suche" nach „kulturellen Maßstäben der menschengerechten Bedürfnisbefriedigung", die „sensible Beobachtung des stummen Protestes", die „Diskussion um Grenzen des Wachstums", die Aufdeckung von kreativen Ressourcen, die positive und kritische Betrachtung des Konsums, die mitfühlende Lebensfreude, die soziale Verpflichtung, die Auslotung einer interdisziplinär angelegten „Fürsorgewissenschaft" (ebd.: 46 f.).

Auch Jane Adams (1860–1935) betont den Doppelaspekt von Empirie und Reflexion einer für die Soziale Arbeit angemessenen Wissenschaft. Wichtig sind präzise Daten über tatsächliche Zustände, die aber „konstruktive Arbeit" erforderlich machen. Es müssen „natürliche Habitate für soziale Gruppen" im Alltag erkannt werden. Begriffe wie „Macht und Ohnmacht" liefern die entsprechende geistige Nahrung. Sie führen zur normativen Zielvorstellung der Notwendigkeit einer „solidarischen Teilhabe", einer „integralen Demokratie" und einer „Erneuerung des christlichen Humanismus", in dem die individuelle Würde mehr ist als „herablassende Barmherzigkeit". Vor diesem Hintergrund kommt es auch zur Forderung nach einer „kulturellen Übersetzung und visionären Anwaltschaft" (ebd.: 56, 62, 70 f.)

Bei Mary Parker Follett (1868–1933) hat das Widerstandspotential gegen einen „willkürlichen Befehl" eine besondere Bedeutung. Die Willkür kann nur durch eine demokratische Ordnung begrenzt werden. Interessant ist, wie Fakten eingestuft werden. Ein Konflikt etwa wird nicht als eine Art „Kriegsgeschehen" betrachtet, sondern als legitimer Ausdruck von Differenz (ebd.: 108).

Mit der „Spurensuche nach einem gesellschaftlich bestimmten Geschlechterverhältnis" geht die Wissenschaft der Sozialen Arbeit einen neuen Weg. Mit ihr werden „die unerschöpflichen Varianten der Unsichtbarmachung von Frauen" thematisiert. Das Bewusstsein ist diesbezüglich im *gender mainstreaming* freilich vorangeschritten, was zumindest die Sprachregelung betrifft. Gleichwertigkeit und Gleichstellung hinken dem aber noch weit hinterher. So gibt es neben dem Katalog der allgemeinen Bedürfnisse, deren Befriedigung für fraglos gehalten wird, geschlechtsspezifische Bedarfe. Der gesellschaftliche Anteil dieses Faktums schafft immer auch weiblich und männlich geprägte Rollen, deren ethische Reflexion einen eigenen Handlungsbedarf erzwingt (ebd.: 113 f.).

> Carol Hagemann-White (1995) geht dem durch eine feministische Theoriebildung noch näher nach. „Das Geschlecht [...] ist nicht etwas, was wir ‚haben' oder ‚sind', sondern etwas, was wir tun" (ebd.: 183). Die Unterdrückung findet an der Stelle statt, wo ein Mensch das tun muss, was er aufgrund von Vorstellungen über sein Geschlecht zu tun gezwungen ist. Was die Emanzipationsbestrebungen und die entsprechenden geistigen Gegenwirklichkeiten betrifft, so sehen das auch andere Autorinnen ähnlich (vgl. ferner die Beiträge in: Ursula Pasero und Friederike Braun 1995).

Für Staub-Bernasconi (2007) ist die sozial gerechte Diagnose der Kernbereich der wissenschaftlichen Sozialen Arbeit. Sie muss sich dabei gegen funktionalistische Trends stellen, die meinen, Exklusionen lassen sich nur durch Anpassung vermeiden. Das Problem dabei ist weniger der Versuch einer Integration, als vielmehr die funktionalisierte Verwaltung von Herrschaftswissen, die vorschreibt, was eine Anlassungsleistung ist.

Abgeschafft werden muss für Staub-Bernasconi das männlich dominierte Paradigma. Was dies allerdings für die Verwendung philosophischer Grundbegriffe wie Subjekt, Mensch, Individuum, Person, Vernunft, Bewusstsein etc. bedeutet, ist schwer zu eruieren, es sei denn die biologische und soziologische Ausstattungen des Männlichen und Weiblichen ist auch substantiell typologisierbar. Übertragen auf den Begriffsdiskurs bedeutet das folgendes: Die Verwendung philosophischer Grundbegriffe beruht auf allgemeinen Denkmustern, die ihrerseits Orientierungen bei der Reduzierung auf geschlechtsspezifische Momente darstellen.

Dass Begriffsordnungen in der Geschichte der Philosophie hauptsächlich von Männern – wie etwa auch von dem wohl frauenfeindlichen Aristoteles – publiziert wurden, ist bedauerlich, sollte aber dazu anregen, der historischen und systematischen Wahrheit auch diesbezüglich kritisch nachzugehen. Für das Anliegen dieses Buches ist es daher wichtig zu sehen, dass etwa mit dem Begriff „Subjekt" immer beide Aspekte gemeint sind, und dass Unterschiede nicht jedes Mal differenziert werden können.

1.3.3 Erkenntnistheoretische Verzweigungen

Die Frage, was unter *Sozialarbeitswissenschaft* zu verstehen sei, konfrontiert uns mit einer umfangreichen Auslegungsdebatte über den für die Soziale Arbeit auch geeigneten Wissenschaftsbegriff. Für Staub-Bernasconi (2007: 217–270) gibt es in dieser Debatte „Bruchlinien", die die wissenschaftliche Landschaft halbieren. Zum einen ist es die „Orientierung an Geisteswissenschaften", an der „Auslegung geistiger Autoritäten und Gegenautoritäten", zum anderen die Orientierung an „kognitiven und praktischen Problemen aufgrund der Prämisse der Erkennbarkeit der Realität im Lichte von Begriffen und Aussagen der empirischen Human- und Sozialwissenschaften sowie Methoden der empirischen Forschung" (ebd.: 217).

Beiden Szenarien gegenüber bezieht Staub-Bernasconi kritisch Position, indem sie vor allem bezüglich der zweiten Position deutlich macht, dass auch die „besondere, verlässliche und kontrollierbare Form der Selbst- und Weltexploration sowie der Wahrheitsfindung" für die Soziale Arbeit fragwürdig ist (ebd.). Die für sie geeignete Wissenschaft besteht daher in einem Mittelweg, der die ideologischen Anteile reiner Aufklärung einerseits und die reiner Technologie andererseits ausklammert.

Eine solche Position wird in der Korrespondenztheorie vertreten. In ihr wird eine Beziehung zwischen „Faktum/Sachverhalt" und „Begriff/Aussage" in der Form einer Wechselseitigkeit angenommen, die den wissenschaftlichen Erkenntniszugriff in die Lage versetzt, zwischen Wissen und Meinung zu unterscheiden. In der Korrespondenztheorie ist nicht das individuelle Subjekt letzte Wahrheitsinstanz, wie dies vom radikalen Konstruktivismus behauptet wird, auch nicht das kollektive Subjekt von Gesellschaften und Institutionen etc., sondern lediglich die Korrespondenz zwischen Subjekt und Objekt. Das Wesentliche dabei ist damit die prinzipielle Korrigierbarkeit der Wahrheit. Daten werden also nicht – wie im Rationalismus – aus Theorien deduziert, sie sind auch nicht – wie im Empirismus – aus der Erfahrung induziert, ferner sind sie nicht – wie im Konstruktivismus – immer zugleich identisch mit theoretischen Vorstellungen über das, wie und was sie sind. Sie sind vielmehr Wahrscheinlichkeitsgrößen. Staub-Bernasconi nennt diesen Standpunkt „wissenschaftlichen Realismus" (ebd.: 238).

Dass allerdings dieser Standpunkt sich auch gegen die „Konsenstheorie" wendet, geht meines Erachtens einen Schritt zu weit. Klar ist, dass auch in der Konsenstheorie die Gefahr besteht, den Unterschied zwischen Daten und Begriffen zu verwischen. Aber zum einen lassen sich Daten nicht ohne Begriffe erfassen und zum anderen muss ihnen gegenüber ein erkenntnistheoretischer Konsens gefunden werden, der dann wiederum kritische Momente der Aufklärung enthalten muss, wenn er gegenüber einem falschen Bewusstsein, welches die Ideologie ist, wachsam bleiben will. Und dies würde ich auch von einer Wissenschaft der Sozialen Arbeit und deren politischem Engagement erwarten.

Das Spezifische, mit dem die Soziale Arbeit sowohl Wissenschaft als auch Profession sein will, ist der *Anwendungsbezug* ihres professionellen Wissens. Auch hier reproduziert sich die Problematik des besonderen Charakters ihrer Wissenschaftlichkeit. In der Praxis geht es dabei um eine eigene Herausforderung. Zum einen muss sie von einem „Alltags-, Erfahrung- und Problem(lösungs)wissen der Adressat(inn)en" ausgehen, dann von dem diesbezüglichen Wissen der Professionellen und ferner vom impliziten oder expliziten „Wissen über die erkenntnis- bzw. handlungstheoretischen Leitfragen, die zu Optionen und zu einer zu wählenden Problemlösung führen" (ebd.: 290).

Dieser Dreischritt organisiert auch den diagnostischen Weg von der „Problembeschreibung" zur „Problemerklärung", „Problembewertung", „Bestimmung des Wünschbaren", zur „Zielbestimmung und Zielvereinbarung", zur „Bestimmung der zu ermittelnden Ressourcen und Akteureinbindung", zu einer „Vernetzung/Hilfskonstruktion", zur „Bestimmung des notwendigen Veränderungswissens" und der „Handlungsleitlinien", also der „Methoden, Verfahren, Techniken", zur „Wirkungskontrolle (Zielerreichung?)" und zur „Effizientkontrolle (mit welchen Aufwand?)" (vgl. Tabelle ebd.: 291).

> Die Handlungstheorien dazu sind sehr unterschiedlich konfiguriert. In der von mir (2004: 190–215) entworfenen wird ein rationaler Weg vorgeschlagen, der sich innerhalb des Bausteins „Problemerklärung" in Sinne einer Problemanamnese und einer thematischen Erfassung bewegt. Der dort vorgeschlagene universelle Pfad, der sich auf verschiedenen Niveaus der Basisebene und der organisatorischen Ebene einer Einrichtung befindet, versucht die Arbeit auf direkter Augenhöhe über Erkenntnismomente zu steuern.

Die Ziele handlungstheoretischer Ansätze sind auch bei Staub-Bernasconi pädagogischer Herkunft. Genannt wird vor allem Paolo Freire. Im wesentlichen vertreten werden Ziele zur Bewusstseinsbildung, zur Identitätsfindung und zur Unterstützung emanzipatorischer Ressourcen. Im Zentrum aber steht immer die „Lebenslage" und „Lebenssituation", die Auseinandersetzung mit der daraus resultierenden „Lebenswelt" sowie „gesellschaftliche Determinanten" und deren „Folgen" für das individuelle Selbstbewusstsein (ebd.: 318 f.).

Hier spielt die Bildungsarbeit eine besondere Rolle. Sie will mithelfen, Menschen neue Chancen zu geben, sie rechtzeitig, möglichst von ganz klein an, zu fördern, um die generativen Themen einzelner Lebensphasen besser zu verstehen und zu bewältigen. Allerdings darf der Rahmen dieser, auf Lernen hin ausgerichteten Enkulturationsarbeit ethische Prinzipien nicht verlassen. Die Identitätsförderung zielt auf Stabilität und Selbstvertrauen, während die der Emanzipation ein kritisches Bewusstsein zur positiven Veränderung anstrebt und auf transnationaler Ebenen zu einem couragierten Umgang mit der Macht aufruft (ebd.: 471–499).

1.4 Soziale Arbeit als Wissenschaft und Praxis der Orientierung

Soziale Arbeit will in ihren diversen Handlungsformen benachteiligten Menschen Orientierungen bei der Verbesserung ihrer Lebenslage und Lebenssituation ermöglichen. Im weitesten Sinn sind diese Orientierungshilfen immer zugleich Erkenntnishilfen. Sie verfolgen das Ziel, Problemlagen besser erklären, verstehen und verändern zu können. Die Grundlagen und Hintergründe dieses Ziels sind theoretischer Natur. Sie berufen sich auf allgemeine Thesen zu kognitiven, affektiven und instrumentellen Zugriffen.

- Was bedeutet „Orientierung"?

a) Orientierungen sind das positive Ergebnis einer Suche nach Halt.

   Orientierungen stellen sich über Anhaltspunkte ein. Sie verkörpern gewisse Verdichtungen der inneren und äußeren Wahrnehmung. Meist öffnet sich ihr Repertoire über sinnenfällige Spuren, die zu Themen werden, an denen sich die Energien des Geistes, des Gefühls und des Handelns entzünden.

b) Menschen besitzen ein inneres Orientierungsbedürfnis.

   Menschen brauchen und wollen Orientierung. Wenn sie diese verloren haben, wird die Welt solange als sinnlos erlebt, bis sie wieder einen Halt in einer Person, einem Personenkreis oder einer Sache gefunden haben. Daher benötigen vor allem Menschen in psychosozialen Notlagen, in Krisen und Konfliktsituationen entsprechende Hilfen, um ihr Leben wieder auf die Reihe zu bekommen.

c) Die innere Orientierungsfähigkeit ist eine Ressource der Problembewältigung.

   Menschen sind in der Lage aus sich selbst heraus, das zu entdecken, was ihnen Orientierung gibt. So ist es bei fremden Hilfsangeboten immer besser, wenn Menschen das selbst herausfinden.

d) Wegweiser der Orientierung sind eigene Navigationssysteme.

   Sowohl die Orientierung an inneren als auch die an äußeren Vorgaben bezieht sich auf mitgebrachte oder vorgefertigte Navigationssysteme. Sie dienen denjenigen, die ihren Standort definieren wollen, die sich auf der Suche nach Zugehörigkeit befinden oder Veränderungen wollen. Es sind auch oft Menschen, die sich einfach verirrt haben.

e) Orientierungen kommen im wesentlichen durch geschlossene Systeme zustande.

   Gesellschaften mit einem geschlossenen Weltbild – stark traditionsgebunde Familien etwa – halten durch überkommene Rituale stabilisierende Zeichen aufrecht, die das Gemeinschaftsgefühl stärken sollen. Sind diese nicht mehr vorhanden, wird das Verhalten verunsichert und muss sich eigene neue Stabilisierungsmomente suchen. Orientierung hat hier also eine die Identität stabilisierende Funktion.

f) Orientierungen, die den Halt mit Hilfe geschlossener Systeme versprechen, werden durch die Globalisierung zu einer neuen kritischen Herausforderung.

Durch die zunehmende Komplexität ist eine Reduktion auf Sinnmomente individueller Verständlichkeit erschwert. Ein distanziertes Erkenntnisengagement müsste daher verstärkt gefordert werden. Für viele ist diese Art der kritischen Reflexion jedoch eine zusätzliche Anstrengung, die den Stress, in dem sie ohnehin stecken zu vergrößern scheint, vor allem wenn sie selbst keine Deutungshilfen mehr haben. Damit wird die Orientierung selbst immer stärker in rein alltagsnahe Bereiche gedrängt.

Das von Werner Stegmaier herausgegebene Buch *Orientierung* (2005) enthält eine Vielzahl von Antworten und philosophischen Perspektiven. Einige von ihnen sollen nachfolgend zu Wort kommen, da sie auch für die Soziale Arbeit einschlägig sind.

In der Einleitung des Herausgebers werden sechs Kriterien angegeben, die zur Halt gebenden Figur beitragen (ebd.: 14–50). Orientierung setzt sich aus einem *Subjekt*, einem *Prozess*, einem *Objekt*, einem *Bereich*, einem *Mittel* und einem *Vermögen* zusammen. Alles zusammen wird notwendig, wenn Ungewissheit im Spiel ist.

Für Stegmaier ist nach Aristoteles die Orientierung der Anfang eines der Zeit vorausgehenden Halts der menschlichen Existenz und somit die „Bedingung allen Lebens, Denkens und Handelns" (ebd.: 15). Orientierung ist selbst ein zeitloser Anker, der in der neuzeitlichen Philosophie – insbesondere durch Immanuel Kant – dem Subjekt einverleibt ist, das in der Lage ist, die Welt begrifflich zu besetzen. Das Eigenartige jedoch, was eine Neufassung des Begriffs notwendig macht, ist die Tatsache, dass sich die Orientierung nicht selbst festlegen kann, sondern sich in jeder Situation neu entfalten muss. Am einfachsten ist es vielleicht mit der räumlichen und zeitlichen Orientierung. Hierfür haben wir Muster in uns, und außerhalb von uns gibt es Karten und Uhren. Komplizierter ist schon die Orientierung im Denken, noch verzwickter die der Gefühle.

Um sich nicht in wechselnden Situationen und Handlungsmöglichkeiten zu verirren, schlägt René Descartes vor, immer eine bestimmte Richtung beizubehalten, also einen methodischen Weg zu gehen (vgl. ebd.: 17). Das kann falsch sein, aber nur so bekommen wir heraus, was verkehrt war. Der Weg muss also erst gegangen werden, dann finden wir über die Erfahrung zum richtigen Denken – die Empiriker würden an dieser Stelle sagen, über die Erfahrung zur richtigen Erfahrung und dann vielleicht zu einer Übersicht, die bei Platon *sophia* genannt wird.

Die Orientierung im Gelände ist eine andere als die der Kommunikation. Hier geht es um ein Sich-zurechtfinden im Dickicht der Symbole. Es handelt sich also um das Verstehen überhaupt, um das Ringen um Sinn und das Streben nach Klarheit im kulturellen, im religiösen, politischen und ökonomischen Raum, alles in allem um ein Einigungsstreben zwischen Dissonanz und Konsens, bei dem das Subjekt sich selbst und der Welt gegenübersteht, wobei aber auch umgekehrt die Welt Orientierung anbietet.

1.4 Soziale Arbeit als Wissenschaft und Praxis der Orientierung

In dem Teil, der das Subjekt betrifft, bezieht sich die „Orientierung als Vernunftbedürfnis" auf den Wunsch nach Unterscheidung. Ihr liegt ein geistiges Vermögen zugrunde, Dinge zu trennen und sie auseinanderzuhalten. Für Kant etwa ist uns die „Rechts-Links-Unterscheidung" einfach gegeben, ohne dass wir dieses wiederum verstehen können. Sie gehört zur Grundausstattung des Körpers, die weitergeführt Begriffe wie „Himmelsrichtung", „Gegend" und „Horizont" ermöglicht. Dass dabei von der Außenwelt nur das erfasst werden kann, was sich mit Hilfe der Sinnesorgane auch erfassen lässt, beschreibt einen Standpunkt, der dem des modernen Konstruktivismus ähnlich ist. Orientierung ist für Kant daher ein „Fürwahrhalten" nach den Prinzipien der Vernunft im Subjekt, in dessen Zentrum sich das Denken befindet (zit. ebd.: 21). So gesehen sind formale Erkenntnisse – etwa in der Form von Zahlen und Daten – eine Vorstufe der Orientierung. Ihre Lebendigkeit erhalten reine Schemata erst durch die Inhalte, die sie repräsentieren und die wie Metaphern den Raum des Subjekts füllen. Inhalte selbst sind so gesehen gewisse „Vorfälle des Lebens" im Gegensatz zu reinen Denkfiguren (Stegmaier zitiert hierzu Georg Christoph Lichtenberg, ebd.: 24 f.).

Ein wenig anders ist es, wenn solche Denkfiguren zu Modellvorstellungen werden, an denen wir uns orientieren. Hier ist die Kombination von Form und Inhalt für die Bildlichkeit entscheidend, an die wir uns anlehnen und die unser Suchen vorantreiben kann. Die Heuristik wäre ein Beispiel. Sie verlegt in ihrer Suche Begriffe von hier nach dort, wägt ab, verwirft und findet Neues. Sie stellt das Gefundene in neue Situationen, damit sie sich besser zeigen und bewähren können. Begriffverfestigungen werden „enthärtet" und zum Stoff für neue Definitionen.

In gewisser Weise ist dieser Vorgang eine Form von „Oszillation", der die Orientierung mehr oder weniger streng und mehr oder weniger frei folgt. Orientierung gleicht hier einem „Hin-und-her-Gehen zwischen Grenzen". Nach Friedrich Scheiermacher ist sie „ein Wissen im Werden" und damit unvermeidliche Dialektik (ebd.: 27 f.). Die Oszillation selbst ist aber ein freies Spiel im doppelten Sinn: Wir fassen etwas ins Auge, mustern es aus und entscheiden, wann wir es berücksichtigen. Damit wandert der Blick zwischen „Peripherie und Zentrum" hin und her, um auszuloten, auf was es sich zu konzentrieren lohnt. „Anhaltspunkte fallen ins Auge", „Markierungen" und „Stichworte" werden fixiert.

Die Sprache bietet dazu besonderen Halt. Sie spricht vom „Anhalten-an", „Sich-Halten-an", „Sich-Aufhalten-mit" und vom „Festhalten-von". Die sprachliche Orientierung ist ständig in Bewegung. Sie fragt danach, „*wo* die Orientierung anhält, *woran* sie sich hält, *was* sie festhält, *womit* sie sich aufhält" (ebd.: 30). In der Orientierung geht es also nicht um Fertiges, sondern um die Erstellung eines Gesichtskreises.

Für Stegmeier ist Orientierung ein „epistemisches Abenteuer" (ebd.: 31 f.). Dabei ist freilich auch der Wunsch nach Gewissheit groß, nach Verlässlichkeit und Beständigkeit. Erst dadurch ergibt sich Sinn, ergeben sich „Orientierungscluster" und Muster, die etwas zufriedenstellend zusammenhalten und bewahren. Von außen kommend mag es der Eindruck der Wiederkehr des Gleichen und Ähnlichen sein, von innen ein „Standhalten *in* der Zeit *gegen* die Zeit". Immer aber ist es ein offenes Spiel zwischen Form und Inhalt. Ist es gelungen, entsteht so etwas wie Routine, die Unsicherheit und Missverständnisse zu managen vermag.

Dieses Standhalten verfestigt sich auch in wissenschaftstheoretischen Standpunkten, die für sich betrachtet – vor allem in der Analyse von Begriffen – verschieden sind. Bei Stegmeier werden dazu mehrere Positionen beschrieben, die die Grundlagen der Orientierung unterschiedlich verorten. Der Beitrag von Matthias Kroß (ebd.: 53–78) beschäftigt sich mit dem Verhältnis von logischer Analyse und pragmatischer Synthese. Darin angesprochen wird die Notwendigkeit der Erstellung einer Übersicht als erstes Erfordernis, um der Orientierung den Zeitdruck, unter dem sie normalerweise steht, zu nehmen. Die damit einhergehende Muße im „ruhigen Überblick" darf aber die Pragmatik nicht vergessen, da sonst die Orientierung nur zur Selbstschau wird. Rekurriert wird auf Ludwig Wittgenstein und Martin Heidegger. Für Wittgenstein können Zusammenhänge nur durch übersichtliche Darstellungen erfasst werden, also durch stilisierte Sprache. Für Heidegger ist dies anders. Für ihn ist der Satz „ich kenne mich nicht aus" der eigentliche Beginn philosophischen Fragens. Der Satz „Schau erst, bevor du denkst" geht in eine ähnliche Richtung. Die Orientierungsleistung des Sprechens beginnt hier eher mit einem desorientierten Umherschauen, als mit dem entfernten Blick.

Ein Eintauchen in die Lebenswelt ist daher für Ralf Elm in seinem Beitrag zur *Orientierung in Horizonten* (ebd.: 79–114) die Voraussetzung. Darin treten der Begriff des Sinnhorizonts und der der Hermeneutik in den Vordergrund. Letzterer versucht, abstrakte Sprachgebilde aus lebendigen Spielräumen heraus zu erkennen und zu verstehen.

Eine *Orientierung durch Begründung, Argumente und Plausibilitäten* erläutern Ulrich Metschl und Christiane Schildknecht (ebd.: 117–152). Es wird gezeigt, dass Entscheidungstheorien in der Lage sind, Orientierung zu gewährleisten, dass aber selbst eine sehr hohe „Plausibilität" von Argumenten bzw. eine sehr große „Analysetiefe" nicht vor desorientierenden Überraschungen schützen. Daher ist das Begründungswissen entscheidend. Dabei allerdings muss klar sein, dass dieses niemals allein eine Handlung erzwingen kann.

Im Kapitel *Orientierung ohne Gründe: Kontexte der Anwendung und des Dialogs* beschreiben Heidrun Hesse und Alfred Hirsch (ebd.: 155–194) Zwischenbereiche der Orientierung. Es sind besondere „Improvisationsleistungen" im Umgang mit Kontextvariationen. Hier besteht die Orientierung in der bewussten Dekonstruktion von Vorgaben. Es ist aber auch die Orientierung an der Orientierung, die weitgehend über Kommunikation und über die „dialogische Orientierung des Wortes" läuft.

Johanna Seibt beschäftigt sich sehr teifgründig mit der *kognitiven Orientierung* und deren „epistemisches Abenteuer", wie es Whitehead ausdrückt (ebd.: 197–224). Für Stegmeier ist die „Orientativität (orientantiveness)" dabei der Schlüsselbegriff (vgl. ebd.: 43). In ihm ist die „handlungsleitende Bedeutung von Vorstellungen", von *meaning actions*, der Ausgangspunkt für das Erforschen unbekannter Reize, den *meaning values*. Fixe Orientierungsanker sind dabei Fragen nach dem Was, nach der Bedeutung und nach dem, was man damit anfangen kann. Keimt ein Handlungswunsch auf, so wird die „Interpretationsaktivität" mit dem „ganzen Spektrum von Assoziationen, Cluster-Bildung, Metaphorisierung, Supplementierung, Kontextualisierung, Evaluierung und formalem Schließen hochgefahren". Der Vorgang heißt „bootsstrapping", und er lässt all dies „zum Handlungsimpuls reifen" (ebd.).

1.4 Soziale Arbeit als Wissenschaft und Praxis der Orientierung

Andreas Luckner beschäftigt sich in seinem Beitrag mit dem Thema *Orientierungskrisen* (ebd.: 225–241). Handlungorientierung und Lebensorientierung laufen parallel zum Zweck und Ziel. In der Planungssprache des Kirchenbaus bedeutete „orientiert" die Ausrichtung der Apsis in Kirchen nach Osten, also zum Orient hin, in den hinein sich wohl auch die Religion ausbreiten sollte. Wenn dieser Bezug verloren geht, so verschwinden auch Gegenstand und Person der Orientierung, die Hilfsmittel und schließlich die Orientierungsressourcen. Die Gewinnung von neuer Orientierung wird in solchen Fällen zur besonderen Herauforderung. Sie muss die Unwissenheit, die Unsicherheit und die Uneigentlichkeit überwinden. Hilfen dafür liefern Beratungsinstanzen. Durch sie soll es möglich werden, aus dem *Ulrich* in Robert Musils *Mann ohne Eigenschaften* jemanden mit Eigenschaften werden zu lassen.

Die Orientierung an der Religion geht Ingolf U. Dalferth an (ebd.: 245–266). *Leben angesichts des Unverfügbaren* will das Unbegreifliche wenigstens in Bildern und Geschichten zu erfassen suchen. Das Beobachtbare steht dem Nicht-Beobachtbaren *dual* gegenüber. Zum einen wird es als Beleg für die Kontingenz der Welt gesehen, zum anderen ist sie aber auch mit Kierkegaard als Orientierung an der *Wirklichkeit des Möglichen und Absoluten* denkbar.

Die Orientierung des Handelns an der Ethik ist das Thema von Klaus Steigleder und Dieter Thomä (ebd.: 269–308). Für den einen gibt die an der Gerechtigkeit angelehnte Moral den Ausschlag, für den anderen ist eher die kraftvolle Ausstattung des selbstbestimmten Subjekts entscheidend.

Schließlich kommt noch die künstlerische Arbeit von Dagmar Lißke in einem Text von Stegmaier zur Wort (ebd.: 311–328). Dabei ist das Entschlüsseln der Spürbarkeit von Zeichen der Ursprung der Orientierung des Menschen in der Welt. Ohne eine Konfrontation mit Urbildern heraufzubeschwören geht Lißke einen eigenen Weg einer Erfahrungsparallelität zum Gegebenen.

- Welche Rolle spielt dabei die Philosophie?

Aus all diesen Standpunkten erscheint vieles für die Soziale Arbeit besonders bedeutsam zu sein. Zum einen ist es die *Orientierung im Pluralismus* und seine damit verbundene Fragestellung einer Anbindung am *Utilitarismus*. Sodann aber ist es vor allem die Frage nach einer *sinnvollen Identität* in Verbindung zur Aufgabe einer Sicherstellung des *Beziehungs- und Bindungsbedarfs* der Menschen untereinander und der *Orientierung am Sozialen*.

Die Philosophie übernimmt zudem eine zentrale Aufgabe. Sie liefert das Gerüst eines geistigen Überbaus und ermöglicht Reflexionen über die verschiedenen Räume des Geistigen, des Bewusstseins, des Denkens und der Vernunft bzw. über die Dimensionen des Kognitiven, des Emotionalen und Instrumentellen. Ihr geschichtliches und systematisches Wissen wird zum Werkzeug der Begriffsbildung und der kritischen Reflexion von Zielen.

1.5 Zentrale Gegenstände: Modelle, Themen, Arbeitsbereiche

In der Charakterisierung der Paradigmen zeichnen sich übergreifende Richtungen ab. Sie skizzieren Wege der Beeinflussung des Menschen auf der Grundlage der Ethik. Im weitesten Sinne handelt es sich um die konkrete Entwicklung von Hilfsprogrammen für Individuen und Gruppen und deren Umfeld.

Darüber hinaus gibt es eine Reihe von pädagogischen Modellen und Konzepten, die über Erziehung und Bildung versuchen einen Bewusstseinsstand anzustreben, dessen Erkenntnis- und Wissensrepertoire auf kognitiven, affektiven und instrumentellen sowie kritischen Fähigkeiten beruht.

Im einzelnen sind dies:
- **Enkulturations-** und **Integrationshilfen** mit dem Ziel der *Qualifizierungserweiterung*
- **Identitätshilfen** mit dem Ziel der *Stärkung der Person*
- **Emanzipationshilfen** mit dem Ziel der *Vermittlung eines kritischen Bewusstseins.*

Die Modelle beruhen auf:
- der individuellen Förderung des Zuwachses an Wissens sowie des Zuwachses an allgemeinen und spezifischen Fähigkeiten und Fertigkeiten
- der Förderung der inneren Stabilität
- der Förderung der Autonomie.

In der sozialarbeiterischen Praxis nehmen die Modelle ihren Ausgang von der Lebenswelt, der Lebenslage und der Lebenssituation von Individuen und Gruppen (vgl. Callo, 2002). Die Ansätze greifen ineinander, so dass das Wissen über methodisch-didaktische Grundlagen des Lernens, das therapeutische Wissen über Grundlagen der Beziehungsarbeit, das politische Wissen über rechtliche Voraussetzungen einer verbesserten Teilhabe und Mitbestimmung Kernbereiche *pädagogischer Kompetenzen* in der Sozialen Arbeit bilden.

Die nachfolgende Übersicht zeigt zur Veranschaulichung die Hauptbereiche. Anhand einer Stichwortauswahl, mit denen die Soziale Arbeit in ihrer Zielsetzung konfrontiert ist, soll ferner deutlich werden, um welche verschiedenen, von gesellschaftlicher Ausklammerung bedrohten Zielgruppen es sich handelt. Im wesentlichen sind es Menschen, die sich in individuellen Lebenswelten, Lebenslagen, in kritischen Entwicklungs- und Lernphasen sowie in marginalen Lebenssituationen, auf der Suche nach einer sie erfüllenden Lebensplanung, nach Sicherheit, Veränderung und Teilhabe befinden.

1.5 Zentrale Gegenstände: Modelle, Themen, Arbeitsbereiche

Den Konzeptionen sind Theorien mit eigenen Gegenständen, Themen und Einschränkungen zugeordnet:

a) Theorien zum allgemeinen Selbstverständnis der Sozialen Arbeit: Wissen über sozialarbeiterische Handlungsprinzipien
   - Gegenstände: Ethik, Menschenrechte, Gerechtigkeit, Freiheit, Würde
   - Themen: Selbstbestimmung, Gleichstellung, Achtung und Respekt, Chancengleichheit, Integration
   - Einschränkungsfolgen: Verletzung der Menschenrechte, Inhumanität, Flucht, Erziehungs- und Bildungsdefizite.

b) Subjekttheorien: Wissen über Grundlagen der individuellen Lebenswelt
   - Gegenstände: Welt des Subjekts und dessen Identität, körperliche und geistig-seelische Ausstattung, Entwicklung individueller Sinnhorizonte
   - Themen: Lebens- und Entwicklungsphasen, Lebensentwürfe, Lebensgestaltung, Lebensziele
   - Einschränkungsfolgen: Identitätsverlust, Minderung des Selbstwerts und der Leistungsfähigkeit, Stigmatisierung, Repression, Exklusion, Stress, psychosomatische Erkrankungen.

c) Sozial- und Gesellschaftstheorien: Wissen über Lebenslagen im Rahmen des Verhältnisses von Mensch und Gesellschaft
   - Gegenstände: Strukturelle Verhältnisse der Gesellschaft
   - Themen: Verteilung der Macht, Besitz- und Wohnverhältnisse, Arbeit, Freizeit, Rechtslagen
   - Einschränkungsfolgen: Benachteiligung, Machtlosigkeit, Arbeitslosigkeit, Armut, Isolation, Sucht.

d) Theorien zur Subjekt-Objekt-Interaktion: Wissen über Austauschprozesse, Handlungs- und Umsetzungswissen
   - Gegenstände: Kommunikation, Interaktion, Welt der Kontexte und Symbole
   - Themen: Sprache, Kontakt, Beziehung, Bindung, Regeln, Riten
   - Einschränkungsfolgen: Kontaktlosigkeit, Schweigen, Orientierungslosigkeit, Aggression, Gewalt.

Die besondere Leistung einer diskursiven Erfassung der einzelnen Bereiche und deren Stichworte besteht in der Repräsentation von Tatsachen, Fakten, Daten, Hintergründen und deren Folgen sowie deren Reflexion.

2 Konstruktion eines Überbaus

2.1 Vorüberlegungen zu einer Plattform

Die Suche nach einem Ausgangspunkt geistiger Grundlagen der Sozialen Arbeit wird von formalen und inhaltlichen Blickrichtungen bestimmt. Die erste richtet sich auf eine angemessene Orientierung der Praxis an theoretischen Zusammenhängen. Die zweite beschäftigt sich mit den allgemeinen Merkmalen geistiger Betrachtung. Die dritte verweist auf Erkenntnisressourcen. Die vierte nimmt Bezug zum inhaltlichen Gegenstand, nämlich der sozialen Welt. Die fünfte zeigt anhand eines Modells das Zusammenspiel zentraler Arbeitsbegriffe für eine weitere Vertiefung.

2.1.1 Das Problem der Orientierung am Theoretischen

Eine nicht einfach zu beantwortende Frage lautet: Wie viel Theorie braucht die Praxis? Wie viel verträgt sie? Wie viel davon nutzt dem Handeln? Oder mit anderen Worten: Wie weit muss das konkrete Wissen auf ein abstraktes zurückgreifen, um für die Praxis förderlich zu sein? Es könnte auch gefragt werden, ob Problemstellungen nicht einfach wie bisher nach erfolgreichen Strategien behandelt werden sollten. Die Frage lautet also allgemein:

- Ab welcher Abstraktionsstufe ist Hintergrundwissen in Form von Erklärungs-, Werte- und Bildungswissen in der Praxis noch sinnvoll?

  Die Lehre an Fachhochschulen hat es mit ähnlichen Problemen zu tun: Wenn das Studium auf die Praxis vorbereiten soll, muss geklärt sein, auf welchem Abstraktionsniveau gelehrt werden soll. Natürlich gibt es das Prinzip des Anwendungsbezugs, das eine gewisse Nähe zur Praxis gewährleistet. Nur, welcher Nähebegriff ist für die Praxis geeignet? Wie lässt sich Nähe ausdifferenzieren? Was ist z.B. logisch nah, aber inhaltlich fern oder inhaltlich nah, aber unlogisch?

  Computer z.B. sind durch ihre Rechenleistung den Gegenständen logisch nah, weil sie diese quantitativ in alle Richtungen vermessen. Sie sind aber von der Bedeutungserfassung, also von dem, was ein Gegenstand substantiell ist, ausgeschlossen.

Mit diesem Katalog lassen sich Forderungen zur Dimensionierung von Fragen verbinden. So können Fragen nur beantwortet werden, wenn sichtbar gemacht werden kann, welchen Stellenwert die geistige Dimension in ihnen einnimmt. Um dies aber angemessen behandeln zu können, sind für eine Positions- und Funktionsbestimmung in erster Linie Vorbehalte gegenüber einer für unangemessen gehaltenen „Verkopfung" der Praxis zu überwinden. Denn in weiten Teilen der Praxis werden wissenschaftliche Erkenntnisse als problematisch angesehen, weil der zu hohe Allgemeinheitsgrad der Sprache meist gerade diejenigen, um die es geht, die konkreten Menschen und deren Anliegen, darin nicht vorkommen lasse. Ähnliches wird oft auch generell der Forschung vorgeworfen, indem gesagt wird, sie tue nichts anderes, als das Konkrete auf eine lebensfremde Weise zu verobjektivieren. Sie entwerfe zwar Modellvorstellungen, die etwas Wahres und Richtiges über die soziale Welt aussagen könnten, rede aber über die Köpfe der Betroffenen hinweg.

Diese Vorbehalte können zu gegensätzlichen Haltungen führen: Zum einen kann es verbreitet zu einer Abwehr des Abstrakten in Form einer Theoriefeindlichkeit der Praxis führen, in der der Vorwurf einer zu großen Neutralität mancher Forschungsverfahren erhoben wird, da diese unter dem Verdacht stünden, die Menschen lediglich zum Objekt von Hochrechnungen machen zu wollen, nicht aber für sie einzutreten würden.

Auf der anderen Seite wird verstärkt der Versuch unternommen, die inhaltlichen Bestimmungen der Praxis unter das Dach eines geisteswissenschaftlichen Diskurses zu stellen, der vor allem bei der Klärung von Begriffen mit dem Wissen aus verschiedenen Bereichen arbeitet. Ein Interesse an der Verwendung philosophischen Wissens erscheint mir in diesem Zusammenhang unverzichtbar zu sein.

- Was bedeutet dies für die Theorie?

Zunächst muss davon ausgegangen werden, dass wir nicht ohne einen begrifflichen Blick arbeiten können. Wenn mit Menschen gearbeitet wird, müssen immer zugleich auch im Hintergrund Vorstellungen über Strukturen des Subjekts vorhanden sein. Dazu braucht die Praxis einen Begriff vom Subjekt (seiner Individualität, Echtheit, Fremdheit usw.), sonst könnte sie in überhaupt keiner Weise – was ethisch geboten wäre – Rücksicht auf die Lebenswelt von Menschen nehmen. Ein zweiter Ansatz ist die Gewinnung von Erkenntnissen im Rahmen von Analysen und Diagnosen, die zu Richtlinien für Entscheidungen werden können. Dabei müssen Wahrnehmungen durch Wissensrückgriffe bzw. durch eine entsprechende Wissensauswahl und -anwendung vertieft werden.

> Die Frage nach der richtigen Anteilsmenge des Theoretischen am Praktischen ist für den Bereich des Studiums leichter zu beantworten. Ein Studium muss sich verstärkt um die Erfassung wissenschafts- und erkenntnistheoretischer Wege der Gewinnung von Aussagen über ihren Gegenstand kümmern.

2.1.2 Orientierung durch Betrachten

Die von Silvia Staub-Bernasconi vorgelegte Zuordnung der Sozialen Arbeit zu Paradigmen erweist sich als brauchbar. Sie schafft Klarheit über die konzeptionelle Verknüpfung praktischer Ansätze mit Theorien und erleichtert eine Begründung der Handlungsebenen einzelner Richtungen. Interessant allerdings ist der deutliche Hinweis auf unterschiedliche erkenntnistheoretische Fundierungen der einzelnen Paradigmen.

2.1 Vorüberlegungen zu einer Plattform

Klar zu sein scheint, dass Paradigmen den Modellcharakter von Zusammenhängen repräsentieren, indem sie die Besonderheit von Blickwinkeln herausarbeiten und fragen, worauf sich das geistige Auge im Denken und Handeln konzentriert. Durch die Relevanz des Blicks sind sowohl thematische Bündelungen als auch reale Zugänge zur Differenziertheit der Welt möglich. Das Subjekt kann das der Wahrnehmung Zugehörige erfassen und einer reflektierenden Thematisierung weiterleiten, während die innere und äußere Welt das Material dazu bereitstellt.

Bei diesen Möglichkeiten spielt das Betrachten bzw. die Betrachtung mit dem Ziel des Verstehens und der Auseinandersetzung eine wesentliche Rolle. Betrachten dient der Herstellung von Relevanz, dem Finden von Orientierung und der Darstellung von Differenz. Betrachten heißt einen Gegenstand distanziert wahrzunehmen, ein Problem oder ein Thema wachen Auges von möglichst vielen Seiten zu beleuchten, Strukturmerkmale herauszuarbeiten und neue Gesichtspunkte der Auseinandersetzung freizugeben.

Die Stationen dieses Weges sind Aufenthaltsorte einer Suche nach der Erkenntnis von Sinn und Bedeutung sowie nach Möglichkeiten und Alternativen. Sie verdichten sich im Wahrnehmen bzw. Spüren, Erahnen und Erfassen, im Erklären und Verstehen sowie in der Auseinandersetzung.

Kurze Vorüberlegungen zur weiteren Einordnung der Begriffe:

Das *Wahrnehmen* registriert den Kontakt zum inneren und äußeren Objekt und führt zum bewussten Erleben und zur Erfahrung aus erster Hand, die verinnerlicht zu Erkenntnissen, aber auch zu Anschauungen und Einstellungen werden können.

Das *Erklären* versucht, Vermutungen über Beobachtungen, Befragungen, Experimente und mit Hilfe logischer Ableitungen und Verallgemeinerungen klaren Auges empirisch zu begründen und zu belegen.

Das *Verstehen* will Mehrdeutiges unter Einbezug einer Theorie interpretieren, decodieren und definieren sowie ein Ganzes hinter den Bruchstücken der Wahrnehmung entdecken.

Die *Auseinandersetzung* führt über das Argumentieren, Verteidigen und der rationalen Rechtfertigung zum kritischen Diskurs über Widersprüchliches. Wir werden in einem eigenen Kapitel diese Wege in ihrer natur- und geisteswissenschaftlichen Verankerung als Denkmethoden der Induktion und Deduktion, Phänomenologie, Hermeneutik und Dialektik behandeln.

Das *Betrachten* ist dem gegenüber die übergeordnete Tätigkeit und geht mit dem Erkennen und der Erkenntnis einher. Betrachtungen sind in den Klärungs- und Strukturierungsansätzen der Sozialen Arbeit wesentlich und stellen eine *kognitive Orientierungsarbeit bei der Thematisierung des Verhältnisses von Mensch und Umwelt* dar.

Die *Wechselwirkung* zwischen den Polen des Subjekts und Objekts, also zwischen der inneren und äußeren Welt, zwischen dem Individuum zu sich, zu Anderen, zur Umgebung und umgekehrt, liefert die Energie für die Erkenntnis. Diese dem phänomenologischen Ansatz entlehnte Auffassung wird damit zu einer noch näher zu beschreibenden Grundlage. Vorweg aber soll eine Reihe von Vorüberlegungen den weiteren Aufbau skizzieren.

2.1.3 Orientierung an Erkenntnisressourcen

- Welches sind die Hauptressourcen der Erkenntniskompetenz?

In den zentralen Feldern der Beratung, Organisation und Leitung orientiert sich die Soziale Arbeit am „Dreieck von Denken, Fühlen und Handeln". Begründete Überlegungen, intuitive Ahnungen und Handlungstalent sind in Form von Wissen, Einfühlungsvermögen und Erfahrung Quellen des Handelns. Die Rationalisierung dessen findet durch eine noch näher zu kennzeichnende „Erkenntniskompetenz" als Ausgangsenergie mit der Möglichkeit der geistigen Durchdringung von Objekten statt. Diese beruht ihrerseits auf einer ethischen Kompetenz. Dazwischen stehen allgemeine Erkenntnisressourcen, über die jeder Mensch verfügt:

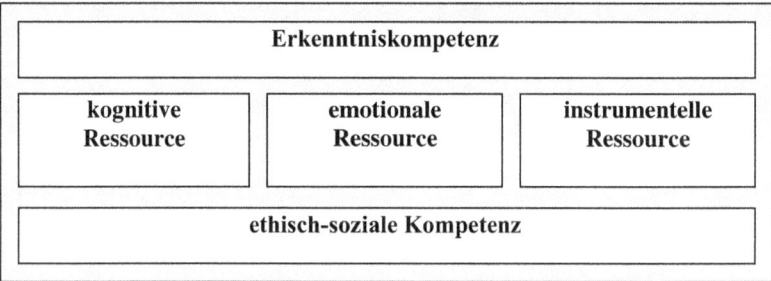

Kurze Erläuterung dazu:

Ähnlich wie durch das „Kopf-Herz-Hand-Modell" in der Pädagogik Erziehungs- und Bildungsdimensionen unterschieden werden können, lassen sich auch in der Sozialen Arbeit „kognitive", „affektive" und „instrumentelle" Bereiche ausmachen. Während in der Handlungstheorie die instrumentellen Steuerungsanteile überwiegen, strebt die Erkenntnis nach Reflexion. Die affektive Dimension nimmt in diesem Unterfangen eine Mittelstellung ein, so dass angenommen werden kann, sie beeinflusse über Willenskräfte deutlich die beiden anderen Dimensionen. Die Erkenntniskompetenz als Fähigkeit zur Reflexion wird von der sozial-ethischen kritisch ergänzt. Beide Kompetenzen greifen dabei auf entsprechende Ressourcen zurück.

Ergänzende Aspekte:

Sobald das Subjekt Strukturelemente sozialer Problemstellungen reflektiert, nimmt die kognitive Dimension automatisch eine Vorrangstellung ein.

Die Möglichkeit zur selbst- und fremdbezogenen Reflexion schafft wachsame Erkenntnis-Distanzen, die vielfältig nutzbar sind. So lässt sich im Vor- wie im Nachhinein eine Distanz zum Geschehen herstellen. Durch sie lassen sich die Wiederholbarkeit von Erfolgen sichern, Gefahren abstecken, Zustände erklären, verstehen und regeln.

Die kognitive Dimension ist also durch ihren Reflexionsraum selbst mental konfiguriert. Daher sind die Eigenschaften „kognitiv", „mental" und „geistig" eng verwandt. „Kognitiv" ist mehr mit dem Denken und dessen logischer Kombinations- und Problemlösungsfähigkeit verknüpft, das „Mentale" mehr mit dem geistigen Bewusstseins-Raum, der Geistigkeit bzw. dem Geist.

Das Vermögen der kognitiven Dimension, einen Standpunkt außerhalb einzunehmen, bedeutet auch das Verlassen einer emotionalen Beteiligung. In Ablösung werden durch Fragen Inhalte umgrenzt, es werden Begriffe als Erklärungsbausteine verwendet, von denen angenommen wird, dass sie in der Lage sind, das Vorliegende adäquat zu repräsentieren.

Die Dimensionen zu wechseln, ermöglicht durch die unmittelbare Auseinandersetzung mit psychosozialen Problemen einen genaueren Blick hinter die Fassaden, z.B. in die Inhaltlichkeit des individuell Tristessen. So ist durch die raum-zeitliche Nähe zu den Menschen die Arbeit vor Ort eng mit der Bedeutungsvielfalt psychosozialer Zustände verbunden. Erst über eine Nähebeziehung kann das Substantielle von Lebenswelten und Lebenslagen genauer verstanden werden. Dabei geht es dieser Nähe nicht um die Protokollierung einer Situation, sondern um eine möglichst natürliche Erfassung des „Auffälligen" in Form eines Erzähl-Dialogs auf Augenhöhe.

Im Näheansatz des Verstehens spielt das Plaudern eine wesentliche Rolle. Durch seinen bisweilen auch literarischen Erzählcharakter befindet es sich dichter am Verstehen der „Eigentlichkeit" von inneren Zuständen. Plaudern schafft Vertrauen und bietet eine Fülle von Gesprächsgegenständen, die sodann über ein gedankliches Beiwerk, über Assoziationen kognitiven Ursprungs zu Themen werden können. Sind diese einmal ein auch formuliertes Arbeitsmaterial, verabschiedet sich das reine Plaudern von der Zufälligkeit und wird strategisch. Auf höherer Ebene werden dann die Gegebenheiten des Plauderns zu Indikatoren für Einsichten.

2.1.4 Orientierung an der sozialen Welt

„Objekt" und damit Gegenstand sozialarbeiterischer Erkenntnis ist die **soziale Welt**. Sie ist als *Explanandum* vor der Erkenntnis gegeben. Im Mittelpunkt sozialer Hilfen stehen der „Mensch", dessen Lebenswelt, Lebenslage und Lebenssituation:

- Die *Lebenswelt* ist der individuelle Sinnhorizont des Menschen und umfasst dessen Individualität und Subjektivität in der Form des „Ichs" der eigenen Person und den Erfahrungen mit der Umwelt. Die Lebenswelt wird auch von individuellen Bewältigungsmustern im Umgang mit Problemstellungen des Alltags bestimmt.
- Die *Lebenslage* ist durch gesellschaftliche Strukturen geprägt, wobei die Gesellschaft und deren politische Struktur verantwortlich für Erwartungshaltungen an das Individuum und für Positions- und Güterverteilung so wie die Verteilung der Arbeit sind.
- Die *Lebenssituation* ist die konkrete Synthese von Lebenswelt und Lebenslage. Sie ist das Ergebnis von Kommunikations- und Interaktionsabläufen, aber auch die Folge von Ereignissen. In ihnen spiegelt sich das Verhältnis von Mensch und Gesellschaft, Mensch und Kultur. Es ist aber auch der Bereich des kreativ Hervorgebrachten, also der Sprache und der Kunst.

Der Bezug zur Erkenntnisfähigkeit innerhalb der drei Bereiche – wie die in Form einer kritischen Reflexion *über sie* – läuft hier auf einen entscheidenden Punkt hinaus, nämlich auf die Anerkennung einer subjekt- und objektbezogenen Fixierung von Relevanzen. Die notwendige Voraussetzung dafür erscheint mir eine eigene Form der Subjekt-Objekt-Verbindung zu sein. Sie besteht sowohl in der Selbstreflexion als auch in der Fremdreflexion. Letztere bedingt die Anerkennung der Existenz einer – auch vom Subjekt getrennten – „Realität", die als eine „vorweg vorhandene Wirklichkeit" schrittweise vom Subjekt erkannt und sprachlich abgebildet werden kann. Daher lässt sich nicht nur in formaler, sondern auch in inhaltlicher Hinsicht von einer „Interaktions-Dualität" zwischen „Subjekt und Welt" ausgehen.

Das Subjekt besitzt die formale Fähigkeit zur Erkenntnis. Die innere und äußere Welt besitzt die inhaltliche Möglichkeit erkannt zu werden. Beide Teile kommunizieren miteinander über das Subjekt mit Hilfe von Austauschprinzipien.

Diese zentrale Annahme bezieht sich vor allem auf die Fähigkeit, Wesentliches über das Subjekt *und* die Welt zu erkennen und mit Hilfe der Sprache zu entäußern. Die personale, soziale und gesellschaftliche Welt einerseits sowie die Sach-, Kultur- und Ereigniswelt andererseits befördern daher differenzier- und zuordenbare Wesensmerkmale zu Tage.

Der entsprechende Hintergrund wird durch einen relativierenden Standpunkt gekennzeichnet, der sich grundsätzlich gegen radikal skeptizistische und konstruktivistische Auffassungen richtet, in denen die Welt prinzipiell unerkennbar bleibt und alle begrifflichen Fassungen bzw. Objektivierungsversuche reine Konstruktionen bleiben. Solche Ansätze sind für die Soziale Arbeit nur bedingt geeignet. Ebenso sind auf der anderen Seite radikale Auffassungen, die Wahrheit liege „hinter" der Welt, hinter dem Wahrnehmbaren im „Metaphysischen", nur förderlich, wenn sie einem kommunikativen Diskurs standhalten.

Insgesamt wird damit eine Vorstellung über die Erkenntnis eingeholt, die zwischen Selbst- und Fremdbezügen pendelnd nach Orientierung sucht, indem sie die Interaktion zwischen Subjekt und Objekt als variierenden Prozess versteht. Mit ihm können Spiegelungen auf verschiedenen Allgemeinheitsebenen für das Bewusstsein bereitgestellt werden.

Durch einen „Standpunkt außerhalb" wird versucht, subjektiven Täuschungsanteilen zu entkommen. Zum einen Teil geschieht dies durch die Entwicklung und Benutzung von Erklärungswissen, zum anderen durch Reflexionen über das Verstehen sozialer Tatsachen. Das erste ist bedeutsam, wenn Mechanismen, Ursachen und Auswirkungen sozialer Verhältnisse thematisiert werden, das zweite wenn Handlungsstrategien auf der Grundlage von Erkenntnissen vorgeschlagen und erprobt werden.

Die Einnahme eines externen Betrachtungsstandorts bzw. eines „Hubschrauberblicks" entspringt dem wissenschaftlichen Anliegen, möglichst unvoreingenommen (und vorurteilsfrei) Erkenntnisse über die (innere und äußere) „Welt" zu gewinnen, um zu „wahren und richtigen", „objektiven und intersubjektiven" Aussagen zu kommen. Eine distanzierte Betrachtung des Aufgabenfeldes der Sozialen Arbeit erweist sich daher besonders dann als notwendige Voraussetzung professionellen Handelns, wenn das Zerlegen und Durchschauen sozialer Problemstellungen auf einem hohen und sensiblen Reflexionsniveau geschehen soll.

Dabei lautet eine der Hauptfragen, auf welche Weisen wir zur Erkenntnis dessen kommen, *wie* und *was* etwas ist, und zu dem finden, wie und was etwas sein *soll*. Die letzte Frage ist wohl eine der schwierigsten. Bemühungen um eine Verbesserung sozialer Beziehungen, die das Ziel der Verwirklichung einer gerechten Teilhabe an gesellschaftlichen Ressourcen verfolgen, nehmen zwar vom Betrachten des Objekts „Mensch und Gesellschaft" ihren Ausgang, sie sind aber über die Tatsache hinaus, die soziale Welt begrifflich erfassen und im Bild ablichten zu können, nicht in der Lage, sie auch zu bewerten. Hier muss die Erkenntnis auf andere Quellen zurückgreifen. Eine dieser Quellen ist die Ethik. Im Subjekt verankert ist es die Fähigkeit ethischer Vernunft, die zu bestimmen Wesensmerkmale des Geistigen erforderlich macht. Wir werden diese später unter dem Stichwort „strukturelle Rationalität" näher beschreiben.

In wieweit Soll-Vorstellungen ihre Berechtigung haben, ab wann sie ethisch verantwortet werden können und ab wann sie als wahr und richtig gelten, ist erst zu beantworten, wenn es auch verbindliche Anhaltspunkte über das Sollen gibt. Grundvoraussetzung aber bleibt, dass das Erkannte immer auch objektiv und intersubjektiv vorhanden sein muss, sonst reden wir über etwas, was es nicht gibt. Wir haben die Standpunkte zu den Begriffen „Objektivität" und „Intersubjektivität" vorher schon angesprochen. Die Frage der Praxis, ob dabei das Verhältnis des Konkreten zum Abstrakten, des Realen zum Fiktiven, des Empirischen zum Normativen vorweg geklärt sein muss, um zu entscheiden, welche Aussagen berechtigt sind und welche nicht, läuft auf eine wissenschaftstheoretische Diskussion hinaus, die ansatzweise auch schon im ersten Kapitel dargestellt wurde. Dabei wurde deutlich, wie schwierig die Frage für die Soziale Arbeit ist, wenn sie von der Beschreibung des Wie der Tatsachen zum dem kommt, was diese sind und was sie sein sollten.

2.1.5 Orientierung an einem Modell

Nachfolgend wird ein Modell mit einer Arbeits-Nomenklatur zu den später zu vertiefenden Konstituenten des **Kognitionsraums des Subjekts** aufgeführt. Es orientiert sich an den Metaphern „Energie, Quelle, Fluss, Flussbett und Strom" und enthält zentrale „Begriffs-Anker" einer geistigen Bewältigung von Themen und Arbeitsfeldern.

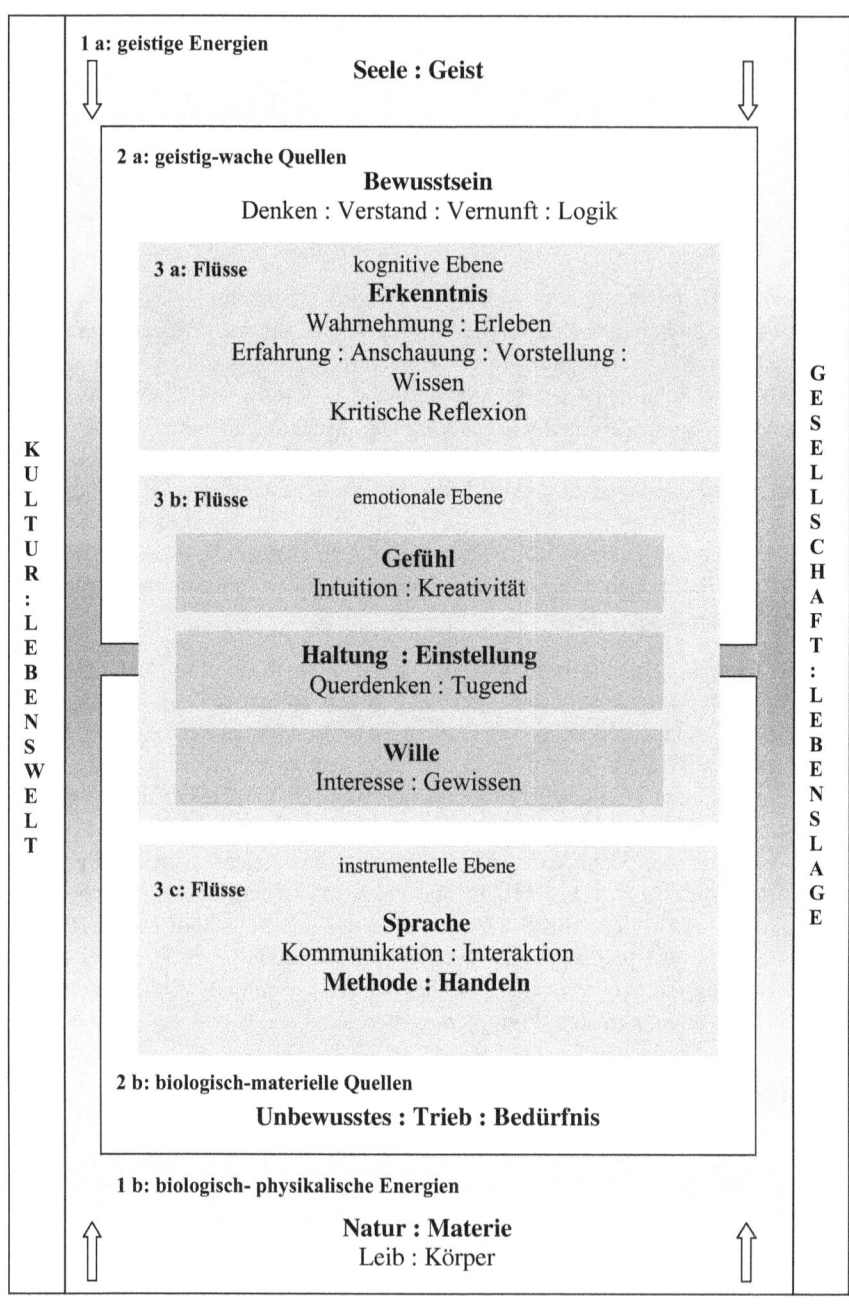

2.1 Vorüberlegungen zu einer Plattform   33

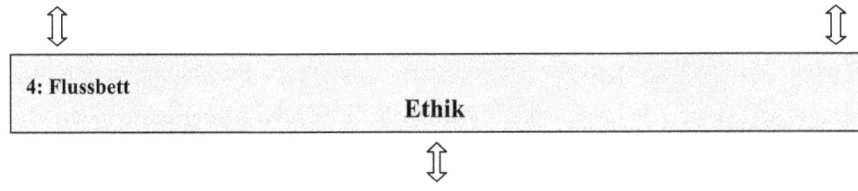

5: Ströme, Strömungen und Richtungen
Erkenntnis- und wissenschaftstheoretische Megatheorien System- und Einzeltheorien **Rationalismus : Empirismus : Naturalismus: Realismus** **Physikalismus : Pragmatismus : Konstruktivismus** **Monismus : Reduktionismus : Dualismus**

In Anlehnung an Vorstellungen von Noam Chompsky (1970) und Jean Piaget (1992) wird folgender Zusammenhang angenommen, der durch das Wechselspiel von *Energie* und *Entwicklung* gekennzeichnet ist:

- Tafel 1 a und 1 b verkörpern die Ebene der geistigen sowie der biologisch-physikalischen **Energien**
- Tafel 2 a und 2 b sind **Quellen**, die in ihrer Konzentration auf bewusste und unbewusste Anteile unterschiedlich – vielleicht auch getrennt – zu sehen sind
- Tafel 3 a, 3 b, 3 c sind **Flüsse** auf den Ebenen der Erkenntnisressourcen
- Tafel 4 bildet als **Flussbett** die Grundlage
- Tafel 5 enthält die daraus entstehenden **Ströme**, Strömungen und Richtungen.

Für das Verstehen der Metapher ist wichtig, das Bild nicht als schicksalhaftes Fließen in eine Richtung zu verstehen, sondern als Ansatz der Rekonstruktion eines Prozesses, in der auch dynamische Gegenläufigkeiten und Rückkoppelungen vorkommen.

Zur Leseart der Hauptbegriffe des Modells:

- (in 1 a): **Geist** und **Seele** sind in ihrer geheimnisvollen Verknüpfung zur Natur und Materie die energetischen Ausgangspunkte. Die Energie bedient sich – neutral gesehen – einer Reihe von sich gegenseitig stützender Faktoren. Für die Lebendigkeit sorgt die Seele, für die Erkenntnisfassung der Geist.
- (in 1 b): **Natur** und **Materie** bilden das für den Geist erforderliche Haus von Leib und Körper.
- (in 2 a): Die zu Quellen verdichteten Energien führen zum wachen und vitalen **Bewusstsein**, in dem der steuernde **Verstand** agiert. Die empfangenen Inhalte sortiert das **Denken** und bringt sie mit Hilfe der Logik in eine formale Ordnung. **Vernunft** und **Ethik** sind die Instanzen einer kritischen Betrachtung. Mit dem Verstand und der ihn organisierenden Vernunft kommt somit eine Kontrollenergie ins Spiel: Die Ethik. Zur rein logischen Vernunft gesellt sich die praktische. Erst im Verbund werden Aussagen in ihrem humanen

Charakter und Wert analysier- und beurteilbar. Es geht dabei nicht nur um wahr und falsch, sondern um sinnvoll und sinnlos, wertvoll und wertlos, lauter und unlauter, moralisch und unmoralisch. Die Instanz zur Differenzierung dessen ist die ethische Vernunft.

- (in 2 b): Dem Bewussten steht als biologisch-materielle Quelle das **Unbewusste** (oder Vorbewusste) gegenüber, ähnlich wie dem Bewusstsein das Unterbewusstsein als Ort. In Bezug auf das erlebte Wechselspiel von Geboten und Verboten ist dieser Bereich der Sammelplatz aller nicht gelebten Neigungen, die in der Körperlichkeit und Leiblichkeit agieren. Es ist aber auch ein Schutzraum für Scham und Zweifel. Die materielle, physikalische, chemische und biologische Natur der Materie determiniert die körperliche Ausstattung, während die Leiblichkeit das materielle Haus der Emotionen ist. Im Unterbewusstsein ist die Triebnatur verankert, von denen neben den Bedürfnissen und dem Verlangen auch Neugierde und Interesse, Sehnsucht und Hoffnung, Wünsche, Ideen und Visionen gesteuert werden.

- (in 3 a): Die **Erkenntnis** lebt auf der kognitiven Ebene von der Wachheit und dem Gewahrsein des Bewusstseins. In ihrem Kognitionsraum können Wahrnehmungen nach außen und nach innen gerichtet werden. Es kommt zu Erfahrungen, Anschauungen, Vorstellungen, Einstellungen und schließlich zum Wissen sowie zu Reflexionen und Prüfung. Der Kognitionsraum der Erkenntnis ist daher ein Raum der Vorstellung, des Festhaltens, des Erinnerns, der Rekonstruktion und Deutung. Er ist ein Raum des Nachdenkens und der Reflexion und Kritik.

Die Summe der gespeicherten Erfahrungen und Erkenntnisse bezeichnen wir als Wissen. In ihm werden inhaltliche Daten gespeichert. Sie werden als sinnvoll, vernünftig, als nachvollziehbar und glaubwürdig erkannt. Damit unterstehen die konkreten Bilder und abstrakten Begriffe sowie Aussagen und Argumentationen den Prinzipien der Wahrheit und Richtigkeit.

- (in 3 b): Die emotionale und affektive Ebene ist zweigeteilt. Im ersten Teil befindet sich der Sitz der **Gefühle** sowie der Intuitionen, der Ahnungen und des Einfühlungsvermögen Der Intuition wiederum nahe steht die Kreativität und Inspiration.

Der zweite Teil dieser Ebene wird durch **Haltungen** und **Einstellungen** bestimmt. Sie drücken Rücksichtnahmen in Beziehung zur sozialen Welt aus und stehen damit in Verbindung zu Tugend und Moral.

Der **Wille** stellt ein eigenes Kräftefeld dar. Als freier Wille, der bewusst eigene Anfänge setzen kann, steht er in enger Beziehung zur Erkenntnis, als Energie des Interesses jedoch mehr mit dem Streben nach Einfluss und Macht. Die Instanz des Gewissens spielt dabei eine besondere Rolle. Diese beherbergt das Gespür für gut und böse, das dem Menschen sagt, was in seinem Wollen richtig und was falsch ist. Im Sinne eines Wachsamseins dem Humanen gegenüber ist das Gewissen die Richtschnur des Gefühls der moralischen Pflicht.

- (in 3 c): Über die **Sprache**, das Sprachvermögen, genauer gesagt der Sprachkompetenz und Sprachperformance, werden Erkenntnisse als geistige Produkte ausgedrückt und kommuniziert. Die Sprache ist der empirische Teil von Meinungen, Aussagen, Urteilen und Rechtfertigungen und damit auch der Erkenntnis. **Methode** und **Handeln** gestalten die instrumentelle Ebene.

- (in 4): Die **Ethik** und die damit verbundenen Haltungen gestalten die Grundlage des handelnden Subjekts.
- (in 5): Aus den Flüssen werden **Ströme** und **Strömungen**, die sich aus der Hochrechung eines inneren Magnetismus im Subjekt ergeben. Die Ausrichtung und Begründung der einzelnen Begriffe führen zu erkenntnis- und wissenschaftstheoretischen Trends, zu **Richtungen** und Schulen. In ihnen wird nicht nur das Verhältnis von Subjekt und Objekt genauer thematisiert, sondern es werden auch wissenschaftliche Forschungswege vorgezeichnet.

Modellklammern:

Der angenommene Zusammenhang wird von der **Kultur**, der **geistigen Lebenswelt** sowie der **Gesellschaft** und der **materiellen Lebenslage** umrahmt.

In der Sozialen Arbeit ist das Individuum in seiner Identität als Subjekt und Person nicht ohne eine gesellschaftliche und kulturelle Einbindung denkbar. Die Lebenswelt und Lebenslage des Subjekts sind daher elementar für die Inhaltlichkeit von Bewusstseinszuständen verantwortlich. Das Individuum ist darin in seiner **konkreten Lebenssituation** das Produkt der Folgen von Bedingungen. Weil es aber selbst vernunftbegabt sowie denk- und reflexionsfähig ist, ist es diesen Determinanten gegenüber zumindest teil-autonom, denn es kann über seine Lebenssituation – wenn nicht allein, so doch mit Hilfe anderer – reflektieren und sich durch kritisches Denken – zumindest geistig – von Abhängigkeiten emanzipieren. Um eine „selbstverschuldete Unmündigkeit", wie es Kant ausdrückt, zu vermeiden, muss daher diese Möglichkeit bei der Förderung und Entwicklung des Geistigen ansetzen, in der rechten Weise zu lernen, sich seiner Natürlichkeit und seines Verstandes zu bedienen.

3 Kognition des Geistigen

- Worin besteht das geistige Anliegen?

Soziale Arbeit will die Beseitigung von Benachteiligungen und die Teilhabe aller an den gesellschaftlichen Ressourcen zur Sicherung des sozialen Friedens, so dass allein schon die Inhaltlichkeit der Worte „Benachteiligung" und „Teilhabe" komplexe Substrate des Denkens in Korrespondenz zur sozialen Welt darstellen.

Die Praxis behandelt diese Sichtweise auf einer bestimmten Ebene ebenso. Die Formulierung von Zielen und Ansätzen in der Niederschrift von Konzepten spricht „immer zugleich auch" über abstrakte Ideen. In eine ähnliche Richtung zeigt auch die Aussage, dass nur ethisch begründete Überlegungen zum angemessen Handeln führen.

Das sozialarbeiterische Dach wird von Begriffssystemen gebildet, die die historische Entwicklung der Profession ebenso wie deren systematische Basis umfassen. Das jedoch allein macht das Unternehmen nicht einfacher. Die Begriffe selbst leben nämlich ebenso wie deren Realität und Wirklichkeit in einem ständigen Veränderungsprozess. Dem Handeln ergeht es nicht anders. Daher muss der Versuch, die soziale Welt geistig und pragmatisch zu erfassen, im Kleinen wie im Großen verschiedene Hindernisse überwinden.

(a) Dilemma an der Basis

Zuerst muss mit einem Dilemma umgegangen werden, das von dem uralten Problem einer durch das Denken herbeigeführten Trennung von Subjekt und Objekt begleitet wird. Ihr folgt ein Rattenschwanz an bibliothekarischem Wissen zum Verhältnis von Erkenntnis und Welt, Erkenntnis und Struktur, Inhalt und Form, Begriff und Schema usw. Daher gibt es bei praktischen Entscheidungen immer den berechtigten Wunsch nach einem möglichst hohen Grad an Verständlichkeit. Von ihm wird die Herstellung von Klarheit in Bezug auf Erklärungsansätze und Handlungsstrategien erhofft. Gefordert werden ausdeutungsarme Herangehensweisen im Vorfeld, die das Erkenntnisobjekt möglichst transparent machen, um in der Lage zu sein, Wahres und Richtiges über die jeweiligen Themen ausfindig zu machen.

Die Frage dahinter ist, ob es bei einer thematischen Erfassung auch einfach nutzbare Kriterien des Erkennens gibt, ob sie sinnvoll vorweg formuliert werden können oder ob man so etwas nicht besser sein lassen sollte, um die Wirklichkeit nicht noch zusätzlich zu verzerren, zumal es in der Sozialen Arbeit doch ohnehin klar ist, um was es geht. So heißt es immer wieder: Wenn die Inhalte klar sind, muss kein heißer Brei um die Dinge gelegt werden. Außerdem gibt es gerade in der Sozialen Arbeit eine Reihe völlig klarer Gegenstände. Die Armut etwa gehört dazu. Hier Deutungen zu fabrizieren, ab wann Armut beginnt und wann sie aufhört, schafft sie weder aus der Welt, noch hilft die Interpretation den Armen. Um also zu vermeiden, an der Armut vorbei zu reden, muss der allgemeine Standpunkt eingenommen werden, dass das begriffliche Benennen gewisser sozialer Realitäten von Minderheiten zwar für das Erfassen erforderlich ist, dazu aber eigentlich kein Begriffsschema und keine Definition benötigt werden. Armut zu definieren, hieße auch, sie geschickt der Wirklichkeit zu entheben.

(b) Forderung nach einer externen Begriffsebene

Der begrifflichen Erfassung wegen ist es wichtig, das Terrain sprachlich abzustecken, damit die Arbeit in einem Feld auch organisatorisch differenziert werden kann. Ob dazu Kriterien vorgegeben werden müssen, unter die ein Problem fällt, oder ob nicht umgekehrt das Problem nach Sachlage die Kriterien bestimmt, ist eine Frage des Verteilungsmodus von Zuständigkeiten. Dennoch kommen wir nicht umhin neben dem Bekannten das Dahinterliegende zu thematisieren.

Notwendig und unverzichtbar ist dazu der Versuch, das Begriffsvokabular für eine Betrachtungsebene außerhalb zu finden. In ihr wäre es z.B. wichtig, die Ursachen für Tatsachen zu suchen und die psychosozialen Folgen zu thematisieren. In dieser Weise geht es natürlich noch weiter, es geht auch um das Erkennen von Humanitätsabweichungen. Dazu müssen immer auch die kognitiven Erkenntniswerkzeuge reflektiert werden, um gewisse Irrtümer bei der Einschätzung der eigenen Identität, des Fremdseelischen und Gesellschaftlichen zu vermeiden. Das philosophische Denken scheint mir hierfür besonders gut platziert zu sein.

Ein weiteres Argument, das die Bedeutung des geistigen Überbaus stützt, ist folgendes: Der Ausweg aus der freilich nicht einfach zugänglichen Komplexität psychosozialer Phänomene durch das Herunterbrechen komplizierter Dinge in Alltagssprache ist zwar für die Arbeit nützlich, darf sich aber nicht darin erschöpfen. Einfachheit darf nicht einer immer attraktiver werdenden Banalität verfallen, die Geistiges völlig verkommen lässt.

Ich denke hier vor allem an das Phänomen, lieber von den Lassos der Medien einfangen zu werden, als sich von der Direktheit der Wirklichkeit verstören zu lassen. Der zweite Teil kann sehr unangenehm sein, er stört das Freizeitmäßige und treibt diejenigen, die die Verstörung am eigenen Leib trifft, in die innere und äußere Emigration, in die Sehnsuchtskriminalität oder Vereinsamung und deren Folgen.

- Welches „Geschäft" betreibt das Kognitive infolge dessen?

Stellen wir einen zwar anschaulichen, aber vielleicht nicht ganz passenden Vergleich her: Für den Computer wäre der Geist die Hardware, das Bewusstsein das Betriebssystem, Erkennen, Denken und Vernunft die Plattformen für verschiedene Softwareprogramme. Innerhalb derer würde wiederum das Kognitive insofern eine besondere Stellung einnehmen, als es in der Lage ist, abstrakte Begriffe – z.B. „Hardware" und „Software" – im Rückgriff auf das Denken und Erkennen zu bilden. Bei diesem Bild fehlt jedoch noch der entscheidener Teil: die Energie. Vielleicht spielt innerhalb des Geistigen die Seele diesen Part. Vielleicht verkörpert es jenes Haus, das einen Zugang zu den Erkenntnisressourcen wach hält und dazu beiträgt, das Denken mit dem Gemüt und dem Tun zu verbinden. Das Kognitive spielt so gesehen den Part, das im Haus des Seelischen Stattfindende zusammen zu halten. Es ist also eine innere Teamworkstätte, den konzertanten Teilen des Subjekts einen bildlichen, begrifflichen und akustischen Aufführungsraum zu geben.

- Was könnte daher gelten?

Zunächst sind Kognitionen seelisch-geistige Leistungen. Sie gehören zu dessen aktivem Innenleben und produzieren mit Hilfe des Erkennens, Denkens und der Vernunft abstrakte Vorstellungen und Bilder der inneren und äußeren Welt. Die Sprache ist dazu ein Mittel des Erfassens von Objekten. Die Objekte selbst werden mit Hilfe von Kompetenzen des Subjekts auf eine besondere Weise wiederum im Bewusstsein gespiegelt. Zu den Kompetenzen gehören in erster Linie die „Wahrnehmungskompetenz", die „Sprachkompetenz" und der „aktive Umgang" mit den sich wandelnden Bedeutungen der Symbole und Chiffren der Welt.

Im Hintergrund sind natürlich noch weitere Fähigkeiten und Ressourcen zu nennen, wie etwa das schon erwähnte Wechselspiel von „Erfahrung" und „Anschauung". Wir wiederholen es: Die Erfahrung organisiert die Kontaktaufnahme mit der Welt, im Verlauf derer sich Muster (Schemata) bilden, die als Spuren verinnerlicht bzw. verfestigt werden und die Wiedererkennung von Situationen ermöglichen. Anschauungen hingegen sind verinnerlichte Pakete der Erfahrung, die sehr stark mit emotionalen Erfahrungen verbunden sind und so auch Haltungen und Einstellungen verkörpern.

> Das Kognitive stellt dem gegenüber einen Schutz gegen die Verwahrlosung von Begriffen und Inhalten dar. Wenn es einmal mühsam erscheint, Begriffe und deren Inhalt zu erkunden, und man deswegen keine Lust dazu hat, kann das Auge auf Dauer blinde Flecken bekommen, während sich gewisse Interessen an der Vermarktung von Klischees über die heimliche Befriedung des Intellektuellen freuen. Schließlich wird durch Groschensoaps der vereinfachte Sprachgebrauch erfolgreich medial verbreitet. Es werden Begriffe ihrer Standfestigkeit beraubt und mühelos zum Spielball des Kommerziellen. Der Widerstand gegen einen Niveauverlust beschränkt sich daher oft nur noch auf kritische Künstler, die keinen Zugang zu den Medien haben.

Die Abhängigkeit von politischen, wirtschaftlichen und finanziellen Rahmenbedingungen macht es der Sozialen Arbeit diesbezüglich enorm schwer. Sie muss den kognitiven Bereich der Arbeit überlegt dosieren, so dass es weder zu einem Verlust an kritischer Reflexivität kommt, noch zu einer Abwanderung der Klientel in Trends, die es verstehen, das Geschäft mit der Hoffnungslosigkeit mit einer kundengerechten Zunge zu führen, die nur der allgemeinen Verdummung oder Verblödung (z.B. durch idiotische Fernsehserien) und dem eigenen Geldbeutel förderlich sein kann. Soziale Arbeit muss also in den Kategorien des Propositionalen und Intentionalen denken und zwischen interessengebundener und ethischer Rationalität unterscheiden. Das ist in der Praxis selbst freilich unmöglich, eher jedoch im Versuch, die konzeptionelle Arbeit in den Feldern danach auszurichten und wenn nötig, Entwicklungen geistig vorzugreifen, um Gefahren für die Prinzipien der Arbeit rechtzeitig zu erkennen.

- Was folgt daraus?

Professionelles Handeln muss neben Erfahrungsbezug und Geschicklichkeit auf Überlegungen hinweisen. Die Planungen im Vorfeld und die Rückschau im Nachhinein werden von Erkenntnissen gesteuert, deren Heimat das denkende Subjekt und dessen Bewusstsein ist. Der Raum dafür ist im Gegensatz zur direkten Reaktion geistigen Ursprungs.

Der Mensch ist in der Lage, Gedanken, Ideen und Begriffe – im Kopf sagt man – zu produzieren, sich also Vorstellungen zu machen, die selbst nicht dinglich sind, da sie allein im Hinblick auf ihre reale Ausdehnung und Qualität dort keinen Platz finden könnten.

Die Interaktionsbeziehung zwischen Subjekt und Objekt zählt zu den erkenntnistheoretisch verewigten Problemen. Das grundsätzliche Problem besteht u.a. in der Beschreibung und Erklärung der statischen und prozessualen Qualität des Raums *zwischen* dem Konkreten und dem Abstrakten.

Das Problem besteht im folgendem: Im Zwischenraum wird meist mehr oder weniger sprunghaft vom einen auf das andere induktiv und/oder deduktiv geschlossen, so als gäbe es keinen Prozess. In dem Moment aber, wo ich mich in der Mitte zwischen beiden Polen befinde, also auf der Ebene des Prozesses, und versuche, nach dem Besonderen wie dem Allgemeinen zu greifen, versperren statische Gedanken den Weg, gleichzeitig in die eine und andere Richtung gehen zu können.

In einer solchen Lage des Sowohl-als-auch aber befindet sich die Soziale Arbeit, so dass die Auswirkungen dessen zu Gegenläufigkeiten des Denkens und Handelns führen: Soziale Arbeit kann die Nähe zu sozialen Problemen nicht einfach nur abstrahieren, ebenso wie sie Abstrahierungen nicht einfach nur in Methoden gießen kann. Sie muss vielmehr im Zwischenraum navigieren und sich dort zu orientieren versuchen.

Der kognitive Raum organisiert also statische und prozessuale Klärungsvorhaben. Er benutzt Abstraktionen, aus denen heraus mit Hilfe der Sprache Begriffe gefasst und offene Bilder entdeckt werden. Damit ist er ein geistiger Raum, in dem die von Erlebnissen, Erfahrungen und

Anschauungen, von Gefühlen und Wissen ausgehenden Bewusstseinsinhalte registriert, katalogisiert und weiterentwickelt werden.

Daher lässt sich von einem relativ überschaubaren Modell mit einer einfachen Begriffzuordnung sprechen: Die Werkzeuge des Kognitiven sind das *Denken* und die *Sprache*, die motorische Basis der *Geist* sowie die in ihm verankerte *Vernunft* und *Kreativität*.

Schwierig ist und bleibt dabei das Unterfangen, Begriffe zu begründen und deren gegenseitige Beziehung aufzuzeigen. Um dies anzugehen, benutzen wir die These, dass Vorstellungen über Entstehungsursachen und deren ästhetische Symbole mit Hilfe des Kognitiven kommunikativ und interaktiv zugänglich gemacht werden und zum Gegenstand subjektiver, intersubjektiver und allgemeiner Betrachtung, Reflexion und kritischer Auseinandersetzung werden können. Das Mitteilbare wird über die Bereitstellung von Sprache und Bildern ausgedrückt. Dabei bleibt der Stellenwert des Verbalen gegenüber dem Bildlichen vorrangig. Bilder können zwar den Menschen bisweilen besser erreichen als Wörter, und es können die Gefühle, die sich dazu einstellen, erfüllender sein, aber sobald mitgeteilt wird, was daran gerade erfüllend ist, muss die Sprache möglichst klar sein.

Die Bedingungen für die Klarheit liegen auf der Hand. Erstens muss das durch die Sprache Abgebildete auch als solches identifizierbar sein. Es muss klar sein, worüber geredet wird. Diese Forderung läuft zurück auf den Standpunkt einer klaren Prädikation durch Exemplare. Zweitens müssen die dadurch entstehenden Aussagen über deren Inhalt und Form einer logischen Syntax und allgemeinen Grammatik folgen. Es muss sich dabei um Aussagen einer Sprachgemeinschaft handeln. Die Syntax der gesprochenen Sprache von Sprachgemeinschaften hat neben kontextgebundenen Phrasierungen zunächst einen formal grammatikalischen Aufbau. Sodann aber auch eine Tiefenstruktur, die den Gebrauch und das Verständnis von Wort- und Satzbedeutungen regelt. Die spezielle Tiefenstruktur einer Sprache ist oft nur dem *native speaker* zugänglich, den Menschen also, die darin aufgewachsen sind. Eine Verbindung verschiedener sprachlich-kultureller Einbindungen ist eher durch eine transkulturelle Betrachtung möglich sowie mittels einer Sprachkompetenz, die nahtlos von einer Sprache zu anderen wechseln kann.

> Für die Sprache der Sozialen Arbeit macht dies den Besitz eines diplomatischen Blicks erforderlich. Das heißt, es muss die Einigung auf eine gemeinsame Wirklichkeit im Verständnis des Innen und Außen stattfinden. Die Prüfung der inneren Konsistenz eines Bildes und die Anwendbarkeit auf die äußere Wirklichkeit sind die notwendigen Akte dazu. Soziale Arbeit muss also ein rationales *Sprachspiel* bei der Suche nach Erkenntnissen über eigene und fremdseelische Vorstellungen und Haltungen sowie deren Verhältnis zur gemeinsamen Realität und zu den Zielen eines sozialen Zusammenhalts spielen.

Kommen wir abschließend zur ethischen Fundierung. Die kognitive Dimension hat auch eine interne ethische Zielrichtung, über die moralische Appelle befördert werden. Sie ist nach innen hin mit dem Ethik- und Menschenrechtsprogramm verbunden. Nach außen fabriziert sie durch sensible Auseinandersetzung, durch Nachfragen und kritisches Hinterfragen Definitionsversuche zur Findung einer gemeinsamen Wirklichkeit. Sie will zum besseren Verständnis des Andersseelischen beitragen, sich mit vertrauten wie fremden Phänomenen auseinandersetzen, aus der Flut von Bildern Wesentliches finden. Denn erst hinter dem Schein der Äußerlichkeiten lassen sich die grazileren Manieren menschlichen Umgangs erkunden. Die Wahrnehmung der eigenen Zielsetzung aber, deren Verfeinerung und Erneuerung im Hinblick auf Fragen nach einer Verbesserung der Beziehung der Menschen geben in diesem Zusammenhang der Sozialen Arbeit eine standpunktsfähige Stimme in der Gesellschaft.

3.1 Geistige Energien

3.1.1 Seele

Da sich der Begriff „Geisteswissenschaften" und nicht „Seelenwissenschaft" durchgesetzt hat, gilt unser besonderes Bemühen auch dem Begriff „Geist". Wir wollen nachfolgend dem auch den Begriff „Seele" unterordnen, es aber nicht auslassen, gewisse Merkmale des sogenannten Seelischen zu nennen.

Die Vorstellung, die Seele als systemerhaltendes Lebensprinzip zu sehen, ist alt. Den Idealisten ist sie ein „unstoffliches Prinzip", das dem Materiellen dualistisch gegenübersteht. Es liegt in allem, was lebt. Für den Materialisten ist sie „unselbständig" im lebendigen Stoff enthalten und kann daher nicht von diesem losgelöst betrachtet werden. Dennoch aber hielt sich lange die metaphysische Vorstellung von der Seele als Substanz mit geistigen Eigenschaften. So ist von einer „Vital-Wahrnehmungs- und Empfindungsseele" gegenüber einer „Vernunft- und Geistseele" im Sinne einer „Schichttheorie" die Rede (vgl. *Der Brockhaus* 2004: 304 f.).

Die Seele als immateriell und nicht aufteilbar zu beschreiben, stellt sie der Ausdrucksvielfalt und dem Gestaltwandel des Geistes gegenüber. Sie an den Leib zu binden aber hat Konsequenzen, die mit der Wertigkeit verbunden sind. Die Seele als Lebenselixier des Willen, des Verlangens, der Bedürfnisse und Triebe dem Geistigen gegenüber zustellen, wirkt aus heutiger Sicht wie eine arrogante Siegesbestätigung des höheren Geistes über den untergeordneten Körper.

Bei Plato ist dies noch etwas anders. Dort werden drei „Seelenteile" unterschieden: das „Triebhaft-Begehrliche", das „Muthafte" sowie „Geist und Vernunft" (vgl. das Bild von Pferdegespann und dem Lenker, ebd., 305). Die Vorstellung einer pantheistischen „Weltseele" ist damit vorgedacht.

Erst mit Aristoteles zerbricht die Einheit. Die Trennung von höherer und niederer, von der letztere sich lediglich vererbt, „überformt" das wahrhafte Sein durch den *nus*, die „Vernunft- und Geistseele". Damit übernimmt Vernunft den Gedanken der Unteilbarkeit und setzt ihn mit Anicius Boëthius der Person gleich, die sich der Dialektik zum Körperlichen gegenübersieht.

Für Neuzeit wird zunächst die Vorstellung von René Descartes maßgeblich. Sein Leib-Seele-Problem wird auch heute noch diskutiert, selbst wenn die Zirbeldrüse als Ort der Seele nur noch amüsant ist.

Für Baruch de Spinoza gehört die Geistseele zur „Substanznatur" des Göttlichen. Bei David Hume ist das anders. Er sieht die Seele der Person als dessen Ich an, das allerdings nur ein „substanzloses Bündel von Vorstellungen" darstellt (ebd.). Die Unsterblichkeit der Seele bleibt selbst für Immanuel Kant unangefochten, trotz der widersprüchlichen Verbindung der Vernunft zur Metaphysik.

Der Geist als Widersacher der Seele wird bei Arthur Schopenhauer und Friedrich Nietzsche in seiner Umkehrung als der wilden Seele hörig begriffen zur Triebfeder des Willens zur Macht.

In der Nachfolge tritt der Unterschied bis in die gegenwärtige Diskussion etwas in den Hintergrund. Hier ist eher eine Auflösung in andere Begriffe zu verzeichnen. Während der Geist nach wie vor mehr dem analytischen, begrifflich-abstrakten Denken zugerechnet wird, ist durch die Thematisierung des Bewusstseins eine weitere Komponente zwischen Geist und Seele getreten. Bei der Thematisierung des Gemüts und der katathymischen Dimensionen der Person aber ist der Begriff der Seele wieder aktuell.

3.1.2 Geist

Den Geist vor dem Hintergrund der Leib-Seele-Problematik zu betrachten, gleicht einem Marathonlauf ohne Ziel. Eine umgangssprachliche Annäherung macht die Sachlage vordergründig etwas einfacher. Wenn etwa vom „Mannschaftsgeist" oder vom „Geist einer Hochschule" gesprochen wird, begnügt sich die Bedeutung mit einer intuitiven Erfassung des inneren Zusammenhalts eines Systems. Wird der Begriff jedoch unter ein wissenschaftliches Mikroskop gelegt, erscheint er schillernd wie kein anderer.

Damit verbunden ist ein ernstes Dilemma. Dessen Haupthindernis besteht in der dem Geist unterstellten Eigenschaft, die Bedingung seiner eigenen Möglichkeit zu sein. Das logische Argument darin bezieht sich vor allem auf die Selbstreflexion, bei der mit geistigen Mitteln geistige Aussagen beurteilt werden.

Wir sind diesem Problem bisher aus dem Weg gegangen, indem wir Formales von Inhaltlichem getrennt haben. Dennoch verfolgt uns das Dilemma nach wie vor unmittelbar in die unverzichtbare Verwendung des Begriffs hinein. Wir kommen also nicht umhin, sekundäre Hilfsbegriffe zu verwenden. Wenn wir sie ausklammern, würden die Begriffe „kognitiv" und „mental" gänzlich den Boden verlieren und zu unerklärbaren Fragmenten werden.

Wir müssen uns also auf folgendes berufen: Eine geistige Eigenschaft ist in unserem Zusammenhang immer zugleich eine Eigenschaft ihrer eigenen Herkunft, also des Geistes in der Form einer Ordnungs- und Organisationsquelle des Bewusstseins und des Denkens. Beide Ausprägungen sind in der Lage, Gegebenes zu reflektieren, also Sinnenfälliges der sozialen Welt zu erkennen und über Gefühle, Absichten und Interessen zu urteilen. Wie die Quelle selbst sich jedoch genauer konstituiert, bleibt ein Geheimnis.

Vorstellungen über „Konstituenten des Geistes" durchlaufen die gesamte Geistesgeschichte (vgl. dazu auch hier die Kurzfassung zum Stichwort „Geist" in: der Brockhaus 2004, 105). Der Geist wird bei Heraklit als *logos* und bei Anaxagoras als *nous* zu einer „ordnenden Weltkraft". Beim ersten wohnt das Geistige allem inne, beim zweiten wird es der Materie dialektisch gegenübergestellt. Während bei Platon der Geist in der „Betrachtung des Ewigen" sich vervollkommnet, erschöpft er sich bei Aristoteles mit der reinen Reflexionsfähigkeit des Denkens. Unterschieden aber werden bei beiden Vernunft und Gemüt. Auf der einen Seite befindet sich die Logik, auf der anderen das Katathymische. Rationale Anteile des Denkens und animalisch-vegetative Stimmungen der Seele wechseln sich ab. Mit Kant wird der Geist zu einem das Gemüt durch Ideen bereicherndes Prinzip. In der idealistischen Fassung Georg Wilhelm Friedrich Hegels hingegen wird er als eine Art Inkarnation der Wahrheit beschrieben. Dabei ist das – in der Geschichte über dialektische Prozesse des Werdens und Vergehens laufende und zu sich selbst kommende – Bewusstsein selbst ein Mittel des absoluten Geistes, das dieser für seine Selbsterkenntnis einsetzt. Schopenhauer und Nietzsche sehen im Geist einen eher üblen Gesellen eines allzu lebensabgewandten Denkens.

Ein Teil der neueren Forschung zum Thema „menschliches Bewusstsein" weist auf die Annahme eines gewissen dualistischen Aufbaus hin (vgl. dazu die umfangreiche Diskussion bei Thomas Metzinger 2005; 2006). Geist und Materie sind eher noch von einander getrennte Kompositionen in der Natur des Menschen.

Eine solche Vorgabe hat enorme Konsequenzen: Mentales und Kognitives bilden die geistige Einheit, die der des Physikalischen und Biologischen qualitativ verschieden gegenüberstehen. Nur ist jedoch weder das eine noch das andere richtig beweisbar, weil eine Begründung des Geistes mit Hilfe des Materiellen nur Materielles beweisen kann und eine über den Geist nur Geistiges. Die Art und Weise einer Durchdringung, also einer gegenseitigen Abhängigkeit und Dominanz, ist nach wie vor ungeklärt. Physikalistische sowie naturalistische Ansätze und Forschungsergebnisse versuchen den Nachweis eines Primats des Materiellen. Geisteswissenschaftliche hingegen verteidigen den Vorrang eindeutig mentaler Fähigkeiten, wie etwa die der Übernahme von Verantwortung, die sich nicht über physikalische Modelle erklären lässt.

Wenn aber in diesem Zusammenhang von Erkennen und Ethik die Rede ist, so ist die Antwort auf die Frage in gewisser Weise vorentschieden: Der Geist des Menschen ist in der Lage über den Körper, in dem er wohnt, und über seine Welt, die ihn umgibt, zu reflektieren. Der menschliche Geist befindet sich dabei in einer besonderen Position. Er erhält die Einheit des Subjekts aufrecht und ist mit einem Motor vergleichbar, der in einem für ihn geeigneten und deshalb kognitiven Raum agiert. Dieser wird vom Willen bewegt und vom Bewusstsein umgeben. Über das Bewusstsein werden Wahrnehmungen über die eigene Person, über andere und anderes ermöglicht und noch dazu das Nachdenken darüber. Ergebnis dessen sind also durch das Denken geordnete Erkenntnisse.

Nur auch hier muss klar gemacht werden, dass das Zirkuläre der gegenseitigen Bedingungen innerhalb des Geistigen die Logik – wie oben erwähnt – enorm stört, weil damit eine Ursache immer zugleich auch zur Folge gemacht werden kann und umgekehrt. Nun kann eine solche Gegenseitigkeit zwar Ausdruck von Phantasie sein und Teil einer künstlerischen Kulturleistung, es scheint aber dennoch eine Grenze des Irrationalen geben zu müssen, weil sonst Begründungen und Argumentationen beliebig werden und andere Kräfte, wie etwa „Macht" und „Interesse" sich einer Begrenzung entziehen.

3.1 Geistige Energien

(a) Verwirrspiel

Die Bedenken der logisch-analytischen Ecke lassen sich nicht ganz vom Tisch wischen. Sie weisen nämlich darauf hin, dass eine Ursache nicht zugleich mit ihrer Wirkung identisch sein kann. Im Bereich der Physik ist undenkbar, dass eine Erscheinung zugleich Ursache ist. Das Prinzip physikalischer Kausalität wäre in einem solchen Fall außer Kraft gesetzt.

Sprechen wir hingegen von der Qualität einer Erscheinung, so sind wir eher geneigt zu glauben, dass die Qualität auch eine Ursache sein kann, zumal sie analytisch in ihr enthalten zu sein scheint. Das könnte durchaus zutreffen, wenn klar wäre, dass „Erscheinung" und „Qualität" nicht ein und dasselbe sind, sondern dass das eine vom anderen getrennt werden kann. In diesem angenommenen Fall aber wäre unklar, wer was im Sinne des Kausalen hervorgerufen hat, die Qualität die Erscheinung oder die Erscheinung die Qualität. Diese klassische Frage führt jedenfalls zu einer Bestimmung des menschlichen Geistes und dessen Qualität.

So gesehen bleiben wir bei Kant und der Qualität der reinen Vernunft und sehen in der Transzendentalität des Subjekts etwas nicht mehr Hintergehbares. Anders wäre es, wenn die Qualität des menschlichen Geistes von diesem getrennt wäre. Dann müssten wir die Existenz einer Qualität annehmen, die nicht aus dem Geist stammt.

Wir haben das Problem ausgelöst, weil wir den Begriff des menschlichen Geistes an die oberste Stelle postiert haben, obgleich wir wissen, dass diese Priorität unendlich fortgedacht werden kann und einen Regressdschungel hervorbringt, der nur vermeidbar wäre, würden wir das wissenschaftliche Denken aufgeben, was wir nicht wollen. Wir wissen auch, dass ein Entkommen aus diesem „Fliegenglas" schwer möglich ist.

Daher scheint es naheliegend zu sein, den menschlichen Geist als etwas Axiomatisches, also als eine Bedingung zu sehen, ohne die vernünftige Erkenntnisse nicht möglich wären. Ob sie dabei notwendigerweise durch eine noch höhere Instanz verursacht sind, bleibt offen. Ansätze philosophischer und theologischer Herkunft zu den Überschreitungen eines Infinitums sind in der gesamten Geistesgeschichte zu finden. Doch das ist jetzt nicht unser Thema. Besser erscheint es mir, den Spuren einer intuitiven Semantik des Sprachgebrauchs der inhaltlichen Qualität des Geistreichen zu folgen und zu schauen, was davon hilfreich – im Sinne von erhellend – für die Praxis ist. Eine solche Wendung hat zwar einen rapiden utilitaristischen Zug, jedoch nicht einen solchen, der sich damit sogleich dem strengen Programm eines Utilitarismus unterordnet, dem zu folge jeder Begriff darauf hin zu prüfen wäre, was er zu leisten im Stande sei. Denn das, was etwa der Begriff „Geist", indem, dass er den Geistreichtum fördert, wirklich leisten kann, weiß die Definition der Leistung am wenigsten. Die wirklich bedeutsame Leistung des menschlichen Geistes besteht in der ethischen Vernunft seines Selbst, und das spricht für sich.

(b) Ordnungsversuch

Jürgen Schröder beschreibt im ersten Kapitel seiner *Einführung in die Philosophie des Geistes* (2004: 17–27) „vier Klassen geistiger Zustände und die charakteristischen Merkmale des Geistes". Zum ersten sind dies aktive und passive Sinnesempfindungen, wie z.B. die Empfindung von Kälte und das Kribbeln der Haut. Beim Sehen sind es Farb-, Form- und Orientierungsempfindungen, ebenso Empfindungen von Tönen und Klängen, sowie Geruchs-, Geschmacks- und Tastempfindungen und ferner Empfindungen von physikalischen Kräften wie etwa die Beschleunigung und Erdanziehung. „All diese Empfindungen sind geistige Zustände" innerhalb des „phänomenalen Bewusstseins".

Eine zweite Klasse sind Zustände, in denen wir über den „Inhalt" eines Zustandes reden, „d.h. darüber, was in der Welt von diesem Zustand vorgestellt oder repräsentiert wird". „Wenn wir denken, dass es jetzt 12 Uhr mittags ist, sind wir in einem solchen Zustand", ebenso, wenn wir glauben, hoffen oder meinen, es sei so. Solche Zustände repräsentieren Inhalte, die als „propositional" bezeichnet werden, weil sie Aussagen mit der Proposition einer Meinung, Gewissheit, Hoffnung bzw. eines Glauben versehen. Propositional heißt auch, sich in einem solchen Zustand zu befinden oder davon überzeugt zu sein. Dies gilt auch für den Fall, dass wir uns einen Zustand wünschen, ihn also erhoffen bzw. erwarten. Auch hier sind wir in einem inhaltsbezogenen Zustand, selbst wenn es für die spezielle Qualität dessen möglicherweise keine Berechtigung gibt.

> An dieser Stelle sind Übergänge zur Inhaltlichkeit des Seins gegeben. Im Bereich des Physikalischen ist dies durch Gesetzmäßigkeiten belegt, im Sozialen durch existenzerhaltende ethische Prinzipien. In jedem Fall scheint der inhaltliche Bezug ein Charakteristikum des Propositionalen zu sein. D.h., wenn jemand sagt, er habe Hoffnungen, aber nichts dafür anführen kann, wäre dies eine sinnlose Aussage.

Eine dritte Klasse geistiger Zustände sind „Gefühle und Stimmungen". Hier allerdings sind Zustände denkbar, die keinen inhaltlichen Bezug haben. Dies wäre der Fall, wenn ich etwa einem völlig Fremden mein Beileid ausdrücke. Schröder zählt die „habituelle Traurigkeit" dazu, die keinen eigentlichen Grund kennt. Auch Formen der formellen Höflichkeit „ohne innere Regung" zählen dazu.

Die vierte Kategorie bilden „geistige Eigenschaften, die den Charakter einer Person betreffen". Zu ihnen zählt neben allgemeinen Zügen wie Intelligenz, Motivation und Konfliktbereitschaft auch ein spezifischer Humor.

Schröder zieht daraus einige wesentliche Konsequenzen (ebd.: 20–27), die dann auch die Grundlage für ein Modell bilden. Bedeutsam ist, dass ein Wissen über Merkmale des Geistes davon ausgeht, dass das Wissen über geistige Zustände nicht „durch Schlussfolgerungen vermittelt ist". „Wenn wir einen Ton hören, müssen wir nicht aus anderen Hinweisen schließen, dass wir einen Ton hören. Im Unterschied dazu können wir nicht wissen, ob sich unser Universum ausdehnt."

3.1 Geistige Energien

Auch in der Sozialen Arbeit ist dies so: Wenn wir ein soziales Problem sehen, dann ist dieser Zustand nicht automatisch die direkte Folge einer sozialen Entwicklung. Es betrifft zunächst unser Wissen darüber. Das heißt, die Betrachtung des Problems hat per se eine geistige Dimension, nicht aber automatisch eine empirische. Dies beschreibt auch die Position der ersten Person: Der Geist bleibt im Zustand des Ich und muss sich die Parallelität zur Empirie und Inhaltlichkeit des Seins immer erst erschließen. Der Zustand der Erarbeitung einer Parallelität lässt sich als Normalzustand beschreiben. Dieser ist dann außer Kraft gesetzt, wenn die empirisch-inhaltliche Seite des Seins dem Ich jegliche Möglichkeit zur Parallelität einer Erschließung nimmt, indem es das Ich gnadenlos Bedingungen ausliefert. Das wäre im Extremfall etwa in Foltersituationen der Fall. Ebenso wäre dies so, wenn das Ich aufgrund einer inneren Lähmung nicht zur Empirie findet.

Die authentische Bindung des Geistes an das Ich verleiht der ersten Person ihre „privilegierte Position". Im Unterschied zum Wissen einer anderen Person, besitzt die erste Person individuelle Kenntnisse über sich. Dennoch aber ist es möglich, sich in andere Personen hineinzuversetzen, auch wenn man nicht in deren Zustand ist. Das bedeutet, dass der Geist Inhalte ins Bewusstsein heben kann, ohne dass der Mensch, der sie sich bewusst macht, selbst dazu einen privilegierten Zugang hat. Hier wird der Inhalt als Gedanke durch ein Wort oder Bild erlebt, ohne selbst im Bewusstsein einen phänomenalen Charakter zu haben. Die darin enthaltene „Asymmetrie" von unmittelbar Erlebtem und Gedachtem kann zwar dem Lügen dienen, eine Wesenbeziehung zwischen beiden wird aber als prinzipiell möglich angenommen. So gesehen ist die Behauptung der ersten Person, sie sei in diesem oder jenem Zustand, auch dann von Bedeutung, wenn sich der Zustand nicht differenzieren lässt. Die genaueren Formen einer emotionalen Erregung sind aber erst durch gezieltes Nachfragen genauer erkennbar, auch wenn sie als solche im Prinzip „unkorrigierbar" sind.

In der Beziehung des Menschen zur Welt verweist die Asymmetrie auf weitere Eigenschaften des Geistes, die sich dann jedoch als sehr problematische erweisen. Während ich die Person, die mir sagt, sie sei in einem bestimmten Zustand, als ein Mitglied der räumlichen Welt sehe, sind empathische Gedanken nicht in der selben Weise ausgedehnt. Wenn jemand sagt, er kann immer nur an eine Person denken, dann ist diese Person zwar irgendwie in ihm, aber keinesfalls materiell. Die Unterscheidung von Descartes' *res cogitans* und *res extensa* markiert das Getrenntsein zwischen dem geistigen Zustand des Denkens und dem nichtgeistigen des materiellen Seins. Geistige Zustände sind danach „ausdehnungslos", was für Schröder nur bedingt akzeptabel ist, denn auch Gedanken haben für ihn einen „Ort". Dieser kann ein geographischer, geometrischer und zeitlicher sein, wenn sich Gedanken auf Reales im Hier, Dort und Jetzt beziehen, er kann aber auch nur im Gehirn seinen Ort haben, das heißt dort in einer gewissen Ausdehnung stattfinden. Die Ausdehnung aber ist nicht dieselbe wie das reale Maß. Es repräsentiert im Kleinen in gewisser Weise den Gegenstand. Darüber hinaus gibt es für Gedanken die Möglichkeit einer „Instanzierung", an der sie mit Hilfe exemplarischer Gegen-stände und Situationen demonstriert und initiiert werden können.

Bei allem aber bleibt die Differenz zwischen dem Gedachten und dem, auf das gezeigt werden kann, bestehen. Dies wird besonders im Verhältnis von Geist und Körper bedeutsam. Geistige Zustände sind lediglich in den räumlichen Ausmaßen des Gehirns entsprechend ausgedehnt. Schröder vertritt an dieser Stelle deutlich die Position der Tradition der Philosophie des Geistes und deren Verknüpfung von analytischem und naturwissenschaftlichem Denken, das den Dualismus leugnet. Nur eines bleibt offen: Die repräsentierten Gegenstücke geistiger Zustände passen in ihrer realen Fülle nicht ins Gehirn, weil jeder Verkleinerungsvorgang einer Oliver-Twist-Situation nicht wirklich funktionieren kann, ohne dass irgendwann der Inhalt einer Form sich mit dieser völlig auflöst, so als würde die Verkleinerung ihn verspeisen. Ebenso ist die zu einer realen Gegebenheit gehörende Qualität zwar an die Räumlichkeit gebunden, aber bei einer Verkleinerung bleibt sie letztlich erhalten und könnte sogar weiter den Kopf beschäftigen, wenn es den realen Gegenstand dazu nicht mehr gibt.

Für Schröder sind auch die Übergänge von Materialität und Qualität durch deren Zusammenkunft im Bewusstsein nur in sehr reduzierter Form dualistisch verdächtig. Denn der privilegierte Zugang „zu den eigenen geistigen Zuständen, des phänomenalen Charakters und des repräsentionalen Inhalt" bleibt offensichtlich als ganz eigener Punkt gegenüber der Materialität bestehen (ebd.: 24). Damit bekommt der intentionale Charakter des Geistes, stets auf etwas „gerichtet" zu sein, eine eigene Prägung. Für Schröder ist das eine nicht ohne das andere möglich, so dass Repräsentantes zugleich Intentionales mit sich führt.

> Das Modell, das Schröder am Ende seiner Einleitung entwickelt, ist für die Soziale Arbeit im Sinne einer Subjekttheorie zwar einsichtig und anschaulich, aber eben nicht uneingeschränkt verwendbar. Es wird zwar grundsätzlich der Spiegelungscharakter des Geistes untermauert. Ebenso wird das Verhältnis zwischen „geistigen Zuständen mit phänomenalem Charakter" (Sinnenempfindungen, Gefühle, Stimmungen) und „geistigen Zuständen mit repräsentationalem Inhalt" (z.B. propositionale Einstellungen) als Überschneidungsmenge innerhalb von „bewussten geistigen Zuständen" mit privilegiertem Zugang dargestellt. Zum inhaltlichen und für geistige Zustände doch recht entscheidenden Potential der gesellschaftlichen Verhältnisse, deren Bedeutung sich schließlich gravierend auswirkt, fehlt aber der Platz für eine Bezugnahme. Dennoch erscheint die methodische Trennung von Sinnesempfindungen und den in ihnen repräsentierten Inhalten gerade für die Beratungsarbeit grundsätzlich zu sein, um die privilegierten Seiten der jeweiligen Personen sowohl besser vermessen zu können, als auch Ansatzpunkte für soziale Interaktionen zu finden.

Die Quintessenz für die Soziale Arbeit aus diesen Überlegungen ist daher zunächst die Unverzichtbarkeit einer Annahme des „Intentionalen im sozialen Sein". Dies aber muss für das Subjekt wie das Objekt gelten. Was nämlich problematisch wäre, wäre eine Art solipsistischer Intentionalität, in der Form der Annahme, Beutungen sind immer nur Konstruktionen des Subjekts und nehmen nicht wirklich Anteil an der Welt. In diesem Fall bliebe das Ich ausschließlich bei sich, während das Du nur aus der Fremdheitsperspektive des Ich beschrieben werden könnte. Dann wären Intentionalität und Fremdheit gleich. In diesem Fall, so befürchte ich, wäre das Mitleid für andere immer nur Selbstmitleid. Daher muss die Perspektive der zweiten Person und deren Kommunikationsbereitschaft der entscheidende Ansatz der Sozialen Arbeit bleiben.

- Was lässt sich dazu festhalten?

Die soziale Welt in ihrer Sinnhaftigkeit und Unsinnigkeit geistig zu fassen und zu begreifen, benötigt eine kognitive Herangehensweise in Richtung einer Wahrnehmung der inneren und äußeren Welt. Soziale Zustände sind meiner Überzeugung nach in ihrem Ausmaß komplexer als eine formalisierte Sprachweise dies erfassen kann. Der Geist der ersten Person kann zwar zur authentischen Aufrechterhaltung einer Gemeinschaft in der Lage sein, indem jeder seine Befindlichkeit kundtut. Altruismus aber kann nur reifen, wenn Intentionen ins Spiel kommen, die intersubjektiv sind.

3.2 Biologisch-physikalische Energien

3.2.1 Natur und Materie

(a) Fragen im Vorfeld

Mit den Stichworten „Natur" und „Materie" geht ein gewaltiger Fragenkatalog einher. Das Problemfeld umfasst das Verhältnis von Leib und Seele, von Körper, Geist und Psyche, von Stoff und Energie, von physikalischen und biologischen, anorganischen und organischen Gegebenheiten.

Die philosophischen Fragen im Vorfeld dazu sind alles anders als einfach. Einige davon lauten: Sind belebte und lebendige Zustände gegenüber unbelebten qualitativ eigenständig oder sind sie nur Ausprägungen einer materiellen Funktionalität innerhalb der Evolution? Geht die Materie aus dem Geist hervor und, wenn ja, wie? Oder ist alles umgekehrt? Ferner: Was soll mit diesen Fragen eigentlich überhaupt entschieden werden?

Eines scheint von vorne herein klar zu sein: Ohne Voraussetzungen für einen geregelten Stoffwechsel kann der Körper nicht leben, auch nicht der Geist. Wenn etwa Teile des Gehirns – dem generellen Steuerungsorgan – ausfallen, dann hat das dramatische Folgen. In solchen Fällen können z.B. bestimmte Dinge der äußeren Realität nicht mehr gesehen werden, obwohl die davon betroffenen Menschen absolut davon überzeugt sein können, ihre Wahrnehmung sei vollkommen intakt. Der berühmteste Fall dazu ist der von Phineas Gage, dem in den vierziger Jahren des 19. Jahrhunderts beim Schienenbau in den USA eine Eisenstange den Frontallappen des Gehirns verletzte. Der Mann hat sich danach zwar erstaunlich schnell wieder erholt, war aber nach dem Unfall ein anderer Mensch. Man hatte den Eindruck als sei keine seiner ursprünglichen Charaktereigenschaften mehr sichtbar. Aus dem ehemals hoch geschätzten Verantwortungsgefühl wurde radikale Respektlosigkeit.

(b) Ansatz am Mikrokosmos

Die viel diskutierte Untersuchung dieses Falls hat nicht nur die Bedeutung der Gehirnforschung belegt, sondern auch einen Wissenschaftsbegriff verstärkt, der allein den Bezug zu physischen Gegebenheiten in den Mittelpunkt stellt. In dieser Fokusierung wird allgemein davon ausgegangen, dass in erster Linie nur das Körperliche für die Erklärung von Zuständen herangezogen werden kann.

Die quantitative Größe von materiellen Objekten spielt dabei keine Rolle. Im Gegenteil: Je kleiner sie sind, ums so genauer lassen sich Eigenschaft und Wirkung bestimmen. Die immer feinere Durchdringung des Mikrokosmos spielt für deren Erklärung die entscheidende Rolle. Nur so lassen sich die kleinsten Bausteine des Lebens und die Funktionen erfassen, die sie im Verbund ausüben. Es wird angenommen, dass deren Strukturen in den Zentren des menschlichen Körpers gewisse Leistungen erbringen und somit für das Zustandekommen von Zuständen verantwortlich sind. Ein wesentliches Gebiet dabei ist neben der Genforschung vor allem die Gehirnforschung. In ihr wird erforscht, welche Fähigkeiten des Menschen auf welchen Leistungen der grauen Masse beruhen, bzw. von welchen Zentren und deren Funktionen sie hervorgerufen werden.

In diesem Zusammenhang ist die Frage, ob der Geist die Materie hervorbringt, zumindest für Antonio R. Domaiso (1994) eine amüsante philosophische Reminiszenz, mit der wir uns hobbymäßig beschäftigen können, die uns aber nicht ernsthaft weiter bringt. Die Kritik aus dieser Richtung, die Domasio mit vielen teilt, ist radikal, und die Argumente sind einfach formulierbar: Der Denkfehler Descartes' besteht darin, dass die Dominanz des Geistes von etwas ausgeht, was es nicht geben kann. Für die Wissenschaft gibt es nämlich überhaupt keinen Weg, der beim Nicht-Materiellen ansetzen kann, um beim Materiellen zu landen. Daher lautet die Frage in diesem Forschungskonzept immer nur in Umkehrung dazu, wie es von der nicht-belebten zur belebten Natur kommt.

Wir können an dieser Stelle nicht auf Domasios Argumente zur Entwicklung seiner Gegenposition eingehen, sondern wollen uns an den damit verbundenen Sichtwechsel in der Forschung halten. Bei der Annahme einer Beteiligung neuronaler und neurobiologischer Prozesse an kognitiven, emotionalen und instrumentellen Umsetzungen wird immer nur nach den verursachenden Stoffen und den Orten, an denen sie wirken, gefragt. Zu diesem Zweck wird erforscht, wie unser Gehirn aufgebaut ist, wie es funktioniert und wo genau welcher Zustand dort dafür verantwortlich ist.

Diejenigen, die diesen Fragen nachgehen, führen geistige Leistungen (wie z.B. Gedächtnis und Phantasie, Erfahrung und Erinnerung sowie das Erfassen von Bedeutungen) in der Regel auf Zustände zurück, die auch eine deutliche Korrelation zur Anatomie des Gehirns und dessen chemischen Haushalt aufweisen. So gesehen wird im übertragenen Sinn das Denk-, Erinnerungs- und Sprachvermögen unter das Mikroskop gelegt, um herauszubekommen, welches dieser Vermögen welcher Gehirnfunktion entspricht. Dass eine solche Entsprechung überhaupt grundsätzlich besteht, wird also nicht angezweifelt. Denn sobald Organfunktionen des Gehirns auf Grund von Verletzungen oder von mangelndem Stoffwechsel eingeschränkt oder verloren gegangen sind, schwinden bekanntlich auch die Leistungsfähigkeiten.

Die Erforschung von Ausdrucksweisen kultureller Lebensformen, die nicht darunter fallen, wird erst einmal vertagt. Ebenso ist der Einfluss durch soziale Gegebenheiten zwar unbestritten, jedoch über dieses Modell nicht erforschbar. Daher ist es neben dem Festhalten von Ergebnissen wichtig, *was* wir aus ihnen – im Kontext der Sozialen Arbeit – machen.

3.2.2 Gehirnforschung

(a) Annäherung

Die Ergebnisse im Umfeld der Gehirnforschung sind inzwischen ziemlich komplex. Dennoch scheinen sie ein gemeinsames Anliegen zu haben. Sie wollen das Zusammenspiel von Körper und Psyche erklären, um Vorstellungen über Mechanismen der Verarbeitung von Wahrnehmungen und Erlebnissen, von Willenskräften und Trieben zu bekommen. Dabei ist die Kombination physikalischer, chemischer, biologischer und medizinischer Herangehensweisen ausschlaggebend für die inhaltliche Form der Ergebnisse.

Die Philosophie kann dazu, wenn überhaupt, im stürmischen Meer der Forschungsinteressen nur zur Reflexion über sinnvolle Gemeinsamkeiten raten. Denn bei aller Differenziertheit sollten die Ergebnisse eine Frage gemeinsam haben. Es ist die Frage nach einer sinnstiftenden Identität des Menschen, nach dem Personsein, der Freiheit und der Gestaltung einer humanen Gesellschaft. Diese Frage aber ist in ihrem Ansatz rein philosophischer Herkunft. Das heißt, eine Rückführung der Erkenntnis auf Materielles wäre hier unsinnig.

Dennoch müssen wir festhalten, dass allein mit diesem Hinweis die geistige Dimension nicht als eine – gegenüber dem Materiellen – qualitativ andere gerettet werden kann und soll. Das tut sie schon selbst. Es soll vielmehr gezeigt werden, dass das Wissen um Ergebnisse der Gehirnforschung auch für die Entwicklung neuer Sichtweisen im Umgang der Menschen untereinander genutzt werden kann. Dazu gehört – neben den Krankheitsformen der Demenz, denen man sich vor allem in der Praxis anders nähern kann – auch der übergreifende Themenkomplex der Sozialethik.

Gerade aber weil die Frage nach der Ethik in den Forschungslaboratorien nicht an erster Stelle steht, weil es dort, wie Herbert Schnädelbach (2004: 191) es ausdrückt, nichts „für die Philosophie zu tun gibt", muss sie umso heftiger gestellt werden. Die Notwendigkeit einer philosophischen Reflexion aber wird gut unterstützt, solange das sokratische Hin und Her im Umfeld des Lebens außerhalb des Labors in vollen Zügen gelebt wird. Und selbst wenn bewiesen werden könnte, dass die apriorische Struktur des Kategorischen Imperativs unseres Verstandes, wie dies Kant beschreibt, ein rein stofflicher Komplex im Menschen ist und darum zur Evolution gehört, so bliebe doch die Frage, wozu die Erklärung der materiellen Basis eines solchen Patents überhaupt tauglich wäre. Das Ergebnis würde nämlich derselben Mechanik unterliegen wie andere Zustände, welche als vorteilhaft gelten. Der Kategorische Imperativ wäre in der gleichen Weise ein „hinzufügbares" und „wegnehmbares" Objekt von Interessen und es bliebe die Frage, wozu er dann überhaupt noch tauglich wäre, außer zu einem verruchten Spiel mit dem Gewissen, nach dem Motto: dem, der die Substanz des Kategorischen Imperativs nicht oder nicht mehr hat, kann sie implantiert werden, dem, der sie – aus militärischen Erwägungen etwa – nicht haben sollte, kann sie genommen werden.

Nun wollen wir uns aber ganz von Horrorszenarien dieser Machart abwenden und die Sichtweise einer vom Respekt geleiteten Position thematisieren, die sich wissenschaftlich um das Verhältnis von der Natur, Geist und Materie kümmert. Eine von ihnen wird durch Mark Solms und Oliver Turnbull (2007) vertreten. Die Autoren beschreiben in ihrem Buch *Das Gehirn und die innere Welt* wissenschaftlich fundiert das geheimnisvolle Wechselspiel zwischen Geist und Materie, zwischen den Vorstellungen und neuronalen Vorgängen, zwischen Erlebniszuständen und Orten im Gehirn, die dazu führen, dass wir uns erinnern, denken und erkennen.

Zunächst hat man den Eindruck, die Ergebnisse wiesen auf einen doch recht gnadenlosen Aspekt hin. Er lautet: Der Mensch ist durch seine Natur determiniert. Er ist dem Spiel seiner Zellen und den Stoffen in ihnen ausgeliefert. Die Hormone lassen ihn zu einem männlichen oder weiblichen Wesen werden, schaffen männliche und weibliche Gehirne, und sie bestimmen das Wachstum und anderes. Der Biologe und Nobelpreisträger Fancis Chrick drückt diesen Sachverhalt in seinem Buch *The Astonishing Hypthesis* (zit. ebd.: 60) so aus: „Sie, Ihre Freuden und Leiden, Ihre Erinnerungen, Ihre Ziele, Ihr Sinn für Ihre eigene Identität und Willensfreiheit – bei alledem handelt es sich in Wirklichkeit nur um das Verhalten einer riesigen Ansammlung von Nervenzellen und dazugehörigen Molekülen".

Für den Philosophen David Chalmers ist dann aber doch die Art der Suche entscheidend (zit. ebd.: 61f.). Für ihn gibt es nämlich ein einfaches und ein schwieriges Problem. Das erste beantwortet nur die Frage, wie die Nervenbahnen von der Haut zum Gehirn geleitet werden und so z.B. Druck, Schmerzen und anderes gefühlt werden können. Das zweite hingegen hat eine ganz andere Größenordnung. Es beschäftigt sich damit, wie das, was Chrick auflistet, aus der Materie hervorgeht. John Searl drückt das unter anderem so aus: „Wie schafft das Gehirn den Sprung von der Elektrochemie zum Gefühl?" (zit. ebd.: 64).

Auf Grund der Verschiedenheit der Denkansätze gibt es zu dieser Frage keine einheitliche Antwort. Im *Materialismus* ist der Geist eine Illusion der Materie, im *Idealismus* dagegen existieren zu allem nur geistige Bilder. Die Position des *Monismus* führt Geist und Materie im Unterschied zum *Dualismus* auf einen Stoff zurück.

Auch innerhalb dieser Ansätze existieren Variationen. Der *Reduktionismus* führt das eine auf das andere zurück. Ist er ein materialistischer Monismus, wie ihn Chrick vertritt, so wird das Mentale nur auf das Materielle reduziert. Die dualistische Vorstellung geht von einer *Interaktion* von Geist und Gehirn aus. Hier jedoch bleibt ungelöst, wie auch die als nicht-materiell eingestuften Einflüsse wirksam sind. Darüber hinaus gibt es die Vorstellung des *Parallelismus*. Dieser nimmt keinen einheitlichen kausalen Zusammenhang an, sondern nur eine Korrelation. Für Solms und Turnbull (ebd.: 67) ist diese Position allerdings rätselhaft. Sie neigen eher zu einem Monismus, der den Geist als physisch real annimmt und ihm *emergente* Eigenschaften zuweist. So wie Wasser aus Sauerstoff und Wasserstoff entsteht, kann damit vergleichbar das Mentale auf unterschiedlichen Komplexitätsebenen agieren. Diese Vorstellung verträgt sich für sie auch mit einem doppelten Aspekt des Monismus. Das, was den *Stoff* von Leib und Seele ausmacht, lässt sich nie direkt beobachten, sondern immer nur durch Rückschlüsse auf der Basis eines Modells erschließen. So bleiben die Autoren damit dem Materialismus verhaftet und gehen nicht über beobachtbare Korrelate von Geist und Gehirn hinaus. Das, was wir als weiterführende Deutung ansehen, würde sich dem jedenfalls ganz entziehen.

(b) Reduktion

Die wissenschaftliche Erforschung einer *Lokalisierung* von verhaltensbedingten und mentalen Zuständen im Gehirn formt auch die zentralen Begriffe, die in der pädagogischen Arbeit von Bedeutung sind. Zu ihnen gehören Emotion, Motivation und Erfahrung. Solms und Turn-

3.2 Biologisch-physikalische Energien

bull (ebd.: 120 ff.) betrachten die Emotion – auch im Sinne der Qualia – als eine „nach innen gerichtete Wahrnehmungsqualität", des Gewahrseins des Subjekts, im Gegensatz zur Wahrnehmung des Objekts. Die angeborenen Reaktionen, auch Affektreaktionen, sind *Basisemotionen*. Es sind feste anatomische Links, die Empfindungen hervorrufen, wie z.B. die von Panksepp (zit. ebd.: 129) der SUCHE, der WUT, der FURCHT und der PANIK. Innerhalb des SUCH-Systems wird auch das LUST-System angenommen, das zum Befriedigungsverhalten führt. Mit den Stoffen, die dieses auslösen, sind die Drogensucht und andere Pathologien – etwa die der Depression – in Kontakt. Das ebenso lokalisierbare WUT-System ist mit der Aggression, das FURCHT-System mit der Angst, der Flucht und Panik verknüpft. Letzteres steht auch in Verbindung mit der Angst vor Verlassenheit sowie der sozialen „Bindung" und der mütterlichen „Versorgung" (ebd.: 144). Einzubeziehen ist auch das Spiel-System, das offenbar dazu beiträgt, das Gleichgewicht der körperlichen Aktivitäten – z.B. die des SUCH-Systems – auszubalancieren. Lernen aus Erfahrung ist in diesem Zusammenhang das Ergebnis der Rückwirkung einer negativen oder positiven Erfahrung auf das FURCHT-System. Dabei ist die verdrängte und in Vergessenheit geratene Erfahrung an einem langsamer arbeitenden Ort gespeichert, der aber doch dem schneller operierenden Ort des „episodischen Gedächtnisses" zuarbeitet (ebd.: 149). Die Phänomene einer Zähmung von Affekten durch Hemmung, Scham, Verklemmtheit und Beklommenheit, Erstarren, Fluchtreaktion, mit denen ihrerseits Herzklopfen, Erröten und beschleunigte Atmung einhergehen, sind Äußerungen des FURCHT-Systems. In allen Fällen aber handelt es sich auch um Formen der Anpassung an äußere Herausforderungen, die im Laufe der Evolution entwickelt wurden.

Für unseren Zusammenhang interessant sind zudem das Zusammenspiel von Gedächtnis und Fantasie, von Traum und Halluzination sowie das Verhältnis von Kognition und Umwelt und die Frage nach dem Selbst. Wir wollen auch hierzu kurz die Position von Solms und Turnbull skizzieren.

Dem Gedächtnis unterliegt eine Vielfalt von Leistungen (ebd.: 153–194). Während das Langzeitgedächtnis auf sehr viele Zellverbindungen verteilt ist und daher wohl auch länger anhält, ist das Kurzzeitgedächtnis in seiner Lokalität eingeschränkt. Das „semantische Gedächtnis" steht in Verbindung mit unserem „elementaren Weltwissen" und ist ein „Netzwerk von Assoziationen". Dabei ist die Speicherung, die *Konsolidierung* von visuellen und auditorischen Bildern entscheidend für die Wiedererkennung und die Namensgebung. Die Sprache spielt für die „erinnerte Gegenwart" darin die entscheidende Rolle. Störungen auf diesem Feld wie etwa *Aphasie* und *Agnosie* sind ebenso wie die *Amnesie* und *Apraxie* unterschiedliche Funktionsstörungen der Speicherung und deren Implementierung.

Auch Traumforschung ist, obgleich methodisch sehr hindernisreich, auf einem sehr fortgeschrittenen Stand. Dabei ist der REM-Schlaf die aktive Phase, mit einem relativ hohen Erregungszustand verbunden, in der mit hoher Wahrscheinlichkeit geträumt wird. Dabei enthält die Hereinnahme von Emotionen – zumindest für die Psychoanalyse – eine offensichtlich auch reinigende Kraft der Bewältigung von Situationen im Nachhinein. Es werden allerdings auch hier wieder materielle Antriebskräfte – etwa die Produktion von Hormonen – angenommen. Der Traum „als Wächter des Schlafes", wie ihn Freud nennt, hat die Aufgabe eines Ausbalancierens des Energiehaushalts. Menschen, die ihre Traumfähigkeit nicht auf Grund einer Gehirnverletzung verloren haben, *müssen* wesentlich unruhiger schlafen (ebd.: 226). Offen allerdings bleibt der Bereich der „Traumdeutung". Dafür ist der materielle Monismus nicht geeignet.

Das Verhältnis von Kognition und Umwelt wird bei Solm und Turnbull (ebd.: 229–250) auch als ein Problem der Individualität gesehen. Konsolidierungen im Sinne von Prägungen sind orts- und zeitbezogen. Aber auch hier bildet die Konstitution der Gene die Hauptrolle. Sie ist in der Lage, Informationen innerhalb der Genfrequenz umzuschreiben, so dass es vom *Genotyp* zum *Phänotyp* kommt. Die Umwelt wird nur als rein physische betrachtet.

Schließlich bleibt die Frage nach dem *Selbst*, dem bewussten Gewahrsein des Ich, das imaginär denken, real fühlen und handeln kann (ebd.: 287 ff.). Unterschieden werden neben dem *Kernselbst*, dem Träger unserer Wahrnehmungen, innere und äußere Quellen. Dabei ist eine einseitige Zuordnung zur rechten und linken Gehirnhälfte, zu den Denk- und Gefühlszentren, problematisch. Beide zusammen sind in unterschiedlichen Funktionen für das Ich zuständig und stellen bewusste und unbewusste Beziehungen zwischen den Objekten und unseren Empfindungen und Gefühlen her.

„Die Psyche des Menschen ist ein Aspekt der Natur [...]. Und doch besitzt dieser psychische Apparat eine unverwechselbare Eigenschaft [...]. *Er ist genau jenes Segment der Natur, das wir selbst inne haben*" (ebd.: 302). Der daraus hervorgehende Aspekt ist damit zweigeteilt: Zum einen kann untersucht werden, welche Neurologie all dies strukturiert, und zum anderen wie sich die Strukturierung subjektiv anfühlt. Der zweite Aspekt aber ist für die Soziale Arbeit besonders bedeutsam, die – um es mit den Worten der Autoren zu sagen – selbst eine *Redekur* ist.

Noch konsequenter vertreten Gerald M. Edelmann und Guilio Tononi in ihrem viel beachteten Buch *Gehirn und Geist. Wie aus Materie Bewusstsein entsteht* (2002) einen materialistischen Standpunkt, den wir hier kurz mit eigenen Worten darstellen wollen. Inhaltlich kehrt einiges daraus auch im Abschnitt über das Bewusstsein wieder.

Eigentlich wäre die Frage nach dem, was Bewusstsein sei, leicht zu beantworten: Es ist der Zustand zwischen dem Aufwachen und dem Einschlafen. Nur ist damit nicht gesagt, was dazwischen passiert. Zunächst macht dies alles unser Gehirn, denn ohne dieses wären wir tot. Das Gehirn aber ist eine letztlich außerordentlich komplexe Maschine, die all das leistet und hervorbringt, was wir Geist nennen. Die Frage ist nur, ob dieser Geist selbst etwas anderes ist als die Maschine.

Der vermutete Dualismus dahinter aber wird radikal verneint und dem Bereich des Mystischen zugeordnet. So lautet die moderne Antwort: Dualismus kann sein, aber er ist bislang nicht beweisbar, also bleiben wir bei dem, was sich empirisch feststellen lässt und quälen uns nicht damit. Es kann freilich auch umgekehrt alles Geist sein, aber das ändert auch nichts daran, diesen Geist dazu zu führen, alles sichtbar zu machen, was sich von ihm zeigen lässt. Auch hier bleibt also das monistisch-naturwissenschaftlich und vor allem experimentell Erfassbare übrig. An dessen vorderster Front stehen die körperlich-organischen, die elektrischen und chemischen Gegebenheiten des gesamten Nervensystems zusammen mit dem Wissen um dessen evolutionäre Entwicklung.

3.2 Biologisch-physikalische Energien

Ein Ergebnis daraus ist folgendes:

Aufgrund der Forschung besitzen wir mittlerweile ein sehr differenziertes Wissen über Vorgänge der Wahrnehmung im Wachzustand und den Vorgängen im Schlaf, ebenso zu den Leistungen des Gehirns, wie Denken, Merken und Vergessen, der Verarbeitung komplexer Vorgänge, der sensomotorischen Bewegungssteuerung, der Routinehandlung, der Informationsmenge eines Gedankens, der Zeiterfahrung und -verarbeitung, der Sprachperformance etc. Bei dem letzten handelt es sich auch um eindrucksvolle Leistungen. So kennen wir z.B. in der Regel nicht alle Wörter, die wir im aktuellen Redefluss verwenden und wir staunen oftmals gehörig darüber, wenn sie gelungen sind. Hier kommen also Systeme ins Spiel, die quasi automatisch aus dem Unbewussten heraus agieren. Solche sind z.B. formale Grammatiksysteme, aber auch Inhaltssysteme, Dinge so oder so zu sagen. Ferner ist durch die Forschung vieles davon belegt, was vor allem die Pädagogik schon lange vermutet hat: Neben den vielfältigen Anregungen durch die Umgebung fördern auch soziale Beziehungen nachweislich die Entwicklung des Gehirns. Hervorzuheben ist besonders das Ergebnis, dass Körperkontakt, Berührung und Umarmung bereits im Kleinkindalter nicht nur die Kontakte der Nervenzellen im Gehirn vermehren, sondern sich auch positiv auf die Neubildung von Zellen auswirken.

Bei den Autoren bleibt am Ende das Bild einer eigenen wechselseitigen Vermischung von Geist und Materie. Im Bild ausgedrückt gleicht es der Auflösung eines kalbenden Gletschers am Meer und dem gefrierenden Wasser in der Höhe dahinter. Beide sind also Teile eines Kreislaufs mit System.

(c) Problematik

Zum Problemumfeld müssen einige wesentliche Gesichtspunkte zum naturwissenschaftlichen Ansatz genannt werden. Sie gruppieren sich um die dominante Beteiligung materieller Grundlagen, auf die in diesem Modell Beobachtungen gezwungenermaßen zurückgeführt werden.

Zum einen formieren sich Einschränkungen, durch die der forschungslogische Weg stark reglementiert ist. So können manche Ergebnisse zwar der Praxis durchaus einleuchten, in ihrem Gehalt sind sie aber deswegen nicht zwangsläufig interessant. Mit ihnen geht nämlich der Reiz der Vielfalt verloren und damit auch die individuelle Basis.

Zum anderen spielt eine weitere Tatsache herein. Wenn die Vielheit nur noch auf vereinheitlichende Schablonen reduziert werden kann, weil geglaubt wird, nur so könne man Erkenntnisse wissenschaftlich disziplinieren, wird die Basis für die Erkenntnis geistiger Vielfalt zerstört. Dieses *kontruktivistische Framing* determiniert durch einen wissenschaftlichen Monismus eine möglicherweise eigene Natur des Menschen. Hinzu kommt ferner, dass auch die Erkenntnismacht in einem solchen Fall nur noch in den Händen der Forschung liegt.

Das alles aber darf nicht heißen, dass naturwissenschaftliche Erklärungen keine praktische Auswirkung haben. Im Gegenteil. Wenn wesentlich elektrische und chemische Zustände dafür verantwortlich sind, wie Menschen wahrnehmen, erleben und sich fühlen, dann lassen sich auch gezielter neue Formen der Unterstützung finden. In der Sozialen Arbeit sind solche Hilfen freilich nicht chemischer Natur. Um die Elektrizität des Gehirns an bestimmten Stellen zu beflügeln, werden neben einer Neukonzeption von Bewegungsübungen für verschiedene Zielgruppen vor allem soziale Integrationsversuche auf neue Grundlagen gestellt.

(d) Vertiefungsversuch

Die Öffnung hin zu einer Vorstellung, in der nicht alles neuronal erklärt wird, basiert auf einer Sensibilität, die weniger ihre materielle Herkunft thematisiert als sich vielmehr subtil der Gedanken- und Gefühlsvielfalt zuwendet. Annegret Stopczyk-Pfundstein (2003) spürt in ihrem Buch *Sophias Leib* einem solchen Weg nach. Dass für sie die Debatte um das Verhältnis von Leib und Seele *patriarchal verbraucht* ist, zeigt umso mehr die Notwendigkeit eines Geschlechter übergreifenden Ansatzes, der Stilisierungen in die eine und die andere Richtung überflüssig macht. Dazu ist die Erforschung des bionischen Wissens von Frauen und Männern für den gegenseitigen Respekt unverzichtbar. Dieses gegenwärtig zu eruieren, ist solange mehr eine Aufgabe von Philosophinnen, solange die Parität von Sichtweisen unausgeglichen ist. Dabei spielt auch die gegenseitige Kenntnis bei der Betonung von Denkformen eine Rolle. Das Denken in den Kategorien des Entweder-oder, oder des Sowohl-als-auch muss für die Autorin durch ein Mehr-oder-weniger ergänzt werden.

Der symbolträchtige Unterschied von Leib und Körper fördert übergreifende Assoziationen für ausgleichende Sichtweisen und Wahrnehmungen. Eine davon ist die *Sophia*, die Weisheit (ebd.: 45 ff.). Sie ist ein altes Wissen um das, was dem Körper gut tut. Genannt werden im folgenden dazu neben den klassischen Schriften von Paracelsus auch die von Hildegard von Bingen, die den Leib – ähnlich wie das Geistige – als *Anhauch der Seele* sieht, vergleichbar mit dem Blasebalg, der das Feuer entfacht (ebd.: 74).

Interessant ist die Wendung der Leibwahrnehmung zum Begriff der *ästhetischen Weisheit* (ebd.: 48 ff.). Für den Romantiker Novalis trägt sie zur *Vermehrung der Sensibilität* bei. Für Ludwig Feuerbach ist sie die *Verbindungssubstanz* für das *sinnliche Selbstbewusstsein* und für Friedrich Nietzsche eine *Zwischenwelt* zwischen dem Bekannten und dem Unbekannten. Für Theodor Adorno und Max Horkheimer deckt sie in Form einer *Widerstandsästhetik* die Selbsterniedrigung des Menschen durch den Menschen auf. Für Hermann Schmitz steht das reine *Selbstgefühl* als eine anthropologische Tatsache im Mittelpunkt. Bei Gernot Böhme ist die *Weltweisheit* eine Lebensform, sich auf das Andere und die Anderen einzulassen. Bei Heinrich Schipperges ist das *Phänomen Leib* Thema der Gesunderhaltung. Richard Shusterman plädiert gegen eine pragmatische Ästhetik nach dem Vorbild von Arnold Schwarzenegger, die nur die „Armut des Nachdenkens über eine Ästhetik des Körpers widerspiegelt" (zit. ebd.: 63). Gene Gendlin sieht in der *Philosophie des Leibes* den Hauptansatz. Bei Elisabeth Moltmann-Wendel tritt ein theologischer Aspekt hinzu. Der Leib misstraut der *abstrakten Geistigkeit*. Er ist im Gegensatz zum Körper auf theologische und soziale Dimensionen hin aktiv. Es entsteht – besonders in Bezug zur Frauenforschung auch nach Simone de Beauvoir – eine eigene *Sinnengeschichte* (ebd.: 71f.).

Aus den Ergebnissen der Gehirnforschung leitet die Autorin einige wesentliche Faktoren ab: Frauen denken möglicherweise mehr in Bildern als in Begriffen. Dabei können Bilder narrativer und mythischer Herkunft sein. Sie hängen jedenfalls intensiver am Gemüt und an den Gefühlen als am Verstand und sie sind stärker in Ritualen verhaftet. Natürlich kann auch der Verstand kontemplativ sein. Doch die Leistungsorientierung des westlich orientierten Menschen lässt auch das bei beiden Geschlechtern verkümmern.

Fand einst die *Entfesselung* der Weisheit der Frau *im Kerker der Feinde* statt, so ist das heute zwar oft auch noch so, aber es ist eher von der Möglichkeit einer aufgeklärten Emanzipation bestimmt. Das bedeutet, dass auch das Bewusstsein eines allgemeinen *Leibsinns* entwickelt werden muss, so wie einst Parmenides dies tat, indem er sich durch den Rat einer Göttin von allem zu befreien suchte, was nur den Meinungen anderer entsprach. Die anderen sind im Auge der Göttin die sterblichen Männer, die *Nichts-Wissenden*, *Umherwankenden* und *Doppelköpfigen*. Denn die Meinungen dieser sind per se eine Bedrohung.

Die drastische Variante hört sich bei Parmenides so an: „Denn Ohmacht lenkt in ihrer Brust ihren schwankenden Verstand, und sie treiben dahin so taub als blind, blöde verdutze Gaffer, unterscheidungslose Haufen, bei denen Sein und Nichtsein dasselbe gilt und nicht dasselbe und es in allen Dingen einen umgekehrten Weg gibt" (zit. ebd.: 199). Die Weisheit hingegen weist einem dazu einen positiven Weg, der sich nicht von der raffinierten Argumentation blenden und verführen lässt, sondern der eigenen und der Wahrheit näher stehenden Leibeswahrnehmung nachspürt. Der Anschluss des Verstandes an das Herz ist dem Mann also nur über das Weibliche (der Göttin) möglich. Die Göttin erzürnt, wenn dies nicht geschieht, wenn die Erkenntnis nichts mit dem Herzen zu tun hat.

Die Lehre, mit dem Herzen zu denken, ist damit grundgelegt. Voraussetzung allerdings ist nach Otfried Eberz für die Autorin ein gewisser Erlösungsgedanke vom *Joch des männlichen Logos* (ebd.: 215). Unterstützt wird dies durch einen Exkurs in die russische Philosophie, genauer gesagt in die *Sophologie*, vertreten durch Sergej Bulgakov, Vladimir Solovjev und Nicolai Tschernyschevski. In ihren Werken wird der komplizierte Weg der weiblichen Identität beschrieben, den auch schon vor ihnen die Philosophen Boëthius, Giordano Bruno und Jacob Böhme der Frauenverachtung des Aristoteles entgegensetzten. Boëthius spricht von einer Sophiengestalt, die an den Himmel reicht und von der Herzensglut. Bruno redet von der Tatsache, dass im schöneren Körper (der Frau) zwangsläufig auch mehr Geist sitzen müsse, während Böhme in der Sophia die *innere Begleiterin* seiner Gedanken für *Naturweisheiten* sah. Leiblichkeit und Weisheit sind also wie eine Doppelhelix ineinander verwebt.

3.3 Registrierungs- und Ordnungsquellen

3.3.1 Das Bewusstsein als vitales Gewahrsein

(a) Begriffsumfeld

Erklärungsmodelle zu den Leistungen des Bewusstseins sind sehr komplex. Grundlegend aber scheint zu sein, dass das Bewusstsein offensichtlich in der Lage ist, sich vom Geist angetrieben in ständiger Lebendigkeit zu halten. Es besitzt die Fähigkeit einer sich „selbst spannenden Spannung" und Antriebskraft für das Erfassen von Inhalten. Mit dem Wirkungsfeld des Bewusstseins kommt es damit zum originären Wissen über innere und äußere Welten.

Die Hauptkompetenz eines „bewussten Bewusstseins" (im Gegensatz zum „Unbewussten") besteht in der Differenzierung von zwei Betrachtungsebenen:
- das Innersubjektive ist vom Außersubjektiven getrennt
- Interaktionszusammenhänge zwischen beiden sind qualitative Wesensmerkmale der „Erlebnis- und Erfahrungsbeziehung" zwischen Subjekt und Objekt.

Zur Orientierung wird folgende Übersicht angeboten:

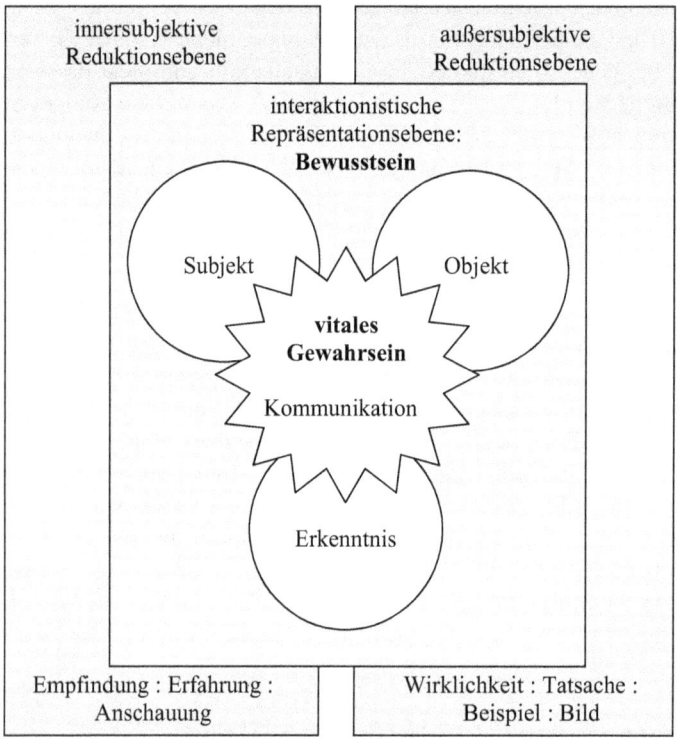

Die klassische Frage nach dem hierarchischen Verhältnis von *Sein und Bewusstsein* wird durch zahlreiche Varianten des Verhältnisses von Subjekt und Objekt genauer thematisiert. Der Entwurf einer geschlossenen Theorie scheint jedoch nicht möglich zu sein, weil schwer nachzuweisen ist, ob das Sein das Bewusstsein oder das Bewusstsein das Sein bestimmt. Beides könnte wahr sein: eine subjektive Vorstellung kann über ihre eigene Konstruktion Sein kreativ schaffen, und umgekehrt prägt der Sinn des Realen das Bewusstsein elementar. Als wahrnehmende Vergegenwärtigung eines Er-Blickens und Blickens inmitten unterschiedlicher Orte und Zeiten bezieht sich das Bewusstsein mit den Mitteln des Erkennens und Denkens, des Fühlens und Handelns auf die soziale Welt, aber es erschöpft sich darin nicht. So lässt sich etwa der Begriff der Armut empathisch und intellektuell denken, ohne dass das denkende Subjekt selbst arm sein muss. Ähnlich kann man sich Feuer denken, ohne dass der Kopf brennt, man kann auch die Formel für Säuren auf Papier schreiben, ohne dass dieses zerfressen wird.

3.3 Registrierungs- und Ordnungsquellen

Allgemeine Thesen zum Vorbegriff des Bewusstseins:

- Bewusstsein heißt in der Regel „Wachsein", bewusstlos wäre das Gegenteil. Die gesteigerte Form dessen ist die Aufmerksamkeit und darin das vitale Gewahrsein, das die Sinne auf die Gegenwart und darin auf bestimmte Objekte richtet, indem sie genau hinhört, zuhört, zusieht und hinsieht und aktiv zugreift.
- Das Bewusstsein besitzt ein nach innen und außen gerichtetes waches Auge. Es kann das von außen Kommende in den Innenräumen des Subjekts wahrnehmen und festhalten. Es kümmert sich um Erfahrung und Erinnerung ebenso wie um das Spüren von Einstellungen. Das Bewusstsein kann aber auch Inneres nach außen tragen und durch die Aktivierung der Sprache Befindlichkeiten dem sozialen Kontext mitteilen. Damit ist das Bewusstsein sowohl intentional als auch extentional.

Hinter diesen Aussagen stehen Annahmen, die angesprochen werden müssen, bevor wir weitergehen. Wenn wir von *dem* Bewusstsein reden, gehen wir auch von einer Übertragbarkeit allgemeiner Merkmale auf das (individuelle) Bewusstsein von Menschen aus. Diese Annahme aber ist nicht unproblematisch, zumal offen bleiben muss, ob es neben unterschiedlichen Bewusstseinszuständen infolge der Abhängigkeit des Bewusstseins von der jeweiligen Kultur nicht auch unterschiedliche „Bewusstseine" gibt. Wir arbeiten hier also mit der Hoffnung, es gäbe doch wesentliche Gemeinsamkeiten. Beim Denken ist dies offensichtlich nicht nötig, weil es hierfür doch mehr an Transzendentalem gibt, wie z.B. die Logik und Mathematik, die auf der ganzen Welt gleich angewendet werden können.

Eine oft erwähnte Unterscheidung ist die von Gottfried Wilhelm Leibniz und seiner *Monadologie* von 1714 (1998) zwischen der *Perzeption* (und Appetit) und der *Apperzeption*. Das eine ist „Aufnahme", das andere „Aufbewahrung". Wenn im Übergang des einen in das andere die Sinne nicht selbst Bewusstseinsmomente besäßen, sie also nur „Geister in einem Gaukelspiel" wären, wären Aufnahme und Aufbewahrung tote Instanzen. So aber müssen von vornherein die kleinsten Teile, die vom Körper aufgenommen werden, selbst Bewusstseinsstücke sein. Für Leibniz sind dies „beseelte, nicht mehr teilbare Atome": „Monaden" (ebd.: 11). Das Besondere an ihnen ist, dass ihre Perzeptionsfähigkeit durch „mechanische Gründe [...] unerklärbar ist". Würden wir unser Gehirn begehen, so als würden wir eine große „Mühle" besichtigen, „würden wir nur Teile finden, die sich gegenseitig stoßen, und niemals etwas, das eine Perzeption erklären könnte". Man muss daher nach einer einfachen und nicht wieder zusammengesetzten „Substanz" suchen, aus der die „innere Tätigkeit" besteht (ebd.: 19). Monaden haben so gesehen keine Ausdehnung, spiegeln also Unendlichkeit. Sie sind selbst „kleine Seelen". Heute würden wir solche Teilchen vielleicht als „beseelte Pixel" bezeichnen, je mehr wir davon haben, umso inhaltsreicher wird das Bild. Ihre selbständige Vollkommenheit und gleichzeitig auch Freiheit rückt sie – jedenfalls mit Leibniz – in die Nähe einer Gottähnlichkeit. Der von ihm berühmte Satz allerdings, wir würden mit den Monaden in der jeweils „besten aller Welten" leben, kann dann aber doch nur gelten, wenn wir optimistisch an sozialen Verhältnissen vorbeischauen.

Die Vorstellung vom Bewusstsein in Form einer Reflexion über innere Zustände erfährt durch die Unterscheidung eines empirischen und eines transzendentalen Bewusstseins eine gewaltige Weiterentwicklung. Bertrand Russell beschreibt dazu in seiner *Philosophie des Abendlandes* (2004: 710–726) die geistesgeschichtliche Umgebung der Rationalismusdebatte. Gegenüber den

„fensterlosen Monaden", die die sinnliche Welt eigentlich nicht brauchen, wird an der empirischen Erfahrung festgehalten. Ihre Fähigkeiten werden nur hier in das Subjekt gestellt. Zum einen haben wir die Vorstellung von George Berkeley, der Geist und dessen Ideen prägen über das Bewusstsein die äußere Welt. Dann die Umkehrung von David Hume, in der nur die äußere Welt mit Ausnahme ihrer Materialität den Ausschlag gibt, weil sonst das Subjekt erschlagen werden würde, wenn diese Welt in den Kopf eindränge. Geleugnet wird auf jeden Fall das Selbst und dessen Kausalitätsstruktur. Denn würde ein Gedanke den anderen kausal induzieren, so würde es „knallen" und es würden Schmerzen verursacht. Daher wird hier vielleicht auch angenommen, dass den einfachen Anstößen von außen kleine „Puffer" im Subjekt gegenüberstehen, die diese auffangen und entschleunigen. Solche Auffangnetze sind die „Impressionen", die notwendigerweise selbst ohne Ursache sind. Erkenntnisse leben nicht in „Übereinstimmung mit Ideen", da es sonst keinen Unterschied zwischen dem Phantastischen und dem Realen gäbe. Sie sind vielmehr rationale Fassungen des Empirischen. Die damit einhergehende Abkehr vom „Schwärmerischen", wird bei Jean-Jacques Rousseau wieder eingeholt, indem dieser den „Bankrott der Vernunft" erklärt und das Herz siegen lässt. Der Romantizismus in Deutschland wird zwar durch Kant entmythologisiert, dafür aber wandern die Tugenden in das Herz des Bewusstseins. Insgesamt wendet sich damit das Gesicht dem Idealismus zu, dessen rationale Verankerung von Kant entworfen ist. Für ihn ist das Subjekt die letzte Stufe der Ermöglichung von Erkenntnis. Anschauungen und Kategorien sind apriorisch implantiert. Anschauungen gehen in der Form von Raum und Zeit dem Bewusstsein voraus. Kategorien formen Bewusstseinsinhalte durch die Quantität, Qualität, Relation und Modalität. Der Raum als Anschauung „ist kein empirischer, von äußerer Erfahrung abstrahierter Begriff. [...] Er ist eine notwendige Vorstellung a priori, die allen äußeren Anschauungen zugrunde liegt" und kein „diskursiver oder allgemeiner Begriff". Ferner ist er unendlich, weil es sonst keine euklidsche Geometrie gäbe (ebd.: 721). Die Vorstellung dessen endet mit Fichte und Hegel. Der eine sieht in allem nur noch ein sich spiegelndes Ich, der andere ein dialektisches Wechselspiel zwischen Ich und Welt, die beide als Produkte des Geistes in Auseinandersetzung zu höherem Bewusstsein finden. Hat die Auseinandersetzung das Ziel der Erkenntnisvervollkommnung, so erinnert sie an Hegel, hat sie das Ziel der Vervollkommnung der Gesellschaft, ist sie marxistisch gefärbt. Es bleibt so gesehen die Frage, wie das Bewusstsein den Austausch zwischen dem Ich und der Welt, zwischen Subjekt und Objekt bewältigt.

Losgelöst davon, ob das Bewusstsein eine transzendentale Erfahrungsbedingung verkörpert oder eher beiläufig das Erleben des Hier und Jetzt organisiert, lässt sich eines festhalten: Das Bewusstsein ist immer daran beteiligt.

Das Bewusstsein materialistisch zu sehen hat Konsequenzen: Wenn die neuere Forschung es als eine Tatsache ansieht, dass unabhängig vom Ausgang, immer auch neuronale Zustände im Gehirn beteiligt sind, ohne die es kein Licht gäbe, dann schwinden damit gleichzeitig gewisse Hoffnungen auf einen auch metaphysisch verankerten Freiheitsgedanken, ganz abgesehen von der Freiheit selbst. Das Bewusstsein des Menschen ist dann nur noch ein vom Gehirn determiniertes Wesen, das an seiner eigenen Klonung offensichtlich viel Gefallen findet.

Das Bewusstsein als ein kritisches Gewahrsein zu sehen, nimmt hingegen Elemente aus dem Vernunftbegriff auf. Im Ausdruck des *kritischen Bewusstseins* wird dies besonders deutlich. Es sieht seine Aufgabe darin, neben der Ausdifferenzierung falscher Auffassungen vor allem

3.3 Registrierungs- und Ordnungsquellen

menschenverachtende Haltungen und Einstellungen zu entlarven. Der Weg dazu wird *Ideologiekritik*, also Kritik am falschen Bewusstsein, genannt. Ziel ist es, aufgrund geschichtlicher Erfahrungen die Manipulation des Menschen durch einzelne und Gruppen, durch Medien, Staat und Gesellschaft mit Hilfe kritischer Reflexion und Hinterfragung zu begrenzen, um totalitäre Tendenzen im Keim zu ersticken oder rechtzeitig zu erkennen, wann und wodurch der Mensch seine Selbstbestimmung verliert und zum Objekt fremder Interessen wird. Mündigkeit und Emanzipation sind daher die Hauptziele des kritischen Bewusstseins (vgl. Adorno 1975).

(b) Bewusstseinsforschung

Zum Stand der neueren Bewusstseinsforschung hat Thomas Metzinger zwei umfangreiche und beachtenswerte Textsammlungen mit internationalen Beiträgen aus der Gegenwartsphilosophie herausgegeben, die erste (2005) unter dem Titel *Bewusstsein*, die zweite als *Grundkurs Philosophie des Geistes* (Bd. 1, 2006) zum Thema *Phänomenales Bewusstsein*. Das erste Buch enthält zudem eine sehr ausführliche Literaturrecherche.

Die Frage nach Grundlagen des Bewusstseins stellt für Metzinger (2005: 15–53) die „äußerste Grenze des menschlichen Strebens nach Erkenntnis" dar. Antwortversuche gegenwärtiger Forschung kommen zu einer neuen „Theorie des Geistes" und insbesondere des „bewussten Erlebens". Die Wege weisen in sehr differenzierte und interdisziplinäre Fragenkomplexe. Einer davon geht in Richtung der Rückführung von Gehirnleistungen auf physikalische Phänomene und sucht nach „neuronalen Korrelaten" bei der Informationsverarbeitung. Ein anderer analysiert die Innenperspektive des Bewusstseins, genauer gesagt die „Ich-Zentren" und „Perspektiven der ersten Person", ohne sogleich anzunehmen, dass auch dies unter das Dach des Physikalismus passen müsse oder würde.

Eine konkretere Betrachtung bezieht sich auf die Theorie des „Erlebnischarakters" des Bewusstseins, auf den wir nachfolgend noch eingehen. Hier geht es zunächst um ein Festhalten dessen, was sich ereignet, wenn von „Gestaltwahrnehmung", Wahrnehmung von „Gegenständlichkeit" (Raum und Körperlichkeit), von „Selbstbewusstsein" und vom „bewussten Erleben von Situationen" und „Kontexten" die Rede ist, also vom „raw feeling" und von den berühmt-berüchtigten „Qualia".

Eines jedoch scheint nach Metzinger wahr zu sein: „Aus der Perspektive des erlebenden Ichs ist phänomenales Bewusstsein transparent" (ebd.: 25). Es lässt sich – wie man sieht – das Selbst als eine Identität im In-der-Welt-sein reflektieren, und das geht nur, wenn Innenperspektiven auch an ein „erlebendes Ich" gebunden sind. Dabei kommt natürlich die Frage nach dem geeigneten Erkenntnisansatz auf (ebd.: 30): „Kann eine Erkenntnismethode, deren leitendes Ideal gerade in der Elimination aller subjektiven Perspektiven liegt, uns überhaupt bei der Annäherung an unser eigenes Bewusstsein behilflich sein?" Die Antwort ist einleuchtend. Der Philosoph Thomas Nagel, den Metzinger dazu (ebd.: 30) inhaltlich zitiert, liefert sie mit folgendem Argument: „Selbst aus einer vollständigen Beschreibung der raumzeitlichen Welt durch eine Physik der Zukunft ginge nie hervor, welche Zeit *jetzt* ist und welcher Ort *hier*." Daher zu sagen, das Unternehmen, die Physik auf solche Weise zu sprengen, sei von vorneherein zum Scheitern verurteilt, leugnet die mehrdimensionale „Perspektivität" des Bewusstseins und letztlich auch die Fähigkeit zur „Präsenz eines phänomenalen Gehalts". Das Erleben des Hier und Jetzt ist eine Besonderheit, die sich der naturwissenschaftlichen Kategorie einer isolierenden Betrachtung entzieht. Die Vergänglichkeit des Geschmacks von schmelzender Schokolade oder von besonderen Teesorten, die alle drei Minuten ihren Duft in der Tasse ändern und daher auch alle drei Minuten vor dem Genuss eingeatmet werden sollten, wird als etwas erlebt, das vielleicht nur durch das Hinzugesellen einer subtilen Wahrnehmung sich im Bewusstsein ereignet. Sentimentale Schwärmereien wären jedenfalls für die exakte Erkenntnis schwierige Objekte.

Dennoch aber darf – und das wirft uns wieder zurück – die „Tatsächlichkeit" nicht verloren gehen. Denn die Erfassung des Tatsächlichen durch das Bewusstseins kann sich auf zweifache Weise auflösen: einmal durch „Anosognosien" und ähnliche Schädigungen und Erkrankungen des Gehirns, zum anderen durch das Verschwinden der „visuellen Welt". Zum ersten Fall gibt es zahlreiche Forschungen mit erstaunlichen Ergebnissen zu den kompensatorischen Leistungen des Gehirns. Eines aber ist hier wichtig, dass die Betreffenden sich trotz der Schädigungen in einem ganzheitlichen Bewusstseinskontinuum befinden. Wenn jemand auf Grund einer Schädigung eines bestimmten Teils des Gehirns nicht mehr in der Lage ist, die linke Hälfte des Wahrnehmungsfeldes zu sehen und man ihm ein Foto mit zwei Doppelhaushälften zeigt, von denen die linke Hälfte lichterloh brennt, so kann er diese nicht wahrnehmen, obgleich er fest davon überzeugt ist, das ganze Bild zu sehen (vgl. Untersuchung von Michael Tye, in: Metzinger ebd.: 103–112).

Bewusstsein begrifflich zu fassen, es also erkenntnistheoretisch zu umklammern, ist mit einem „Katalog von Fragen" konfrontiert. Zunehmend wird auf Grund des Zirkulären das Bewusstsein als „Eigenschaft" eines mentalen Zustandes behandelt. Die Eigenschaft besteht in ihrer „Intentionalität", d.h. Bewusstsein ist immer ein „Bewusstsein von etwas". Vergleichbar damit ist der Ansatz von Edmund Husserl. Einen Schritt weiter geht David Rosenthal durch die Vorstellung einer Staffelung von Ordnungen (in: Metzinger ebd., 36–50). Intentionalität ist nur eine Beziehung, nicht aber ein erkennendes Subjekt. Es ergibt sich also eine Art Doppelung. Der Fassung des Wortes „Eigenschaft" ergeht es ähnlich. Der physikalische, funktionale und repräsentationale Charakter der Eigenschaft des Bewusstseins ist selbst bewusstlos und erwacht erst durch eine höhere und überlegene Ordnung zum Leben. Es hat also einen „bewusstlosen Doppelgänger". Warum dieser als „Zombie Twin" bezeichnet wird, erklärt sich eher aus der Verwendung eines schrillen Filmvokabulars. Entscheidend ist dann aber doch die offene Frage nach dem, wer wem überlegen ist, das Bewusste dem Bewusstlosen oder umgekehrt. Vom Begriff her wird natürlich ersteres angenommen, aus der Perspektive der möglichen Macht des Zombies aber, ist die Annahme nicht logisch zwingend. Damit richtet sich der Blick auf die Diskussion über den Einfluss der „Qualia", die das „Wie-sich-etwas-anfühlt" darstellen. Sie sind jedenfalls „phänomenale Atome" – ähnlich den Monaden bei Leibniz. Sie sind für das unmittelbare Erleben bestimmter Sinnesreize zuständig und bilden den „präsenten" und „transparenten intrinsischen Kern". Als Beispiel dient der Schmerz. Hier scheint Metzinger, der sonst auf Neutralität bedacht ist, doch deutlich Position zu beziehen, wenn er vom „qualitativen Gehalt mentaler Zustände" spricht. Erlebte Eigenschaften haben essentielle Merkmale. „Schmerzen, die nicht schmerzhaft sind, sind unvorstellbar" (ebd.: 28). Freilich erlebt das Nervensystem selbst den Schmerz möglicherweise nicht, sondern registriert nur neuronale Veränderungen, das aber heißt nicht, dass es in ihm keine Qualia dieser Art gibt. Sie daher insgesamt damit hinauszuwerfen, wie das wohl auch David Chalmers in bestechender Argumentation tut, kommt mir einer Bankrotterklärung

3.3 Registrierungs- und Ordnungsquellen

gleich. Man will einfach im Physikalismus bleiben. Abgemildert ist eher das Festhalten an der Möglichkeit eines individuellen Erlebens des Schmerzes. Was den einen kitzelt, kann den anderen schmerzen. Ich denke aber, dass es auch hier eine Grenze gibt. Sie kommt mit der physiologischen „Zuordnung" auf. Man kann zwar bei Schmerzen Sternchen sehen, aber man kann Schmerzen nicht riechen. Mit den Farben ist das ähnlich, wenn sich jemand in einem blauen Raum aufhält, der in einem genormten Blau gestrichen wurde, und sagt der Raum sei blau, wissen wir nicht, ob er den Raum nicht rot oder anders sieht. Was wir aber wissen ist, dass er die Farbe des Raumes nicht hören kann. Das deutet daraufhin, dass Qualia essenzielle, ich wage auch zu behaupten „ontologische und metaphysische" Eigenschaften besitzen, zu denen nur der, der sie bewusst erlebt, einen „privilegierten Zugang" hat. Ich kann mir gerade für die Soziale Arbeit keine andere Grundlage vorstellen, wenn es darum geht, mit fremdseelischen Zuständen zu arbeiten. Die Anerkennung der Perspektive der „ersten Person" wäre die Voraussetzung dafür. Eine weitere wäre die der Anerkennung der Prozesshaftigkeit phänomenaler Zustände und die der individuellen Erschließung der Welt. Denn Reiseerlebnisse gehören immer zum inneren Reichtum der Reisenden.

Das Bewusstsein als Ganzes hat nach Metzinger also Eigenschaften höherer Ordnung, die er „holistische Qualität" nennt. Zu ihnen zählen die ganzheitliche Objektbildung, Bildung der Verknüpfung von Ereignissen, das Erleben von Zeit, Raum, Kausalität, Situationsbezogenheit, Phantasie (ebd. 44f.). Sie sind zu synthetisierenden Aufgaben fähig. Nur mit diesen Qualitäten können Kriterien entwickelt werden, das „Other-Minds-Problem" oder das „Problem des Fremdseelischen" anzugehen.

Präzisere Problem-Stationen dazu werden in dem von Metzinger herausgegebenen *Grundkurs Philosophie des Geistes* (2006) beschrieben. Wir werden daraus einzelne Auffassungen zitieren. Metzinger nennt drei Hauptprobleme der philosophischen Annäherung an das Thema (ebd.: 15–23): das „phänomenale Bewusstsein", das „Leib-Seele-Problem" und das „Problem der Intentionalität". Das Problem der Forschungsmethode spielt zudem überall eine Rolle. Das erste handelt von der Subjektivität und deren Beziehung zum Geist, das zweite von der psychophysischen Kausalität und das dritte von den Feldern, die das Bewusstsein repräsentieren, z.B. der Wahrnehmung, des Erkennens, Fühlens und Handelns. Der forschungsmethodische Hintergrund orientiert sich stark an den Quellen der analytischen Philosophie und dessen Weiterentwicklung in der angelsächsischen Philosophie des Geistes.

Generell ausgeklammert bleiben bei Metzinger Fokussierungen, die das Subjekt zugunsten des Sozialen verlassen, z.B. das Thema „Bewusstsein in der Kommunikation mit anderen". Ich habe mich dennoch zur Kommentierung von Bewusstseinsquellen im Subjekt entschieden, da die Rückläufigkeit auf die Wahrnehmung der Welt über das Individuum, also über Muster und Grundlagen individuellen Bewusstseins, auch Kommunikationsmuster beeinflusst.

Thomas Nagel hat in seinem berühmten Aufsatz *Wie ist es, eine Fledermaus zu sein?* (ebd.: 62–77) das Problem benannt. Der „subjektive Charakter von Erfahrung" lässt sich durch kein auskunftgebendes System geordneter und zielgerichteter Zustände erklären. Die Aufgabe wäre vergleichbar mit der, sich in das Gefühlsleben einer Fledermaus hineinzuversetzen. Das geht nicht, denn wir können nicht wissen, wie es ist, nachts mit dem Kopf nach unten hängend zu schlafen. Dennoch aber neigen wir dazu, den Fledermäusen Erlebnisse zuzugestehen, sie bewegen sich schließlich und sie können bisweilen auch dem Menschen gegenüber panisch reagieren und wild nach dem nächsten Ausgang des Raumes suchen. Für Nagel aber ist das keine Brücke für eine Empathie, weil wir alles immer nur von unseren eigenen Ressourcen her begreifen können. Denn er ist davon überzeugt, dass es „Tatsachen jenseits der menschlichen Begriffe gibt" (ebd.: 68), sonst könnte das Problem des Subjektiven und Objektiven gar nicht gestellt werden.

3.3.2 Das Unbewusste als Kraftquelle

(a) Plastisches Modell

Der Begriff des *Unbewussten* bzw. Unter- und Vorbewussten wird vor allem in der von Sigmund Freud begründetet Psychoanalyse diskutiert. Allgemein wird darunter jener Teil innerhalb der seelisch-körperlichen Gesamtheit verstanden, der vom Bewussten nicht mehr aktiv gehalten werden kann.

Der Vorgang könnte folgendermaßen aussehen: Das Unbewusste löst sich vom Bewussten und verselbständigt sich. Dabei geraten Erlebnisse zwar in Vergessenheit, ihre gefühlsmäßigen Anteile aber werden nie völlig gelöscht. Im Gegenteil. Das Unbewusste vergisst nicht, wie es uns in bestimmten Situationen gegangen ist. Das gefühlte Erlebnis wird aus den oberen Schichten des Bewusstseins in tiefere Etagen *verdrängt*. Dort bewahrt es die vertriebenen Gefühle auf und gibt ihnen eine Herberge.

Die im Unbewussten gespeicherten Spuren sind überwiegend nicht erfüllte Bedürfnisse und Wünsche. Oft sind es weit zurückliegende Erlebnisse in der Kindheit, deren positive und negative Gefühle im Unbewussten konserviert sind. Als negatives Material umfasst es Abwertungen, Enttäuschungen, also all das, was nicht gelebt werden durfte. Dazu gehören auch Verletzungen, traumatische Erfahrungen, die mit Ängsten vermischt sind. Ihr Schmerz muss durch andere Verhaltensweisen ersetzt werden, die ein Glücksgefühl versprechen. Nicht vertrieben oder ersetzt werden müssen gelungene Momente erfüllter Lebensenergien. Sie führen zu einer Zufriedenheit, die bewusst wieder erlebt werden kann.

Ursprünglich kommen die Wünsche in ganz natürlicher Absicht aus der auf sich selbst bezogenen Natur des Menschen. Es sind alle möglichen Bedürfnisse und Formen des Verlangens, es sind aber auch Fantasien. Im Modell der Psychoanalyse entspringen sie ursprünglich dem ES und dessen Triebstruktur und sie beziehen ihre Energien aus den diametralen Kraftquellen der Aggression und Sexualität. Allein genommen sind sie eher unspezifisch, im Verbund jedoch kommt es zu einer gewaltigen Dynamik.

In dieses Kraftfeld und dessen Strudel begeben sich nun die Wünsche und alles, was damit verbunden ist. Zu liebenswerten oder schrecklichen Charaktergestalten werden sie erst, wenn sie die Außenwelt korrigierend erleben. Dabei besitzt die Erziehung von Anfang an eine verantwortungsvolle Aufgabe. Sie muss der Natur des ICH eine soziale Heimat geben, da sonst der Mensch nicht überleben könnte, und sie muss zur Kultur hinführen, da sonst die Gesellschaft nicht überleben könnte (vgl. Miller 1979).

Die Folge aber ist, dass damit ein Teil des *Dramas des Unbewussten* geschrieben wird. Aus der Erfahrung, dass nicht alle Wünsche erfüllt werden können, weil das prinzipiell nicht geht oder nicht erlaubt ist, rettet sich das Unbewusste aus dem Scheitern, indem es den Wünschen eine Norm gibt. Diese Aktion vollzieht sich in einer moralischen Instanz, die das ÜBERICH genannt wird. Der den Wunsch korrigierende Vorgang darin hat zwei Konsequenzen: Entweder werden die Verbote als Normen und Regeln zum Bestandteil eines eigenen ÜBERICH und der Wunsch findet eine Anpassungsmöglichkeit, oder er verbleibt dort, wo er herkommt, im unbewussten Raum des ES. Dort kann er auf seine Chance lauern. Ist die Lebenslage des Menschen allgemein zufriedenstellend, kann sich diese Verdrängung in der Form einer Hoffnung positiven Utopien zuwenden. Ist sie es nicht, so kann es zu Hass und Gewalt kommen. Beiden Varianten gegenüber muss die Pädagogik Vorgaben für ein gelingendes Zusammenleben entwickeln.

Seit Sigmund Freud und der Psychoanalyse sind zu dieser Frage wesentliche Beiträge verfasst worden. Unser Anliegen kann darum nur einige Hinweise zu allgemeinen Merkmalen des Unbewussten geben. Sie beziehen sich vor allem auf den Komplex des Willens.

(b) Materialistisch-monistische Ansätze

Vorstellungen aus dem Gesamtfeld der Psychoanalyse beruhen auf der Reduktion von Beobachtungen und stehen der Neurowissenschaft und dem materiellen Monismus nahe (vgl. Lurija 1992; Solms; Turnbull 2007). Dabei sind pathologische Problemstellungen meist der Ausgangspunkt für wissenschaftliche Forschungen, die dann auch zu einem Modell von Normalität führen. Dabei ist das, was nicht stattfindet, nicht stattfinden kann oder darf und sich in Folge dessen einen Ersatz sucht, ein Hauptgegenstand.

Auch das gesunde Gehirn ist nicht frei davon. Um seine Funktionalität zu gewährleisten, arbeitet es ständig mit der Eingrenzung der Informationsflut. Zur Bewältigung der Komplexität wird aber einiges anders verteilt, als uns das bewusst ist. Der natürliche Teil besteht in einem das System des Individuums erhaltenden Automatismus. Der nicht von vorne herein natürliche aber lebt von der Durchsetzung von Interessen und Machtgelüsten, Geboten und Verboten verbunden mit Totems und Tabus der Gesellschaft und Kultur. Auch diese demonstrativen Formen dienen der eigenen Reproduktion. Das führt zu einer weit reichenden psychoanalytischen Erkenntnis. Das Verhältnis von Individuum und Gesellschaft fördert ein Unbehagen, das nur über die Selbsterfahrung und durch die Enthüllung seiner Unart entmachtet werden kann.

Das Unbewusste als Aufbewahrungsort des Unverarbeiteten und Verdrängten wird weniger von Freud selbst, als von seinen Anhängern auch das *Unterbewusstsein* genannt. Es gleicht einer Halde abgelegter Ladungen, die irgendwann im Laufe des Lebens entsorgt werden müssen. Manchmal bahnen sie sich bei ihrer Lagerung selbst einen Entsorgungsweg, indem sie ihre Energie plötzlich und unerwartet freigeben. Ausdruckformen des Unbewussten sind Verhaltensweisen, in denen das Gefühlspotential besonders hervortritt. Witz und Humor, Wut und Zorn sowie Melancholie und Trauer sind Beispiele solcher Ausprägungen. Die Energien für den Transport aber sind angenommene Triebe, angeborene Kräfte des Willens und des Verlangens, Bedürfnisse und Interessen. Die Hauptenergien sind die Dimensionen von Leben und Tod. Es sind erhaltende und zerstörende Momente und sie zeigen sich als Grundbedürfnisse bei einem Mangel, aber auch im Streben nach Anerkennung.

Die Entsorgung kann im Entladen von Affekten, aber auch im Hervorbringen von Entwürfen geschehen. Im ersten wird der Mensch sich abreagieren, im zweiten sich selbst verwirklichen. Letzteres besitzt durch die Intuition und Kreativität eigene Potentiale. Während die Intuition ein Hören auf die Sprache unserer Gefühle und ein Erahnen versteckter Wünsche und Ideen ist, bietet die Kreativität die Möglichkeit eines expressiven Spiels mit den Bedeutungen und deren Gestalt.

Manchmal wird erst über Fehlleistungen etwas vom Unbewussten und dessen Wunschnatur sichtbar. Darunter fällt auch das Verhalten im Kleinen, etwa in der Form von *Versprechern*. Die Thematisierung von Verhaltensformen ist in der klassischen Psychoanalyse generell bedeutsam, wenn es um die Bearbeitung einer Last geht. Um diese mittels einer Analyse einzugrenzen, werden die gravierenden Erlebnisse entweder rationalisiert, also ihrer geheimen Wirkung beraubt, oder noch einmal durchlebt, um die damit verbundene Verletzung loszuwerden, so als würden wir bei einem Muskelkater die Muskeln erst recht trainieren.

Auch der Traum, das irrationale Spielfeld des Unbewussten, ist ein zentrales Feld der Rekonstruktion tiefenpsychologischer Wirklichkeiten. Die Traumdeutung will die Kräfte dessen finden, die das Gewahrsein des Ich steuern. Sie will durch ihren analytischen Blick in die zunächst irrationale Symbolwelt *tiefenhermeneutisch* eindringen und sie also über den Ansatz des Verstehens durchleuchten und rationalisieren. In der Regel beruhen Träume auf nicht verarbeiteten Erlebnissen, auf Dramen und Traumen des Ich.

Das gesamte Verhalten jedoch ausschließlich als Reaktion eines Verzichts zu sehen, also als Frustration, Kompensation und Sublimierung von Trieb- und Willensabsichten, kann nur eine Variante sein. Die andere nimmt im Gegensatz zu nazistischen Ekstasen, wie die von Neid und Eifersucht, auch positive Grundkräfte an, die sich keine „Prügelknaben" suchen müssen.

(c) Bedürfnis und Trieb

Die reduktionistische Perspektive des Monismus führt das Unbewusste auf Bedürfnis- und Triebdispositionen zurück. Dabei werden Bedürfnisse als Mangelzustände des Organismus gesehen, die es zu überwinden gilt. Im physiologischen Kontext weckt dieses Ziel materialistische Überlebenskräfte, im sozialen eher geistige Wunschvorstellungen nach Beziehungen innerhalb von Gemeinschaften, und darin speziell nach Orientierung, Selbstbestimmung, Anerkennung und Sicherheit. Die Kategorie des Erlebens von Sinn ist dabei besonders bedeutsam (vgl. Damm 1980: 16). Allgemein thematisiert werden Bedürfnisse in Motivationstheorien, die den Beweggründen bzw. Energien und Motiven des Handelns näher nachgehen (vgl. Maslow 1977; Csikszentmihalyi 1992).

Den Vorstellungen gemeinsam ist die erlebte Entspannung bei der Bedürfnisbefriedigung, also auch das Nachlassen von Schmerz. Sie reicht von der reinen Sättigung des Bedürfnisses über die Zufriedenheit bis zum Glücksgefühl. Danach baut der Körper mehr oder weniger schnell allerdings wieder eine Spannung auf, so dass sich ein Bedürfnis entweder von neuem meldet oder auf eine andere Ebene verlagert wird, so wie dies Maslow in seiner Bedürfnispyramide beschreibt.

3.3 Registrierungs- und Ordnungsquellen

Meldet der Körper ein Bedürfnis, sind nicht nur natürliche Abläufe im Spiel, sondern auch andere Konditionierungseffekte. So kann etwa Hunger ein Ersatz für andere Mangelzustände sein, wie auch die Sucht nach einer ständigen Bedürfnissteigerung zur reinen Lust auf Kicks werden kann.

Der Triebbegriff ist zwar in der Psychoanalyse etwas außer Mode, dennoch aber ist es wichtig einen Blick darauf zu werfen. Mit dem Verlangen nach Bedürfnisbefriedigung entsteht die Frage nach dem „Motor des Handelns".

Für Mark Solms und Oliver Turnbull (2004) sind Triebe (nach Freud) „basale Motivationen", die wir vor allem als „Emotionen erleben". Sie sind das „innere Milieu" des Gehirns, dem nur durch die äußere Realität Grenzen gesetzt sind (ebd.: 43, 51, 118).

Für Freud selbst, der (ebd.: 131) zitiert wird, ist der Trieb ein „psychischer Repräsentant" der Reize, die aus dem „Körperinneren" in die „Seele" gelangen. Triebe zeigen damit auf, was dem „Seelischen infolge seines Zusammenhangs mit dem Körperlichen auferlegt ist". Genauer gesagt sind sie im LUST-System des Gehirns lokalisiert, das die Signale von Lust und Unlust reguliert. Bei Freud ist es das ES, das zwar einen festen Bauplan besitzt, aber nicht unveränderlich ist (ebd.: 137).

Reize werden auch über Reizstoffe, wie z.B. das *Dopamin*, transportiert. „Libidinös" sind Triebe, wenn sie sexuelle Lustgefühle stimulieren. Das entsprechende SUCH-System ist dabei bei der sexuellen Orientierung von Bedeutung (ebd.: 246).

Der Traum spielt eine besondere Rolle. In ihm verhalten sich die Triebe „ungebärdig" und folgen – aus dem Es kommend – einer hemmungslosen Dramaturgie, deren Entschlüsselung durch die Traumanalyse versucht wird. Ist die Dramaturgie einmal rationalisiert, so verliert sie nach der Psychoanalyse vieles von ihrer Angst machenden Wirkung. Auf diese Weise können auch Albträume verschwinden.

3.3.3 Denken

Wenden wir uns wieder der vermutlich anderen Seite zu: dem Geistigen. Innerhalb dessen das Denken eine herausragende Stellung einnimmt.

(a) Assoziationen

Denken wird meist mit „Problemlösungskompetenz für kniffelige Fragen" gleichgesetzt. Es verkörpert die produktive und kreative Leistung durch das Erfinden neuer Variationen auch neue Wege zu eröffnen. Auf der philosophischen Ebene ist das Denken hauptsächlich für die gegenseitige Zuordnung und Kombination von Form und Inhalt zuständig. Es dient darin der Festigung und Verflüssigung von Vorstellungen. Vor allem aber ist es bei der Begriffsbildung, bei der Verknüpfung von Begriffen zu Aussagen beteiligt. Denken enthält Fähigkeiten der Identifikation, der Zuschreibung, Zuordnung und Konstruktion von Zusammenhängen sowie deren Abstraktion. Während die Erkenntnis „Vorstellungen zu und über etwas" bereitstellt, die den Anspruch von Wahrheit haben können, ordnet die Logik den Sinn und prüft die Richtigkeit von Ableitungen. Dahinter steht natürlich die Vernunft, die das gesamte Geschehen im Hinblick auf Normen und auf Wünsche des Willens überwacht. Sie bestimmt damit auch den Geltungsbereich einer Argumentation.

Wir können uns dem sehr umfangreichen Programm nur geringfügig nähern und werden daher nur drei Aspekte herausgreifen: (a) die Begriffbildung, (b) die kausale und systemische Denkordnung und (c) das Querdenken

(b) Aspekte der Begriffsbildung

Die ursprünglichsten Elemente von Begriff sind Zeichen der Welt und der Schrift. Über die Wahrnehmung kommt es zu Erkenntnissen, die Laute und Wörter zu einer Aussagensprache formt, durch die wiederum die Gestalt und Qualität von Objekten ein Urteil erhalten. Damit ist nicht nur die generelle Möglichkeit der direkten Namensgebung und der indirekten Abbildung der Welt gegeben, sondern auch eine eigenständige Sinnbildung. All dies aber geschieht im Rahmen von „Präsentation" und „Repräsentation" von Form und Inhalt, Welt und Zeichen sowie der Zeichen untereinander (vgl. Schnädelbach 2002: 40–48).

Während die Grammatik die „richtige" Verwendung von Wörtern einer Sprache formal regelt, und damit ein System der Regulierung von Sätzen darstellt, ordnet das Denken Begriffe nach einem logischen Sinnsystem und macht sie damit aussagebereit und streitbar. Insgesamt sind Begriffe komplexe Spiegelbilder der inneren und äußeren Welt. Zwischen einem Wort, das sich auf eine Tatsache bezieht und dem möglichen Begriff davon aber liegen Welten.

> Der Bezug des Wortes „Armut" zur Wirklichkeit ist eindeutig. Armut ist eine Tatsache, die sagt „es gibt arme Menschen" oder „in dieser Familie herrscht Armut". Der zweite hingegen spricht kritisch von der Armut als Folgeerscheinung einer bestimmten Verteilung der Güter. Dieser Begriff ist eher ein solcher, der aus der konkreten Situation heraustritt und diese als Ergebnis eines Entstehungszusammenhangs begreift. Der Ort, dies zu registrieren, ist nicht allein die Wirklichkeit der äußeren Tatsachen. Es ist das Nachdenken über sie. Die Sache mit dem Nachdenken ist nur die, dass ein wirklich Armer nicht über Entstehungszusammenhänge, also über den Begriff seiner Armut nachdenken kann, solange er nicht wenigstens seine elementarsten Grundbedürfnisse befriedigen kann. Seine spezielle Lebenslage macht ihn nicht gerade reflexionsfähig. Erst wenn er es sich wieder leisten kann, darüber nachzudenken, kann er einen Horizont hinter dem Tellerrand erkennen. Freilich gibt es auch eine Armut, die nichts mit den realen Verhältnissen zu tun hat: die innere Armut. Sie kann einen Mangel an Vorstellungsmöglichkeiten bezeichnen, aber auch einen Mangel an Empathie.

Manche Begriffe haben so gesehen von Haus aus etwas Welt- und Lebensfremdes an sich. Das klingt freilich sehr nach einer generellen Kritik am Akademischen. Unabhängig davon kommt aber auch jeder Mensch nicht umhin, sich irgendwann einen Begriff von seiner Lage zu machen. Sonst kann sich weder etwas verändern, noch könnte ihm dabei geholfen werden. Begriffe sind also auch Hoffnungsträger, über die Dinge mehr Klarheit und Orientierung zu erhalten. Sie sind das einzige Mittel der Verankerung von Tatsachen und Wörtern in einen Bedeutungshorizont. Daher besteht der Charakter eines Begriffes wesentlich im Innehalten, Ansichhalten und Zusammenhalten einer Bedeutungsvielfalt der sozialen Welt mit dem Ziel, Objekte besser ergreifen, begreifen und kommunizieren zu können.

3.3 Registrierungs- und Ordnungsquellen

Begriffe in ihrer Bedeutung für einen Betrachtungskontext zu erkennen, zu denken und zu reflektieren, ist aufwendig und für das Handeln oft hinderlich. So kann es zu einer Art Wissensverdrängung in konkreten Kommunikations- und Interaktionsprozessen zu Gunsten von Methoden und Techniken kommen.

Diese Art von Begriffsflucht ist angesichts von Rahmenbedingungen, Zeitmangel, notwendigen Krisenintervention und Handlungszwängen oft verständlich. Es muss jedoch klar sein, dass sich in solchen Fällen die Arbeit immer auf eine pragmatische Vordergründigkeit beziehen muss und nur Begriffe verwenden kann, die Teile eines über die Wahrnehmung unmittelbar einlösbaren Vokabulars sind, dessen Bedeutung rein gebrauchsorientiert ist. Dieses vereinfachte Sprachleben mag so auch in Ordnung sein. Es sollte jedoch nicht dazu führen, jegliche historische und systematische Wissenslast zu vermeiden.

Dahinter verbirgt sich aber noch ein weiteres Problem. Für die Soziale Arbeit ergibt sich durch die Zweiteilung der Sprache in eine Gebrauchsprache und eine abstraktere Sprache ein gewisses Dilemma. Einerseits muss sie die abstrakten Begrifflichkeiten im Hinterkopf haben und sie (z.B. auf der kollegialen Ebene) gegebenenfalls auch anwenden, andererseits muss sie sich sprachlich auf einer verständlichen Ebene bewegen, die für alle Beteiligten möglichst klare Aussagen transportiert.

Dieses Dilemma kann nicht wirklich gelöst werden. Es kann meines Erachtens nur der Versuch gemacht werden, durch Reflexionen über geforderte Zielrichtungen der Sprache zu einer „schnelleren" Handhabung eines Systemwechsels zu kommen. So muss von der Bedeutungswahrnehmung der Alltagssprache auf eine Fachsprache und umgekehrt umgeschaltet werden. Das ist eine besondere Leistung, bei der Anteile einer praktischen Erzählkunst ebenso wichtig sind wie fachspezifisches Wissen.

Maschinen können diese Leistung nicht erbringen. In ihnen ist zwar das lexikalische Wissen zu verschiedenen Sprachebenen gespeichert. Es wird auch eigenständig verwaltet und nimmt gewisse Lasten ab. Dennoch aber muss Wissen immer subjektiv ausgewählt werden und von den Benutzern gebraucht, gelesen, verstanden und interpretiert werden. In ähnlicher Weise nehmen experimentelle Anlagen, Messgeräte und quantitative Verfahrenstechniken zwar dem Menschen fast alles ab, indem sie die Produktion von Wissen automatisieren und die Ergebnisse mit einer höheren Exaktheit versehen. Sie können aber das Ringen um den Sinn all dessen nicht übernehmen.

Fassen wir zusammen: Die Tätigkeit der Begriffsbildung beruht auf Erfahrungsverdichtungen und Rationalisierungen, die Ausschnitte innerer und äußerer Welten verinnerlichen (Piaget 1995). Begriffe sind Bausteine für Theorien. Sie wollen der Wirklichkeit und den Aussagen über sie ein Spiegelbild sein. In ihm wird das Verhältnis von „Welt" und „Begriff" erläutert und zur Grundlage von Kommunikation gemacht. Ferner sind Begriffe „Schemen" der abgebildeten Ausschnitte. Sie sind damit zwar etwas anderes als „Weltschemen", aber sie stehen zu ihnen in Verbindung.

Das Verhältnis von „Wie" und „Was", also von Eigenschaft und Substanz, ist insofern verzwickt, als es nicht ohne eine Annahme gegenseitiger Verbindungen beschrieben werden kann. Der damit verbundene Komplex an Fragen ist sehr differenziert und soll hier nicht ausgebreitet werden. Was jedoch hervorgehoben werden muss, ist die Annahme, dass die Beschreibung des „Wie" der Welt auf einer Darstellungsebene geschieht, in der das Wahrgenommene „geistig" repräsentiert wird. Ich vertrete hier den Standpunkt, dass das Wie nicht ohne das Was auskommt. Sonst könnte ich mir nicht vorstellen, wie es möglich sein kann, dass physikalisch-chemisch-biologische, geometrische, ästhetische und nicht zuletzt auch soziale Formgebungen das Material für Inhalte, also für die Bedeutung und das Wesen von Mustern für den Menschen zur Orientierung bereitstellen könnten. Was aber heißt das? Obwohl die Formen von Begriffen und Aussagen strenge Fassungen dessen sein können, „wie" etwas in der Welt in Erscheinung tritt, wie es der Fall ist und wie es wirkt, kommen sie doch nicht umhin, auch das zu beschreiben, von wem oder was sie reden. Die äußere Form ist immer zugleich inhaltlich und substantiell.

Kommen wir zu einem vorläufigen Abschluss dessen: Wenn gleich auch der Wert von Rationalisierungen mit Hilfe von allgemeinen Begriffen im Rahmen einer Problemlösung strittig sein mag, sind Abstraktionen dort unverzichtbar, wo es um Reflexionen, also um kritisches Betrachten, Beurteilen und Hinterfragen geht. Das ist z.B. der Fall, wenn ein Abgleich des Festgestellten mit dem gemacht werden muss, was es eigentlich sein sollte. Allgemein gesagt wird dies erforderlich, wenn sowohl die Norm als auch die Teleologie der Empirie diskutiert werden.

(c) Bemerkungen zur kausalen und systemischen Denkordnung

Dass alles irgendwoher kommt und irgendwohin geht, ist angesichts des Wunsches nach Orientierung eine sehr unbefriedigende Erfahrung. Der ungeeignetste Satz in dieser Hinsicht wäre: „Das vergeht schon wieder". Klar vergeht alles, aber mit einem Problem arbeiten lässt sich nur, wenn festgehalten wird, worin dieses besteht. Dieses Festhalten muss erläutern, worum es sich handelt. Das, *was das Problem beinhaltet, worauf* es beruht und *was es zur Folge hat*, ist das Thema, nicht jedoch die Erkundung der Frage, warum Notwendigkeit notwendig ist. Es geht also um „Ursachen" und „Gründe". Beide werden wir zunächst synonym behandeln, da jede Ursache zugleich auch Grund für etwas ist. Bei näherer Betrachtung aber gibt es Unterschiede: Eine Ursache bezieht sich immer auf einen realen (z.B. physikalischen) Vorgang, ein Grund hingegen kann logischer Natur sein.

So vollzieht die Frage „was wie worauf beruht" eine Reduktion auf Ursachen, während die Frage „was wie wem nachfolgt" logischer Herkunft, im Sinne der Formulierung einer logischen Folge, einer Vorhersage oder Warnung.

In jedem Fall sind Gründe *Erklärungen* für vergangene, gegenwärtige und zukünftige Zustände. Man will wissen, *warum* etwas so ist, *wie* und *was* es ist oder war.

Wenn etwa notwendige Gründe für ein Problem angenommen werden, müssen diese noch nicht hinreichend sein. Das heißt, sie spielen auf jeden Fall eine Rolle, ob sie jedoch ausschlaggebend sind, bleibt offen. Erst wenn auch hinreichende Gründe angeführt werden, ist eine Erklärung vollständig.

3.3 Registrierungs- und Ordnungsquellen 71

In unserer Zeit ist der Gedanke an den hinreichenden Grund nur noch eine kaum einlösbare Idee. Denn wenn alles in Veränderung begriffen ist, so verändern sich selbst die Ursachen. Dennoch wird versucht, durch Wörter wie „transzendental", „transkulturell" gewisse feststehende raum-zeitlich und geschichtlich feststehende Ursachenkomplexe zu formulieren. Wiederbelebt jedenfalls wird dadurch das Thema der „ewigen Wahrheit". Mit ihr werden wir uns jetzt nicht beschäftigen, sondern uns den unterschiedlichen Herangehensweisen zuwenden.

Beginnen wir mit dem häufig zu hörenden Satz „Ein Problem ist eben so, wie es ist." Dieser Satz würde unser Anliegen völlig wegschieben, weil er die Haltung spiegelt: Da lässt sich ohnehin nichts ändern, denn alles ist Schicksal etc. Anders verhält es sich mit dem Satz „Ein Problem ist so, weil es dafür Gründe gibt". Hier wird eine notwendige Voraussetzung für die Existenz eines Problems angegeben. Ob diese auch hinreichend ist, das heißt, ob sie für eine Erklärung ausreicht, bleibt offen, denn es könnte auch noch andere Gründe geben. Wichtig ist nur, dass es *überhaupt* Gründe gibt.

Bei dem Satz „Ein Problem kommt erst dadurch zustande, dass es verschiedene Ursachen gibt", ist die Sachlage komplizierter. Einerseits wird ein *ranking* von Gründen bewusst aufgehoben, das von Prinzipien aber angenommen. Prinzipien sind zwar keine ausdrücklichen Ursachen, werden aber zu solchen, sobald gegen sie verstoßen wird. Dazu gehört z.B. das Prinzip der homöostatischen Ordnung von Funktionen und Elementen eines Systems. Für ein Problem gibt es jedenfalls nach diesem Denkmodell mehrere gleichrangige und gleichwertige Ursachenprinzipien. Sie werden zwar gleichbedeutend analysiert, dann aber – etwa in der Diagnose – in eine Rangfolge gebracht. Auf diese Weise wird unter anderem auch ein gewisses und nach dem Muster der Kausalität verfahrendes Denken in ein systemisches umgewandelt (vgl. Baecker 2005).

3.3.4 Verstand, Vernunft, Logik

Was das Denken denkt, prüfen Verstand und Vernunft mit Hilfe der Logik. Ein solcher Zusammenhang wird allgemein angenommen. Dennoch aber sind Verstand, Vernunft und Logik unterschiedliche Quellen, sonst gäbe es keine entsprechenden Begriffe für sie (vgl. im folgenden dazu auch: Der Brockhaus, 2004: 152f. und 194f.).

Sich seines Verstandes zu bedienen oder Vernunft walten zu lassen oder etwas logisch prüfen, all dies ist für Kant eine Notwendigkeit in allen Lebenssituationen. Die Begriffe sind daher insgesamt auf Erfahrungsinhalte gerichtet.

Während der Verstand sich auf die Dinge der Erfahrung richtet, und ihre Tatsächlichkeit prüft, beschäftigt sich die Vernunft mit der Wahrheit der erschlossenen Ideen. Das eine kommt zu Begriffen aus dem Erkennen im direkten Umgang mit der Welt, das andere zu Begriffen aus dem Erkennen im direkten Umgang mit den Ideen. Die Erfassung der Endlichkeit kommt daher zu Begriffen anderer Ordnung wie die der Unendlichkeit. Der Verstand enthält Begriffe, die die Erfahrung erst ermöglichen, wie z.B. die der Substanz, der Materialität und Räumlichkeit. Die Verwaltungsabteilung dafür im Verstand ist nach Kant die Anschauung.

Allgemein wenden sich die Fähigkeiten des Verstandes gegen die Vorstellung eines übermenschlichen Geistes, der die Welt rein intuitiv erfasst. Aus diesem Grund besteht in der griechischen Philosophie und dem aus ihr hervorgehenden abendländischen Denken die Hauptaufgabe eines nach Wahrheit strebenden Menschen im *diskursiven Denken*.

Vernünftig zu sein, heißt im allgemeinen Sprachgebrauch, nachzudenken und sich seines Intellekts zu bedienen. Es wird dabei angenommen, dass die Vernunft den Verstand in großen Teilen steuert. Als praktische Vernunft hängt sie in besonderem Maße mit dem Verstand zusammen, da sie ihm vorgibt, was konkret Sinn macht. Der Sinn aber ist selbst ein Produkt der Vernunft, die die Prüfung von Sinn durch Rationalität übernimmt. Daher ist nach Kant der Verstand, indem er die Vernunft regiert, auch höher anzusiedeln als die Erkenntnis.

Vernunft als das „absolut Ganze aller möglichen Erfahrung" steht bei Hegel an zentraler Stelle. Das Problem dabei aber ist, wenn Vernunft und Verstand sich zu weit von ihrer Aufgabe der systematischen Ordnung von Begriffen entfernen, indem sie das Diskursive verlassen und dogmatisch werden. Dann nämlich geschieht etwas Eigenes: Die Vernunft wird durch die Unvernunft zur Richtschnur von Verstand und Handeln. Es entsteht irrationale Macht, die wiederum zur ihrer Selbstverwirklichung nichts anderes kann, als sich gegen den Menschen zu wenden. Kants entscheidende Schrift *Zum ewigen Frieden* (von 1781, Ausg. 2005) ahnt dies sehr wohl. Die Implementierung der Idee des ewigen Friedens dient allein dazu, der Vernunft ein kritisches Wesen zu geben, d.h. sie selbst zur Instanz des politischen Willens zu machen, die ein freiheitliches Gewissen konstituiert. Auch hier sind es Sätze der Vernunft, die die Erkenntnis leiten. In diesem Fall ist es der Satz eines Griechen: „Der Krieg ist darin schlimm, dass er mehr böse Leute macht, als er deren wegnimmt" (ebd.: 29).

Von der kritischen Vernunft ist auch der Wille betroffen. Er muss erkennen, dass die Vernunft nur eine Chance hat, wenn der Mensch den Willen aller nicht als „distributiv" bestimmt erkennt, sondern als eine „kollektive Einheit des vereinigten Willens". Wenn das öffentliche Recht auf Zwang gegründet ist, entsteht Gewalt, die per se gegen die Vernunft gerichtet ist (ebd.: 37).

Die Entmachtung der Vernunft durch einen sich von ihr befreienden Verstand wird vor allem durch Nietzsche angegangen. Wenn der Verstand erkennt, dass die Vernunft zur Lebensfeindlichkeit beiträgt, dann muss er sie entmachten und den Weg für eine Neufassung der Kultur freimachen.

Gegenwärtig aber scheint der Neukantianismus wieder zu einem Vernunftbegriff zu führen, deren sich der Verstand bei den Versuchen bedient, die Ergebnisse der Rationalität ethisch zu prüfen (vgl. Nida-Rümelin 2001; 2005). Ein ähnlicher, wenngleich anderer Zugang ist nach wie vor der einer kritischen Hinterfragung von Interessen, denen eine technische Rationalität unterliegt (vgl. Habermas 1968).

Der Bereich der Logik spielt bei all dem eine ganz entscheidende Rolle. Die Betrachtung von Aussagen mit Hilfe von Ableitungsmustern aus Denkformen führt in komplizierte Hintergründe. Geprüft wird die Richtigkeit von Aussagen, weniger die Wahrheit, wenngleich beide zusammenhängen. Die Frage ist, welche Denkformen die Richtigkeit garantieren. Dazu gibt es jedenfalls von den einzelnen Logiksystemen – von Aristoteles bis Tarski und darüber hinaus – verschiedene Mustervorgaben, wann Verknüpfungen von Aussagen zu Urteilen logisch sind. Zu ihnen gehören Satzfolgen zum Wenn-Dann, zum Sowohl-Als-Auch und zum Entweder-Oder sowie zu deren Varianten. Ziel dieser Logiken ist der Erhalt einer *systemimmanenten Stringenz*. In der Forschung fordert die Logik immer die Angabe eines Erkenntnisweges, der Erkenntnisergebnisse rekonstruierbar macht.

3.4 Flüsse im Subjekt

3.4.1 Erkenntnis

(a) Vorbegriff

Die Fähigkeit zur Erkenntnis ist tief in uns verwurzelt. Ohne ihre Agentinnentätigkeit würde nach Nietzsche das Ich seine Interpretationsfähigkeit verlieren. Es würde ausschließlich Teil einer festgelegten Schicksalhaftigkeit sein. Nichts könnte gedeutet und verändert werden. Es gäbe keine Standpunkte der Betrachtung, durch die die Erkenntnis des Selbst und des Außerhalb möglich wäre. Die Erkenntnis schafft Klarheit und gleicht damit der Herstellung einer besonderen Qualität des Geistes, die der Aufhellung eines Problems, der Ordnung der Gedanken und der Vermeidung von Täuschungen und Irrtümern dient. Dabei ist das bewusste und reflexive Denken die Basis. Es kann mit Hilfe der Logik und der Sprache sowie der Kreativität und Kritik Bedeutungen entfalten und nach Bedingungen fragen. Es kann Dinge isolieren, verdichten und in Zusammenhänge stellen.

Zentral ist die angemessene Erfassung einer Sache und damit der Versuch, ihr gerecht zu werden, aber auch der Wunsch, sich der Realität und Wirklichkeit anzunähern, ohne dass das davon Erfasste durch Vorurteile und verzerrte Wahrnehmungen verfälscht wird. Ziel ist die Gewinnung ungetrübter Blickrichtungen, von Einsichten und Durchsichten. Die Gegenspieler wären Irritationen, Verwirrungen, Verdrängungen und auch das Vergessen. Oft sind aber gerade diese als Reibungsflächen notwendig, um zu einer eigenständigen Erkenntnis zu finden.

Umgangsprachlich wird „erkennen" vielfältig verwendet. Wir sagen: „das habe ich begriffen", „das habe ich mir gedacht" oder „das ist mir bewusst". In der Praxis führen Erkenntnisse zur Findung von Sinnhorizonten, der Eigenschaft und Substanz von Themen und Schwerpunkten sowie zu Verdichtungen des Wahrgenommenen und zu Arbeitsgrundlagen.

Da es sich beim Erkennen und der Erkenntnis um einen ganzheitlichen Komplex des Subjekts handelt, ein Objekt kognitv, emotional und instrumentell zu erfassen, wollen wir einige thesenförmige Assoziationen zum begrifflichen Vorverständnis voranstellen:
- Die Erkenntnis ist innerhalb des Erkennens eigentlich das Ergebnis der Wahrnehmung und des bewussten Erlebens sowie der Erfahrung, der Anschauung, des Wissens und der Reflexion.
- Erkennen und Erkenntnis zielen auf das Erfassen und Reflektieren der allgemeinen Strukturen des aus der Praxis Wahrgenommenen.

- Der Vorgang von Erkennen und Erkenntnis gleicht einer kognitiven Identifikation von Mustern (der äußeren und inneren Welt), Inhalten und Wesensmomenten des Wahrgenommenen. Erkennen vollzieht sich durch Abstraktion im Sinne des Loslösens, des Herausarbeitens und Ausarbeitens von Begriffen, die Teile des Wahrgenommenen zusammenfügen, sie vorhandenen Komplexen (z.B. Erklärungsgrundlagen oder Konstrukten) zuordnen oder sie mit ihnen vergleichen. Bei diesem Vorgang spielt das Erinnern an ein bekanntes Thema eine stabilisierende Rolle. Daneben gibt es freilich auch die Konfrontation mit überraschenden Momenten und völlig neuen Phänomenen. Hier ist das Fremde der Motor einer ständigen Erweiterung der Erkenntnis.
- Die Erkenntnis vollendet begrifflich den Vorgang des Erkennens. Sie will Offenes abschließen und sie will dem Wunsch nach einer Zunahme der Sicherheit und nach Gewinnung zweifelsfreier Grundlagen entsprechen. Dazu soll dem erkennenden Subjekt das Erkannte klar werden, es soll alles Ambivalente verschwinden und mit ihm die Irritation.
- Erkenntnisse dienen der Findung und Klärung von Themen, die den komplexen Anfragen und Problemstellungen der Lebenssituation und Lebenslagen benachteiligter Menschen innewohnen. Die Erkenntnis hat hier eine entlastende Aufgabe. Sie besteht darin, „Dinge" zu durchschauen und ihnen gegenüber eine distanzierte Haltung einnehmen zu können.
- Eine solche Klärung bewegt sich zwischen einer trennenden Abstraktion und einer empathischen Nähe hin und her. Als Einheit gesehen ist der Prozess der Klärung jedoch eine heuristische Suche nach angemessenen sozialen Diagnosen, verbunden mit Er-Klärungen sowie Verstehens- und Verständnisweisen, die dann „guten Gewissens" und im Sinne eines „gesunden und geprüften Menschenverstands" dem Handeln zur Verfügung gestellt werden können.
- Erkenntnisse sind immer an Interessen gebunden. Wenn diese inhaltlich divergieren, so wird ein kritischer Diskurs erforderlich. Da dies relativ häufig in der Praxis der Fall ist, kann dieser kurze Hinweis bereits ein deutliches Indiz dafür sein, dass Kommunikationsprozesse nie vollkommen abschließbar sind. In diesem Zusammenhang gilt auch die Maxime, dass nur eine kritisch ambitionierte Erkenntnis zum Chor der eigentlichen Erkenntnis gehört, weil nur sie die ideologischen und somit gefährlichen Machtstrukturen von Interessen aufdecken kann. Was aus dem jedoch folgt, ist der Ruf nach Zivilcourage, die mutig genug ist, bei der Arbeit mit Benachteiligten eigene Wege durch den Dschungel von Gegebenheiten zu finden und nicht nachlässt, nach Nischen zu suchen. Die Erkenntnis hat hier also eine kritische, eine kreative und politische Funktion.
- Erkennen und Erkenntnis sind die Sammelbegriffe für eine Reihe geistiger Aktivitäten, die entweder auf Vergangenes, Gegenwärtiges oder Zukünftiges gerichtet sind. Wir wollen einige davon hier lediglich auflisten, die sich im Erkenntnisumfeld der Analyse und Diagnose sowie des Überzeugtseins, des Wissens und der Reflexion befinden:

3.4 Flüsse im Subjekt

- begreifen - verstehen - wissen - glauben - präsent haben - reflektieren - konstruieren - einsehen - nachvollziehen - erfassen - entdecken	- erschließen - ahnen - sich erinnern - sicher sein - deuten - klären - beurteilen - begutachten - bewerten - prüfen - begründen	- werten - rechtfertigen - bezweifeln - registrieren - festhalten - definieren - verwerfen - vergessen - ablehnen - bestreiten

– Erkenntnisse können je nach dem Charakter ihrer Repräsentation real oder irreal, wirklich oder unwirklich, konkret oder abstrakt sein.

– Erkenntnisse sind nach Perfektion strebende Vorstellungen. Wir erleben sie als Klarheit und Überzeugung und auch als Visionen.

– Gefühlsmäßige Gegenstücke zur Erkenntnis sind Gleichgültigkeit, Trägheit und Eigennutz, gepaart mit der Ungeduld, auf einen Konsens zu warten. In diesem Fall gibt es kein Bemühen, Vielfalt verstehen zu wollen. Umgekehrt gesehen verhindern daher Erkenntnisse die Selbstgefälligkeit und Selbstüberschätzung (vgl. Montaigne 2007).

– Erkenntnisse sind von determinierenden Faktoren abhängig, denen nur die Erkenntnis in der Form der Reflexion entgegentreten kann. Ein Beispiel für die Abhängigkeit sind Erziehungsmuster sowie sozialisierte Anschauungen, Einstellungen und Faktoren der Lebenswelt und Lebenslage. In diesem Zusammenhang bildet die Sprache die "Grenze der Welt".

– Innerhalb des Subjekts liefern Erkenntnisse diagnostische Hinweise für die Kartographie einer Seelenlandschaft. Im Bereich der Kommunikation begrenzen sie den Grad des Aneinandervorbeiredens.

– Die Erkenntnisfähigkeit ist von Anfang an gegeben und wird mit jeder Erfahrung verdichtet.

– Zu den Erkenntnishindernissen zählen Alltagsnöte, Ängste, aber auch das Eingeschlossensein in Strukturen der Gewalt.

– Der Preis einer Entlastung von allzu kritischen Erkenntnissen ist die gesteuerte Gesellschaft, die Vorstellungen zum Sinn von Normen und zu dem festlegt, was en vogue ist und was nicht.

– Evidenz ist die wohl "reinste" Form der unmittelbaren Erkenntnis und unvermittelten Klarheit. Zu ihr gehört auch das Gefühl zum Spielraum der ethischen Dimension.

- In Bezug zur Logik meint eine evidente Erkenntnis die Akzeptanz von vernünftigen Regeln. In formaler Hinsicht deckt sie sich parallel zur Sprache mit einem Grammatiksystem sowie mit mathematischen Regeln, in inhaltlicher Hinsicht mit der kategorialen Ordnung der Erfahrung.
- Die Intuition besitzt in diesem Zusammenhang die Funktion einer Quelle für die unvermittelte Klarheit. Die Intelligenz ist dabei ein Maß für die Schnelligkeit, Zusammenhänge, Ursachen und Wirkungen zu kombinieren. Dabei geht auch der Erfolg mit der Erkenntnis der richtigen Ressourcen einher.
- Eine Verbindung zur Evidenz und zur Intuition stellen das Denk- und Gefühlvermögen her und darin wiederum die Reflexion. So wird der Boden für Regeln bereitet, die angeben, wie Erkenntnisse gewonnen werden, ab wann sie etwa in der Form von Aussagen gültig bzw. wahr und richtig sind oder ab wann Sachverhalte als variable und/oder unveränderliche behandelt werden müssen.
- Die Abhängigkeit des Denkens und der Erkenntnis von Interessen und Machtbedürfnissen kann nur durch eine ideologiekritische Reflexion aufgedeckt werden. Auf diese Weise ist auch eine Dienstleistung als solche zu bewerten.
- Begriffe mit Hilfe des Erkennens zu bilden und über sie zu sprechen, kennzeichnet den Charakter einer disziplinierten Denkbewegung: Das Abbild einer ethischen Vorstellung über die Welt wird mittels Sprache zu einer Ideenfigur der praktischen Vernunft (nach Kant). Erst wird diese geformt, dann selbst zum Objekt. Die dazu relevanten Theorien vertreten zwar verschiedene Standpunkte, sie sind sich aber in einem einig, dass die Ethik per se dem Lebensrecht und dem Wohl des Menschen dient. Das heißt, alles in ihr Formulierte geht vom Normalfall des unperfekten Menschen aus, der auch ein Recht hat, so zu sein, wie er ist (vgl. Stiftung Deutsches Hygiene-Museum und Deutsche Behindertenhilfe-Aktion Mensch e.V. 2001).
- Erkenntnis beruht auf einem kritischen Bewusstsein. Es leitet den reflexiven Vorgang an und ist im Sinne Adornos mehr als das Ergebnis von Klugheit. Es arbeitet innerhalb der (ontologischen) Bedingungen des Humanen und ist im Prozess des Historischen eingebunden, indem es darin reift. Die makaberen Lehren aus der Geschichte der Barbarei bilden den Extrakt für das Abschreckende, dessen Prinzip es ist, Menschen bedingungslos den Machtvorstellungen von Wahnsinningen zu unterwerfen, sie dumpf zu vermassen und durch Propaganda systematisch zu verblöden. In solchen Systemen wird die Gefühls- und Gehirnwäsche von Anfang an betrieben, damit später auf keinen Fall ein kritisches Bewusstsein aufkeimt. Dazu, so wird dies von einem solchen System gefordert, müssen Kinder von Anfang ohne eine als gefährlich erachtete persönliche Beziehung aufwachsen. Denn schließlich müssten sie zu strammen Soldaten des Systems gemacht werden, für die Schmerz nur ein Wort für das Niedere ist. Und die schlimme Erfahrung dabei ist, dass der beste Weg zu diesem Ziel der sei, wenn die Mütter den Kindern ihr Antlitz verweigern, damit sie – kaum auf der Welt – auch schon den skrupellosen Blick lernen, der ihnen später einmal dabei behilflich sein wird, das Interesse der Macht an der Vernichtung des „unwerten Lebens" umzusetzen (vgl. Chamberlain 2000: 36 ff.).

3.4 Flüsse im Subjekt

- Welche Erkenntnisvarianten gibt es?

  Es können folgende Arten unterschieden werden:
  - Bilder, Begriffe, Einsichten, Intuitionen, Inspirationen, Erleuchtungen, Reflexionen, reflektierte Gefühle, Kritik
  - Einfühlungsvermögen, Verstehen und Auseinandersetzung
  - Erklärungen und Theorien.

  Erkenntnis grenzt sich vom reinen Handeln aus Routine oder in der Form einer spontanen Reaktion ab. Die Formen der Abgrenzung sind in der Praxis abhängig von dem Kontext, in dem sie eingesetzt werden. Ihre Terminologien werden auf der Ebene der Fachsprache anders behandelt als an der Basis.

- Welche Rolle spielt die Erkenntnistheorie?

  Aussagen über die Reichweite der Erkenntnis, insbesondere darüber, wann Erkenntnisse begründet sind und wann das in ihnen ausgedrückte Urteil richtig bzw. wahr ist, beruhen auf erkenntnistheoretischen Vorstellungen bzw. auf einer Erkenntnistheorie. Diese wiederum ist von wissenschaftlichen Richtungen abhängig, die angeben, wann Erkenntnisse als wissenschaftliche anerkannt werden können. Dabei werden in der Regel Methoden angegeben, die das Zustandekommen von Erkenntnissen transparent machen. Generell unterschieden werden können Erkenntnisse, die auf empirischen und geisteswissenschaftlichen Verfahren basieren. Sie sind zustande gekommen durch:

  Messen, Wiegen und Zählen, das Aufzeigen der Erscheinungsform und des Wesens – also des Wie und Was einer Sache – und durch die Ermittlung von Bedeutung und Sinn. Letzteres ist geisteswissenschaftlicher Herkunft und beruht auf vorhandenen Hospitations- und Betrachtungserfahrungen sowie dem aktuellen dem Erfassen, Verstehen und der Auseinandersetzung mit einem Objekt. Dabei sind Intuition und empathisches Erspüren, Analogiebildungen sowie Differenzerfahrungen notwendig. Eine Hauptfunktion der Erkenntnis besteht in der Aussagenkontrolle und damit in der Reflexion und Kritik im kommunikativen Ringen um Antworten im Rahmen von Analysen und Diagnosen.

- Worin besteht der Erkenntnisrahmen?

  Ein unwiderlegbarer Rahmen umzäunt die Erkenntnis als Haltung: Nichts sollte ohne eine demokratische Haltung und eine auf Menschrechten beruhende Absicht geschehen, geschweige denn erkenntnis- und handlungsleitend sein. Diese Aussage gewinnt ihre Bedeutung durch die vor allem historische Erfahrung, dass selbst Intellektuelle davon überzeugt sein können, es sei durchaus vernünftig, ohne die Beachtung von Menschenrechten auszukommen, sobald sich die Gesellschaft auf dem Weg zu ihrer vermeintlichen Vervollkommnung befände. Was deutlich wird ist folgendes:

  Die Unterscheidung von berechtigten und nicht gerechtfertigten Interessen, machen den inhaltlichen Rahmen der Erkenntnis zu einem inhomogenen Gebilde. Wenn hier von Evidenz geredet werden kann, dann ist es eher logisch evident, dass sich Gewalt und Menschenrecht ausschließen und ein Drittes unzulässig ist.

Des Weiteren zeigt sich die grundsätzliche Kontrolle der Vernunft durch die Ethik. Die Erkenntnis ist hier so etwas wie das Gewissen der Vernunft.

Umgekehrt sind die Menschenrechte der einzige Kriterienkatalog für das Vernünftige innerhalb des Sozialen und unverzichtbar für das Erkennen. So wird das „unveräußerliche Recht" als Abstraktum der Erkenntnis zur Verpflichtung, die Werte der Freiheit, Gleichheit und Selbstbestimmung einzulösen.

Die Ethik, die dem zugrunde liegt, bildet in diesem Bemühen den Begriff des Seinsollens einer friedfertigen Gegenwirklichkeit, deren Vision und Utopie bewahrt und konkretisiert werden muss.

In der interpersonalen Begegnung muss die Unterstützung von Erkenntnisleistungen immer mit dem Vertrauen einhergehen. Die Forderung Erkenntnisse nachvollziehbar zu halten ist auf Grund der Komplexität der Sache oft nicht möglich. Dennoch muss der Versuch gemacht werden, den Kern einer Erkenntnis adressatengerecht darzustellen.

- Ist Erkenntnis vergebliche Liebesmühe?

Wie auch immer wir das Thema „Erkenntnis" in unserem Kontext angehen, das Vorhaben beruht auf einem verwirrenden Zirkel: Erkenntnis könne nur durch Erkenntnis geklärt werden.

Zur Überwindung dieses Problems lassen sich zwar Argumente gegen die radikale Skepsis erwähnen, dennoch aber wird das Problem nicht beseitigt. Es sei denn wir würden sagen, dass Erkenntnisse durch etwas anderes, z.B. durch Erfahrungen zustande kommen, die wiederum selbst keine Erkenntnisse sind. Das aber ist schwierig.

Dennoch scheint es wichtig zu sein aus dem Subjektivismus auszubrechen, da sonst alle Themen in einem Sumpf hausgemachter Konstruktionen hängen bleiben würden, der nur das eher Bequeme pflegt und dabei – was weitaus mehr wiegt – die Anschauung fördert, man brauche sich keine erschwerenden Gedanken darüber zu machen, worin die Wahrheit der Sozialen Welt bestehen könnte.

Was damit aber tatsächlich blockiert ist, ist folgenschwer. Die Inhalte der so genannten Welt sind nicht über den mühevollen Weg des geistigen Zugriffs erfassbar, sondern nur als Spiegelungen individueller Macharten des Subjekts zu verstehen. Es kommt nicht wirklich zu einer Innen-Außen-Trennung und damit zum Standpunkt der Unvoreingenommenheit.

Erst durch den Versuch der differenzierenden Zuordnung – trotz des Zirkelhaften – wäre eine Unterscheidung von Innenwelt und Außenwelt möglich. Diese Zuordnung wiederum kann natürlich nicht nur eine subjektive Leistung sein, sonst würde das Problem an anderer Stelle wiederkehren. Sie muss vielmehr aus einer Notwendigkeit entspringen, die einen Unterschied macht, ob ich mir „etwas" einbilde oder ob dieses Etwas auch wirklich gibt. In der Regel lässt sich das Zweite ja meist prüfen, indem ich auf die entsprechenden Tatsachen zeige.

Das aber genügt noch nicht. Auch die Tatsachen des Außersubjektiven müssen untereinander von sich her unterscheidbar sein, sonst könnte ich auf nichts zeigen. Genauer gesagt muss das Unterscheidbare eine begriffliche und eine begrifflose Tatsache sein.

3.4 Flüsse im Subjekt

Resümee:

Die Erkenntnis ist eingebettet in das Gegenüber von Subjekt und Objekt. Die Beziehung zu erkunden bedeutet auch Verschnaufpausen der Betrachtung einzulegen, in denen die Dynamik der Dinge und deren individuelle Schicksalhaftigkeit auf Hintergründiges zurückgeführt wird, das die Dynamik zwar schärft sie aber durch das Denken auch beruhigen kann. Erst durch den Wechsel der Perspektiven kommen bewegte und verharrende Produkte des Geistes zustande. In jedem Fall aber führt dies zum Literarischen, solange Möglichkeiten als Imaginationen des Subjekts beschreibbar sind und solange es gelingt, gewisse Dechiffrierungen als erbauend zu erleben.

In der Praxis der Sozialen Arbeit gilt dies in besonderem Maß. Hier müssen Produkte des Sprechens und Handelns professionell entziffert werden. Dabei darf das Auge sich nicht weg wenden von den über die Sprache ausgedrückten Inhalten. Die Probleme kommen nämlich zweifelsohne immer aus der konkreten Lebenslage von Menschen, also aus einer ihrem Ansinnen gegenüber getrennten Welt, die als Umwelt, Gesellschaft oder System entziffert werden muss.

Diese auf das Konkrete und damit auch auf das Ontologische gerichtete Sicht muss dabei von einer sie selbst überschreitenden – also in gewisser Weise metaphysischen – begleitet werden. Sonst würde die Hoffnung verschwinden müssen, dass das Erkannte auch tatsächlich etwas mit der Welt zu tun hat. Daher ist die Annahme, die Welt habe selbst eine Oberfläche und einen Hintergrund, der sie uns in ihrem Wesen zeigt, für die Soziale Arbeit eine unverzichtbare Hypothese. Mit ihr ergeben sich auch zentrale Erkenntnisebenen. Es sind:

- „Menschen" und „Dinge", die in der Außenwelt persönlich da bzw. konkret der Fall sind und die dort auch von sich aus und durch den Umgang mit ihnen eine bestimmte Bedeutung haben
- abstrakte „Gegenstände" des Erkennens im Subjekt aus der Reflexion über Menschen, Dinge und Hintergründe
- Gegenstände aus der „Reflexion des Subjekts zu sich selbst".

Als Voraussetzung kommt eine vierfache „Interaktion und Kommunikation" hinzu zwischen:

- „Ich" und „Du" (in Form der intersubjektiven, dialogischen und diskursiven Interaktion und Kommunikation)
- „Subjekt" und gegenständlicher „Welt" (in Form von objektiver Protokollierung)
- „Subjekt" und dem „Begriff" über andere Subjekte und über die gegenständliche Welt (in Form der Abstraktion)
- dem „Subjekt" und dem „Begriff über sich selbst" (in Form der Selbstreflexion).

Die ersten beiden stellen eine Beziehung zum Außen her, die dritte und vierte verbleiben innerhalb des Subjekts. Insgesamt ist damit ein bereits erwähntes Erkenntnisprogramm verbunden: die Innen-Außenwelt-Interaktion.

In der Praxis wird diese Grundlage vor allem durch den Einsatz kritisch reflexiver und kommunikativer Kompetenz lebendig. Aktiviert wird ein Prozess, in dem die Tatsachen ihre intersubjektive Bedeutung erhalten. In diesem Sinne ist auch der Praxisbegriff von der Vorstellung geprägt, dass die geistige Auseinandersetzung die Basis für einen lebendigen Dialog und Diskurs über das ist, was es im Sinne der Menschenwürde und der Gerechtigkeit sein sollte, und was pädagogisch zu fördern sei.

Die Rede ist hier von dem Geschehen hinter den Kulissen, das sich zwischen den Zeilen der Wahrnehmung befindet. Es ist das, was kognitiv gedacht wie emotional erlebt wird, und das, was sowohl bildlich wie auch begrifflich als Erinnerung rekonstruiert werden kann. Das Wechselspiel eines Kontaktes nach außen und nach innen durch die Wahrnehmung fixiert die Konzentration einmal auf das Hier und Jetzt und dann wieder auf die Erinnerung an Vergangenes.

Zusammenfassend soll nachfolgend eine Übersicht die Hauptgegenstände des Erkennens und der Erkenntnis aus deren Wirkungsfeld darstellen. Der Begriff „Sphäre" will deutlich machen, dass es sich um untereinander abhängige Bereiche handelt und damit auch um Themenspeicher bei der Problembewältigung (in Anlehnung an: Cohn 1975).

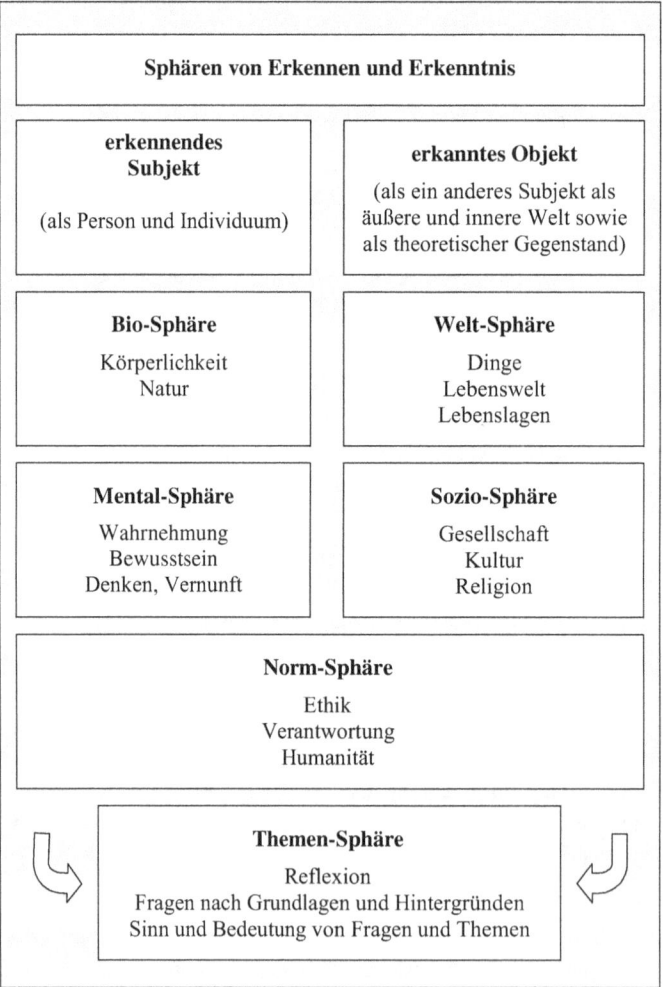

3.4 Flüsse im Subjekt

(b) Wissenschaftliches Begriffsumfeld

- Wie lässt sich die Erkenntnis wissenschaftlich betrachten?

Die Frage nach der Erkenntnis und dem Erkennen wird in der Philosophie und der Geisteswissenschaft zwar gleichermaßen formuliert, die Antworten aber sind inhaltlich vielschichtig. Auffassungen über Grundlagen beruhen auf doch recht unterschiedlichen Positionen. Die Ursachen liegen in der Schwerpunktsetzung wissenschaftlicher Disziplinen sowie deren Vorstellung von Wissenschaft und in der Auslegung der Schwerpunkte selbst. Hinzu kommt natürlich auch immer die Person oder Persönlichkeit und deren Meinung und Einschätzung. Vielleicht wäre es sogar so, dass wir Erkenntnistheorie ein Leben lang an verschiedenen Orten studieren würden, wir stets ein anderes Wissen erhalten.

Da sich der Begriff „Erkenntnis" nicht auf Bekanntes zurückführen lässt, schlägt Albert Keller in seinem Buch *Allgemeine Erkenntnistheorie* (2006) eine exemplarische Einführung vor. Erkenntnis ist nämlich – wenn überhaupt – nur schwer zu erfassen. Sie gehört „zu den Grundausdrücken [...], die sich nicht – etwa mittels einer Definition – auf bekanntere zurückführen lassen" (ebd.: 37).

Normalerweise würde dies bedeuten, dass nur ein Rückgriff auf Beispiele weiterhelfen kann. Bei genauerem Hinsehen jedoch ist auch damit das Problem der Erkenntniserzeugung lediglich verschoben. Grundanliegen ist die Frage, wer oder was für die Erkenntnis zuständig sei: Das Objekt und sein Inhalt oder das Subjekt und dessen Möglichkeit, sich Klarheit zu verschaffen. Erkenntnisinhalt und Erkenntnisprozess sind nämlich per se zwei Paar Stiefel.

Die Gegebenheit des dualen Charakters der Erkenntnis ist ein kaum zu überwindendes Dilemma. Es besteht darin, dass Selbst- und Fremderkenntnis eigentlich eine weitere Erkenntnis brauchen, die weder das eine noch das andere sein dürfte. Diesbezüglich aber stecken wir in einem Fliegenglas, aus dem es keinen Ausweg gibt. Selbst wenn wir – um dem zu entkommen – einfach festlegen würden, eine Erkenntnis sei immer dann eine solche, sobald wir „etwas" feststellen. Wir müssen nämlich auch in diesem Fall neben dem Registrieren eines Objekts auch den Vorgang des Registrierens beachten. Das Erfassen im Sinn der Identifizierung und das Erfassen des Prozesses bleiben zwei Teile verschiedenen Ursprungs. Der erste beschäftigt sich mit dem inhaltlichen bzw. propositionalen Aussagegehalt der Erkenntnis, der zweite mit dem Anspruch, den Weg dazu auf eine zweifelsfreie und täuschungssichere Basis stellen zu müssen.

Obgleich nun beide Teile differieren, ist dennoch ein Zusammenspiel notwendig. Denn das eine ist nicht ohne das andere möglich. Außerdem benutzt die Betrachtung des einen automatisch immer Voraussetzungen des jeweils anderen.

Die Frage, ob es unter diesen zirkulären Voraussetzungen überhaupt Sinn macht, die Norm aufrecht zu erhalten, etwas voraussetzungslos erkennen zu müssen, verweist uns auf eine komplizierte Debatte, deren zugehörige Hauptdisziplin die „Erkenntnistheorie" ist. Dazu sollen nachfolgend einige Grundzüge beleuchtet werden.

Keller (ebd.) geht bei der Entwicklung des Begriffs der Erkenntnistheorie nomenklatorisch vor, indem er eine Definition zugrunde legt und dann die einzelnen Bausteine dazu erörtert: „Erkenntnistheorie = die philosophische Wissenschaft von der Erkenntnis" (ebd.: 37).

Weiter entwickelt heißt dies:

Wissenschaft für sich genommen ist ein Rechtfertigungssystem für Aussagen, die den Anspruch der Objektivität und Intersubjektivität erheben. Ob diese Begriffe dogmatisch gelten, bleibt zunächst offen. Es geht vielmehr generell um eine Methode, die „Vernunft gut zu gebrauchen" (Descartes, Ausg. 1969, Discours 1, 14).

„Philosophisch" meint in diesem Zusammenhang, dass die Wissenschaft sich ihrerseits aus dem philosophischen Erkenntnisanspruch ableitet. Dabei kann die Philosophie in ihrer elementaren Eingebundenheit in die Erkenntnistheorie daher nicht von der Wissenschaft anders behandelt werden, ohne dass die Wissenschaft selbst *philosophielos* werden würde, was manche Forscher offensichtlich nicht stört.

Die positive Verknüpfung von Philosophie und Wissenschaft mit Hilfe der Erkenntniswissenschaft kann so aussehen: Während sich die Wissenschaft als ein System von Aussagen darstellt, die den Anspruch der Wahrheit, der Tatsächlichkeit, der Richtigkeit und der Nachvollziehbarkeit, geltend macht, fragt die Philosophie nach den Bedingungen für die Möglichkeit von Objektivität und Intersubjektivität. Sie lehnt sich darin auch an die Tradition der aristotelischen Frage der *prima philosphia* an, indem sie nach Gründen fragt und beginnt, das Verhältnis von wahrnehmbaren Eigenschaften zu dem, was diese tragen, zu thematisieren. Eine der wohl berühmtesten Fragen zu diesem Umfeld kommt von Heidegger: „Warum ist überhaupt etwas und nicht vielmehr nichts?" (zit. bei Keller ebd., 43).

Zusammengefasst ist also die Erkenntnistheorie die „Wissenschaft von der Erkenntnis" bzw. die Wissenschaft vom „Wesen", „Umfang" und von den „Grenzen der Erkenntnis" (ebd.: 36). Für Keller ist Erkenntnistheorie eine grundlegend philosophische Disziplin im Gegensatz zur „Wahrnehmungs- und Denkpsychologie" sowie zur „Logik und Wissenschaftstheorie", deren Erkenntnisleistung hauptsächlich im fachspezifischen Wissenszuwachs und in der Erforschung dementsprechender Vorgehen und Wege besteht.

Der vor allem für die Soziale Arbeit entscheidende und integrative Betrachtungsansatz aber besteht in der Anthropozentrik der Philosophie. Keller schreibt dazu: „Philosophie untersucht alles danach, was es für den Menschen als Menschen bedeutet". Daher lautet auch sein Definitionsvorschlag: „Philosophie = die Wissenschaft, die sich auf keinen Teilbereich des Erkennbaren einengen lässt, sondern für die alles in Frage kommt und zu untersuchen ist unter der Rücksicht, was es für den Menschen als Menschen bedeutet" (ebd.: 44). Dabei ist nicht nur die Anbindung an eine, für das Menschsein elementare Voraussetzung von Lebenschancen gemeint, sondern auch die Selbstbestimmung des Menschen und deren kritische Orientierung an einer Gegenwirklichkeit.

Kerngeschäft der Erkenntnis ist:
- die rein inhaltliche Erfassung eines Objekts
- die Kritik durch Hinterfragung mit dem Ziel der Beseitigung des Zweifels
- die Kritik mittels Erfahrung zum Zweck einer Beseitigung der Täuschung.

Die Unterscheidung zwischen der Erkenntnis als solcher und den Formen der Erkenntnis als Kritik, im Sinne einer Aufdeckung von Zweifel und Täuschung, ist das wohl bedeutsamste Diskursfeld der Erkenntnistheorie.

3.4 Flüsse im Subjekt

Trotz der Vielfalt der Ansätze scheint eines einzuleuchten:

Strebt die Erkenntnis nach Wahrheit, muss sie Zweifel beseitigen. Das Ziel lautet hier: Erkenntnis der Wirklichkeit.

Strebt sie hingegen nach der Erfassung der Realität, muss sie Täuschungen beseitigen. Das Ziel lautet hier: Erkenntnis der Tatsachen.

Die Kritik an Erkenntnissen, die sich an der Norm einer Beseitigung des Zweifels und der Täuschung orientiert, ist daher nach Herkunft und Verwendungszusammenhang zweigeteilt: Die Kritik, die dem Zweifel entspringt, beruft sich auf das geisteswissenschaftliche Denken im Umkreis der Vernunft, die der Täuschung hingegen auf die naturwissenschaftliche Prüfung und Forschung im Umkreis der Erfahrung.

- Was sind die Quellen der wissenschaftlichen Erkenntnis?

Die Erkenntnis leitet ihre eigene Sicherheit aus zwei Quellen ab: zum einen die Ratio und zum anderen die der Erfahrung zugängliche Empirie. Herkunft der einen sind die kritische Vernunft und das aristotelisch-logische Denken, die der zweiten das experimentelle Handeln, die strenge Naturbeobachtung, Naturmessung und mathematische Logik.

Diese zweiseitige Komposition des Erkenntnisbegriffs wirkt sich auch auf den Wissenschaftsbegriff aus. In strenger Parallelität zum Denken bewegt dieser sich entlang von Denk- und Erkenntnismustern, parallel zur Empirie am rein Sinnlichen, Messbaren und Quantifizierbaren. Im Subjekt trifft beides zusammen: die Vernunft mit der durch Anschauungen geprägten Erfahrung. Erst in Kombination entsteht das, was wir als Bedeutung und Sinn begreifen.

> Der so verfasste Wissenschaftsbegriff dominiert auch die gegenwärtige Diskussion um eine für den Menschen geeignete wissenschaftliche Form der Forschung. So muss Forschung sich eigentlich darauf beschränken, nur Gegenstände zu wählen, die dem Humanen nicht zuwiderlaufen. Objektivität ist also an Ethik gebunden, wenn sie als sinnvolle Erkenntnisquelle gelten soll. Das Prinzip der Intersubjektivität muss zwar auf einer anderen Ebene antreten, muss sich aber mit der selben Frage beschäftigen: nämlich mit der Erkenntnis von ethischen Regeln eines intersubjektiven Sprachgebrauchs.
>
> Aus Sicht der Naturwissenschaft darf sich die Sprache nicht von der Tatsächlichkeit des Gegebenen entfernen. Sie muss also das Tatsächliche entweder unmittelbar abbilden oder als Ergebnis einer nachvollziehbaren logischen Ableitung bzw. terminologischen Vereinbarung fungieren.
>
> Die Geisteswissenschaft tut sich mit dieser Norm schwer. Denn in ihren Reihen ist die Literatur dominant. Auch die eines E.T.A. Hoffmann etwa. So kann sie, um die Betrachtung von Produkten der Phantasie wissenschaftlich angehen zu können, sich nur auf eine Kritik an der Naturwissenschaft berufen, so wie sie durch Jürgen Habermas (1968) und andere entworfen wurde. Argumentiert wird auf zwei Ebenen: erstens auf der des Historischen und zweitens auf der eines Nachweises einer damit einhergehenden Abkehrung vom Menschen zugunsten technologischer und finanzieller Interessen. Der erste Punkt weist auf die Unmöglichkeit hin, die Vergangenheit empirisch lückenlos zu erfassen und schlägt als Alternative den Methodenkomplex der Hermeneutik, Dialektik und Phänomenologie vor. Der zweite will der technologischen Erkenntnis durch Ideologiekritik begegnen.

(c) Geschichtliche Vorgaben

(zur gegenwärtigen Komplexität des Erkenntnis- und Wissenschaftsbegriffs)

Den Möglichkeiten der Ratio widmen sich die den modernen Rationalismus begründenden Schriften von Descartes, Leibniz und Kant, den Grenzen des Verstandes die von John Locke (Ausg. 1962) und George Berkeley (Ausg. 1957), den Mitbegründern des Empirismus.

Absicht des Rationalismus ist, mit Hilfe eines guten Gebrauchs der Vernunft eine Methode zu finden, um wahre Erkenntnisse in der Wissenschaft aufzuspüren. Keller (ebd.: 49) zitiert dazu aus Descartes *Discours* das Verlangen „Wahres von Falschem unterscheiden zu lernen, um in meinen Handlungen klar zu sehen und in diesem Leben sicher zu gehen". Dazu ist es erforderlich zu finden, wann ein „Urteil wahr und gewiss sei".

Der Weg, den Descartes geht, ist ein systematischer. Er fragt nicht, was andere dazu gedacht haben, sondern geht in die totale Einsamkeit, indem er sich dazu entschließt, „wie ein Mensch der sich allein und in der Dunkelheit bewegt, so langsam zu gehen und in allem umsichtig zu sein, dass ich, sollte ich auch nicht weit kommen, mich doch davor hüte, zu fallen" (zit. ebd., 50). Das Ergebnis dessen lautet: „Dass, während ich auf diese Weise zu denken versuchte, alles sei falsch, doch notwendig ist, der es dachte, etwas sei. Und indem ich erkannte, dass diese Wahrheit ‚ich denke, also bin ich' so fest und sicher ist, dass die ausgefallensten Unterstellungen der Skeptiker sie nicht erschüttern vermöchten, so entschied ich, dass ich sie ohne Bedenken als ersten Grundsatz der Philosophie, die ich suchte, ansetzen könnte" (ebd.).

Ähnlich hat dies zuvor auch schon Augustinus in *De trinitate* ausgedrückt. Keller zitiert dazu die entscheidende Stelle (ebd.: 50): „Nie also kann sich täuschen oder lügen, wer sagt, er wisse, daß er lebe. Tausend Arten von trügerischen Gesichten mögen also dem. der sagt: Ich weis, dass ich lebe, vorgehalten werden: Nichts davon fürchtet er, da auch wer sich täuscht, lebt". An anderer Stelle in *De civitate* heißt es: „Auch wenn ich mich täusche, bin ich (zit. ebd.).

Anders formuliert die Richtung des Empirismus den Erkenntnisbegriff. Herzstück ist hier die Prüfung der Erfahrung im Hinblick auf eine synthetische Entstehung von Urteilen, in denen die Prädikate der äußeren Welt als das einzige wahrhaft Prüfbare angenommen werden. So kann nur das, was der Erfahrung unmittelbar gegeben ist, erfasst und über die Wiederkehr des Gleichen induktiv als sichere Erkenntnis einer Gesetzmäßigkeit formuliert werden.

Was allerdings bei der Vielfalt der Richtungen auffällt, ist ein gemeinsamer Bezug zum Unterschied von Erkenntnis und Meinung. So steht immer das Ziel der Entwicklung wahrer und richtiger Urteile am Beginn, so dass zumindest in der Formulierung dieser Absicht ein Konsens möglich zu sein scheint. Genauer gesagt kommt die Gemeinsamkeit zum Vorschein, wenn zum einen vom abgesicherten Einblick und der rekonstruierbaren Einsicht in eine Sache gesprochen wird, von dessen Wahrheit das Bewusstsein überzeugt ist. Zum anderen rührt sie vom Vorgang und Weg, Ergebnisse zum Gegenstand der Reflexion von Methoden zu machen.

3.4 Flüsse im Subjekt

(d) Arbeitsdefinition

Für eine allgemeine Orientierung zum Begriff der Erkenntnis ziehen wir die nomenklatorischen Ausführungen des Brockhaus (2004) heran. Dort werden neben dem Urteil Erkenntnisse, die über einen Zusammenhang organisiert sind, „Wissen" genannt. So ist die Erkenntnis zugleich ein *Wissen über eine Sache*. Sie kann sich auf ein Objekt aber auch auf sich selbst beziehen. Daher ist neben der empirischen und inhaltlichen Qualität die formale und strukturelle Machart der Erkenntnis ein eigener Wissenskomplex. Dem entsprechend sind auch die Wissensarten unterschiedlich: „Erfordert die Begründung einer Erkenntnis die Berufung auf Erfahrung, heißt die Erkenntnis empirisch oder aposteriorisch, anderenfalls wird sie apriorisch genannt" (ebd.: 86).

Die Geschichte der Philosophie stellt sich diesen Aussagen gegenüber als eine Art Wanderbewegung dar, die bei der Frage nach dem Erkenntnisursprung zwischen Subjekt und Objekt pendelt. Einmal wird die Quelle der Erkenntnis ganz dem Subjekt anheim gestellt, zum anderen ganz dem Objekt. Die Verankerung in eigenen Zwischenräumen überlässt sie sodann einem näher zu deklarierenden Interaktionsgeschehen (vgl. Callo 1982).

Der systematische Ansatz versucht den zusammenfügenden Charakter der Erkenntnis zu bewahren, der historische den inhaltlichen Gestaltwandel. In beiden scheint Erkenntnis in erster Linie Ausdruck einer zutiefst empfundenen Einheit zu sein. Darüber hinaus aber muss die Erkenntnis eine kritische Dimension bewahren. Ihr Zugang öffnet sich zwar zunächst mit der Bewertung der Erfahrung, darf aber nicht dabei stehen bleiben. Denn die Basis der kritischen Erkenntnis stellt – wie Kant dies wohl auch meint – ein synthetisches Apriori dar, das nicht über die Erfahrung hinzukommt, sondern sich erst konstituiert durch die seiner Meinung nach hinzutretende Fähigkeit der *Kritik der reinen Vernunft*.

Herbert Schnädelbach ordnet in seiner *Erkenntnistheorie* (2004) das vielfältige Material noch expliziter. Die Entwicklung der Wissenschaft führt zu kontroversen Ausgliederungen.

Mit dem Rückgang der Metaphysik als zentralem Sammelplatz und dem Aufkommen von Einzelwissenschaften rückte die empirische Erforschung der Wirklichkeit, dem realen Raum der Tatsachen, in das Zentrum. Die Ausgliederung sah auch keinen Anlass mehr zur Formulierung einer gemeinsamen Systematik. Das sich zunehmend favorisierende Wissenschaftsmodell war das der Euklidschen Geometrie, in der die Beweisführung der Erkenntnis einem „durchgängigen Begründungszusammenhang" folgt. Der Übergang lässt sich so beschreiben: „von der propositional (mit Bezug auf Urteile und Sätze) charakterisierten Systemwissenschaft zur prozedural (durch Verfahren) definierten Forschungswissenschaft" (ebd.: 11).

Die Erkenntnis „aus reiner Vernunft" und die „Vernunfterkenntnis aus empirischen Prinzipien", konnte sich als nicht mehr zu einem Haus zugehörig bestimmen, sondern brach auseinander. Der Teil der „reinen Philosophie" blieb „Philosophie der Begriffe" und der der „empirischen" verzichtete auf den Begriff „Philosophie". Mit dem Verlust der Definitionsmacht ging eine „tiefgreifende Identitätskrise" einher, die erst durch einen „Unterschlupf" in den historisch-hermeneutischen Kreis einer „etablierten Geschichts- und Textwissenschaft" zu einem neunen „Selbstverständnis" führte (ebd.: 12).

Ein anderer Zweig konnte zu einer Neudefinition der Erkenntnistheorie als kritischer Gegenmacht zur naturwissenschaftlichen Ideologie finden. Mit dem „Neukantianismus" und dessen Verständnis eines „komplementären Verhältnisses von Wissenschaft und Philosophie" wurde die Philosophie zum „logischen und methodologischen Gewissen" (ebd.: 13). Erkenntnistheorie wird damit unter neuem Vorzeichen zur Wissenschaftstheorie. Doch es sollte nicht nur bei der Formalismuskritik bleiben, auch die Inhalte sollen neu angegangen werden. In Husserls (von Schnädelbach zitierten) „Schlachtruf" >Zurück zu den Sachen!< zeigt sich das gesamte Programm der Phänomenologie.

Der Neukantianismus und dessen formalistisch fundierter Erkenntnisbegriff fanden ihre Fortsetzung mit der Analytischen Philosophie des Wiener Kreises und dessen Vertreter Moritz Schlick und Rudolf Carnap. Zum einen sollte den „Verächtern der Erkenntnistheorie" nicht das Feld überlassen werden, zum anderen war es wichtig, gewissen metaphysischen Sprachblüten logisch-analytische Grenzen zu zeigen (ebd.: 14). So wurde die Wissenschaftstheorie wieder durch die Erkenntnistheorie belebt. Der neue und zugleich alte Name der *Epistemologie* (griech. Lehre vom Wissen) setzte sich durch und erweiterte den Horizont auch auf das Alltagswissen.

Eine weitere Entwicklung fand durch die Kognitionswissenschaft statt, die – ebenso wie schon Locke meinte – nicht durch reine Selbstbeobachtung (auch im Sinne von Descartes) möglich ist, sondern experimentell erforscht werden muss. In diesem Umfeld nehmen die Kognitionspsychologie, die Intelligenzforschung und letztlich die Gehirnforschung, auch zusammen mit der „Evolutionären Erkenntnistheorie", einen großen Raum ein. Bei der empirischen Erfassung all dessen aber dürfen nach Schnädelbach nicht die damit verbundenen Ansprüche vergessen werden (ebd.: 16).

Spannend wird die Auseinandersetzung um den Erkenntnisbegriff beim Versuch, Einwände gegen die Erkenntnistheorie, die Erkenntnis allein für sich zu beanspruchen, zu entkräften. Nach Schnädelbach handelt es sich wesentlich um zwei. Der erste setzt bei Paul F. Feyer-abend (1973: 88 ff.) an und seinem Argument der Bevormundung, nach dem Motto, wer nur die Formalitäten kenne, hat keine Ahnung vom Inhalt. Dagegen setzt Schnädelbach das Argument, dass das Wissen, egal wie es inhaltlich aussieht, sich immer fragen muss, wie es sich vom reinen Glauben und dem „subjektiven Überzeugtsein" unterscheidet. Die erkenntnistheoretische Frage lautet: „Können wir überhaupt etwas wissen, oder haben wir immer nur Meinungen?" (ebd.: 17). Das explizit zu machen, was implizit ist, und es der Kritik zu unterwerfen. Wer immer das tut, verfolgt ein philosophisches Anliegen, das aus der Philosophie stammt, nicht aber an Lehrmeinung gebunden ist.

Die Frage nach den alltäglichen Beweggründen dazu liegt auf der Hand. Wenn ich sage „ich weiß, dass...", stellt sich die Frage nach der Identität von Wissen und Erkenntnis allemal. Anders gewendet wird gefragt, ob ein „subjektives Gefühl der Gewissheit als Erkenntnisgrund" ausreicht (ebd. 18). Schnädelbach nennt dazu ein Beispiel: Er hat einen Missionar der Mormonen gefragt, woher er wisse, dass das Buch Mormon die Wahrheit sei. „Die Antwort lautete: Man müsse es lesen, dann zu Gott beten, und dann gebe der einem die Gewissheit ins Herz" (ebd.). Die Unterscheidung von „Selbstsuggestion" und Erkenntnisklarheit ist hier, wie wir sehen, schwer möglich. Daher lautet die Leitfrage: „Verbürgt Gewissheit Erkenntnis?" (ebd.).

3.4 Flüsse im Subjekt

Die Frage betrifft auch das Verhältnis von Spritualität und Erkenntnis, vor allem das von Religion und Philosophie. Ergibt sich erst durch den Glauben die Erleuchtung, oder trägt das grundsätzliche Verhältnis des Menschen zu Gott bereits die Möglichkeit in sich, Erleuchtung zu finden? (vgl. Rahner 2005).

Schnädelbach geht zur Erläuterung seiner Frage auf die „Auschwitzlüge" ein. Diejenigen, die nur Meinung gegen Meinung stellen, leugnen den Tatbestand, auch diejenigen, die das Wissen darüber als Lüge deklarieren. So stellt sich die Frage: „Ist die Deutung von Fakten beliebig oder nicht?" (ebd.). Die Argumentation des französischen Autors Faurisson dazu ist pervers. Er sagt, er habe keinen Zeugen, der eine Gaskammer mit eigenen Augen gesehen habe, bei all seinen Recherchen getroffen, also lässt sich die Existenz von Gaskammern nicht beweisen. Denn nur das, was man mit eigenen Augen sieht ist eine Tatsache. Rein logisch mag das vielleicht zutreffen. Nur, wenn jemand eine Gaskammer sieht und darin umkommt, kann er nicht mehr berichten, eine gesehen zu haben. Der Tatsachenbegriff, der sich nur auf lebendige Augen beschränkt, ist also selbst beschränkt. Verwerflich daran ist nur, dass mit einer Raffinesse gearbeitet wird, die der von Tätern ähnelt. Ein klammheimliches Liebäugeln mit Verbrechen gegen die Menschheit oder Arten der Faszination all dem gegenüber ist davon jedenfalls nicht weit entfernt.

Tatsachen liefern also zunächst fragwürdige Erkenntnisse. Wir dürfen sie nicht einfach hinnehmen und daraus etwas ableiten, für dessen Beweis die Tatsachen selbst niemals ausreichen. Denn auch diese müssen erst mit aller Vorsicht zur Realität und sodann zur Wirklichkeit und Wahrheit werden.

Tatsachen können wir also niemals trauen. Wir können sie bestenfalls subjektiv wahrnehmen. Erst dann beginnt das Erkenntnisgeschäft, das prüft, ob eine Tatsache ausreicht, in das Repertoire von Erkenntnissen aufgenommen zu werden. Die Chancen dazu sind immer dann groß, wenn sie sich als nicht gegen den Menschen gerichtet ausweisen können. Damit ist Erkenntnis im eigentlichen Sinn nur dann wahr, wenn sie ethisch fundiert ist. In allen anderen Fällen muss sie dadurch jedoch nicht zwangsläufig falsch sein. Sie ist dann eben nur noch nicht ausgereift.

Der zweite Einwand gegen die Erkenntnistheorie ist für Schnädelbach als Philosoph noch gravierender, denn „[...] er behauptet die Unmöglichkeit dessen, was wir für unentbehrlich halten mögen", weil er „genau das voraussetze, was man erst untersuchen wolle" (ebd.: 19).

Der entscheidende Satz dazu stammt von Hegel, der sich mit Kant kritisch auseinandersetzt: „Die Forderung ist also diese: man solle das Erkenntnisvermögen erkennen, ehe man erkennt; es ist dasselbe wie mit dem Schwimmenwollen, ehe man ins Wasser geht" (Hegelzitat ebd.: 20). Deutlich wird darin die Dialektik: Ein Wunsch ist als eine noch nicht verwirklichte Idee im Kopf und muss durch das Handeln verwirklicht werden, das heißt vom Kopf in die Tat verwandelt in eine gänzlich andere Qualität schlüpfen. Der Wille führt also offensichtlich hier dazu, den Prozess voranzutreiben. Erkenntnis ist also schon selbst ihre eigene Erkenntnistheorie und muss nicht erst als solche benannt werden. Erkenntnis und Kritik müssen also nicht getrennt werden. Diese Auffassung nennt Schnädelbach *holistisch*. Damit aber dennoch Kritik im Detail möglich bleibt, müssen in dieser Ganzheit Strukturmomente der Kritik unterscheidbar sein (vertreten durch Leonard Nelson 1973, Bd. 2, 459–501).

Versuche dazu stammen von Richard Rortry (1981), Willard Van Orman Quine (1975), Donald Davidson (1986) und Bertrand Russel (1971). Vertreten wird eine naturalistische Vorstellung der Teilhabe im Gegensatz zur Annahme von externen Experten, durch die die Erkenntnis sich quasi von außerhalb betrachtet. Sie ist wie die Wissenschaft Teil der Kultur, so dass auch die Suche nach einem „reinen ‚Spiegel der Natur'" ein Mythos ist. Erkenntnis kann sich daher nur durch Integration in ein Zusammenspiel begreifen und so die Unarten des holistischen Denkens überwinden.

Vor diesem Hintergrund versucht Schnädelbach, neue Aufgaben der Erkenntnistheorie zu formulieren. Eine erste besteht in der sprachlichen Unterscheidung von „Wissen", „Gewissheit", „Meinung", „Überzeugung" und „Glauben". Eine zweite in der Aufstellung von „Kriterien", die Auskunft geben, „was wir als Erkenntnis gelten lassen wollen" (ebd.: 23). Damit treten normative Eigenschaften wie „wahr", „richtig", „stringent", „methodisch korrekt" und andere in den Mittelpunkt. Diese Normen müssen ferner dahingehend geprüft werden, wie realistisch sie sind, um utopische Forderungen zu vermeiden. Zudem ist ein Wissen über das erforderlich, was sich in Erkenntnisprozessen wirklich abspielt. Gemeint ist hier allerdings ein nur deskriptives Wissen.

Selbst auf die Gefahr hin, dass dieser Weg in ein Kriteriendogma führt, haben wir keine andere Chance, als die von interdisziplinären Konsensbemühungen. Die allerdings müssen sich über den Unterschied zwischen Erkenntnisgehalt und der Erkenntnisart im Klaren sein. Bei Hegel ist bekanntlich beides eine Einheit, was das Anliegen ideologisiert. Bei Kant läuft alles auf eine Art Skelettierung hinaus, für die die Knochen wichtiger sind als das Fleisch. Mit anderen Worten ist die Empirie bei Kant nur durch die nicht mehr modifizierbare Existenz transzendentaler Strukturen der Erfahrung möglich.

Zunächst hat es den Anschein, als ob Schnädelbachs Kriterien den Begriffsschemen Kants entsprechen, dann aber scheint er das Argument von Nelson (1973) anzunehmen, in dem Kriterien der Erkenntnis nicht selbst erkannt werden können, sondern nur „anerkannt" sein können. Damit werden Kriterien von der „Entscheidung zugunsten ihrer normativen Kraft" abhängig und sind bis auf diese Tatsache selbst nicht prinzipiell (Schnädelbach ebd.: 26).

Die Entwicklung läuft damit über den Weg der Erlanger Schule und deren Prädikationslehre zu einer Proklamation von Gebrauchsregeln, „denen wir zu folgen bereit sind, wenn wir uns über kognitive Phänomene zu verständigen versuchen; wir nennen sie epistemische (griech. *epistéme* – das Wissen) Ausdrücke". „Eine solche Tätigkeit ist eine *grammatische* im weitesten Sinne des Wortes [...]. Es gilt: Der explikative Diskurs der Erkenntnistheorie ist nichts anderes als eine *Grammatik epistemischer Ausdrücke*" (ebd.: 29). Damit rücken die Verwendungsweise und der Gebrauch von Begriffen nicht nur in den Mittelpunkt, sondern auch an den Anfang. Die Begriffsgeschichte ist allerdings dabei ein wesentlicher Aspekt.

(e) Repräsentationsfunktion der Erkenntnis

Dass Bild von der *Repräsentation*, in dem das eine durch das andere angedrückt wird, es abbildet, erläutert, ergänzt, vertieft ist für mich nach wie vor auch in der Regulierungsdebatte das Herz der Angelegenheit: Erkenntnisse drücken immer etwas stellvertretend aus und wir müssen uns immer auf die Suche machen nach dem, was sie sagen und wie sie es sagen. Ohne jedoch hier nicht erneut eine komplexe Debatte zu eröffnen, soll folgendes feststehen:

Während die Wahrnehmung und das sinnliche Erleben in ihrer gestalt- und gefühlsbezogenen Repräsentation die Außen- und Innenwelt spiegeln und während die Erfahrung durch den handelnden Umgang deren Spuren verdichtet, geht die Erkenntnis einen Schritt weiter: Sie ist, um es mit Hegel (Ausg. 2003: 65–77) zu sagen, das „Werkzeug" und „Medium", mit dem ein Gegenstand im Subjekt auf den Begriff gebracht wird. Ob dieser auch zuverlässig der richtige ist, setzt dem medialen Charakter der Erkenntnis eine Norm. Bei Hegel hat es den Anschein, als sei die Norm kein Ergebnis, sondern eine Vorgabe. Auf der einen Seite steht die reale Gegebenheit, auf der anderen das Absolute, das hundert Prozent zweifelsfrei Richtige und Wahre, dessen absolutes Objekt alles trägt. Daher hat die Erkenntnis auf ihrem Weg zum Absoluten eine weite Bewältigungsstrecke vor sich, im Grunde die gesamte Geschichte der Menschheit, um letztlich klüger zu werden.

Es gibt viele Meinungen, gelegentlich auch innerhalb der Sozialen Arbeit, die diesen hegelianischen Idealismus unter die Kategorie „Geschwätz" einreihen. Ich würde in diesem Zusammenhang allerdings fragen, ob bei den Vorstellungen zum Begriff des „Sozialen" nicht immer auch ein kleiner Funke des Wunsches nach einer absoluten Verwirklichung und Vervollkommnung der sozialen Welt im Spiel ist. Wenn dies so ist, wie ich hoffe, dann jedenfalls muss die Erkenntnis nicht mehr den Weg leidvoller Erfahrungen gehen, zumal sie endlich das gelernt hat, deren wegen sie antrat. Erfahrungen der Aufklärung müssten nicht immer wieder neu gemacht werden, sondern könnten als übergreifende Erkenntnisse und Lernerfahrungen der Menschheit endlich errungen bewahrt werden. Das freilich ist Utopie, aber auch sinnvolle Hoffnung.

3.4.2 Wahrnehmung

In der Umgangsprache meint „wahrnehmen", etwas mit den Sinnen registrieren. „Ich habe das wahrgenommen", meint „ich habe es gesehen, gerochen, geschmeckt, gefühlt". Etwas anders gemeint ist der Ausdruck, „ich nehme meine Rechte wahr". Hier will ich etwas ergreife, was mir zusteht.

Das Wort „wahr" im Wahrnehmen geht einen Schritt weiter. Es bringt zum Ausdruck, dass es sich bei dem Kontakt um etwas handelt, das zumindest dem, der es hat, gewiss ist, *dass* er es hat. Die Gewissheit entspringt der Autorität der ersten Person. Ob sie auch wahr ist im Sinne der Übereinstimmung mit einer Gegebenheit oder einer Tatsache, ist von empirischen Voraussetzungen abhängig.

Eine Beschreibung von Grundlagen der Wahrnehmung konfrontiert uns mit einem ähnlichen Zirkel-Problem, das wir bereits bei der Darstellung des menschlichen Geistes erwähnten. Während ich eine Wahrnehmung, eine Empfindung oder ein Erleben schildere, bin ich mit meiner Wahrnehmung darin involviert. Die Fallen eines Selbstbezugs können daher eigentlich nicht vermieden werden. Nur durch eine Außensicht oder durch Reflexionen im Nachhinein kann versucht werden, den berühmten „blinden Fleck" zu benennen. Wahrnehmungen gewinnen daher nur durch ein Metasystem einen höheren Grad an Verbindlichkeit, indem sie die Wahrnehmungsinstrumente und -methoden aufdecken.

„Wahrnehmen" lässt sich als Vorgang des bewussten Erlebens bezeichnen, der im Rahmen des nach außen und nach innen gerichteten Blicks „Eindrücke" gewinnt. Sehen, Hören, Tasten, Schmecken und Riechen registrieren aus der Außenwelt unterschiedliche Sinnesreizungen, die ihrerseits als „Qualität des Erlebens" bewusst werden. Durch sie können Freude und Angst ebenso ausgelöst werden wie Genuss und Ekel. Wahrnehmungen nach innen oder von innen heraus transportieren Gedanken und Erinnerungen in Form von Begriffen und Bildern, aber auch Gefühle des Körpers, seelische Stimmungen und Gemütszustände. Wahrnehmungen lassen uns nicht kalt, sondern sie wecken in uns geistige, emotionale und instrumentelle Kräfte. Die Fähigkeit der Wahrnehmung ist nicht allein vom Willen und Interesse abhängig, etwas sehen und betrachten zu wollen, sondern auch von der Ausstattung der Wahrnehmungsorgane.

> Rennfahrer zwischen 20 und 30 nehmen angeblich Objekte, die die Straßenführung blockieren, schneller wahr als solche zwischen 40 und 50. Männer sollen einen weniger ausgeprägten Geruchssinn haben als Frauen. Fischer der Osterinsel können aus der Wahrnehmung der Farbe des Meeres, der Stärke des Windes, dem Geruch des Wassers ohne Sixtanten und ohne Radar ihre Position bestimmen. Wahrnehmen heißt darum auch „navigieren".

> Welche geschlechtsspezifische Wahrnehmungsunterschiede es gibt, hängt davon ab, in welchem Ausmaß sich grundsätzlich die über kulturspezifische Einflüsse gemachten Lebensentwürfe, Haltungen und Interessen von Männern und Frauen auswirken. Neben dem Geschlechtsunterschied sind die kulturellen und gesellschaftlichen Sozialisationsbedingungen identitätsprägend. Das gilt auch für die Aussage, Männer würden mehr über den Verstand, Frauen über das Gefühl wahrnehmen. Dazu gibt es meines Erachtens nur gesellschaftlich vorgegebene und erlernte Präferenzen. Sie in eine Balance zu bringen ist – nach den männlich dominierten Gewaltszenarien in der Geschichte der Menschheit – überfällig. So gesehen wären immer noch mehr die Männer an der Reihe, sich zu ändern, ohne dabei gleich den gesamten Verlust ihrer Identität befürchten zu müssen. Viel erreicht wäre, wenn eines Tages zwischen Gefühl und Verstand mehr an Kontinuität bestehen würde.

Da aber unser Anliegen ein philosophisches ist, müssen wir auf entsprechende soziologische, psychologische und pädagogische Literatur verweisen und zur bisherigen Darstellung eines Zusammenhangs von Wahrnehmung und Erkenntnis zurückkehren. Wir stellen dazu ein weiteres Modell vor, das Ähnlichkeiten zum Ansatz von Jean Piaget (1992) aufweist:

3.4 Flüsse im Subjekt

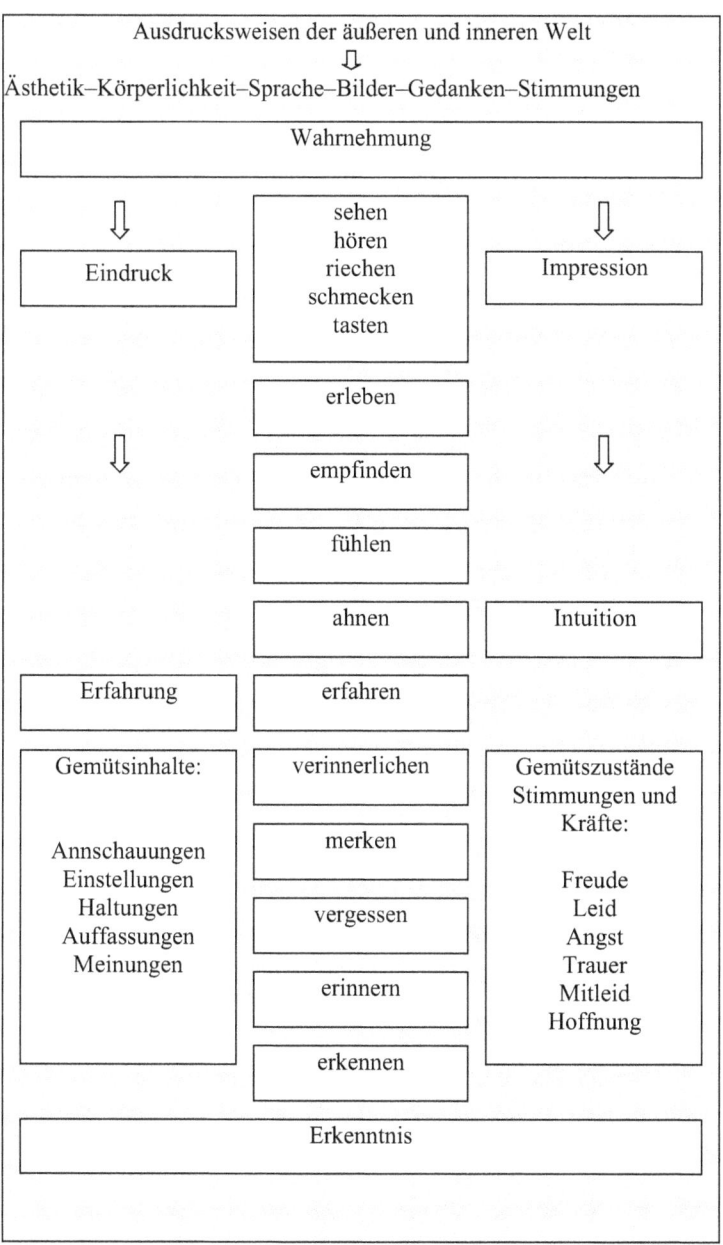

Eine klassische Frage der Philosophie lautet, ob Wahrnehmung und Erkenntnis eine Einheit bilden oder ob die Wahrheit aufgrund der leichten Täuschung der Sinne woanders her stammt. Parallel dazu lässt sich fragen, was das Bewusstsein dabei für eine Rolle spielt. Zu beiden Komplexen gibt es eine Fülle von Standpunkten, von denen wir nur einige wenige herausgreifen. Wir orientieren uns hierzu wieder an der sehr übersichtlichen Darstellung in: *Der Brockhaus Philosophie* (2004: 358 f.).

Vorstellungen über Wahrnehmungstäuschungen sind alt. Der Vorsokratiker Parmenides, aber auch Platon und Aristoteles, betrachten die *aisthesis* als eine nicht wahrheitsfähige Wahrnehmung, die „nur zu unsicheren Meinungen, nicht aber zu echtem Wissen" führt. Dennoch ist interessant, dass sie mit der *kinesis*, also der Bewegung zusammenwirkt. Wahrnehmung ohne Bewegung verkümmert also und wird perspektivenlos.

Sehr gegenwartsnah, wenn auch weit über zweitausend Jahre alt, ist die Erklärung von Demokrit, nach dem sich die Wahrnehmung materiell zusammensetzt. Atome dringen in das Innere, schieben andere im Inneren an, die sich dann zum exakten Spiegelbild der Außenwelt formieren. Kritisiert wird daran, dass die Erfahrung auf diese Weise nicht zustande kommen könne, weil Atome kein Wissen über sich hätten, und durch Atom- und Molekularverbindungen sich auch keines ergeben kann, weil Verbindungen gegenüber dem Prinzip ihrer Verbindung stets nachrangig sind. Die Wahrnehmung muss also anders zur Erfahrung führen.

> An dieser Stelle lassen sich wieder alle Positionen durchspielen. Für den Empirismus ist die „tabula-rasa-Theorie" der Beginn. Wahrnehmung übernimmt die Aufgabe, den Menschen zu beschriften, da vorher nichts in ihm ist. So ist nichts im Intellekt, was nicht vorher in den Sinnen war (John Locke). Das gesamte Sein besteht in der Aufnahme (George Berkeley *esse est percipi*). Damit sich daraus aber kein „Gaukelspiel eines bösen Geistes" (René Descartes) entwickeln kann, sollte das mit den Sinnen doch recht gering bewertet werden. Die Ratio hingegen (als *res cogitans* im Gegensatz zur *res extensa*) ermöglicht erst das Erfassen von Inhalten.

Herbert Schnädelbach untersucht in seiner *Erkenntnistheorie* (2002) den Begriff „Wahrnehmung" genauer. Die Rückführung auf *aisthesis* oder *perceptio* zeigt den Wortumfang. Wahrnehmung heißt „Erfassen, Ergreifen, Aufnehmen im mentalen oder geistigen Sinn, also auch das Bemerken, Wahrnehmen, Vernehmen" (ebd.: 66).

In der frühen Philosophie ist die Wahrnehmung „das Tor der Seele oder des Bewusstseins zur Welt", sie ist als „Tabula rasa" eine Art geglättete „Wachstafel", auf die das Leben geschrieben wird (ebd.). Dabei spielt der Eindruck als passive Impression – die *perception* bei Leibniz oder die „Erleidnisse" (*pathémata*) bei Aristoteles – eine Rolle. Erst mit der Vorstellung einer aktiven Antwort des Geistes wird der Eindruck zu einer dynamischen Figur des Erlebens.

Die Auffassung des Empirismus, alles sei nur die Folge einer Rezeption, spaltet sich von der Meinung ab, es gäbe vorweg Fähigkeiten der Seele und des Geistes. Die klassische Frage allerdings, wie es über physikalische Einwirkungen zu psychischen Zuständen kommt, wird von Aristoteles (in: *de anima*) in etwa so beantwortet: Im Sein gibt es das Potential der Möglichkeit (*dynamis*) und das der Verwirklichung (*energeia*). Dadurch kann die Wahrnehmung

3.4 Flüsse im Subjekt

als ein Erwachen der Möglichkeit der fünf Sinne verstanden werden. Findet eine Aufnahme statt, so geschieht folgendes: Die Wahrnehmung nimmt nur die Form auf, nicht das Material (*hyle*). Die Vorstellung von Epikur, es würden auch kleine Bilder in die Seele wandern, ist eher archaischer Natur.

Die Verwandlung der Wahrnehmung in Wissen ist eine Weiterentwicklung. Bei Plato wird dies im *Theätet* erörtert. Wissen (*epistéme*) ist eine besondere Form der Wahrnehmung (*aisthesis*). Allerdings muss beides sich auf etwas „Vorhandenes" beziehen und „untrüglich" sein. Dabei wird hier schon das Problem der ersten Person deutlich: Nur der, der wahrnimmt, weiß, ob er etwas wahrnimmt. Hier wird der „Mensch zum Maß aller Dinge". Um diesem Relativismus zu entkommen, muss das Problem der Objektivität erkannt werden. Wahrnehmung ist also nicht Wissen, sondern nur ein „Mittel der Seele, mit dem sie Wissen erwirbt" (ebd.: 71). Aus den Eindrücken (*pathémata*) wird durch Schlussfolgerungen (*syllogísmoi*) eine satzartige Wahrheit. Schnädelbach leitet daraus ab, dass bereits Plato von propositionalen Voraussetzungen spricht, in denen nur ein in Satzform ausgedrückter Inhalt als Sachverhalt diskutiert werden kann. Dennoch bleibt das Problem bestehen, wie die Wahrnehmung zum Wissen werden kann, zumal sie von Anfang an nur reine Meinung (*doxa*) ist. Der einzige Weg dazu scheint in der Geometrie und der Dialektik zu liegen. Damit kommt ein Ansatz zustande, der *a priori* gewisse Strukturen annimmt, im Gegensatz zum *a posteriori* des Sinnenfälligen. Für die Erfahrung, die aus der Wahrnehmung hervorgeht, bedeutet dies, dass sie zunächst sensualistisch als Zusammenfügung von Sinnesdaten, sich alles in allem empirisch zusammensetzt, dann aber gedeutet werden muss. Daher muss die Deutungsfähigkeit der Wahrnehmung eine andere Quelle haben. Bei Kant leisten dies die Kategorien der Anschauung, die zwar solche raum-zeitliche und materielle Vorstellungen bereitstellen, die mit den Sinnen kompatibel sind, die aber selbst mit ihnen inhaltlich nicht verbunden sind. Die Verbindung zur Inhaltlichkeit schafft erst die Spontaneität der „Einbildungskraft" (ebd.: 75). Es gibt also zwei „Stämme der menschlichen Erkenntnis": die Sinnlichkeit und der Verstand. Das erste gibt uns die Gegenstände das zweite lässt sie uns denken. „Der Verstand vermag nichts anzuschauen, und die Sinne nichts zu denken. Nur dadurch, dass sie sich vereinigen, kann Erkenntnis entspringen" (Kant-Zitat ebd.: 76).

Ein Teil der Wahrnehmungsprobleme besteht nach Schnädelbach im Verhältnis des Besonderen zum Allgemeinen. Wir sehen und hören immer nur etwas in Bezug auf Einzeltatsachen. Die aber sind nur identifizierbar, wenn wir über eine vorweg gegebene Satzform verfügen. Die Gewissheit von etwas entspringt also einem Gewahrwerden und einer grammatikalischen Vermutung. Ersteres geht nicht ohne ein Wiedererkennen bzw. eine Erinnerung, der zweite Teil nicht ohne Sprache. Die Trennung von Innen und Außen wird also vom Subjekt und dessen Sprache überfrachtet. Dem zu entgehen, also der Autorität der ersten Person zu entkommen, muss klären, wem was zugehört, in den Sinnesdaten also das zu trennen, was den Sinnen, und das, was den Daten, zugehörig ist. Der Sprache zu entgehen geht nicht, da jedes Wort der Wahrnehmung eine eigene Grammatik hat (ebd.: 91 ff.).

Die Erinnerung gestaltet einen Hauptteil der Wahrnehmung. Sie ist einmal „Erinnerung an das Geschehene" (*rerum gestarum memoria*), dann „Gedächtnis" (*memory*), aber auch „Andenken". Platons Erinnerungsbegriff der *mnéme* ist eine Herkunftserkenntnis, eine *aná-mnesis*. Die Wahrnehmung kann uns dazu keine Aussagen machen, sondern nur Meinungen (*dóxa*) produzieren. Erst die Erkenntnis leistet eine, die Sinnenwelt überschreitende Rückbindung der Seele an die Ideenwelt, von der sie abstammt. Auch wenn dieser Zusammenhang heute eher wie eine literarische Episode erscheint, liegt doch gerade mit der Weiterentwicklung in der Monadenlehre durch Leibniz und dem Vernunftsystem Kants ein auf den Phantasiebegriff übertragbarer Kern. Er wirkt sich vor allem auf die Vorstellung aus, bestehend aus Eindrücken, Gedanken und Ideen. Vorstellungen kennen zwei Varianten: zum einen die Repräsentation zum anderen die Imagination. Die erste Variante liegt auf der Ebene des Direkten oder der Erinnerung daran, die zweite auf der indirekten Phantasie. Imagination ist damit die Einbildungskraft auf Grund der Nachwirkung des einst Repräsentanten. Aber auch hier gilt für Schnädelbach die Propsitionalitätsthese: Selbst musikalische Erinnerungen sind an Eigenschaften gebunden, die nur in Satzform ihren Ausdruck finden (ebd.: 108).

3.4.3 Bewusstes Erleben

Vorweg hierzu eine Übersicht, die die Verknüpfungen im „bewussten Erleben" etwas erläutern soll:

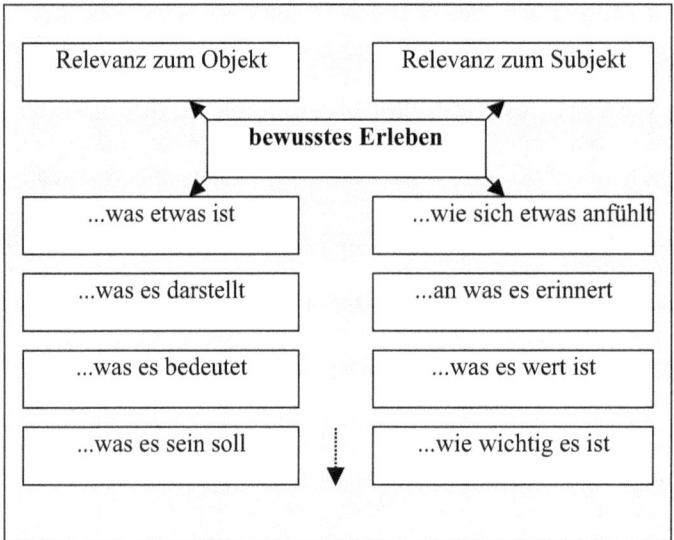

Das Erforschen des „bewussten Erlebens", also dessen, wie sich der „Eindruck von etwas" anfühlt, das wir im Augenblick oder als Erinnerung wahrnehmen, das wir sehen, riechen, fühlen, hören, tasten, das wir spüren, das uns anregt, erregt, bewegt, freudig oder aggressiv macht, das Angst verbreitet, aber auch Sicherheit und Orientierung gibt, ein solches Erforschen richtet sich auf zwei Bereiche: auf das „Authentische" und auf dessen „subjektive Eigenheit".

Es ist wohl wahr, dass Erleben immer „echt" ist in dem Sinne, dass wir es in uns tragen, solange wir wachen Geistes sind, und wir es entweder haben oder nicht haben. Aber ist die Existenz damit auch schon authentisch? Das erinnert an die Aussage von Husserl, dass das eigentliche Bewusstsein gewissermaßen unendlich nahe am Gegenstand ist, dass es in dessen

3.4 Flüsse im Subjekt

Wesen so eindringt und darin aufgeht, dass es mit diesem eins wird. Nur damit ist das Authentische noch lange nicht gesichert. Es könnte z.B. sein, wir wollten um die Mittagszeit unbedingt einen Sonnenuntergang erleben. Dieser merkwürdige Wunsch wäre durchaus nicht gänzlich unerfüllbar. Wir könnten nämlich in ein Hollywoodstudio gehen, wo sich dies simulieren ließe. Je perfekter die Fälschung wäre, umso identischer könnten wir ihn spüren: den Sonnenuntergang wie er leibt und lebt. Ähnlich verhält es sich, wenn Menschen den Duft einer Rose ohne Rose genießen wollen. Für deren Bedürfnis versprüht man einfach die entsprechenden Moleküle. All das „funktioniert", weil uns die Erfahrung zeigt, dass die naturidentische Simulation von Sinnesreizen zu Stimmungen hinreißt, die sich umso „echter" anfühlen, je perfekter die Dramaturgie gelingt. Wir nennen das „Entertainment, Show und Theater", wobei letzteres ein anderes Ziel verfolgt wie das der Manipulation, wenngleich auch dort mit Effekten gearbeitet wird. Es werden aber nur solche Atmosphären geschaffen, die das Herz des Publikums für die Aussage des Stücks aufschließen und erreichen.

Bewusst inszenierte Atmosphären schaffen gezielt Stimmungen. Was wir aber damit nicht wissen, ist die Frage nach der Tiefgründigkeit der Prägung des Erlebens und nach der daraus hervorgehenden Manipulationsgefahr für das Bewusstsein. In der Welt der Präsentation würde ein wirtschaftlich denkender Mensch dazu vielleicht bemerken, dass es sich nicht lohnt, dies zu hinterfragen. Hauptsache ist, der Konsum einer Atmosphäre führt zur gewünschten Ergriffenheit. In der Philosophie und Pädagogik jedoch hat diese Haltung keinen Platz, da sie einer distanzierten Bewahrung authentischen Eigenlebens keinen Platz einräumt.

Kommen wir zurück zu Metzingers Textsammlung (2005). Um dem Erleben auf die Spur zu kommen, macht Peter Bieri (ebd.: 61–77) einen Rundgang durch die Fabrikräume unseres Gehirns, er fragt einen Gehirnforscher, der sich in der Fabrik gut auskennt, wo denn hier das „erlebende Subjekt" wäre, woraufhin der andere lacht, weil er das für eine komische Frage hält und meint, es wäre nicht *in* der Fabrik, sondern es wäre die ganze Fabrik. Bieri leitet daraus einen Kategorienfehler bei der Fragestellung ab. „Sind wir vielleicht deshalb verwirrt, weil wir, in der Nervenfabrik herumgehend, immer nur Teile sehen und das Ganze aus den Augen verloren haben? Hätten wir nicht ein ähnliches Problem, wenn wir in einem Diamanten herumliefen?" (ebd.: 67). Das wirkliche Problem aber ist folgendes: Wir können nur etwas durchschauen, was wir selbst gebaut haben. Das aber zu analysieren, was als Ganzes vorliegt, was entstanden ist, ist nur durch eine Außensicht erreichbar. Die Innensicht bleibt immer rätselhaft.

Das Problem, etwas Treffendes über das Erleben zu sagen, ist die Abbildung dessen. Das Fatale daran ist, dass der Ausdruck offensichtlich nur ein kümmerlicher Ersatz für das Eigentliche sein kann. Am wenigsten ist von dem „Wie-es-ist-zu-sein" zu spüren, wenn man ein „Quale" benennt. Die Sprache „fühlt sich" zwar über ihre Wörter und Sätze auch „irgendwie an", aber ein Ersatz wäre sie nur, wenn die Phantasie durch sie in Wallung käme. Daher müssen wir auch vorsichtig sein mit dem Begriff des Erlebens. Er fühlt sich nämlich möglicherweise sehr langweilig an, wenn darin keine Erlebnisinhalte vorkommen.

Der Sprung vom einen zum anderen ist für Kathy Willkes (in: Metzinger ebd.: 119–131) ein „wissenschaftlicher Steckbrief" für die Forschung im Hinblick auf die Frage, was es heißt, „ein X zu sein (eine Distel, eine Biene, ein Mensch)". Mit der Frage ist schon eine Trennung des Psychischen vom Mentalen geschehen. Nach den Strukturen des Erlebnishorizonts von

Lebewesen brauchen wir nicht suchen, er ist einfach da. So wären auch die Antworten auf die Frage, wodurch sich darin der Mensch von der Distel unterscheidet, möglicherweise sehr verständlich, aber erklären würden sie nichts.

Bei Martin Kurthen (ebd.: 133–152) wird die Frage noch anders angegangen. Auf der einen Seite steht die Art, wie uns Dinge erscheinen, auf der anderen die mentale Struktur unseres Erfahrungszugangs. Beide haben offensichtlich Übergänge. Technisch gesehen sind es Transmitter- und Transformationsleistungen. Das eine transportiert, das andere verwandelt. Nur wohin gehören die Qualia, zumal beides unlogisch ist, da sie sich ja nicht aufteilen können? Sie gehören in jedem Fall in den Erlebnishorizont der ersten Person und der ist mit dem bisherigen Vokabular nicht recht fassbar, zumal neben der Person, neben deren Erfahrungen und Gewohnheiten auch eine historische Dimension eine erhebliche Rolle spielt.

Trotz dieser Lösungsversuche gibt es die von Joseph Levine beschriebene prinzipielle „Erklärungslücke" (*explanatory gap*), die George Rey aufgreift (ebd.: 153–175). Er schreibt dazu (ebd.: 159): „Doch welche physikalischen Tatsachen könnten jemals *mit Notwendigkeit hervorbringen*, dass etwas *grün* oder *rot* aussieht, oder überhaupt ein bewusster Zustand ist?" Was das heißt kommt, eigentlich einem Paradigmenwechsel gleich. Er beginnt mit dem Rückgriff auf das unmittelbare Wissen über uns. Aussagen über andere beruhen auf Glauben, aber es ist auch ein solcher Glaube, der schwer angezweifelt werden kann. Rey zitiert auch Ludwig Wittgenstein (ebd.: 167): "Versuch einmal – in einem wirklichen Fall – die Angst, die Schmerzen des Anderen zu bezweifeln". Und etwas weiter: „Schau dir einen Stein an und denke dir, er hat Empfindungen! – Man sagt sich: Wie konnte man auch nur auf die Idee kommen? Man könnte sie ebenso gut einer Zahl zuschreiben! Und nun schau auf eine zappelnde Fliege, und sofort ist diese Schwierigkeit verschwunden und der Schmerz scheint hier angreifen zu können, wo vorher alles gegen ihn, sozusagen glatt war" (aus: *Philosophische Untersuchungen*, § 284). Es kommt also zur Erlebniswelt der ersten Person die Ebene einer kognitiven Konstruktion ins Spiel. Es könnte sich zum einen um ein archaisches Wiedererkennen handeln, das besagt: Wir haben eine Gemeinsamkeit mit Lebewesen, darum können wir auch einen Stein von einer Fliege ebenso unterscheiden, wie einen uns ähnlich gemachten Computer von uns. Mit der Ur-Konstruktion des Mentalen aber verbindet sich eine andere Frage. Wie bei Theseus' Schiff kommt es hier nämlich zu einem „Problem personaler Identität". Am Schiff des Theseus werden nach jeder Fahrt Teile erneuert, um es weiterhin funktionsfähig zu halten. Wenn irgendwann aber alle Teile ausgetauscht sind, ist es dann noch Theseus' Schiff? Beim Menschen wäre bei der Frage nach der Identität der „emotionale Fingerabdruck" ein zentrales Thema. Rey geht den Komplex durch den Bezug zum Begriff „Seele" an. Bei aller Veränderung und Erschütterung ist die Seele „die Projektion unserer stabilen emotionalen Reaktionen auf andere" (ebd.: 169).

Das Leib-Seele-Problem wird bei Descartes dualistisch gelöst. Der Körper ist räumlich, der Geist nicht. Colin McGinn (ebd.: 183–200) analysiert diese These, um aufzuzeigen, wohin sich die Forschung diesbezüglich bewegen muss. Ein erster Ansatz führt über Zuordnungsbestimmungen. Körperliches ist räumlich und emergent, da es sich ausbreitet. Erlebnisse hingegen sind nicht räumlich, aber zeitlich. Beides aber auf einander zu beziehen, würde zu einer noch unerforschten Anwendung der Relativitätstheorie auf diesem Gebiet führen. Ob nun aber das bewusste Erleben ausgedehnt ist oder nicht, ändert nichts an der Tatsache, dass wir den Raum um uns herum sehen.

3.4 Flüsse im Subjekt

Eva Ruhnau nimmt das Verhältnis von „Zeit-Gestalt und Beobachter" unter die Lupe (ebd.: 201–220). Zunächst macht sie deutlich, dass das Denken sich auf Dinge und auf sich selbst beziehen kann. Die Frage ist nur: „Ist das Denken dem Denken ebenso ein Objekt wie ein Ding Objekt des Denkens ist?" (ebd.: 202). Hinzukommt, dass wir mit dem Denken meist einen Prozess verbinden, das Denken selbst aber mit statischen Instrumenten erfassen wollen. Das Erfassen von Zuständen in der Zeit, erreicht sein Ziel daher wohl kaum über formale Ansätze. Denn in der Zeit verliert das Denken seine Fixierung auf das Objekt. Spaltet man diese Bereiche aber von der Zeit ab, so käme erneut ein verstaubter Dualismus zustande. Gibt es also ein Drittes? Für Ruhnau schon. Das Tertium ist der Mitwisser von Sein und Denken, „im Ich des Bewusstseins". Nun könnte man meinen, das wäre eben gerade ein wissendes Erleben, es wird jedoch nicht darauf geschlossen. Das Ich des Bewusstseins ist vielmehr ein ökologisches „Funktionieren eines Organismus in seiner Umgebung", der besondere Erfahrungen mit der Zeit macht. Es handelt sich dabei um die Erfahrung von „Gleichzeitigkeit", „Ungleichzeitigkeit" sowie um die „Aufeinanderfolge" von Licht- und Schallwellen, nicht aber, was zu vermuten wäre, um Intuition. Damit wird auch, wie es Metzinger selbst kommentiert (ebd.: 180), klar, dass es sich um eine „physikphilosophische" Position handelt, dessen Erklärungsbasis eben die Physik, die Quantenphysik, die Neurobiologie und Informatik ist.

Einen Schritt weiter gehen Patricia Churchland und Rick Grush (ebd.: 221–250). Sie versuchen den Aufsehen erregenden Beweis von Roger Penrose zu widerlegen, in dem dieser das bewusste Erleben auf zwei Grundlagen zurückführt: erstens auf Vorgänge, die keinen mathematischen Funktionen (etwa algorithmischen) folgen und zweitens darauf, dass die Mikrotubuli des Gehirns in manchen Gehirnzellen auch für Effekte der Quantengravitation zuständig sind. Für Churchland und Grush sind diese Aussagen nicht nur nicht bewiesen, sie halten auch die publizistische Entmachtung der Neuronen durch die angeblich wirkmächtigeren Quanten für gefährlich, weil sich mit der Vorstellung einer Determination des Bewusstseins durch Quanten, die alles durchdringen und jede Zelle magnetisch beherrschen, sehr leicht mysteriöse Gefühle kultivieren lassen.

Welche Position das Wissen innerhalb des bewussten Erlebens spielt, wird von Martine Nida-Rümelin, Wilhelm Lycan und David Papineau analysiert.

Nida-Rümelin (ebd.: 259–282) greift das berühmte Gedankenexperiment von Frank Jackson auf. Eine Neurophysiologin namens Mary ist in einem schwarz-weißen Raum eingeschlossen und kann nur von dort aus mit Hilfe eines schwarz-weißen Bildschirms die Welt erforschen. Mary ist eine Kapazität auf dem Gebiet des Sehens. Sie besitzt alle Informationen darüber. Sie weiß z.B. wie Farben in der Sprache unterschiedlich behandelt werden, sie kennt auch die Netzhautveränderungen bei der Farbwahrnehmung. Was wäre nun, wenn Mary eines Tages einen Farbfernseher bekäme oder ihren Raum verlassen könnte? Könnte sie dann noch etwas lernen? Die Antwort heißt ja. Nur für ihr bisheriges Wissen bedeutet das immer, dass es unvollständig war. Die Konsequenz daraus ist, dass ein auch noch so komplettes Wissen über das bewusste Erleben unvollständig bleiben muss, auch wenn eines Tages alles darüber bekannt und erkannt sein sollte. Der Fortschritt ist eher erkenntnistheoretischer Natur.

Die Rückführung des Wissens auf einen kleinsten Nenner, genauer gesagt auf die Ur-Form eines „Wissens, dass", verwickelt Wilhelm Lycan (ebd.: 283–303) in eine Auseinandersetzung mit dem Materialismus. Dieser bestreitet dieses Urwissen, indem er das Wissen nur auf reine Imaginations- und Erinnerungsfähigkeiten zurückführt. Lycan aber versucht nachzuweisen, dass Mary, nachdem sie einen Zugang zur farbigen Welt bekommt, gerade „das Wissen, dass" lernt und nicht nur ihre vorhandene Vorstellungswelt erweitert. Die Erweiterung im Sinne einer Steigerung der „Feinkörnigkeit" des Wissens führt dann zu einer neuen intentionalen Verdichtung.

Bei David Papineau (ebd.: 305–319) führt der Unterschied zwischen der Eigen- und der Fremdwahrnehmung von Bewusstseinszuständen zum Glauben, es wäre uns nicht möglich, Empathie zu entwickeln, weil wir das, was wir von anderen wahrnehmen in uns „erwähnen" und nicht in uns „herstellen". Beides aber kann nur getrennt werden, wenn ihre Trennbarkeit erhellend ist.

Der nächste Teil widmet sich erneut der Diskussion um die „raw feelings", den Qualia. Sie sind nach Metzinger (ebd.: 323 f.) Elementarbausteine und der „strukturlose Kern" des Erlebens, sie sind „phänomenale Atome", homogen und unteilbar. Joseph Levine (ebd.: 329–346) benennt das Dilemma der Qualia, indem er sagt, dass es für Materialisten „keinen Weg der Erklärung gibt" (ebd.: 330). Entweder man gibt sich mit dem Registrieren zufrieden oder man sucht trotz lästiger Fragen nach anderen Beziehungsfeldern.

Für Diana Raffman (ebd.: 347– 366) scheint es Qualia im Sinne von „subjektiven Tatsachen" nicht zu geben, sondern es gibt nur unterschiedliche Erkenntniszugriffe. Denn Qualia sind nicht nur subtil, sondern unterliegen einem Wechsel von Identifikation und Unterscheidung. Das erste ist ein eher grober Akt, das zweite macht den Ausdruck von Nuancen erforderlich und gerät auch an Sprachgrenzen und sprachloses Fühlen.

David Chalmers (ebd.: 367–389) wendet sich gegen die Vorstellung, dass nur eine „funktionale Organisation" konstitutiv ist. Qualia jedoch völlig funktionslos zu sehen, wäre Unsinn. Daher ist die Grundlage des Ansatzes zu ändern. Chalmers schlägt dazu einen „nichtreduktiven Funktionalismus" vor. In ihm sind Qualia tanzende und schwindende „raw feelings", die Aufgaben übernehmen, aber nicht durch sie entstehen.

Güven Güzeldere (ebd.: 397–422) interessiert die bisher nicht deutlich herausgearbeitete Verankerung des Bewusstseins im Geist. Sie wird von David Rosenthal (ebd.: 423–438) an der Stelle verdichtet, wo es um den Nachweis geht, dass Bewusstseinszustände Teile einer abstrakteren Denkordnung sind und sich dessen auch automatisch bewusst sind.

Norton Nelkin (ebd.: 439–452) hält die trennende Unterscheidung von Zuständen mit verschiedenen Eigenschaften für unverzichtbar, um die Vorgänge zu verstehen. So ist das „Sich-anfühlen", von „Urteilen", „Wünschen" und „Hoffnungen" und wiederum von der Wahrnehmung, dass etwas „gerade jetzt" auftritt, zu trennen. Auf diese Weise springt die Aufmerksamkeit hin und her. Für eine Beschreibung dessen aber sind empirische Ansätze erforderlich.

3.4 Flüsse im Subjekt

Unter dem Stichwort „Gehirnforschung" verbergen sich mittlerweile sehr umfangreich Untersuchungen und Ergebnisse. Vorgestellt werden dazu Patricia Smith Churchland, Owen Flanagan, Ned Block und Tyler Burge (ebd.: 463–494).

Churchland stellt in ihrer Einleitung die Grundstrukturen des menschlichen Nervensystems vor. Es sind „Wahrnehmen, Lernen, Erinnern, Planen, Entscheiden und Handeln, aber auch die Fähigkeiten zum Wachsein, Einschlafen, Träumen, Aufmerksamkeit und Gewahrsein" (ebd.: 463). Ihre Position ist klar formuliert: Das Gehirn übt all diese Funktionen parallel aus. „Diese Annahme und die damit einhergehende Verabschiedung cartesischer, unabhängig von Gehirn existierender Seelen, Geister und sonstigen Hokuspokus ist keine verschrobene Idee. Im Gegenteil, sie ist eine höchst wahrscheinliche Hypothese, die sich auf die zur Zeit verfügbaren Erkenntnisse der Physik, Chemie, Neurowissenschaft und Evolutionsbiologie stützt" (ebd.: 463 f.). Unter Einbezug der Ergebnisse von Domasio hält sie an der These fest: „Die „*Körperrepräsentation*, die Informationen über den Körperzustand und über Körperstimuli integriert, liefert das Gerüst für die *Selbstrepräsentation*" (ebd.: 484). Man muss die Methode des *reverse engineering* anwenden, „mit der Taktik etwas auseinanderzunehmen, um herauszufinden, wie es funktioniert" (ebd.: 464).

Falagan (ebd.: 491–521) beschäftigt sich mit dem Umfang der Bewusstseinsklarheit beim Träumen, die er dem aktuellen Verhalten gegenüber im Gegensatz zum Denken für funktionslos hält.

Blocks Überlegungen zu Bewusstseinszuständen (ebd.: 523–581), die sich durch aufnehmende und zupackende Momente unterscheiden, durchlaufen komplizierte Begründungen passiver und aktiver Verarbeitung, die sich gegenseitig zu stützen scheinen.

Für Burge (ebd.: 583–594) ist der Unterschied zwischen dem phänomenalen Bewusstsein und dem rationalen Zugriffsbewusstsein unverzichtbar für eine Theorie der „Mentalität", Handlungsfähigkeit und „Personalität".

Schließlich meldet sich der Herausgeber Thomas Metzinger durch einen eigenen Beitrag zu Wort, in dem er die „Integration des mentalen Gehalts" mit der Existenz von holistischen Kodierungsmodulen in Zusammenhang bringt.

Zum Thema „Informationsverarbeitung und Bewusstsein" werden schließlich noch Beiträge von Robert Kirk und Ansgar Beckermann vorgestellt, zum Thema „Roboter" und „künstliches Bewusstsein" die von Daniel Dennett und Dieter Birnbacher (ebd.: 641–729). Sie weisen auf eine Welt hin, deren nano-technisches Szenarium den Menschen in eine Matrix steckt, ohne sich darum kümmern zu können, was die individuellen und sozialen Folgen wären, wenn wir keine leiblichen und persönlichen Eltern mehr hätten.

3.4.4 Erfahrung, Anschauung, Vorstellung

(a) Vorverständnis

Auch hier zur Orientierung vorweg eine Schautafel, die die Vernetzung der Erfahrung verdeutlicht:

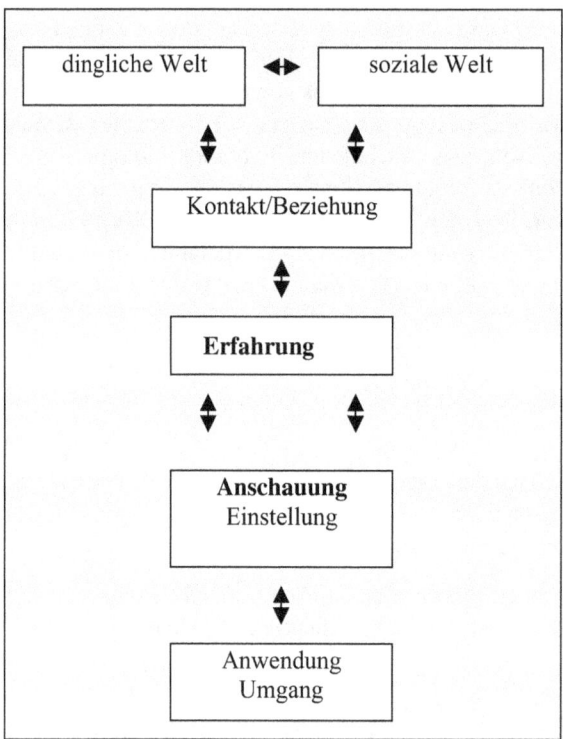

Erfahrung und Erleben sind zweierlei. Wenn wir mit einer bestimmten Sache wichtige Erfahrungen gemacht haben, so heißt das, wir haben in einer bestimmten Zeit im Umgang mit etwas „Spuren" gesammelt. Dabei waren wir freilich auf das bewusste Erleben unserer Sinneswahrnehmungen angewiesen, aber diese sind erst zu Erfahrungen geworden, nachdem wir auch aktiv mit Objekten in Berührung gekommen sind. Im Gegensatz zum Erleben steht hier der Aspekt des Lernens im Rahmen einer Umgebung im Vordergrund. Es kommt durch das Handeln und Behandeln einer Sache zu Eindrücken, zu Bildern und Vorstellungen, die die Handhabung von Dingen, die Behandlung von sozialen Verhältnissen und das Leben Beziehungen zu anderen Menschen beeinflussen.

Während äußere Erfahrungen „Interaktions- und Kommunikationstore" zur Welt darstellen, enthalten innere Erfahrungen Vorstellungen über die eigene Person. Aus dem Vergleich mit dem von außen Erlebten ergibt sich über bewusste Selbsterfahrung eine Art der Persönlichkeitssicht. Die Fähigkeit, beide Bereiche – also die Erscheinungen der Außenwelt und die seelischen Stimmungen – gleichermaßen zu registrieren, wird für die leibseelische Balance zu einer Hauptvoraussetzung. Damit ist auch das Entdecken neuer Welten ebenso bedeutsam wie die Findung von kreativen Möglichkeiten einer Weiterentwicklung des Erlebten.

Wenn wir sagen, wir hätten schon viel erfahren, so heißt das, wir können darüber Geschichten erzählen. In ihnen werden Ereignisse und deren Wirkung geschildert. Meist sind dies Erinnerungen an Situationen und Zustände, in denen wir uns befanden und die uns gefühlsmäßig gepackt haben. Der Rückgriff auf deren Spuren lässt uns das Gefühl teilweise reaktivieren, im angenehmen und unangenehmen Sinn, auch wenn alles in uns bewältigt ist, weil wir gewisse Lehren daraus gezogen haben, sie teilweise am besten vergessen, teilweise nicht missen wollen.

Erfahrungen beinhalten also bewusste Erinnerungen, aber auch all das, was wir vergessen haben, was aber vielleicht über das Unbewusste weiterwirkt. Erfahrungen sind auch verantwortlich für Gewohnheiten und Routinehandlungen. Über sie haben wir nicht nur Fähigkeiten und Fertigkeiten erworben, sondern auch ein Bild von der Welt. Durch positive Zuwendung konnten wir ihr gegenüber Urvertrauen entwickeln, durch Ablehnung mussten wir die Einsicht in die bittere Notwendigkeit trainieren, Selbstwert und Identität eigenhändig suchen zu müssen. Erfahrungen verkörpern daher auch Potentiale für Überlebens- und Problemlösungsstrategien. Alles in allem sind sie verallgemeinerte und in einen Kontext integrierte Erlebnisse.

Ein Einzelerlebnis kann zur Erfahrung werden, wenn es relativ mächtig ist. So haben wir gelernt, nicht an eine heiße Herdplatte zu langen, wir haben gelernt, wie man Schuhe zubindet oder mit Messer und Gabel isst. Wenn wir sagen, wir haben die Farbe „rot" erlebt, dann würde dieses Erlebnis erst zur Erfahrung, wenn es darum herum noch etwas gäbe, z.B. einen Zaun, den wir streichen mussten.

Der Komplex der Erfahrungsmuster wird auch bisweilen mit dem Begriff „Anschauung" gefüllt. Die Vorstellung, diese Anschauungen seien als abstrakte Muster ganz besonders wirkungsvoll im Hinblick auf den Transfer erworbenen Wissens auf komplexe Zusammenhänge, führt zu der von Maria Montessori entdeckten Theorie. Sie wird hauptsächlich mit solchen Lernmaterialien umgesetzt, über die formale Bezüge (Farben, Formen, Materialien, Mengen und Größenverhältnisse) sinnlich erfahren werden können. „Durch Greifen begreifen", ist das Ziel.

In Verbindung mit dem Emotionalen führen verinnerlichte Erfahrungen in Form von Anschauungen aufgrund ihrer prägenden Wirkung auch zu Einstellungen und Haltungen. So muss bei jeder Methode, jedem Spielmaterial und jeder vorbereiteten Umgebung immer nach dem gefragt werden, was durch sie – zunächst ästhetisch und dann inhaltlich – erlebt und erfahren werden kann, um gut planen und prüfen zu können, ob das Vermittlungsmaterial zu den Zielen passt.

In der Sozialen Arbeit ist der Erfahrungsbereich die zentrale Vermittlungsebene. Gegenüber der Schule wird hier immer wieder versucht, Jugendlichen neue Erfahrungen zu vermitteln, zu denen sie auf Grund ihrer Sozialisation und Lebenslage bisher keinen Zugang hatten. Ich erinnere nur an die außerordentlich erfolgreichen Musik- und Tanzprojekte, durch die es gelingt, junge Menschen für neue Welten zu begeistern. Solche Angebote sind zunächst Lockmittel, dann aber werden sie zur Motivation für andere Erfahrungen als die von Gewaltspielen.

(b) Philosophische Dimension der Erfahrung

Der philosophische Begriff der Erfahrung entspringt unmittelbar den entsprechenden Denkrichtungen. Das klassische Beispiel dazu ist die Auseinandersetzung zwischen Empirismus und Formalismus, wie sie bei Friedrich Kambartel in *Erfahrung und Struktur* (1968) dargestellt ist. Das berühmte Gedankenexperiment, das John Locke zusammen mit William Mollyneux vorträgt, enthält die Frage, ob ein Blindgeborener, der durch seinen Tastsinn gelernt hat, eine Kugel von einem Würfel zu unterscheiden, das auch könnte, wenn er sein Augenlicht plötzlich wieder gewinnen würde, die Gegenstände aber nur sehen könnte, ohne sie zu berühren (ebd.: 15–49). Für die Vertreter des Empirismus ist das undenkbar, weil Erfahrungen über einzelne Sinnesorgane erst im Nachhinein zusammengesetzt werden. Für Leibniz ist das anders, er ist von einer vorausgehenden rationalen Wissensstruktur überzeugt. Sie wird aktiviert, sobald dem Betreffenden mitgeteilt wird, es handle sich um eine Kugel und einen Würfel. Ebenso ist dann auch für Kant eine Unterscheidung durch die transzendentale Erfahrung raum-zeitlicher Strukturen möglich. Dementsprechend gibt es zwei verschiedene Verständnisse von Erfahrung:

„1. Erfahrung als reines *Datum* des Bewusstseins, als selbst begriffsfreie *Basis* aller Konstruktion von Unterscheidungssystemen;

2. Erfahrung im Sinne einer Überschreitung des isolierten Datums, als Möglichkeit der *Einordnung* in einen umfassenden Unterscheidungszusammenhang und so der *Deutung* und Beherrschung des Gegebenen" (ebd.: 19).

Die Frage lautet also, ob die Sinnesdaten von sich aus eine Ordnung mitbringen oder ob diese durch das Subjekt gestellt wird. Die Erforschung von Gesetzen und Gesetzmäßigkeiten geht mit dem Interesse der Beherrschung von Erkenntnisobjekten vom ersten aus und ist daher auf die Erfahrung und Protokollierung des unmittelbar Gegebenen und das draus logisch Ableitbare angewiesen. Die Einbeziehung geschichtlicher Momente fällt unter den zweiten Ansatz. Dieser sprengt den ersten insofern, als er das nicht mehr empirisch Zugängliche – z.B. Meinungen zur Vergangenheit des Erkenntnisobjekts – für zentral hält. Das Erkenntnisobjekt wird in erster Linie dem konstruktivistischen Geschehen des Subjekts und dessen Hermeneutik anheim gestellt. Das Subjekt muss die Symbolhaftigkeit kommunikativ entschlüsseln und so auf andere Weise nach einer allgemeingültigen Wahrheit bzw. intersubjektiven Objektivität suchen.

Die in beiden Positionen vorhandenen „Grundpostulate" führen damit zu einem Streit um die wahre Wissenschaft, der auch heute noch mit den Begriffen empirische Wissenschaft und verstehende Wissenschaft verbunden ist. Hans-Joachim Dahms beschreibt ihn in seinem *Positivismusstreit* (1998) als zwar historisch aber dann doch so grundlegend, dass er bei der Frage

3.4 Flüsse im Subjekt

nach der richtigen Forschung zu keiner Zeit ausgeblendet werden kann. Hauptziel des Positivismus ist der „Sturz der traditionellen Metaphysik" zugunsten der Beschränkung auf die Erfahrung des unmittelbar Gegebenen (Adorno-Zitat, ebd.: 357). Dass dessen Empirie in der von Technik und Ökonomie durchdrungenen Welt nie losgelöst davon erscheint, sondern immer zugleich auch zwangsweise ein Konsum-Trend ist, bedeutet, dass Erfahrung immer kritisch hinterfragt werden muss, soweit sie sich nicht längst aufgegeben hat. Theodor Adornos Essay *Jargon der Eigentlichkeit* (1969) macht das Problem deutlich. Erfahrung ist darin auch Suche nach einer „Geborgenheit", die zumindest in der Hinsicht existentialistischer ist, als sie sich von fremden Machenschaften befreien will. Sie ist aber nicht Sehnsucht, sondern vielmehr Suche nach einer *lauteren* politischen Heimat.

Kommen wir zurück zum Begriffsumfang der Erfahrung. Die Unterscheidung in eine „sinnliche", eine „experimentelle" und eine „Lebenserfahrung" ist leicht nachvollziehbar (vgl. Der Brockhaus 2004: 85). Die erste Form benennt den allgemeinen Ausgang, die zweite bezieht sich auf Entdeckungsfreude und Neugier und kommt über Versuch und Irrtum, über ein „learning by doing" zustande, während die dritte Weisheit, Reife und Wissen verkörpert. In der Pädagogik und vor allem in den Bereichen „Erziehung und Bildung im Rahmen der „Enkulturations-, Identitäts- und Emanzipationshilfe" sind diese Formen zentral: die ersten beiden bei der didaktisch-methodischen Planung und Umsetzung von Lernzielen, die dritte in Bezug auf die Bedeutung des Vorbilds. In der Aufbereitung von Erfahrungsräumen, in denen über Lern- und Umgebungsgestaltungen Erfahrungen aus erster und aus zweiter Hand dargeboten werden, liegt der Schwerpunkt auf der „Verinnerlichung" des Erfahrenen und der damit gegebenen Möglichkeit des „Transfers". In diesem Modell führt die Wahrnehmung über das sinnliche Erleben im Umgang mit den Dingen zu Mustern, die als Erfahrungen – zusammen mit den Spuren des dabei erworbenen Wissens – übertragbar sind und so das Verhalten mit Hilfe des Gelernten steuern.

(c) Strukturmerkmale des Erfahrungsbegriffs

Die etymologische Wurzel des Begriffs „Erfahrung" gibt uns bereits wichtige Hinweise auf Begriffsmerkmale. In Herbert Schnädelbachs *Erkenntnistheorie* (2004: 109–145) ist daran die aristotelische Vorstellung grundlegend beteiligt. Das griechische Wort *empería* hat Wortverbindungen zum lateinischen *periculum*, der Gefahr, dem Wagnis, und auch zu *experimentia* und *experimentum*, dem Versuch und der Probe. Erfahrung überschreitet also eine Grenze, sie geht hinaus in die Welt, um sie zu erkunden. Ein Mensch mit Erfahrung ist viel herumgekommen und besitzt eine entsprechende Geschicklichkeit (*téchne*) im Umgang mit Situationen. Klar ist, wer über Erfahrungen verfügt, trifft das Richtige besser als der, der nur den *logos* verwendet. Die Erfahrung einer Vielzahl des Einzelnen wird durch die Erkenntnis (*gnosis*) zu einem reichhaltigeren Allgemeinen und damit zur erweiterten Kunst und zum Können. Sie wird auch zur kreativen Klugheit (*phronesis*). Dennoch bleibt der Einzelfall das Entscheidende: Ein Arzt kann nicht den Menschen heilen, sondern immer nur einen bestimmten.

Die Kunst eines Berufstandes ist daher vom allgemeinen Wissen zu unterscheiden. Es ist ein kasuistisches Wissen. Daher kommt es zu einer Zweiteilung der Erfahrung in ein praktisches und theoretisches Wissen. Der Weg des einen zum anderen ist induktiver Natur. Die entscheidende Passage von Aristoteles (aus: *Analytica priora*) zitiert Schnädelbach: „So sind denn die fraglichen Fertigkeiten [Erfahrung, Kunst und Wissenschaft] weder schon vorher vollendet in der Seele vorhanden, noch entstehen sie anderen Vermögen, die auf eine vorzüglichere Erkenntnis angelegt wären [wie die *anámnesis* bei Platon] sondern sie nehmen vom Sinne ihren Ausgang, ähnlich wie wenn in der Schlacht alles flieht, aber Einer stehen bleibt, und wenn ein anderer und wieder ein anderer sich ihm anschließt, die anfängliche Ordnung wieder hergestellt ist" (ebd.: 111 f.).

Die Entstehung der Erfahrung als einer Art Vorform komplexeren Wissens wird mit der „Erinnerung" erklärt. „Denn die Vielheit der Erinnerungen an denselben Gegenstand erlangt die Bedeutung einer einzigen Erfahrung" (ebd.: 111).

Anders wie bei Platon sind die Ideen dabei keine fertigen Anamnesemuster der Seele, sondern sie finden ihre Vollendung erst durch die konkrete Auseinandersetzung. Die Basis bilden somit sinnliche Erfahrungen. Sie können nicht gelehrt werden, sondern müssen immer selbst gemacht werden. Daher hat es die historische Erfahrung wohl auch schwer, ihr Wissen an die nächste Generation weiterzugeben.

Das aus der verdichteten Erfahrung hervorgehende praktische und theoretische Wissen beruht auf einer bedeutsamen Unterscheidung. Es ist zum einen das eher im Alltag verwendete Wissen um das „Dass" (*hóti*) (in: ich weiß, dass) und das Wissen der Wissenschaft über das „Warum" (*dihóti*). „Kunst (*téchne*) und Wissenschaft (*epistéme*) verfügen im Unterschied zur Erfahrung über den *lógos*, den allgemeinen Begriff, und es ist ein platonisches Erbe, die These zu vertreten, dass denen, die das Allgemeine oder das Wesen der Dinge kennen, auch ihre Gründe und Ursachen bekannt sind, d.h. sie können Warum-Fragen beantworten, Erklärungen und Beweise anführen" (ebd.: 112). Das Wissen der Kunst, also des künstlerischen und kunstvollen Könnens – etwa das eines Mediziners – ist eher mit der Umsetzung einer Vorstellung konform, während das wissenschaftliche Wissen sich mit dem „Wesen des Seienden" beschäftigt.

Schnädelbach geht im Folgenden (ebd.: 114 f.) auf weitere Ausprägungen des Erfahrungsbegriffs ein. Der „operative Aspekt" wird durch Francis Bacon in seinem *Novum Organon* vertreten. Erfahrungen können nur experimentell gewonnen werden, indem wir – anders als im Empiriebegriff des Aristoteles – durch Versuch und Irrtum etwas Nützliches erleben. Das bedeutet, dass nur „Werke" und nicht Diskussionen förderlich sind. Es geht nicht um den Beweis, sondern um das Können und um gültige Aussagen darüber. Die entscheidende Stelle dazu lautet: „Denn der Mensch als Diener und Dolmetscher der Natur wirkt und weiß nur soviel, wie er von der Ordnung der Natur durch seine Werke oder durch seinen Geist beobachtet hat; mehr weiß er auch nicht und vermag er auch nicht" (ebd.: 116). Daher ist Wissen auch Macht.

Bei John Locke wird *empeiría* mit *aisthesis* gleichgesetzt, so dass der Empirismus zum Sensualismus wird. Allerdings steht hier nicht die Nützlichkeit im Mittelpunkt, sondern die Frage nach der absoluten Sicherheit, wie sie auch Descartes gestellt hat. Letztlich lässt sich die subjektive Gewissheit nur durch das Bewusstsein der 1. Person herstellen. So ist die auf Gewissheit beruhende Erfahrung nichts anderes als Wahrnehmung des Hier und Jetzt. Das Dasein der Tatsachen und die Registrierung ihrer Größe und zahlenmäßigen Form sind also die einzig wahrhafte Basis.

In David Humes *Concerning Human Understanding* wird dies zur Grundlage der Kritik der Erfahrung in dem berühmten Zitat: „Sehen wir, von diesen Prinzipien durchdrungen, die Bibliotheken durch, welche Verwüstungen müssten wir da nicht anrichten?" (ebd.: 121). Ob Aussagen wahr oder falsch sind, beurteilt das Prinzip, das angibt, in wie weit sie auf Erfahrung beruhen.

3.4 Flüsse im Subjekt

Die Übernahme dieses Ansatzes im Logischen Empirismus und Positivismus der Wiener Schule gestaltet die Formulierung der notwendigen Voraussetzung einer „ungetrübten Objektivität am Orte des subjektiven Bewusstseins" über eine rein „sinnliche Rezeptivität" (ebd.: 122).

Auch Kant knüpft daran an: Das Gerührtsein der Wahrnehmung führt zu Vorstellungen und Ideen und zur „Anregung der Verstandestätigkeit". Die Erfahrung aber kommt erst nach der „Tätigkeit des Vergleichens, Verknüpfens und Trennens" und wird zur Verarbeitung des „rohen Stoffs" der Erkenntnis der Gegenstände. Aus der „Erfahrung qua Anschauung" wird die „Erfahrung qua Erkenntnis", also die „Erfahrungserkenntnis". Neu gegenüber dem Empirismus ist die Begründung einer inhaltlichen Verarbeitung des sinnlich Wahrgenommenen. Erkenntnisse beginnen „mit der Erfahrung", sie stammen aber nicht alle „aus der Erfahrung".

Der Weg vom einen zum anderen ist folgender: Zunächst haben wir eine Wahrnehmung. Diese ist immer so, wie sie ist, also außerhalb der Frage gelegen, ob wir uns täuschen oder nicht täuschen. Erst durch das Urteil werden Wahrheit und Richtigkeit geprüft. Dazu aber müssen Vorstellungen herangezogen werden, die unabhängig von Wahrnehmungen sind, indem sie Begriffe dafür bereithalten. Die allgemeinsten von ihnen sind apriorische Kategorien, wie etwa die der „Substanz" bzw. der Identifizierbarkeit eines Gegenstandes durch dessen „Einheitlichkeit" als allgemeine Eigenschaft. Damit sind rein empirische Urteile, also etwa Protokollsätze, „bloße Wahrnehmungsurteile" ohne objektive Gültigkeit. Erst wenn sie zu Erfahrungsurteilen gemacht werden, werden sie objektiv. Diese Objektivität ist eine Synthese der Einbildungskraft der Wahrnehmung mit dem sie prüfenden Verstand. Wahrnehmung stellt also nur fest, Erfahrung hingegen urteilt.

Für die Frage nach der Objektivität, die uns eine Sicherheit über die tatsächliche Repräsentation geben soll, braucht Descartes einen Gottesbeweis. Der Empirismus hingegen benutzt das Prinzip der äußeren Verursachung. Doch für Kant ist beides nicht schlüssig. Er sagt, es gäbe die vom Subjekt unabhängige Objektivität nicht, sondern nur die Möglichkeit, etwas für gültig zu erklären. „Objektivität ist wie Wahrheit und Notwendigkeit nicht eine Eigenschaft von Gegenständen, sondern von Urteilen, und die können sich nicht auf etwas beziehen, was nicht im Horizont unserer Erfahrungsmöglichkeiten steht; darum können nach Kant nur Urteile über Erscheinungen objektiv sein" (ebd.: 128).

Der hermeneutische Erfahrungsbegriff ist nach Schnädelbach in der Hauptsache mit der Philosophie Hegels verknüpft. Ansatz ist das als dynamisch deklarierte Bewusstsein, das bei Kant ein noch statisches Gebilde ist. In Hegels *Phänomenologie des Geistes* aber ist das Bewusstsein in der Lage, sich auf einen Gestaltwandel der Geschichte einzulassen, und daher zu immer neuen Erkenntnissen zu finden. Vorbild ist die *paideía*, der Bildungsbegriff der Griechen. Dessen „Ziel war die Angleichung der Seele an die göttlich angesehene Natur und ihre bessere Befähigung zur Praxis" (ebd.: 129). Auch Humboldt wird in diesem Zusammenhang erwähnt: Erfahrung und Erkenntnis bilden den Menschen weiter, das Bewusstsein ist der entsprechende, lebensweltliche Motor der Entwicklung. Sie geht dialektisch vonstatten, zumal sie von Widersprüchen vorangetrieben wird. Die Spannung zwischen zwei Teilen – etwa zwischen Theorie und Praxis, Begriff und Sein, sinnlicher Wahrnehmung und inhaltlicher Erfahrung – liefert die Energie für das Entstehen neuer Prozesse und Veränderungen.

Was etwas im Moment ist, wird anders, wenn es sich durch die permanente Erkenntnissuche völlig neu orientiert, sich also aus dem alten Zustand emanzipiert.

Die Vorstellung einer radikalen Veränderung aber schafft auch Probleme. Sie macht nämlich eigentlich die Erfahrungswissenschaft unmöglich. Sie kann nämlich keinen Gegenstand für eine Untersuchung festhalten, weil dieser in ständiger Veränderung befindlich dem Begreifen entschwindet. Dennoch ist für Hegel kein anderer Weg denkbar, als sich mühsam über „Bildung und Arbeit" der Erweiterung des Erkenntnisfortschritts zu nähern. Dabei spielt das Verstehen eine besondere Rolle. Zum einen ist es die Rückführung auf Erfahrungsmuster, zum anderen auch deren Dekonstruktion. Der Sinn ist eine davon abhängige Kategorie: Sie baut ein Sinnganzes auf, demontiert es aber auch wieder für neue Sinnbezüge. Die Erfahrung erhält damit ein merkwürdiges Doppelleben: Sie ist holistisch und anarchisch zugleich. Sie kann Übersichtlichkeit aus der Unübersichtlichkeit sammeln und auch wieder wegwerfen. Sie kann Erkenntnisse herstellen und wieder aufgeben, wenn sie das Erfahrene aus Gründen der Kritik nicht für sinnvoll hält. Die Geltung einer Erfahrung ist damit stark von historischen Faktoren abhängig. Zu ihnen zählen die Macht und die Konvention ebenso wie das aufgeklärte Recht und dessen Anpassung an Gegebenheiten. Über allem aber sollte die ethische, dem Menschen zugewandte Vernunft stehen.

Für Schnädelbach ergeben sich vor allem aus dem hermeneutischen, auf das Sinnverstehen und auf die Sinnrekonstruktion sowie Sinnstiftung hin angelegten Ansatz Konsequenzen für den gegenwärtigen Empirismus innerhalb der Wissenschafts- sowie Erkenntnistheorie und deren Forschungsanliegen (ebd.: 135 ff.). Vor dem Hintergrund der Unterscheidung zwischen *Verstehen* und *Erklären*, wie sie durch Dilthey markiert wurde, hat sich die Landschaft gespalten. Die verstehende Wissenschaft, so wie sie durch die Psychoanalyse Sigmund Freuds und die Soziologie Max Webers entworfen wurde, nimmt Bezug zur Ermittlung psychologischer und soziologischer Tatsachen. Wenn aber die Soziologie selbst eine soziologische Tatsache darstellt und die Psychologie eine psychologische, so kann die Naturwissenschaft nicht ebenso sagen, sie wäre eine „Naturtatsache". Die Frage für Schnädelbach bezieht sich daher auf das Ausmaß der Erfahrung innerhalb einer Theorie und lautet: „Wie könnte eine Theorie der Empirie ohne Empirismus aussehen?" (ebd.: 136).

Zunächst werden dazu die Grundüberzeugungen des Empirismus genannt. Sie umfassen drei Dogmen. Das erste bezieht sich auf das Wissen, das entweder formal über sich als Wissensform (metatheoretisch) urteilt bzw. dieses Wissen analytisch erläutert oder ein Wissen inhaltlich synthetisch erweitert. Das zweite Dogma sagt, dass wir alles Wissen, soweit es empirisch ist, sich auf einfache Beobachtungssätze reduzieren lässt. Das dritte stellt einen Zusammenhang her vom Erfahrungsgehalt zum jeweiligen Begriffsschema, das dieses ausdrückt.

Eine Generalkritik dessen kommt von Willard van Orman Quine (1975) und Donald Davidson (1986, 2005). Sie sagen, das erste Dogma kann nicht zirkelfrei argumentieren, da das Analytische das Synthetische (und umgekehrt) braucht. Dem zweiten ist es nicht möglich, das Analytische vom Synthetischen zu trennen. Es gibt also nur ein Ganzes, mit dem die empirische Wirklichkeit konfrontiert wird. Wenn im Konfliktfall das Konzept nicht tauglich ist, lässt sich nur entweder etwas an den Beobachtungssätzen ändern oder etwas im theoretischen Kern.

3.4 Flüsse im Subjekt

So ganz holistisch und identisch mit sich ist allerdings, wie Davidson zeigt, der Empirismus nicht. Zwischen der Welt und dem Subjekt tritt das Begriffsschema, das offensichtlich ein Eigenleben führt, denn es kommt zu verschiedenen Weltbildern und Ontologien, also Meinungen über das, was es alles gibt. Die Begriffsschemen sind nicht total von einander verschieden, sondern sie müssen eine Gemeinsamkeit haben, sonst könnten wir nicht über sie kommunizieren. Davidsons Ergebnis lautet für Schnädelbach darum: „Können wir nicht ein und noch ein anderes Begriffsschema identifizieren, können wir überhaupt keines identifizieren" (ebd.: 138). Das erinnert aber dann doch schon sehr stark an den Gedanken einer *analogia entis* des Thomas von Aquin. Dennoch dreht sich das Rad wieder nicht dorthin zurück, auch nicht zu Kant. Für Schnädelbach ist mit Verweis auf Wilhelm Humboldt u.a. klar: „Schon der Hinweis auf die unlösliche Verbindung zwischen Vernunft und Sprache [...] und auf die Tatsache, dass Sprache selbst etwas historisch Gewordenes und Veränderliches ist, zeigt zur Genüge, dass die ewig unveränderliche Vernunftnatur des Menschen eine Fiktion ist" (ebd.: 139).

Die angenommene Unmöglichkeit einer direkten Unterstützung der Erfahrung durch die Vernunft und die Ableitung von Erkenntnissen daraus hat zur Vorstellung von „Paradigmen" geführt. In ihnen wird angegeben, welche Fragen und welche Methoden zur Lösung eines Problems sinnvoll sind. Was *als etwas* gilt, ist vom jeweiligen Paradigma abhängig. Die Sprachrelativität aber ist keine absolute. Davidson schreibt dazu: „Natürlich bleibt die Wahrheit der Sätze sprachrelativ, aber objektiver geht es nun einmal nicht. Indem wir den Dualismus von Schema und Welt fallenlassen, verzichten wir nicht auf die Welt, sondern stellen die unmittelbare Beziehung zu den Gegenständen wieder her, deren Possen unsere Sätze und unsere Meinungen wahr oder falsch machen" (ebd.: 139 f.).

Die Herstellung einer Beziehung zur possenhaften Welt stellt die Erfahrung für Schnädelbach schließlich zwangsläufig auf pragmatische Füße. Er beruft sich auf Charles Peirce, bei dem Erfahrung „im Verhältnis zwischen Überzeugung (*belief*) und Verhaltensgewohnheit (*habit*)" besteht (ebd.: 140). Erfahrung dient dazu, „in geregelten, methodischen Schritten der Natur auf die Spur zu kommen" (ebd.: 141).

Das, was unserer Erfahrung gegeben ist, ist also kein direktes Spiegelbild der Realität. Es fungiert lediglich als Basis erfahrungsbezogener Vorgehensweisen. Die dabei erfassten Inhalte bleiben immer insofern ein Risiko, als sich alles anders wie erwartet herausstellen kann. Das gilt insbesondere, wenn das Verfahren offen bleibt und wenn es nur der Induktion, der Deduktion und der – wie es Karl Popper fordert – ausdrücklichen Prüfung der Empirieeignung der Hypothesen folgt. Nur ein solches Verfahren kann prüfen, was als empirisch gelten kann und was nicht. Der Pragmatismus ist so gesehen ein methodologischer Empirismus, bei dem die Methoden nicht auf das Experiment – wie im klassischen Empirismus – beschränkt bleiben, sondern andere Verfahren einbeziehen, wie die der Beobachtung und Befragung sowie auch das der objektiven Hermeneutik (Oevermann 1993).

Die Eingebundenheit der methodischen Konzepte in einen kulturellen Kontext legt mit Hans-Georg Gadamer (1974) zwar den Gedanken nahe, Erfahrung wäre eine übergreifende hermeneutische Figur. Ein derartiger Universalanspruch ist aber für Schnädelbach nicht möglich. Er schreibt: „Richtig ist: Die Naturwissenschaften sind selbst eine kulturelle Tatsache, und wie uns die Wissenschaftsgeschichte gezeigt hat, ist die Natur als ihr Gegenstandsbereich ein kulturelles

Konstrukt, das Alternativen ließ und immer noch zulässt. Dass aber die Naturwissenschaften selbst nicht in demselben Sinne eine Naturtatsache sind wie die Kulturwissenschaften eine Kulturtatsache, ist eine Asymmetrie, die dem Universalanspruch der hermeneutischen Erfahrung Grenzen setzt" (ebd.: 144).

Die Erfahrung als einen Komplex zu verstehen, in dem das Verhältnis von Erkenntnis und Interesse konstituierend ist, hat Jürgen Habermas vorgeschlagen. Die über diese Position hinausgehende Kombination von Kant und Peirce zu erforschen, wäre zwar sehr aufschlussreich, hat aber nach Schnädelbach momentan keine Konjunktur.

(d) Soziale Kontexterfahrung

Im sozialen Kontext wird die Erfahrung zum besonderen Erleben von Beziehungen. Erfahrungen machen, heißt darum, „Beziehungen einzugehen." Keine Erfahrungen machen zu wollen, bedeutet keine Beziehungen eingehen zu wollen, allein und bisweilen auch völlig sozial getrennt zu leben, Auseinandersetzungen zu scheuen und Gemeinsamkeiten nur so zu gestalten, dass nichts problematisch wird, nichts geteilt werden muss.

Der Begriff „Beziehung" allgemein aber kann in diesem Zusammenhang vieles bedeuten: Neutral gesehen, verdeutlicht sich das Verhältnis zwischen zwei oder mehreren Dingen. In unserem Fall sind es Personen, so dass der Schwerpunkt auf den psychologischen und soziologischen Komponenten der Abhängigkeit beruht. Sie kann in einem Fall gegenseitig sein, im anderen aber auch Ausdruck von Macht. In jedem Fall zeigt die Beziehung den Grad der gegenseitigen Beachtung und des Beachtetwerdens, der Wertschätzung und Anerkennung im Positiven wie Negativen. Beziehung findet in kommunikativen und interaktiven Bezügen statt. Sie steht in einem näher zu bezeichnenden Kontext. Sie ist seelische Berührung und Körperkontakt in einem, Nähe ebenso wie Umarmung, Festhalten und Pflege, aber auch das glatte Gegenteil davon.

Eine positive Beziehung verkörpert stets eine sinnstiftende Größe gegenseitigen Daseins sowie der Hilfe, die Isoliertheit des Individuums zu durchbrechen und es durch Gemeinschaft, Gruppe und Gesellschaft zu schützen. Auf Grund der Angewiesenheit des Einzelnen auf eine ihn aufnehmende Umgebung, vor allem auf Bezugspersonen, definiert die Beziehung zur Umwelt immer auch den Platz, den jemand einnimmt. Damit verbunden ist auch die jeweilige Rolle, die mit der Einnahme dieses Platzes gespielt werden soll.

Individuelle Beziehungserfahrungen sind in das mitmenschliche Sein mit all seinen Facetten eingebettet. Dazu zählen u.a.:

- Lebenslagen, die ihrerseits soziale Lebenssituationen und individuelle psychologische Zustände zur Folge haben
- Integration und Teilhabe an gesellschaftlichen Machtstrukturen
- Positionen und Rollen und deren geschlechtsspezifische Komponenten
- Haltungen und Einstellungen gegenüber gesellschaftlichen Gruppierungen.

3.4 Flüsse im Subjekt

In der Erfahrung von Einzelbeziehungen in pädagogischen Situationen bilden sich – vor allem in den ersten Jahren – Grundmuster der Welt gegenüber. Zu nennen sind hier:
- Urvertrauen
- Geliebtsein, Anerkennung und Wertschätzung
- Bewältigung und Regulierung von Konflikten
- unterschiedliche Konflikt- und Versöhnungskulturen.

Lernen nimmt hier einen breiten Raum ein. Neben den Sozialisationserfahrungen stellen organisierte Erziehungs- und Bildungsformen Erfahrungsmodelle, die mit Hilfe der Übertragung von Erfahrungsgewohnheiten auf ähnliche und auch neue Wissengebiete Lernerweiterungen anstreben. Nicht selten werden dabei persönliche Zuwendungsgrade im Spektrum von Lohn und Strafe zu Mitteln der Verhaltensbeeinflussung. Im Gegenzug dazu erhöht sich mit den schulischen Lernzwängen die Erfahrung notwendiger Selbstmotivation.

Neben der Bedürfnis-, Interessens- und Machtdynamik sozialer Einflüsse gestalten ideologisch geprägte Denkformen die Erfahrung von Einzelbeziehungen in der Gemeinschaft. Darunter fallen auch fatalistische Haltungen und Einstellungen, die die Energie von Gruppen und Massen aufladen. Hannah Arendt schreibt in *Denken ohne Geländer* (2006) zu den Hintergründen und Auswirkungen totalitärer Wege politischer Erfahrungsgestaltung über den Magnetismus fatalistischen Denkens und dessen wahrhaft gefährliche Kraft. Sie zitiert (ebd.: 46 f.) Ciceros Abhandlung *De fato*: „Wenn man krank wird, ‚so ist vorbestimmt, ob man gesund wird oder nicht', gleichgültig, ob man einen Arzt ruft oder nicht, und ob man einen Arzt ruft, das ist natürlich auch vorbestimmt." Damit ist „der Geist, von aller Notwendigkeit, aktiv zu werden, befreit." Und etwas weiter: „Nicht die Zukunft als solche, sondern die Zukunft als *Plan* des Willens *negiert* das Gegebene". Er blendet individuelles Elend aus, indem er das Hinsehen über dumpfe Gefühle trübt. Der kritische Geist hat darin keinen Platz und muss daher getötet werden. Ähnlich verhält es sich, wenn das Schicksal in die Hände eines angeblich überlegenen Bewusstseins gelegt wird, das den Massen sagt: „Glaubt mir, denn ich habe es nie anders erfahren." Für Arendt wäre damit jedenfalls der übliche Weg in Richtung „Größenwahn eines Übermenschen" vorgezeichnet. Der Wille zur absoluten Selbstdarstellung in Form eines Ewigkeitsdenkmals kann sich nicht selbst beschuldigen, dies tun zu wollen. Hingegen muss er es tun, weil er schließlich der notwendig Auserwählte zur Reinhaltung des Schicksals ist. Also ist er selbst in seinem Kampf gegen die, die das Schicksal in Frage stellen oder „entarten", frei von Schuld. Wer einem solchen Übermenschentum nachfolgt, wird damit automatisch der Erfahrung einer kollektiven Schuld von Eliminierungsplänen und deren Durchführung enthoben. Der Willkür sind auf der Gegenseite damit Tür und Tor geöffnet.

Arendt äußert sich darüber hinaus auch sehr kritisch der Philosophie gegenüber, die nicht frei von solchen Haltungen ist, wenn sie den Willenskräften über die Betonung des Denkens hinten herum zu viel Macht einräumt (ebd.: 47 f.). Dies geschieht quasi von selbst, wenn die Philosophie – Duns Scotus und Friedrich Nietzsche ausgenommen – nur das Denken preist, niemals aber die „'Süße' der Erfahrung des wollenden Ichs". Der Wille wird in der Philosophie weitgehend verachtet, weil beim Tun der Geist wegen der Unmöglichkeit einer Gleichzeitigkeit stets ruhen muss. Also ist die Erfahrung besser, sich dem Denken ohne „Anspannung" zuzuwenden.

Zu dieser Haltung bezieht Arendt natürlich Position, indem sie schreibt (ebd.: 49): „Von der Tonalität her gesehen [...] ist die vorherrschende Stimmung des denkenden Ichs die *Heiterkeit*, der reine Genuss einer Tätigkeit, die nie den Widerstand der Materie zu überwinden hat." Ein Wille, der auch diese Art der Wirkung des Geistes auf die Seele erhalten will, darf dann aber eigentlich nur sein Nicht-wollen wollen. Die logische Konsequenz aber entpolitisiert das Denken. Eine Auswirkung dessen ist die Schwierigkeit, Sünde und Reue in ein Verhältnis zueinander zu bringen. Ein wenig gilt selbst dies für Heideggers politikblindes Denken. Es befindet sich nach Arendt in einer selbst geschaffenen Fuchsfalle der total perfekten Argumentation, die aber nicht durchschaut, welche totalitäre Bewegung sie damit unterstützt.

Das Ende der Erfahrung ist erreicht, wenn sie zum Transportmittel des Grauens wird. Die Voraussetzung dazu sind zwei nach außen hin verschiedene, aber im Hintergrund sich doch als einig verstehende Kräfte: der Mob auf der einen und die Elite auf der anderen. Wie Arendt (ebd.: 152–173) beschreibt, ist es das geduldete Zusammenspiel von „rachsüchtiger Grausamkeit" und „pedantischer Korrektheit". Für sie ist letzteres der eigentlich entsetzliche Teil, weil er die industrielle Vernichtung von Menschen als rationalisierte Organisation „knall hart" durchzieht, wie man sagt. Das Beklagenswerte ist, dass die Erfahrung des individuellen Elends und unsäglichen Leids immer bewusst von Menschenhand geschaffen ist. Damit sie nicht mehr stattfindet, gibt aber die Erfahrung von Opfern selbst bedauerlicher Weise keine solche Antwort, die die nächste Generation per se zu einer Haltung bewegt, die keine weitere Erfahrung in diese Richtung braucht. Das ist leider so. Dennoch: Auch wenn Erfahrungen der Generationen immer selbst gemacht werden müssen, wird die Menschheit hoffentlich trotzdem eines Tages klüger sein.

Die Konsequenzen dessen sind vielschichtig. Ich greife zwei davon heraus:

Die wissenschaftliche Erforschung des Erfahrungsbegriffs sollte sich von einem Forschungssolipsismus lösen, dessen Betrachtungsgegenstand aus der entpersonifizierten Einsamkeit der Erfahrung, des bewussten Erlebens und damit auch des Bewusstseins und Denkens mit sich selbst einen Ausgang findet und daher vielleicht an manchen Stellen weniger darüber nachdenken muss, wie eine Farberfahrung funktioniert, sondern sich eher dem zuwenden sollte, wie sich Erfahrungen sozialer Probleme konstituieren.

Die Erforschung des Erfahrungsbegriffs in der Pädagogik zieht insofern daraus die Konsequenz, dass neben dem, was an sachlichen Dingen erfahren werden soll, das „Vertrauen" in die Erfahrungsneugier sensibler angegangen wird. Und das heißt in einem moralfreien Tenor: Erfahrungen sammeln lassen, aber auch persönlich Orientierung geben und Stellung gegenüber dem beziehen, was Angst machen muss und sinnleer ist.

3.4.5 Wissen

Das „Wissen" verkörpert ein besonderes Potential „geistiger Orientierung". Es rekrutiert sich aus einem Fundus mit aktuellen, historischen und systematischen Inhalten. Als theoretisches Wissen ist es abstrakt, als praktisches gebrauchs- und regelbezogen.

3.4 Flüsse im Subjekt

Wissen meint mit dem Besitz von Informationen vor allem „Sachkundigkeit". Diese umfasst die Teilhabe an einschlägigen Theorien und am übergreifenden Bildungswissen sowie an den Ergebnissen von Studien. Hinzu kommt auch die Methodenkundigkeit im Rahmen beruflicher Erfahrung.

In der Sozialen Arbeit meint Wissen den Besitz von „Fachkenntnissen", mit deren Hilfe Analysen und Diagnosen sowie Handlungskonzepte zustande kommen. Wenn wir z.B. sagen, „wir wissen über ein Problem Bescheid", so meinen wir, dass wir uns ein Bild machen können bzw. eine Vorstellung besitzen, um was es sich bei dem Problem handelt, wie es sich darstellt, warum es gerade so ist und wo Ursachen liegen. In diesem Fall sind wir uns sicher, das Problem grundsätzlich erklären und verstehen zu können.

Die Rückbindung an Theorien unterschiedlicher Herkunft färbt die jeweilige Sichtweise des Wissens. So unterscheiden sich z.B. psychoanalytische Theorien und soziologische durch ihre Innen- und Außensicht von Problemen. Neben der Neigung zu unterschiedlichen Modellen werden im aktuellen Gebrauch des Wissens meist nur diejenigen Teilbereiche herausgegriffen, die als einleuchtend und somit brauchbar erscheinen. Daher wird in der Regel nur das Wissen abgerufen, das als evident erscheint, bzw. von der jeweiligen Person, die es besitzt, am besten verstanden wird.

Im Unterschied zum Alltagswissen ist professionelles Wissen an berufliche Kompetenzen gebunden. Im Alltagswissen stehen persönliche Ressourcen in der Form von Geschicklichkeit und Talent im Vordergrund, beim professionellen müssen wir von vielschichtigen Kompetenzen ausgehen. Darunter werden Fähigkeiten verstanden, komplexere Aufgaben zu lösen. In der Sozialen Arbeit stehen psychosoziale Problemstellungen im Zentrum. Ihnen gegenüber hat das Wissen die Aufgabe, Erklärungen zu liefern und Handlungsformen auf der Basis sozialethischer Haltungen zu entwickeln.

Den Kompetenzen entsprechend entwickelt sich das Wissen zum „Fachwissen", zum „methodischen Erfahrungswissen" sowie zum „emotionalen und sozialen Haltungs- oder Wertewissen". Die Integration dieser Wissensformen ist eine eigene, teilweise auch kreative Fähigkeit. Sie muss immer wieder neue, den jeweiligen Situationen angemessene Zusammenhänge gegenüber fremden Lebenswelten und individuellen Lebenslagen herstellen und darin entsprechende Begründungen und Rechtfertigungen in glaubhafter Form liefern. Sie muss argumentieren, Kontroverses diskutieren und Maßnahmen verteidigen.

Erklärungen nehmen neben den Formen des Verstehens in diesem Kontext eine besondere Stellung ein. Sie untermauern Erkenntnisse, indem sie sich an den Bezugswissenschaften der Sozialen Arbeit orientieren. Sie folgen fachspezifischen Erkenntnissen und Ansätzen aus der Pädagogik, der Psychologie, der Soziologie, der Philosophie, der Biologie, der Gesundheitswissenschaft, der Politologie, Wirtschaftswissenschaft und dem Recht.

Die Fähigkeit einer interdisziplinären Verknüpfung macht eine besondere Orientierung erforderlich. Sie besteht darin zu sehen, welches Wissen für welche Teilbereiche und deren Schnittstellen brauchbar ist. Die Kompetenz dazu ist in besonderem Maße „Handlungskompetenz", da sie mit den einzelnen fachspezifischen Wissensformen in der Praxis direkt umgehen muss.

Neben dem Erklärungswissen, also dem sach-, fach- und inhaltsbezogenen Wissen, gibt es weitere Wissensarten und -formen. Darunter fallen:

- das Wissen über sozialisations- und kulturabhängige Verstehens- und Verständnisweisen
- das Gebrauchs- und regelgeleitete Handlungswissen
- das Wissen um kommunikative Interaktionsformen
- das Wissen über Werte und Normen
- das verinnerlichte Haltungswissen bzw. das moralische und ethische Wissen
- das intuitive Wissen
- das Wissen durch Bildung.

Das Wissen vor einen größeren philosophischen Hintergrund zu stellen, kennzeichnet ein noch weiterführendes Interesse. Es möchte herausfinden, wie es überhaupt dazu kommt, dass wir als Menschen Wissen besitzen können. Hierzu sollen einige Ergebnisse vorgestellt und kritisch erweitert werden:

Andrea Kern beschreibt in ihrem Buch *Quellen des Wissens* (2006) die zentralen Kräfte einer erkenntnistheoretischen Verankerung des Wissens. Sie versucht die skeptizistische Argumentation, die das Ende der Möglichkeit der Selbstaufklärung der Erkenntnis proklamiert, durch die Annahme vernünftiger Erkenntnisfähigkeit zu widerlegen (ebd.: 17 f.). Die ursprünglichste Form des Wissens ist das empirische Erfahrungswissen, also zu wissen, dass vor mir ein Laptop steht, auf dem ich diesen Satz schreibe. Dann gibt es eine Wissensform, auf Grund derer ich weiß, dass „1+1 = 2" ist. Diese Form ist nicht-empirisch, sondern logisch. Komplizierter wird es, wenn wir Maßstäbe anlegen, z.B. das „objektive" gegen das „subjektive" Wissen abgrenzen, das „endliche" gegen das „unendliche" oder das „sinnvolle" gegen das „sinnlose". Dabei sind die Kriterien „Wahrheit und Richtigkeit" die Maßstäbe für „Irrtum" und „Bejahung" (ebd.: 23–54).

Endliches Wissen besteht in vorläufig mehr oder weniger spontan Gewonnenem. Nach Kant sind dies die vom Subjekt hervorgebrachten Vorstellungen, die dann in eine logische Form wandern (ebd.: 25). Sie wechseln zu Urteilen und danach zu Überzeugungen, denen Entscheidungen folgen, die wiederum für wahr gehalten werden. Kern zitiert hierzu die Position von Josh MacDowell *Mind and World* (1996), für den Urteile Stellungnahmen im Rahmen der Frage nach Wahrheit sind (ebd.: 29).

Die Ausführungen verstehe ich so, als lasse sich der Aufenthalt in diesem Bereich auf ein Suchen ein, wohl wissend, dass es trotz fester Überzeugungen einen Perspektivenwechsel im Verstehen und Verständnis dieser gibt und dass dieses Verstehen inhaltlich von Situation zu Situation variiert. Das Verstehen tritt in einer entgrenzenden Weise dem Wissen um seine Endlichkeit zur Seite. Ein Beispiel: Die Äußerung, „ich habe Hunger", ist als solche ohne weiteres zu verstehen. Wenn wir aber wissen, wer sie äußert, ob z.B. ein schlankes Modemodel in Paris oder ein Straßenkind in Sao Paulo, dann wird die Bedeutung durch den Kontext enorm beeinflusst.

Erweitert heißt dies: Repräsentiert ein Satz bzw. eine Aussage ein Urteil, so bedeutet dies zunächst, überhaupt einen Wahrheitsmaßstab zu besitzen, der normative Geltung hat. Das Subjekt unterwirft sich ihm, so dass das Urteil selbst zum normativen Akt wird. Kann jemand seine Entscheidungen nicht auf der Grundlage eines normativen Maßstabs fällen, so wäre er damit nicht urteilsfähig.

Damit aber wird der Wahrheitsbegriff zu einer verzwickten Angelegenheit. Für Kant ist ein Urteil dann eine wahrheitsgeleitete Behauptung, wenn es dem Vernunftsystem des Subjekts entspringt. Darin sind auch Glaube und Überzeugung eingeschlossen, denen wir sehr oft „guten Gewissens" folgen. Wenn ich sage, „ich glaube, dass heute Dienstag ist", dann beziehe ich zur Wahrheitsfrage Stellung, weil ich von der Tatsache dieses Satzes überzeugt bin (vgl. Kern ebd.: 32, Bezug zu Rödel 1998).

Zu diesem Hintergrund gesellen sich auch intentional unterschiedliche Sprechakte. Ein Teil von ihnen kann Stellungnahmen verkörpern, ein anderer Willensäußerungen. Zum ersten würden Sätze wie „ich glaube, dass etwas so ist", „ich vermute", „ich denke", „ich weiß" gehören, zum zweiten solche wie „ich verspreche", „ich gratuliere" (vgl. Kern ebd.: 33, auch in Bezug auf die sprachanalytische Position von Austin 1975 und Price 1969). In der Art und Weise der Ausführung dieser Sätze aber bestehen erhebliche Unterschiede. Während der erste Teil Wissen ausführt, deutet der zweite auf den Vollzug einer Handlung hin. Der performative Charakter von Verben wie „glauben" und „versprechen" spaltet sich also in Theoretisches und Praktisches auf und damit in Wissens- und Willensquellen.

Von Wissen kann nach Kern in Folge der „Standartanalyse" (die Held von Williams übernimmt) gesprochen werden, wenn jemand 1. ein bestimmtes p glaubt, 2. wenn dieses p wahr ist und 3. wenn dieser Glaube, das p zutrifft, gerechtfertigt ist. Der erste Punkt geht mit dem zweiten und dritten eine notwendige Verbindung ein. Das heißt, das Wissen entsteht zusammen mit der „Gewissheit" über p als „gerechtfertigte Tatsache". Hier allerdings steht das Wissen eher in Beziehung zur Empirie. Anders ist es, wenn Punkt 2 übersprungen werden würde. Dann wäre die Rechtfertigung der alleinige „Grund für eine Überzeugung" (ebd.: 34).

In der Sozialen Arbeit spielt die Standartanalyse bei der Erstellung von Gutachten eine erhebliche Rolle. Wenn z.B. nachgewiesen werden muss, dass eine Person vor einer anderen panische Angst hat, weil diese Person ihr eine Menge angetan hat, und darum gerichtlich geschützt werden muss, dann ist als Ergänzung zum Tatsachenwissen immer auch die Darstellung eines glaubwürdigen Zusammenhangs für die Entstehung der Angst erforderlich. Diejenigen, die das Gutachten verfassen, müssen dabei ihre Einschätzung über Tatsachenrecherchen prüfen und zudem selbst von der Richtigkeit der jeweils verwendeten Angst-Theorie überzeugt sein.

Das Wissen eines Sachverhaltes besitzt also in erster Linie stark subjektive Bezüge. Unmittelbar und spontan stammt aus dem Subjekt der Grund für eine Überzeugung, p genau zu wissen, so wie wenn gesagt werden würde, „ich glaube p, weil ich zutiefst davon überzeugt bin". Gehen wir dem Gedanken etwas weiter nach. Zunächst ist dieses Wissen normativ im Subjekt. Prinzipiell ist der Grad der Glaubwürdigkeit immer nur wahrscheinlich, weil es immer auch anders sein könnte.

Innerhalb eines sozialen Kontexts aber kommen zur normativen Performance des Subjekts noch andere Komponenten dazu. Nehmen wir einmal an, zwei Menschen sind davon überzeugt, dass die militärische Präsenz der UNO in einem Krisengebiet sinnvoll ist, so macht es einen Unterschied, ob die tiefe Überzeugung von einem Vertreter der UNO in New York oder von einem Soldaten vor Ort vorgetragen wird. Dann bekommt nämlich das Normative verschiedene Sinnbezüge, z.B. ein globales Gleichgewicht in *politischer* Hinsicht herzustellen oder *humanitär* die Menschen an Ort und Stelle zu unterstützen. Natürlich sind Gemeinsamkeiten vorhanden, dennoch ist entscheidend, aus welcher Position heraus eine Überzeugung vorgetragen wird. Dass es sich dabei überhaupt um eine Überzeugung handelt, ist eine notwendige Voraussetzung. Sie ist aber erst gerechtfertigt, wenn hinreichende Gründe vorliegen. An diesem Punkt kommen etliche markante Faktoren ins Spiel. Wenn nämlich mehrere Gründe in Frage kommen, so kann sich die Idee der Wahrheit in der Weise verflüssigen, dass jeweils nur *die* Gründe ausgewählt und zurechtgelegt werden, die in bestimmten Situationen und Positionen von Vorteil sind.

Eine Argumentation, die der Steigerung der Plausibilität von Rechtfertigungen dient, verlangt von den Beteiligten Zurückhaltung in Bezug auf persönliche Prioritäten und Unterordnung unter evidente Kategorien eines Wissens, von dem gewünscht wird, dass es als sicher gelten kann. Eine dieser Kategorien besteht in der Forderung, dass nur solche Gründe wirklich Gründe sein können, die auch „die Wahrheit des Begründeten garantieren" (ebd.: 68). Eine zweite ist die Vorstellung, dass Gründe für Gründe diese inhaltlich nicht aufheben dürfen. So kann der inhaltliche Grund für die Humanität kein anderer sein als ein humaner, auch wenn sich möglicherweise an der Fassung des Grundes formal Kritik üben lässt.

In der Sozialen Arbeit laufen Gründe zur Rechfertigung von sozialpädagogischen und sozialarbeiterischen Überzeugungen auf zwei Plattformen zurück: das, was als „Soll" überzeugend formuliert wird und das, was im Gegensatz dazu als „Erfahrung" vorliegt. Daher bleibt als entscheidendes Merkmal des Wissens die Möglichkeit des Menschseins zur Datensammlung und zur Erkenntnis ihrer Bedeutung als Ganzes und in ihrer Spezialisiertheit bestehen. In diesen sachgebundenen Erkenntnispfaden sind Ordnungsmuster im Einsatz, die uns helfen zu sagen „etwas ist so, wie es ist", „etwas ist so, weil es so sein muss" und „etwas soll so sein, weil es nicht anders sein darf". Es ist aber auch wichtig fest- und auseinanderzuhalten, dass diese Formen des Wissens innerhalb eines sozialen Kontextes von Absichten, Haltungen und Überzeugungen begleitet werden, und dann lauten sie etwas anders: „etwas ist so, wie ich es eben weiß, es erkläre und verstehe, es fühle" usw.

Dass Wissen als Meinungs-, Glaubens-, Überzeugungs-, Erklärungs- Verstehens- und Wertebild generell durch den von ihm geschaffenen kognitiven Raum und die darin enthaltene Gegenwelt Abstand zum Konkreten schafft, ist leicht nachzuweisen. Der professionelle Ansatz der Soziale Arbeit verbindet in nahezu jeder Situation der Praxis ein entsprechend verwendetes theoretisches Wissen über soziale Notlagen und deren Folgen mit dem eigenen Selbstverständnis. Das Ziel dieses Wissenseinsatzes ist neben dem erweiterten Verstehen von historischen Hintergründen und systematischen Zusammenhängen das konkrete Anliegen, den eingehenden Nachfragen durch begründete Angebote besser gerecht werden zu können. Vor allem aber in der Analyse und Diagnose von Problemfällen ist die Zuordnung von Wissensarten zu einem thematischen Gegenstand erforderlich, um abgesicherte Handlungsorientierungen zu erhalten.

So gesehen bildet auch der gesamte kognitive Raum den Rahmen für eine umfassende „Wissenstheorie". Wir wollen hierzu auf der Basis des Vorausgegangenen einige weiterführende Aussagen machen:

Wissen besitzt einen inhaltlichen Bezug. Es kann niemals nur formallogisch einem Geschehen übergestülpt werden, sondern muss immer auch dem eigenen Gehalt gerecht werden. Daher stellt die Logik eine gewisse Gegenwelt zur Inhaltlichkeit dar. Auf der einen Seite steht die formale Begriffsordnung, auf der anderen die inhaltliche Betroffenheit. Die Konstruktion einer Brücke zwischen beiden lehnt sich an Vorstellungen eines Wechselspiels zwischen Nähe und Distanz an.

Das Problem der Wissensanwendung kann sich in diesem Zusammenhang auf zwei Phänomene beziehen: zum einen auf den Gebrauch von Bildungssprache und zum anderen auf die Haltung der Voreingenommenheit. Ein Beispiel: Wenn wir sagen, ein Vorgang wäre „ethisch" nicht vertretbar, dann benutzen wir ein Prädikat, hinter dem eine gewaltige Komplexität an Bildungswissen in Form von Bildungssprache zu historischen Positionen steht. Wir haben über die Schule, über das Lesen philosophischer Texte und über Gespräche mit anderen dazu ein endliches Wissen angehäuft, das wir teilweise im Moment der Benutzung des Wortes abrufen.

Wir können es nicht in seiner Gesamtheit tun, weil der Aufwand dazu viel zu groß wäre, vielleicht aber auch, weil wir viele Einzelheiten vergessen haben oder nicht mehr darüber wissen. Wir präsentieren also in der aktuellen Redesituation immer nur eine Art Meinung zu unserem Wissen, z.B. zu dem, was wir über den Kategorischen Imperativ bei Kant zu dem Spruch „Was du nicht willst, das man dir tut, das füg auch keinem andern zu" wissen. Streng genommen müssten wir alle entsprechenden Textstellen für einen Nachweis bereithalten. Das können nur Genies oder Computer. Für die Soziale Arbeit heißt das, auch ihr Praxis-Wissen speist sich aus dem Hintergrund eines reduzierten Bildungswissens. Die Reduziertheit entspräche nur dann jenem verpönten Halbwissen, wenn es als unhinterfragbare Meinung transportiert werden würde.

Damit wären wir bei der Voreingenommenheit, zu der wir noch ein paar abschließende Bemerkungen machen:

Die positive Seite der Voreingenommenheit besteht im Orientierungswissen. Wir leben in einer Welt, die es bereits vor uns gab. Daher wissen wir „immer schon" über sie, über uns und andere Bescheid. Dieses „Vorverstehen" und „Vorverständnis" bildet den Ansatz einer natürlichen Orientierung. Sie gereicht zum Vorteil, um nicht jedes Mal bei Null anfangen zu müssen.

Die negative Seite kommt zum Vorschein, wenn Vorurteile, Vorverurteilungen und Einstellungen geäußert werden, die unreflektierte Meinungen in dem Sinne beinhalten, „ich kenne mich in der Welt aus und weiß über alles Bescheid". Die Verbindung von Wissen und Macht in der sogenannten Definitionsmacht ist daher auch besonders gefährlich, wenn es zu ungerechtfertigten Meinungsselektionen kommt.

Aber noch weitere Spannungsfelder spielen hier eine Rolle. Jedes formale und inhaltliche Wissen, auch wenn es sich nur auf einen vermeintlich einfachen Begriff bezieht, ist mittlerweile enorm umfangreich. Außerdem scheint festzustehen, dass kein Begriff, der für die Praxis von Bedeutung ist, einfach ist, selbst wenn es sich um ein umgangssprachliches Wort handelt. So müssen nicht nur die wechselnde Kontextabhängigkeit berücksichtigt werden, sondern auch die Bedeutungsvielfalt.

3.4.6 Reflexion und Kritik

(a) Reflexion als Tätigkeit des Denkens

Reflexion ist in erster Linie eine Form des Nach-Denkens, also des Denkens im Nachhinein. Sie nimmt eine Betrachtungsebene ein, die dem eigentlichen Geschehen geistig gegenübertreten will. Sie will aus der distanzierten Perspektive einer Meta-Ebene Erkenntnisse über das gewinnen, was sich ereignet hat und was gesprochen wurde. Sie will der Wahrheit nachgehen und dabei prüfen, welche „Geltung" gesprochene Sätze und Urteile haben. Reflexion ist also Erinnerung an Empirie sowie die Aufdeckung verwendeter Ansätze. Dieser Quereinstieg des Denkens will Ergebnisse zurückverfolgen und Erkenntnisse durch Skepsis läutern.

3.4 Flüsse im Subjekt

Herbert Schnädelbach liefert uns auch hierzu in seiner *Erkenntnistheorie* (2004: 169–192) einen griffigen Entwurf. Die Beurteilung unserer Erlebnis- und Erkenntnisurteile ist eine Form der Reflexion, die uns vom „Glauben", der „bloßen Meinung und Vermutung" einer Sache zur „gerechtfertigten Überzeugung" führt. Damit wird ein „normativer Diskurs" eröffnet, in dem es um die „Geltung", also die Wahrheit und Rechtfertigung von Wissen geht. Dazu aber muss der Begriff „Skepsis", der das Zentrum der philosophischen Reflexion einnimmt, einbezogen werden.

Die Wortbedeutung des griechischen *sképtomai* in der Form eines prüfenden Umherblickens meint eigentlich mehr als das Wort „Zweifel" hergibt. Es umfasst die „Haltung der Vorsicht", zunächst alles zu prüfen, bevor man ein Urteil oder eine Entscheidung fällt. Dass natürlich die Kriterien der Prüfung selbst wieder geprüft werden müssen, macht dieses Unterfangen zu einem Geschäft ohne Grenzen.

Die Beweggründe für eine philosophische Haltung der Skepsis liegen für Schnädelbach in der Reaktion auf den „Verlust kultureller Selbstverständlichkeiten", ähnlich dem schon in der Bibel vorgegebenen Verbot, „Ihr sollt nicht essen von allerlei Bäumen im Garten" (Genesis 3,1; zit. ebd.: 170). Für Sokrates war dies der Grund, warum er „nicht mehr blind der Tradition vertrauen wollte, sondern stets dem *logos*, der ihm als der beste erschien" (ebd.). Die Verweigerung einer Bindung an dogmatische Meinungen hat ihm allerdings das Leben gekostet. Er hat jene Haltung gelebt, „die aus dem ewigen Hin und Her der Überzeugungen heraus endlich zur Seelenruhe (*ataraxía*) und damit zur Glückseligkeit führen sollte" (ebd.).

Dem Dogmatismus entgegengerichtet ist Kants Position. Zunächst greift er den Ansatz von Descartes auf, der durch sein *cogito, ergo sum* dem ewigen Zweifel ein Ende setzen will. Sodann wendet er sich gegen die Auffassung von David Hume, der im Gegenzug dazu die Sicherheit aller Empirie opfert, und entwirft in seiner *Logik* ein eigenes Konzept: Zweifeln besteht in der Maxime, „Erkenntnisse in der Absicht zu behandeln, dass man sie ungewiss macht und die Unmöglichkeit zeigt, zur Gewissheit zu gelangen" (zit. ebd.: 172). Kant nennt diese Denkart Skeptizismus im Gegensatz zum Dogmatismus, „der blindes Vertrauen ist auf das Vermögen der Vernunft, ohne Kritik sich a priori durch bloße Begriffe zu erweitern, bloß um des scheinbaren Gelingens desselben" (ebd.). Aber auch der Skeptizismus als umfassende Richtung geht über das Ziel hinaus, da er in seiner Absolutheit alles nur als Schein begreift und sich den Weg zu seiner eigenen Bedeutung versperrt. Allein die skeptische Methode hilft über die Prüfung der „höchsten Ungewissheit" weiter. Erst durch sie kann die Hoffnung, „der Wahrheit auf die Spur zu kommen", als sinnvoll gelten. Der radikale Zweifel käme auch einer „Euthanasie" der Vernunft gleich (ebd.: 174).

Die skeptische Frage ist ein Teil der skeptischen Methode. Für Ludwig Wittgensteins *Philosophische Untersuchungen* und auch in seinem Buch *Über Gewissheit* bedeutet „zweifeln", nicht dasselbe, wie sich einen „Zweifel ausdenken". So ist der Satz, alles sei bezweifelbar, unsinnig. Der Gedanke dahinter denkt nur seine eigene Unmöglichkeit. Für Schnädelbach ist diese Vorstellung der von Hilary Putnam ähnlich, den wir in der Bewusstseinstheorie bereits genannt haben, der mit dem Gedanken experimentiert, unser Gehirn könnte in der Nährlösung eines Tanks liegen.

Gewissheit hingegen ist bei Wittgenstein das Ergebnis eines grammatikalischen Zweifels und damit Antwort auf die Frage nach den Regeln von Sätzen, die keinen Anlass zum Zweifel mehr bieten. Während die Gewissheit die Reduktion auf eine nicht mehr hintergehbare subjektive Klarheit ist, ist das Wissen expansiv und nie gewiss, bis auf die formale Tatsache, dass es eben Wissen ist.

(b) Reflexion als Ausdruck kritischen Bewusstseins

Die kritische Rechtfertigung von Gegebenheiten bezieht ihre Argumente von einer Gegenwirklichkeit, in der das, was gerechter Weise sein soll, Vorstellung ist. Hier stellt die Reflexion einen kritischen Vergleich her, indem sie angibt, was etwa im Sinne einer human-ethischen Norm angestrebt werden muss. Sie dient damit der emanzipatorischen Veränderung. Deren Hauptorientierung kann nicht die Pragmatik sein, nicht das Streben nach Nützlichkeit, nach Brauchbarkeit und nach Vorteilen für gewisse Interessen, sondern die Humanität. Sie hat trotz visionärer und utopischer Züge einen stark realistischen Aufforderungscharakter.

Reflexion ist demzufolge nach Jürgen Habermas (1969) kritische Thematisierung gesellschaftlicher Zustände und somit „Ideologiekritik". Dazu muss ein vernünftiger gesellschaftlicher Gegenentwurf vorhanden sein, um den Fortschritt nicht gegen den machtlosen Menschen zu richten und ihn schleichend zum Objekt von Interessen zu machen.

> In der Sozialen Arbeit werden Probleme in diesem Zusammenhang als Folgen von Verhältnissen thematisiert. Sie zu reflektieren bedeutet, ihre Brisanz zum Gegenstand von aktuellen Maßnahmen zu machen. Anlass ist immer ein bedrohtes Menschenbild. In ihm wird erkannt, was eigentlich sein sollte, damit sich Kinder, Jugendliche und Erwachsene in der ihnen zustehenden Weise früh- und rechtzeitig entwickeln können, um größtmögliche Chancen zu bekommen.

> Ein weiterer Gegenstand ist die Reflexion von Methoden und Verfahren. Sie ist notwendig, um die Macht von Eingriffen zu begrenzen und um zu erkennen, welchen Prämissen sie folgen. So gehört es zum Geschäft der Praxis, Menschen darüber aufzuklären, wie die vorgeschlagenen Wege aussehen und welches die Möglichkeiten und Risiken in ihnen sind. Reflexion ist daher auch Vorsicht.

(c) Kritik als Kerninstanz der Vernunft

Die Fähigkeit des Menschen, Kritik zu üben und kritisch zu sein beschreibt der Brockhaus *Philosophie* (2004: 173–175). Im Sinne der *kritike téchne* ist sie eine „Kunst der Beurteilung", der „Form der Auseinandersetzung" mit einem abstrakten und konkreten Gegenstand „durch Distanzierung, Prüfung, Beurteilung, Wertung, Infragestellung, Negierung". Weiter heißt es: „Als philosophische Methode zielt Kritik darauf ab, jeden nur denkbaren Wahrheitsanspruch unter Einsatz der Vernunft auf seine Berechtigung hin zu prüfen und zu hinterfragen". Damit sollen Fehler im Wissen und Handeln aufgedeckt und korrigiert werden. Bei dieser Figur sind allerdings Sollvorstellungen impliziert, die ihrerseits erst geprüft werden müssen. Allgemein richtet sich die Kritik gegen alle Formen von Vorannahmen und Vorurteilen. Die Kritik selbst zu kritisieren, bleibt darin ein endloses Unterfangen. Der einzige Weg der Transparenz ist die Benutzung von Kriterien bzw. kritischen Maßstäben, die an einen Gegenstand angelegt werden und über die ein Konsens besteht.

Als eine der ersten Formen der Kritik wird immer die „Fragetechnik des Sokrates" bezeichnet, die sogenannte *Mäeutik*. Sie ist eine Art Hebammenkunst, mit deren Hilfe das Unsichtbare hinter den Dingen das Licht der Erkenntnis erblickt. Auf diese Weise wird die Kritik auch zum übergreifenden Vermögen von Unterscheidung und Urteil.

Der Erkenntnisbezug der Kritik aber zeigt selbst die Reichweite und Grenze der Erkenntnis auf. Der Zusammenhang wird explizit durch Kant verdeutlicht. Die Frage ist: Wohin reicht die Erkenntnis? Kann sie hinter die Dinge schauen oder sollte sie sich mit dem Sichtbaren begnügen? Ist Ideologiekritik noch Kritik im strengen Sinn oder nur der besondere Gebrauch der Phantasie? Solche Fragen stehen u.a. im Mittelpunkt des Kritischen Rationalismus des 20. Jahrhunderts. Zunächst will der kritische Rationalismus – anders als der klassische Rationalismus – davon ausgehen, dass Erfahrungswissen prinzipiell widerlegbar ist. Nur „in der kritischen Auseinandersetzung mit dem vermeintlich Gewussten" werden Erkenntnislücken deutlich. Der Weg dabei ist nach Karl Popper nur induktiv möglich. Er kann lediglich „Hypothesen vorläufig bestätigen". Daher ist auch die Falsifikation unter Zuhilfenahme von Tests der einzig sinnvolle Weg. Auch die Annahme der Kausalität ist nur eine Vermutung, die zwar in einem sehr hohen Grade gilt, aber eben nicht absolut.

Damit wendet sich diese Auffassung gegen eine „Theoriegeleitetheit aller Beobachtung". Eine solche muss – ebenso wie die Anbindung an Werturteile – schon im Vorfeld ausgeklammert werden. Wertfreiheit und Objektivität sind also die einzig kritischen Prinzipien der Erkenntnis, an die sich der Fortschritt der Wissenschaft annähert. Denn Wahrheit ist niemals zu hundert Prozent erreichbar. Dies gilt auch für Frage nach der Ethik. Auch zu ihr gelangen wir nur – wie in der Politik – in kleinen Schritten.

Eine Gegenposition nimmt die Kritische Theorie der Frankfurter Schule mit Max Horkheimer, Jürgen Habermas und Karl-Otto Apel u.a. ein. Kombiniert werden marxistisches und psychoanalytisches „Gedankengut", das in eine Theorie der Gesellschaft und der Sprache einfließt. Daraus hervorgegangen sind auch der Positivismusstreit und dessen Bemühung um einen umfassenden Begriff der wissenschaftlichen Erkenntnis. Begleitet wurde die Auseinandersetzung von der Studentenbewegung der 60er-Jahre. Aus dieser Zeit geblieben ist ein besonderer Umgang mit Kritik. Kritik ist nicht ohne einen Gegenentwurf möglich. Sie ist also immer das Tor zu einer Art Gegenwirklichkeit, einer Vision und Utopie, in der Sollzustände angenommen werden, die es aus Überzeugung und Hoffnung zu erreichen gilt. Dabei ist die konstruktive Kritik, auch wenn sie oft nur sehr mühsam praktiziert werden kann, dennoch der wohl einzige Weg. Denn Gewalt als eine radikale Kritik kann wiederum nur Gewalt hervorbringen.

3.5 Flussbett: Ethik

(a) Vorstellungen zum Begriff

In der Sozialen Arbeit existieren ebenso viele individuelle Vorstellungen über die Begriffe „ethisch" und „Ethik" wie es Personen gibt, die in das Aufgabenfeld verstrickt sind. Dennoch aber berufen sich diese auf einen gemeinsamen Nenner, von dem ich behaupte, dass er das

Fundament aller Bereiche bildet. Ich bin mir darüber bewusst, dass das nicht so einfach nachgewiesen werden kann, sondern dass nur eine Erfahrung wiedergegeben wird. Sie lässt sich mit den Worten zusammenfassen, „Ethik, ethische Haltung und ethisches Handeln sind eine Angelegenheit des Herzens". So sehr das auch nach einem Ethos-Slogan klingt, müssen Sozialarbeiterinnen oder Sozialarbeiter ein „Herz für Menschen und deren Belange" besitzen.

Im Rahmen der sozialen Kompetenz deckt sich das ethische Handeln mit der Aufforderung zum „liebevollen Umgang". Der Ausdruck kann vieles meinen: Fürsprache, Unterstützung, Aufnahme, Pflege, Betreuung, Begleitung. Für Hans Jonas (1984) meint er die Übernahme von Verantwortung. In Bezug auf die emotionale Kompetenz beruht ethisches Handeln auf der professionellen Fähigkeit, die Nähe und Distanz zu Menschen in ein ausgewogenes Verhältnis zu bringen.

> Dies alles hört sich einfach an, ist es aber nicht. Die Hilfsbereitschaft der Praxis verlangt in Verbindung mit den Tugenden der Geduld und der Zurückhaltung ein hohes Maß an Selbstlosigkeit und Aufopferung für die Probleme anderer. Dabei ist viel Zivilcourage und Geschicklichkeit im Umgang mit gerechtfertigten und nicht gerechtfertigten Bedürfnissen und Interessen der verschiedenen Seiten erforderlich. Die Belastung ist also enorm.

Hinzu kommt, dass in der Praxis Fragen nach der Ethik oft mit Kritik gleichgesetzt sind. Damit bekommt der Begriff unter Umständen den Ruch eines vermeintlich unangebrachten moralischen Zeigefingers. Schließlich sind wir alle Menschen, und der Egoismus bleibt nach wie vor eine gesunde Triebfeder des Fortschritts, heißt es.

In diesem Zusammenhang kommt freilich auch die Ethik von Unternehmen zu Wort. Die Argumente stammen meist aus einer sich am Ökonomischen orientierenden Personalpolitik, die Leistungen dem Persönlichen überordnet. Konkret heißt das, Menschen werden ersetzt, wenn sie im Sinne der Unternehmensziele nicht mehr leistungsfähig sind. Wir wissen, wenn die Interessen nach Mobbing riechen, gehören sie zu unwürdigen Machenschaften. Wenn aber beim Thema „Alkoholismus am Arbeitsplatz" die Arbeit eines Teams stark behindert ist, werden allgemeine ethische Prinzipien durch den Begriff der „Sozialverträglichkeit" modifiziert. Das ist insgesamt keine leichte Aufgabe. Ganz anders ist es, wenn nicht mangelnde Leistung entscheidet, sondern eine Gewinnmaximierung um jeden Preis. Hier allerdings dürfte klar sein, dass Beweggründe, solche Entscheidungen ethisch begründen zu wollen, in hohem Maß rücksichtslos und verlogen wären.

In der Beziehung der Menschen zueinander, insbesondere in der Partnerschaft, sind Ehrlichkeit und Aufrichtigkeit eigene brisante Themen. Dazu zählt das dynamische Verhältnis von Moral und Ethik. Kommt aus dem einen die Begründung eines „Ich konnte nicht anders", so strebt das andere nach kritischer Erkenntnis. Eine gewisse Parallelität ergibt sich auch zur Rolle des Kritikers, der wie in der Sozialen Arbeit einem ähnlichen Dilemma gegenübersteht. Marcel Reich-Ranicki trifft im Vorwort zu *Deutsche Literatur heute* (1963) ins Schwarze, wenn er über Autoren und deren Werke spricht und meint, dass für ihn „Schützlinge" auch „Opfer" sind. „Zwei Seelen wohnen also in des Kritikers Brust, in zwei verschiedenen Rollen tritt er gleichzeitig auf: als Rechtsanwalt und als Staatsanwalt. [...] Wie der These die Antithese folgt und dem Spruch der Widerspruch, so der Vision die Revision" (ebd.: 7–11).

3.5 Flussbett: Ethik

Die theoretische Ethik hat es im Gegensatz zur praktischen eher mit abstrakten Begründungsproblemen zu tun. Hierzu gibt es von der Antike bis zur Gegenwart eine Fülle von Ansätzen. Unter ethischem Handeln verstehen wir allgemein die Verpflichtung, der Einsicht in die Notwendigkeit eines Sittengesetzes zu folgen. Das griechische Wort „Ethos" wird auch mit „Sitte" übersetzt werden. Für uns existiert ein solches ausdrücklich in der Form eines verfassungsmäßig verankerten Humanitätskodex. In ihm ist von der Würde, der Freiheit und der Gerechtigkeit die Rede, denen wiederum das Recht unterliegt. Die Unverrückbarkeit ethischer Prinzipien ist kategorische Handlungsmaxime. Sie ist ohne Alternative unabänderlich und schützt die Person des einzelnen.

Die ethische Einsicht wird nach Kant über die reine Vernunft hergestellt, die den kategorischen Imperativ der praktischen Vernunft erkennt und zum Gesetz ausformuliert. Bei diesem Denkvorgang verneigt sich die menschliche Natur vor sich selbst, in dem sie sich der Vorgabe einer unbedingten Achtung vor sich selbst unterwirft. Die allgemeine Vernunft gebietet die praktische Unterwerfung unter ihr Regime, indem sie die Inhalte zur Handlungsnorm macht. Diese gilt für alle Menschen und Systeme, ist intersubjektiv, transkulturell und vor allem transzendental.

Ableitungen aus der allgemeinen Ethik führen zu Richtlinien im Speziellen. Aus der Unantastbarkeit der Würde des Menschen wird die Verpflichtung zur Menschlichkeit und sodann zur Mitmenschlichkeit. Doch all das hängt sehr hoch oben im Himmel. Das wissen wir. Es leugnet keiner die allgemeine Pflicht, sich an der Ethik orientieren zu müssen, der Teufel aber – wenn man so will – steckt bekanntlich im Detail.

In der Regel sind wir uns einig, dass Menschenrechte allgemein einklagbar sein müssen. Ob jedoch der Aufenthalt in einem Land der Wahl nach einer Flucht ein Menschenrecht ist, werden einige wahrscheinlich bestreiten. Eine solche Debatte weist auf einen Machtkampf von Interessen hin, der oft in einer Weise geführt wird, so als gäbe es nicht wirklich einen vernünftigen Diskurs darüber. Der Streit um Argumente scheint nämlich oft zu einem Alibimanöver zu schrumpfen, an dessen Ende sich der unveräußerliche Kern schließlich doch wieder Interessen unterordnen muss. Einmal siegen nationale, einmal wirtschaftliche Ziele. Daher liegt ein erster problematischer Kern der Debatte im konkreten Umgang mit der Würde-Situation des einzelnen im Verhältnis zum System, von dem er abhängig ist.

(b) Ethik-Theorien

Parallel zu diversen Denkmodellen, die im Laufe der Geschichte diskutiert wurden, sind variierende und viel publizierte Begründungen vorhanden. Eine gute Übersicht unterschiedlicher Annahmen über Herkunftsorte der Ethik bietet neben anderem auch hier *Der Brockhaus* (2004, 88–90).

Antike und Mittelalter werden von den Vorstellungen Platons und Aristoteles' zur Glückseligkeit als höchstes Gut beherrscht. Im Mittelalter ist mit Thomas von Aquin die christliche Offenbarung in Verbindung mit den 10 Geboten die Hautquelle. In der Neuzeit liegt bei Baruch de Spinoza der exakte Ursprung der Ethik in der Naturwissenschaft. Bei Thomas Hobbes ist das Naturrecht der Ort. Dieser ist ein Produkt aus dem Naturalistischen und dem Rationalistischen. Über diese Gegensätzlichkeit kommt es auch bei John Locke, David Hume und anderen zur Diskussion über die Beziehung von Gefühl und Verstand. Was dabei für das Gefühl als Ort spricht, ist die doch sehr geringe Motivationsenergie des Verstandes. Mit Kant wird die Quelle aber ganz in das Wissen-müssen des Subjekts gelegt, so dass der Kategorische Imperativ zur obersten Pflicht wird. Nach dessen apriorischem Gebot soll der Mensch nach der Maxime handeln, durch die man auch „wollen kann, dass sie ein allgemeines Gesetz werde". Damit gemeint sind ganz allgemeine kritische Leitlinien des Handelns, nicht aber konkrete Imperative in Einzelfällen. Anders wendet Arthur Schopenhauer das Blatt. Nicht die Vernunft, sondern das Gefühl und darin besonders das Mitleid sind der wahre Ort der Ethik. Für Friedrich Nietzsche ist das Hin und Her ein Zeichen für das Nomadentum der Ethik und verlangt nach einem generellen Neubeginn aller Kultur. Ansätze einer utilitaristischen Begründung stammen aus England. Ethik erwächst einzig und allein dem Nutzen für Mensch und Gesellschaft. Hierfür sind Jeremy Bentham und John Stuart Mill die Vertreter. Bei Herbert Spencer steht die Evolution und damit der Gedanke eines Prozesses im Mittelpunkt. Für August Cómte, dem Begründer des modernen Positivismus, ist das unmittelbar Gegebene die einzige wirkliche Basis. Die Philosophie des 20. Jahrhunderts hat eine große Vielfalt weiterer Ansätze und Kombinationen hervorgebracht. So wird mit der Phänomenologie bei Max Scheler und Nikolai Hartmann die Ethik als materiales Wertsystem in das Wesen des Erscheinenden gelegt. Im Existentialismus ist die Selbstbestimmung in Freiheit das einzige Prinzip. Einen sehr interessanten Gedankengang stellt Emmanuel Levinas vor. Ethik gehört zu den Fundamenten einer Erfahrung des Du. Angesichts des Antlitzes des Anderen wird eine vor aller Rationalität liegende Verbindung belebt, deren Kern Respekt und Verantwortung sind. Eine moderne Variante einer strikten Rückführung auf das Empirische liegt bei George Edward Moore und den Vertretern des Wiener Kreises mit Rudolf Carnap und Otto Neurath vor. Das, was sein soll, wird im Hinblick auf dessen Wahrheitsfähigkeit, rationale Begründbarkeit und Realitätsbezug definiert. Hervorzuheben sind die *Principia Ethica* von Moore (1970; 1996). In ihnen wird der Gegenstand der Ethik als ein System von Urteilen verstanden, denen das Merkmal *goodness* zukommt. Entweder sind Dinge an sich gut, oder sie sind es als gute Zwecke. Beides aber ist nicht von Natur aus so. Daher sind weder der Naturalismus und dessen Variante im Hedonismus noch die Metaphysik geeignet, die Ethik zu begründen. Dies kann nur eine zwar an Idealen orientierte, aber auch vernünftige Prüfung gängiger Prinzipien sein.

Parallel dazu kommt es vor dem Hintergrund liberalistischer Ideen zu einer Kontroverse um den Utilitarismus. John Rawls' Theorie der Gerechtigkeit weist auf die notwendige Erweiterung des Gedankens eines übergeordneten Nutzens durch das Prinzip einer fairen Verteilung hin. Dem gegenüber will Charles Taylor den alten Begriff der Tugend neu zentralisieren. Im Anschluss an den Wiener Kreis und dessen Verbindung zu Ludwig Wittgenstein werden in der Erlanger Schule durch Wilhelm Kamlah und Paul Lorenzen ethische Grundlagen mit Hilfe sprachanalytischer Propädeutik eingekreist. Auf der anderen Seite versuchen Karl-Otto Apel und Jürgen Habermas die Entwicklung einer repressionsfreien und emanzipatorischen Diskursethik voranzubringen. Die gegenwärtige Debatte weist infolge des rasanten technologischen Fortschritts in allen naturwissenschaftlichen Grunddisziplinen mit der Möglichkeit, Leben zu klonen, auf ein gewaltiges Ethikproblem hin. Ebenso ist durch die Globalisierung auch der Zukunftsbegriff neu gefordert. Ethik soll nicht nur über das Hier und jetzt Auskunft geben, sondern auch darüber, was sein soll, damit die nächste Generation friedlich leben kann.

3.5 Flussbett: Ethik

Mit dieser Frage beschäftigt sich der viel beachtete Ansatz von Hans Jonas, der eine auch in die Ferne wirkende Verantwortung zum Prinzip erklärt, ähnlich wie Robert Spaeman und Albert Schweitzer das tun, indem sie die Ehrfurcht vor der Natur und dem Leben an die oberste Stelle setzen. Ethik dient damit vor allem der lokalen und globalen Sicherung der Natur, des Lebens und des Friedens.

Wie wir in dieser lexikalischen Auflistung gesehen haben, richten sich die einzelnen Fassungen in der Hauptsache nach Vorstellungen über einen begründbaren Ort der Ethik. So werden die Ansätze zu unterschiedlichen Positionen: Liegt die Annahme zugrunde, dass der Wert und das Maß des richtigen Handelns außerhalb von Moralvorstellungen existieren und diese gerade dadurch erst ermöglichen, so ist von einer „teleologischen" Sicht die Rede. Das Richtige gründet hier in der Ideenwelt des Guten und des Gerechten. Die Moral zeigt nur schattenhaft deren unvollkommene Spuren. Wird aus ihnen jedoch Weiteres abgeleitet, so kann das zweierlei bedeuten: Zum einen wird ein Handeln über dessen Konsequenzen hinterfragt und auch geprüft, in wie weit es vom Teleologischen abweicht. Zum anderen müssen dem Ideal Tugenden folgen, die das glückselige Leben aus dem heraus ableiten, was sich von Natur aus sittlich ziemt. Eine Systematisierung neuer Verständnisformen wird durch die Verbindung dieser Gedanken mit christlichen Auffassungen erforderlich. Eine weitere Position, nämlich die „deontische", verlegt die Ethik in das Erkenntnissystem des Subjekts. Hier wird daran gezweifelt, dass sich die Ethik in der Konsequenz des Handelns zeige, denn dieses könne auch das Ergebnis von egoistischen Willensakten sein. Davon will sich die Kritik der reinen Vernunft befreien. Das Gegenstück zu einer rationalen Begründung ist die empirische. Hier wird Ethik zu einem „deskriptiven" System. Ethik ist nur über die Beschreibung möglich, deren Erklärungsgrundlagen nicht eindeutig sind: es kann der Verstand sein, aber auch das Gefühl oder lediglich die Sprache und deren Grammatik. Die Vielzahl der Ansätze und Positionen ist in sofern auch für die Soziale Arbeit interessant, als sie alle auf die Lebendigkeit und Prozesshaftigkeit verschiedener Wahrheitskerne hinweisen und zu einer eigenen Stellungnahme gegenüber Interpretationen herausfordern (vgl. Gruber 2005).

4 Kognition des Emotionalen

4.1 Gefühle

Soziale Arbeit kann nur etwas bewirken, wenn sie emotionale Quellen einbezieht: die Gefühle. Sie gehören zum festen Bestand des Emotionalen und sie sind die sensiblen „Träger des subjektiven Erlebens innerer und äußerer Wirklichkeit" (Callo 2005: 11).

Gefühle beruhen auf differenzierten Regungen des Organismus. Versehen sind sie mit einer unglaublichen Energie, die zwischen dem Rationalen und dem Willen eine eigene Welt füllen. Die anerzogenen, also nicht ererbten Dispositionen einer Handhabung des Verhältnisses von Freude und Angst entscheiden über die Größe des eigenen Schneckenhauses, über das Urvertrauen und über depressive Bewältigungsstrategien. Erfahrungen im Kontakt mit der Welt führen zum Erleben von Anerkennungsgraden und damit zum Gefühl der Wertschätzung. Werden Erfahrungen, die zeigen wie geliebt und beliebt wir sind, zu wenig oder nicht gemacht, so kommt es zu einem Ungleichgewicht im Psychosomatischen. Zwischen Aggression und Rückzug, Hass und Scham schlägt das Gefühl gegen die Mauern der Sinn- und Wertlosigkeit und führt den Menschen zu selbst- und fremdzerstörerischen Verhaltensweisen (Hoffmann-Axthelm 1998).

André Glucksmann (2005) geht in seiner Analyse des Hasses in radikale Tiefen. Er wendet sich völlig ab von jeglichem rationalistischen Spuren, indem er den Hass als ein respekt- und erbarmungsloses Urteil deklariert, das „zubeißt", ohne etwas begreifen zu wollen (ebd.: 10). Er recherchiert mit furioser Sprache jede Menge Historie, in der die „Furien" des Hasses ihr Unwesen treiben (ebd.: 57). Selbst der Schmerz wird in Rache und Raserei verwandelt. Wie sehr die Theatralik des Extremen ein Publikum an sich bindet und zusammen schweißt, zeigen für ihn die antiken Tragödien und andere Großinszenierungen des Genozid (ebd.: 69, 123). Hier hat Glucksmann sicher Recht. Seine Auffassung jedoch, ein „Weltgewissen" oder die Verkündung einer moralisch-ethischen Botschaft für ein Scheingefecht zu halten, wird dann doch überzogen (ebd.: 125). Ich frage mich, warum selbst der gute Wille abgelehnt werden muss. Ist das nicht unlauter Journalismus, den Hass überhaupt nicht überwinden zu wollen, mit dem Argument, er lasse dies nicht zu?

Wenden wir uns daher den gemäßigten Zonen zu und dem eher auch für die Soziale Arbeit wichtigen Hoffnungsvollen:

Gefühle sind nach Alexander Kluge (2000: 7) für manche „die wahren Einwohner der menschlichen Lebensabläufe". Sie gehören zum Menschen als Ganzen und sind am Wechselspiel zwischen Wille und Vernunft beteiligt.

Heiner Hastedt (2000), der auch eingangs Kluge zitiert, geht mit seiner Frage nach der Beschaffenheit von Gefühlen einen für die Soziale Arbeit durchaus übertragbaren Weg. Wir wollen ihm über weite Strecken folgen und seine Aussagen auch mit eigenen Überlegungen verknüpfen. Er schreibt (ebd.: 7): „Auch wenn das Entscheidende der Gefühle sein mag, sie zu haben statt über sie zu reden, bleibt es gerade in der rationalisierten Gesellschaft eine Herausforderung, Gefühle nicht bloß Sehnsuchtsvollen zu überlassen". Weiter heißt es (ebd.: 9): „Der Begriff der menschlichen Vernunft ist heute auf eine Art und Weise neu zu bestimmen, dass er sich nicht gegen Gefühle richtet; denn im Prinzip sind diese mit der Vernunft vereinbar, vielleicht sogar selbst vernünftig". „Es geht um eine neue Demut im Menschenbild" (ebd.: 10).

Eine Begriffsklärung ist nicht einfach. Hastedt zitiert dazu Hermann Schmitz (1989: 19): „Die Verlegenheit, über Gefühle zu sprechen beginnt beim Wort". Von Hastedt selbst (ebd.) wird ein umfangreiches Begriffssystem vorgeschlagen: Die Wörter „Emotionen", „Empfindungen", „Leidenschaften", „Affekte" sowie „Sentimantalität" und „Empfindsamkeit" neben „Stimmungen", „sinnliche Wahrnehmungen", „Wünsche", „erkennende Gefühle" und „Gefühlstugenden" werden als Unterbegriffe vorgestellt (ebd.: 12 ff.). Die „Leidenschaften" oder „Passionen" werden wiederum eingeteilt in „Begeisterung", „Eifersucht", „Hass", „Liebe/Erotik" und „Zorn". „Emotionen" äußern sich in Form von „Angst", „Liebe", „Melancholie", „Trauer" und „Vertrauen". Zu den „Stimmungen" gehören „Fröhlichkeit" und „Stimmung" (z.B. „frostig", „gedrückt", „ausgelassen"), zu den Empfindungen „Ekel", „Depression", „Scham", „Schmerz", „Sexualität", „Wohligkeit". Die Wünsche werden eingeteilt in „Bedürfnisse", „Interessen", „Neigungen", die „erkennenden Gefühle" in „emotionale Intelligenz", „Intuition", „Kreativität", „Phantasie" und die „Gefühlstugenden" in „Geiz", „Gewissen" und „Mitleid".

Im Rekurs auf Schmitz (1989: 107) werden Gefühle als die Energien beschrieben, die „merklich dafür sorgen, dass irgend etwas uns angeht und nahe geht". „Denken wir sie weg, so wäre alles in gleichmäßige, neutrale Objektivität abgerückt" (ebd.). Ähnlich sieht das auch Agnes Heller (1981: 19), wenn sie vom „Involviertsein" spricht und damit meint, dass Gefühle nichts kalt lassen, auch nicht strengstes Denken.

Erwähnt wird in diesem Zusammenhang von Hastedt (ebd.: 20) auch der berühmte Aufsatz von Thomas Nagel *What is it Like to Be a Bat*, mit der dieser die Frage nach dem Verstehen des Fremdseelischen aufwirft. Nagel ist davon überzeugt, dass es kein interaktionistisches Vokabular gibt, das über die Innenwelt eines Menschen verfügen kann. Wir werden in der Bewusstseinsdebatte (bei Metzinger 2005; 2006) noch näher darauf eingehen.

Wichtig aber ist festzuhalten, dass es nach wie vor problematisch ist, Gefühle durch Begriffe zu verallgemeinern, ebenso wie dies für die Nomenklatur des Geistigen gilt. Hier wird nämlich über „Dinge" geredet, die eigentlich keine sind, weil sie nicht wie Gegenstände gezeigt werden können. So jedenfalls lautet der Tenor der bei Hastedt (ebd.: 22) zitierten Position von

Gilbert Ryle (1969), die er aber selbst nicht ganz unterstützt. Zu bedeutsam ist da für ihn die Bemühung, Worte für Gefühle zu finden, um an ein Du anzuknüpfen. Eine erste Konsequenz aber ist natürlich die rationalistische Sicht á la Descartes, in der Gefühle nur dann welche sind, wenn sie bewusst sind, und sie sind bewusst, wenn sie prinzipiell benannt werden können. Das gilt unabhängig davon, ob sie nun auch real sind bzw. durch eine Realität nachgewiesen werden können. Eine zweite Konsequenz deckt sich mit der aufgeklärten Annahme einer „nicht hintergehbaren Autorität, was die eigenen Gefühle angeht" (ebd.: 23). Wenn jemand sagt „ich liebe dich", dann kann er oder sie das nur selbst wissen, was auch heißen kann, dass einem die Gefühle durchaus etwas vorgaukeln können. Hastedt betont an dieser Stelle die Orientierung am Handeln, die unweigerlich zeigt, wie Gefühle gemeint sind. Weitaus schwieriger ist die Rückführung von Gefühlen auf Empfindungen. Hier kommt die gesamte phänomenologische Fragestellung nach der Intentionalität und Teleologie des Bewusstseins ins Spiel.

Ein weiterer wesentlicher Aspekt wird bedeutsam: die Verschiedenheit von Gefühl und Verstand. Verschiedenheit heißt hier nicht Trennung. Wir wissen, dass Kopf- und Bauchentscheidungen völlig unterschiedliche Prioritäten setzen können. So heißt es oft: „Vernünftig wäre eigentlich X zu tun, aber eigentlich will ich Y". Die Verschiedenheit ist also in dieser Hinsicht von Ambivalenzen begleitet. Das heißt, der Gegensatz von vernünftigen und emotionalen Entscheidungen ist nicht aufzuheben. Wenn jemand von Herzen Kinder will, aber davon überzeugt ist, es sei momentan oder generell – in Anbetracht dieser Welt oder etwas anderem – unvernünftig, dann hat er oder sie ein unlösbares Problem. Es kann zwar aufgeschoben werden, ist aber nicht unbegrenzt diskutierbar.

In der Philosophie ist die Dualismusdebatte zu einem Großteil mit dem Leib-Seele-Problem verbunden. Auch hierzu finden sich bei Hastedt (ebd.: 26–46) viele Anregungen. In Platons Phaidros werden die Lasten der Seele angesichts der Ungleichheit der Körper möglicherweise auch zum sozialen Problem. Bei den Göttern scheint die Dualität anders zu sein, zumal sie alle perfekte Körper besitzen. Der Körper geht harmonisch in den Geist über, so als gäbe es nichts dazwischen. Bei den Menschen aber ist Harmonie eher mit Auseinandersetzung verbunden. So lässt das Gleichnis von den leiblichen Rossen und den geistigen Lenkern nur eine eingeschränkte Deutung zu. Denn es steckt schon auch eine gewisse Verachtung des Leibes dahinter, der zuständig ist für alle möglichen Gefühlslasten, für die Lust, „den größten Köcher des Schlechten", für den „Kummer", dem „Verscheucher des Guten", für die „Verwegenheit und Angst" als „unvernünftige Ratgeber", den schwer zu besänftigenden Zorn" und „die leicht zu verführende Hoffnung" (ebd.: 28 f., Zitat aus dem Timaios). Der Körper ist also für die Schmerzen, das Leid und die Sehnsüchte zuständig, während der menschliche Geist der Seele Flügel verpassen kann. Mit den Tieren teilt sich der Mensch die Fähigkeit zu fühlen, nicht aber den Geist, so dass es auch hier durchaus offen bleiben könnte, ob Tiere eine Seele haben.

Zur Verliebtheit in den eigenen Körper gibt es im Phaidon (Ausg. 1987: 19) ein eindeutiges Wort. „Denn wer den [Leib] liebt, derselbe ist auch geldsüchtig und ehrsüchtig, entweder eines von beiden oder beides". Danach wird sokratisch gefragt, ob nicht auch die „Besonnenheit" notwendigerweise dazugehöre, die sich nicht von Begierden fortreißen lässt, sondern sich „gleichgültig" und „sittsam" ihr gegenüber verhält, nicht auch denen allein zukommt, „welche den Leib am meisten geringschätzen und in der Liebe zur Weisheit leben".

Aristoteles, der die Gedankenwelt Platons fortführt, hält sich genauer mit dem Problem auf, warum Menschen unvernünftig sind und der Gier nach Macht mehr folgen als der Ethik. Die Antwort jedoch verbleibt im Allgemeinen. Es heißt, der Mensch müsse sich um das Gelingen selber kümmern. Dieses hängt zwar vom Einhalten moralischer Grenzen ab, aber worin diese wiederum bestehen, ist nur im Hinblick auf die Kultur einer Gesellschaft erkennbar. Dies gilt für das Individuum jedoch nur, wenn es auch einen Platz im Rahmen sozialer Dominanzen hat, und das wäre für alle in unterschiedlichem Maße der Fall, wenn nicht einige am Rand leben (müssten). Trifft einen das Elend nicht oder nur in einem geringen Maße, so ist schon ein gewisser Luxus als ausbaufähige Basis des zu gelingenden Lebens vorhanden. Das Ziel ist also erreichbar, selbst wenn die Ausgangslage noch mager ist, Hauptsache ein Fuß steckt mit wenigstens einer Zehe im Establishment.

> Die Auswirkung dieser Qualität der Existenz führt zu zwei Wirklichkeiten innerhalb des Establishments und einer außerhalb davon: Ein Teil der Menschen sucht im Freudentanz hädonistisch nach dem Gelingen, indem er sich vom Wissen darüber abwendet und so lebt, wie es sich eben erlauben lässt. Gut gelebt wird gerade dadurch, weil niemand wissen will, ob das auch gerecht sei. Ein anderer Teil der etablierten Individuen sucht – vielleicht in einem existenzialistischen Café – nach den Bedingungen der Möglichkeit einer begrifflichen Fassung des Gelingens, um ihn zu einem geistigen Gut zu machen. Ich möchte mich da nicht ausschließen. Ein dritter Teil aber lebt gewissermaßen außerhalb der Möglichkeiten und leidet unter den Folgen bestimmter Verhältnisse, so dass das Gelingen per se chancenlos ist. Dieser Teil kann nur eigene Strategien entwickeln, die natürlich und notwendigerweise gegen Dominanzvorstellungen einer Mehrheit gerichtet sind, die sie als Randgruppe, Minderheit usw. etikettieren und – bei aller gebotenen Vorsicht der Wortwahl – immer auch stigmatisieren. Wenn eine Gesellschaft es nicht möchte, dass das von ihr selbst erzeugte Problemfeld sich unmoralisch gegen sie wendet, weil es nicht anders geht, muss sie den Begriff des Gelingens auf eine gerechtere Basis stellen. Das aber ist eine Angelegenheit politischer Steuerung.

So kehren wir noch einmal zu Hastedts rationalistischen Argumenten zurück (ebd.: 31 ff.). Der Antagonismus zwischen dem Gefühl der Pflicht und der Neigung (etwa bei Kant und auch bei Schiller) wird zwar durch die Einsicht in Höheres aufgehoben, zahlt aber dafür einen hohen Preis. Es geht im Rahmen der „natürlichen Dialektik" von Neigung und Pflicht nämlich um „Katharsis", also um die Reinigung und Läuterung von Gefühlen, damit sie nicht zu „Einfallstoren des Egoismus" werden (ebd.: 32). Gefühle müssen durch die Vernunft zu einer Begründungssicherheit finden. Ein solcher Weg muss vor allem durch die Gesetze der Ethik, etwa dem kategorischen Imperativ, vorgezeichnet werden. Ihn zu beachten kann auch gelingen, wenn die Einheit – und hier wird Schiller zitiert – zwischen der Leistungskraft der Vernunft und dem „mutigen Willen" hergestellt ist (ebd.: 33). Weil aber der Trieb nach dem sinnlichen Erleben das erste für den Menschen ist, muss die ästhetische Erziehung additiv Wesentliches leisten. In gewisser Weise ist damit auch das „Leben im Herzen" (nach Johann Gottfried von Herder) wichtiger. Der Verstand kommt ohnehin früh genug dazu. Er übernimmt damit auch die Aufgabe einer Gewissensinstanz.

4.1 Gefühle

Bei David Hume (1978) sind Vernunft und Gefühl völlig getrennt. Das ist für eine empiristische Konzeption nur konsequent. Der Verstand kann lediglich logisch denken, ist aber selbst gefühllos. Die Tatsache, dass Wünsche eine kausale Wirkung haben, durchbricht die Trennung nicht. So wird auch klar, dass Kausalität kein Prinzip der Prüfung der Inhaltlichkeit dieser Wünsche ist. Was sich beobachten lässt, ist lediglich das Positivistische daran, eben nur die Wirkung als solche.

Kommen wir zu Friedrich Nietzsche und Sigmund Freud. Hier erschließt sich zum Thema „Gefühle" ein Universum, aus dem nur sehr kleine Ausschnitte vorgestellt werden können. Auch hier ist wieder der Text von Hastedt zu empfehlen. Nietzsche gebärdet sich gegenüber Kant wie ein Revolutionär. Hinter dem „Gestus der unbedingten Pflichten" stehen „die Gefühle der zu kurz Gekommenen". Wenn sich diese „ducken", zeigt das nur etwas vom autoritären Charakter der Gegenseite. „So analysiert, wird der kategorische Imperativ der Vernunft ganz mickrig" (ebd.: 37). Er wird zu einem „Missgriff des Bewusstseins". In Wirklichkeit hält eine Gegenkraft das Leben in Schwung, ohne die der Mensch zugrunde ginge: der Instinkt.

Bei Freud ist der Instinkt allerdings weniger eine archaische Spürnase als vielmehr das Ergebnis einer aufgestauten Energie aus der brodelnden Müllhalde des Unbewussten. Die gängige Auffassung ist mit Bezug auf Richard Rorty (1988) allerdings fragwürdig, wenn sie Gefühle nur reduziert, ohne die Betroffenen selbst einzubeziehen. Das führt dazu, Gefühle nicht allein dem Irrationalen zu überlassen, sondern ihnen auch eine Vernunft zuzusprechen. Was dabei passiert, ist eine nicht unbedingt zwingende Angelegenheit: Gefühle werden durch den Filter von Reflexionsbegriffen geschickt. Das macht sie zwar im Kopf griffiger, das führt aber auch zu einer Spaltung des Verstandes und der darin wohnenden Vernunft. In einem Teil werden die Reflexionsbegriffe bereitgestellt, im anderen wird eben gerade Wesentliches im Verhältnis von Verstand und Gefühl zu klären versucht. Die Teilung der Vernunft in eine formale und eine inhaltliche Abteilung ist ein Vorschlag, der zwar sinnvoll erscheint, ob er jedoch dabei nicht auch ein Drittes braucht, das auch wiederum dieses Verhältnis thematisiert, ist mehr als wahrscheinlich, schließlich gibt es das Sieb, das Material, das dort hineingelegt wird, und das Ergebnis des Vorgangs.

Verweilen wir noch einmal kurz bei der von Hastedt (und vor ihm von Schnädelbach 1977) vorgeschlagenen Zweiteilung, die Vernunft als Intellektualität und als Urteilskraft gegenüber dem Gefühl zu sehen. Beide sind dann keine Gegensätze mehr, wenn sich Gefühle auf die eine oder andere Seite begeben können. Damit erhält natürlich der Bereich der Emotionalität eine neue Dominanz durch das Gespür eines „Einklangs" mit sich, ähnlich wie dies Daniel Goleman in *Emotionale Intelligenz* (1998) ausführt. Ist dies nicht möglich, so geht der Weg immer über den Versuch, einen Abstand zu erzeugen. In der aktuellen Situation ist dies oft nur durch beruhigende Momente zu erreichen.

In pädagogischen Konzepten übernehmen die „Schulung der Gefühle" (ebd.: 328 ff.) und die „emotionale Bildung" eine wichtige Aufgabe, einen vernünftigen Umgang mit Gefühlen zu lernen. Dazu gehört auch die Fähigkeit, im Spannungsfeld zwischen Regelorientierung und kreativer Gegenläufigkeit leben zu können. Sie gehört auch zum Metier der Sozialen Arbeit. Nebenbei: Den Sozialarbeiter (ebd.: 47) in einem Atemzug mit dem „handfesten Praktiker" und dem „Manager" zu nennen, erscheint mir nicht angemessen.

Auch die „Kreativität" wird einbezogen. Sie ist (nach Hastedt ebd.: 47–60) mehr als ein Begriff. Es handelt sich um ein Programm, bei dem „Originalität, Phantasie, Intuition, Inspiration und Innovation" eigene Parts übernehmen. Kreativität ist die Erklärungsgrundlage des Prinzips des Einfalls, Altes aufzugreifen und Neues zu erfinden. Wir sehen z.B. bei aller Intelligenz manchmal wegen der Bäume den Wald nicht mehr, weil wir betriebsblind sind. Erst wenn wir das System um uns herum verlassen und etwas anderes tun, haben wir die Chance eines neuen Zündfunkens.

Nur der Mensch verfügt über diese künstlerische Fähigkeit. Ein Computer hat zwar auch eine gewisse Intelligenz und kann Teile der technischen Vernunft abkupfern, er kann aber keine Bedeutungen erfassen. Er kann nichts deuten, geschweige denn literarisch überhöhen. Noam Chompsky (1970) hat dazu eine sehr begründete Meinung: Eine Maschine wird Bedeutungen niemals kennen, denn sie kann nur regelorientiert arbeiten. Sie kann zwar ein Regelsystem durch andere Regelsysteme ersetzen, aber wann dies z.B. inhaltlich geboten wäre, weiß sie nicht, weil sie sich nicht auf einem offenen Bedeutungsspielfeld bewegen kann. Der Computer ist und bleibt – wie das auch John Searle in seinem berühmten Gedankenexperiment des „chinesischen Zimmers" aufzeigt – eine „dumme Maschine". Die kann zwar über ihr eigenes Regelwerk chinesische Zeichen in andere chinesische Zeichen übertragen, sie kann aber nicht verstehen, worum es dabei inhaltlich geht. Ein Computer vermag also menschliche Kreativität nicht zu ersetzen.

Die Vorstellung, Kreativität sei mit einem logischen Problemlösungsvermögen gleichzusetzen, rückt in ihrer Haltung der instrumentellen bzw. technischen Rationalität bedenklich nahe. In dieser verbirgt sich ein Utilitarismus, dem „Zwecke" wichtiger sind als „Humanität" (Horkheimer 1967). In diesem Zusammenhang gilt auch das Verbot, Gefühle mit technischen Mitteln, etwa mit Hilfe demagogischer und chemischer Drogen zu wecken. Ob die Kritik daran ausreicht, Gefühle „rein" halten zu können, ist allerdings ebenso fragwürdig, wie die Meinung, dies ginge überhaupt nicht, weil die Vernunft schließlich eine Hure sei. Dennoch, so schreibt Hastedt (ebd.: 59), „kann manchmal die Kreativität ebenso wie die Phantasie als Pfadfinder des Richtigen auftreten, die der Vernunft auf die Sprünge hilft".

So sehr auch Gefühle die Ausstattung des gesamten Menschen und dessen unausweichlichen Involviertseins in Lebenssituationen betreffen, sind sie nicht immer die Folge dessen. Die Determination durch Biologie und soziale Verhältnisse führt zu Rahmenbedingungen des Berechenbaren, denen Gefühle nicht so leicht entkommen. Schließlich sind in verschiedenen Lebensphasen Gefühle an die biologische Entwicklung ebenso gebunden wie an den Einfluss von außen. Marginalsituationen wie die Pubertät, aber auch Krisen in anderen Lebensaltern liefern dafür ausreichend viele Geschichten. s

Auf die Frage, warum es aus Sicht der Biologie überhaupt Gefühle gibt, lässt sich die Meinung von Antonio Domasio (2000) referieren: „Ich fühle, also bin ich". Dass alles dabei in einen Naturalismus eines Gerhard Roth (2003) gerät, der selbst in der Vernunft nur eine Spielart der Natur entdeckt, ist irgendwie wiederum auch natürlich. So leben in biologisch-medizinischer Hinsicht unsere Gefühle im Naturgefängnis unseres Körpers. Er begrenzt kompromisslos das, wie wir uns fühlen. So gesehen ist auch die Sprache darüber terminiert. Wenn es uns auf Grund einer Erkrankung schlecht geht, kann es schwer fallen, mit Hilfe der Erinnerung andere Gefühle herzuzaubern. Dass dies aber dennoch überhaupt möglich sein kann, ist eine Gabe der Machart der Gefühle, sich auch ohne Benutzung eines Cyperspace-Raums woandershin „beamen" zu können.

Spannend ist die Rede von der „kulturellen Konstitution der Gefühle". Hastedt (ebd.: 75–88) betont zu Beginn die anthropologische Erkenntnis der „Plastizität des Gehirns" und damit die Anlage einer „Offenheit für kulturelle Ausgestaltung". Die Darstellung wandert zu einer interessanten These von Eva Illouz (2003: 3), die hier auch zu Wort kommen soll: „ ‚Emotionen' sind das komplexe Zusammenspiel von physiologischer Erregung, Wahrnehmungsmechanismen und Interpretationsprozessen; sie liegen damit an der Schwelle, wo Körper, Kognition und Kultur konvergieren und verschmelzen" (ebd.: 75). Mit diesem Zitat ist auch die Debatte über das Verhältnis von Natur und Kultur verbunden. Hastedt trennt beides nicht, wenn er sagt: „Kultur ist eine Erscheinungsform der Natur", weil sie diese begrifflich erschließt (ebd.: 76). Was dabei auffällt ist die emotionale Herangehensweise. „Erschließen" heißt nämlich für ihn, alte Begriffsschemen zu verlassen und zwar ohne dem Hegelschen Idealismus zu verfallen, das sei „um so schlimmer für die Wirklichkeit". Hasted möchte mit den alten Weinfässern das Alte an den Weinfässern überwinden. So sagt er, Gefühle seien „kulturell konstituiert". Damit wäre die natürliche Seite (vielleicht auch Herkunft) der Gefühle ebenso kultureller Natur, vorausgesetzt das Verhältnis von Natur und Kultur wird als interaktionistisches akzeptiert, so dass sich von der kulturellen Natur der Gefühle ebenso sprechen lässt wie von ihrer Natürlichkeit. Um diese Akzeptanz aber dreht sich alles. Auch in der Sozialen Arbeit und in den dazu einschlägigen Feldern.

> Die Frage nach den Grundlagen für ein interkulturelles Verständnis z.B. gegenüber dem Gefühl verletzter Ehre steht genau vor diesem Problem. Es transkulturell im Sinne Kants zu lösen, würde das Problem, das selbst Kant schon hatte, nicht in den Griff bekommen, nämlich an das Gefühl des verletzten Stolzes „selbst" zu gelangen. Das möglicherweise metaphysische individuelle Wesen der Kulturen bliebe der rationalen Erkenntnis verschlossen, weil deren Kategorien alle Menschen unter ein Schema zwingen, das zwar logisch einsichtig und vielleicht auch wahr sein mag, das aber ohne jegliche Geschichtlichkeit ein blutleeres Dasein fristen muss. Ohne Kants Schrift *Zum ewigen Frieden* (1984) wäre ein solcher Verdacht gegen den Rationalismus seiner Prägung möglicherweise ungerecht, jedoch unter Umständen naheliegend. Allein die Deutlichkeit des „erhabenen" Originaltons weist in eine andere Richtung: „Es soll kein Friedenschluß für einen solchen gelten, der mit dem geheimen Vorbehalt des Stoffs zu einem künftigen Kriege gemacht worden" (ebd.: 3). Ein solcher Vorgang wäre „Afterpolitik", die Verträge schließt, „die man gelegentlich zu seinem Vorteil auslegen kann, wie man will (z.B. den Unterschied des *status quo de fait* und *de doit*) (ebd.: 55). Auf der gleichen Seite heißt es: „Beides, die Menschenliebe und die Achtung fürs Recht der Menschen, ist Pflicht" . Sie auf das Wohlwollen „auszudeuten" wäre „Hinterlist".

Kants moralische Haltung, hinter der eine ausgeprägte Ethik steckt, ist jedoch nicht widerspruchsfrei, solange nicht klar ist, wie die Allianz von Erkenntnis und Vernunft aussieht. Erkenntnis soll nicht zu viel kulturelle Macht erhalten, und die Vernunft nicht im Kosmos der Natur verschwinden. Die Beziehung macht nur Sinn, wenn Widersprüchliches beseitigt ist. Das geschieht bei Kant durch den Nachweis von a-historischen Grundlagen des Subjekts gegenüber der Welt. So gilt für ihn überall, dass das Subjekt die Geschichtlichkeit seiner Welt nur mit ungeschichtlichen Erkenntniswerkzeugen erfassen kann. Aber machen wir dazu einmal ein Gedankenspiel, um den Problemzonen etwas näher zu rücken: Nehmen wir an, wir sitzen mit Menschen zusammen, denen z.B. der Begriff der verletzen Ehre eigen ist. Nehmen wir an, Kant würde dazu sogar einmal aus Neugierde sein preußisches Ambiente mit einem Nomadenzelt vertauschen, so wäre es sicher sehr interessant zu erfahren, was dort an geistigem Austausch ablaufen würde. Nun, ohne dem großen Philosophen nahe treten zu wollen, vermute ich folgendes: Kant würde sofort mit dem Begriff der „verletzen Ehre" präzise den Gesetzen der „Bedingung für die Möglichkeit" und des „ausgeschlossenen Dritten" folgen und die logischen Werkzeuge der Begriffsbildung transparent machen. Er würde dann fragen, wo es abweichende Meinungen gibt, würde sie aufgreifen und solange zerlegen, bis sie für die Bestätigung seiner eigenen Position verwendbar sind. Darin wäre er dem Sokrates ähnlich. Die Menschen aber, deren Ehrgefühl verletzt ist, hätten von Klärungen dieser Art vielleicht nicht so viel, es sei denn Kant würde mit ihnen Tee trinken und sich darüber hinaus über ihre Kamele unterhalten.

Dem theoretischen Hinweis auf das Interkultuelle würde es wahrscheinlich nicht anders ergehen. Also müssen wir fragen, ob diese Art der Rationalität der Klärung wirklich dient. Wir fragen, wie es anders hätte laufen können. Was wäre z.B. herausgekommen, wenn zunächst die Betroffenen zu Wort gekommen wären und wenn sie uns zeigen würden, was sie mit dem Begriff der verletzten Ehre meinen. Dann – denke ich – würden wir zunächst das zwar kommunikative aber möglicherweise zunächst nicht per se logische Regelsystem kennenlernen, unter dem der Begriff in der anderen Kultur wohnt. Es würden also die originären Bedeutungen umrissen und mit dem könnte sich auch die Gefühlsicherheit breitmachen, dass Rationalität nicht immer heißen muss, es gäbe nur entweder Gewinner oder Verlierer.

Hastedt zieht sich bei seiner Antwort auf die Auseinadersetzung mit Kant im Hinblick auf das emotionale Verhältnis von Kultur und Natur auf die Forderung einer Klärung der Geschichte der Innerlichkeit zurück. Das ist gewiss ein guter und wunderbar literarischer Weg, wenn wir auch die Metaphern darin als Erkenntnisanker beiderlei Geschlechts akzeptieren können. Gefühle sind Ausdruck der Erzählfreude des nach Strenge strebenden menschlichen Geistes und seiner wilden Odyssee über das Meer zwischen Asien und Europa und das des Zengartens. Zitiert wird der Altphilologe Bruno Snell (2000), der die Entdeckung des Geistigen durch die Griechen höher bewertet, als die Amerikas durch Kolumbus. Gefühle stehen als durchgeistigte Organe des Lebens, über „Psyche", „Noos" und „Thymos", bei Homer in enger Verbindung zu den Organen des Körpers und werden zu „Abbreviaturen", „Ungenauigkeiten" und „Unzulänglichkeiten" der Sprache (Hastedt ebd.: 79). Der europäische Geist formiert sich zur „Metapher der Innerlichkeit".

4.1 Gefühle

Dazu aber öffnet sich eine riesige Welt: die wandlungsreichen Dimensionen des Ich. Die Philosophie, die sich dem widmet, versucht der Innerlichkeit „nachzuspüren", der „Privatheit", dem Gewissen und dem Selbst (ebd.: 81). Augustinus und Petracas Solipsismus der Einsamkeit sowie die pietistische „Gefühlsschwärmerei" Descartes' werden ernüchternd geläutert. Die Gefühlsphilosophie als Gegenaufklärung gerät parallel dazu mit Pascals „Logik des Herzens" in Bewegung. „Das Licht der Welt mit ihrer einseitigen Verstandesorientierung" blendet die Seele (ebd.: 83). Es kommt zum „Antirationalismus" eines Johann Georg Haman, dem sich Isaiha Berlin (1995) widmet. Der Glaube bezieht hier den Mittelpunkt. Er wird zum Axiom des Inneren. Für ihn gibt es ebenso wenig Gründe wie für das „Schmecken und Sehen". Die Phase des Sturm und Drangs, wie sie in den „Leiden des jungen Werther" vorliegt, will der sogenannten sittlichen Bürgerlichkeit den Spiegel der Verlogenheit und damit den einer ehrlichen Vernunft vorhalten.

Genauer thematisiert wird dieses Feld durch Michael Foucault (1973). Dessen Konzept verdichtet sich zu einer neuen Sicht der Individualität des Subjekts. Die apriorischen Strukturen verlieren den kantianischen Universalismus zugunsten eines sprachlosen Eigenlebens. Was überindividuell dann aber doch bleibt, ist die Fähigkeit, Gefühle und Verstand „auszubalancieren" und damit eine Art der Selbstdisziplinierung der Normalität einzuleiten. Für Niklas Luhmann (1982, zitiert bei Hastedt ebd.: 87) sind Liebesgefühle, selbst nicht wirklich mitteilbar, sondern nur im Medium von Kommunikationsregeln verfügbar. Mit ihnen lassen sich Gefühle „ausdrücken, bilden, simulieren, anderen unterstellen, leugnen und sich mit all dem auf die Konsequenzen einstellen". Damit ist die Auseinandersetzung zwischen der Vorstellung der Gefühle als Konstruktionen und denen des Authentischen genauer benannt (ebd.: 89–100). „Handle so, wie du es aus dem Inneren heraus wirklich fühlst!", heißt die Devise (ebd.: 89).

Dass Gefühle ihr „Wesen" *und* „Unwesen" treiben können, deutet darauf hin, dass sie nicht von vorneherein vorhanden sind, sondern selbst das Ergebnis von Interpretationen und damit von Konstruktionen sind. Das Problem dabei aber sind die Konsequenzen für die Wirklichkeit. Treiben sie ihr „Wesen", so haben wir das Beispiel einer sinnvollen Ambition, etwa der eines Architekten, für den die Wirklichkeit nur aus Geometrie und Statik besteht. Tun sie es nicht, wären Gefühle Freibriefe der Ekstase, und das Leben eine endlose Halloweenveranstaltung. Hier wäre die Wirklichkeit möglicherweise ein Thomas-Hobbes-Dschungel, in dem der Mensch dem Menschen ein Wolf ist. Beides kann also nicht so recht die Grundlage sein, also müssen doch wieder andere Konstruktionen der Erkenntnis verwendet werden. Das Rad, das damit in Gang kommt, bewegt ein klassisches Problem: Von wie vielen Wirklichkeiten ist die Rede? Von so vielen wie es Menschen gibt? Oder von nur einer? Oder von sieben?

Das Problem ist nicht lösbar, wenngleich die Standpunkte – insbesondere für die Soziale Arbeit – betrachtenswert sind. Der erste führt uns zur Erzählfreude eines Paul Watzlawick (1983). Er hat mit seiner Kommunikationstheorie der Inhalts- und Beziehungsebene der verbalen und non-verbalen Sprache die Soziale Arbeit wie kaum ein anderer beeinflusst. Im Zentrum steht das Missverständnis zwischen Menschen. Es kann beseitigt werden, wenn das Regelsystem von Reaktionen aufgedeckt wird. Das geschieht jedoch wiederum mit einem dritten, das mit Hilfe formaler Konstrukte Veränderungen erprobt. Für Watzlawick gibt es also so viele Wirklichkeiten wie es Interaktionen zwischen Menschen und der Wirklichkeit gibt. Durch eine Rückführung des Verhaltens auf Konstruktionsmuster wird ein Einblick in das fremde Subjekt damit zwar möglich, weil er erklärt, warum Menschen im Gespräch miteinander oder im Kontakt mit der Welt so oder so reagieren, die Inhaltlichkeit aber wird in ihrer Objektivität und Ontologie vernachlässigt.

Was das heißt, soll folgendes zeigen: Die Auswirkungen einer Ausklammerung des Ontologischen können zum Trend einer totalen Versubjektivierung der Wirklichkeit führen, die als solche dann selbst zu einer Art Spielball für Egotrips werden kann. Daher ist eine methodische Nutzung des Konstruktivismus an den Stellen begrenzt, wo es um kritische Aufklärung von Tatsachen geht. Neben dem „sich-in-der-Welt-so-und-so-Fühlen" ist die Wirklichkeit der Welt selbst nicht nur eine Konstruktion.

Resümee dessen ist der Standpunkt, dass die relativistische Sicht des Konstruktivismus für die Bearbeitung sozialer Probleme nicht sonderlich tauglich ist, auch wenn Wittgensteins heller, aber kalter Stern in keiner Debatte darüber erlischt. Wenn es um den wissenschaftlich korrekten Umgang mit Sprache geht, muss freilich immer klar sein, ob es einen geregelten Nachweis über den Begriff des Gefühls gibt, auch wenn die Konsequenz zumindest für den *tractatus logico philosophicus* lautet, über Gefühle besser zu schweigen. In den *Philosophischen Untersuchungen* und anderen Fragmenten wird das Sprachspiel erweitert, der Kern aber verharrt in der berühmten Lehre vom Käfer in der Schachtel des Subjekts: Wir können nicht wissen, ob andere auch einen Käfer in sich haben oder eben ein „anderes Ding". Thomas Nagel überwindet zwar dieses Nichtwissenkönnen, indem er annimmt, dass wir immer wissen, worum es geht, ob um Käfer oder Schmerzen z.B., aber wie sich das alles für einen anderen Menschen anfühlt, können wir nicht sagen. Der Streitpunkt bleibt also bestehen, denn es gibt die Gefühle, auch wenn keine adäquate verbale Sprache verfügbar ist. Die Soziale Arbeit jedenfalls respektiert die Tatsache, dass Menschen, die in Koma-Zuständen absoluter Sprachferne und Sprachlosigkeit leben, Gefühle haben können.

Die Formel der „erkennenden Gefühle" hat jedenfalls etwas Gegenläufiges zur Folge. Sie mündet in die Frage: Wollen sich Gefühle überhaupt durchschauen lassen, nach dem Motto, „wie es mir geht, geht dich nichts an". Schließlich geben wir unser Inneres nicht ohne weiteres preis, vor allem nicht, wenn wir es überhaupt nicht wollen oder keinen Grund sehen, es tun zu müssen. In mancherlei Gesellschaft ist emotionale Zurückhaltung durchaus von erheblichem Vorteil. Die Beispiele dazu zeigen einen weiteren wesentlichen Aspekt: Gefühle stehen im Spannungsfeld von Freiheit und Erwartung. Hinter dem einen steht das intime Leben mit dem eigenen Selbst, hinter dem anderen gesellschaftliche Auflagen mit diversen Richtungen. Eine negative Erwartung davon ist der machiavellische Wunsch der Macht, das Individuum zu zähmen und es zum gläsernen Menschen zu machen und dessen Intimität zu durchbrechen. Die vorgetragenen Zwecke sind dabei immer kopierte Ängste, Menschen als Dienst-Objekte nicht zu verlieren. Der Macht die Wirkung der Objektbesetzung zu nehmen, führt nicht nur zur aufgeklärten politischen Verteidigung des Rechts auf Intimität und Unversehrtheit der Person, sondern auch zur Deklaration von Normen.

Damit aber wird ein weiterer Diskurs freigegeben. Es geht um die Bewahrung des Selbst und des nicht entfremdeten authentischen Ich. Originalität zu bewahren, heißt mit Charles Taylor (1995), sich selbst treu zu bleiben. Hastedt nennt dies „normativen Individualismus". Er zeigt uns ein Menschenbild, bei dem der Mensch in seiner „naturalen Basis" mit einem „moralischen Sinn" ausgestattet ist und mit einem intuitiven Gefühl für das Richtige und Falsche. Eine gelungene Innenschau kann also nie falsch liegen.

Im Abschnitt „Von der Abwertung zur kompensatorischen Übersteigerung der Gefühle in der rationalisierten Gesellschaft" wendet sich bei Hastedt (ebd.: 101–114) das Blatt. Die Postmoderne breitet sich aus. Die unendliche Interpretationstiefe der Gefühle und deren Entblößung wird der Nüchternheit geopfert, nach dem Motto „weg mit der Gefühlsduselei". Wir leben in einer rationalisierten Gesellschaft. Betrachten wir also mit Botho Strauß (2000) die „kontaminierten Seiten des Gefühls". Das Sentimentale gehört ins Kino, nicht zum politischen Markt. Dennoch bewahrt sich auch hier die Gesellschaft noch überkommene Reste einer nun in neuem Licht stehenden Romantik, um die Kälte, die „Härte und Schalheit", wie es Helmuth Plessner (1982) konstatiert, durch süßliche und wärmende „Überschaubarkeit" zu vertreiben. Einer damit drohenden Verweichlichung der Gesellschaft zu entkommen, besinnt sich die Rationalisierung in Max Webers (1995) protestantischer Ethik einer lauteren Vermehrung des Kapitals, von allen Attitüden eines Zweck-Mittel-Denkens geleitet. „Was heute dir mangelt, kann morgen mir mangeln" (Weber, ebd.: 371). So kommt es zur „Nothilfepflicht". Durch die rationalistische Hintertür wandert dann allerdings eine auf Wirtschaftlichkeit angewiesene Nächstenliebe, worin bei Max Weber die Notwendigkeit einer auch weltlichen Verankerung religiöser Gefühle mit allen Konsequenzen und Variationen ihren eigentlichen Grund findet.

Die Dialektik der Aufklärung geht bei Max Horkheimer dann aber noch einen Schritt weiter. Hier läuft die Rationalisierung Gefahr, zur Barbarei zu werden. Das erschreckenste Beispiel ist die industrielle Vernichtung von Menschen, so dass der Verdacht besteht, der Geist wäre ein raffiniertes strategisches Lager, das ethischen Grundlagen lediglich ein Tapetendasein zuweist.

Bei Georg Simmel (1989) hört sich der Charakter rationalistischer Gefühlskälte etwas moderater an. Der Mensch ist, vor allem in der Großstadt, zur psychologischen Distanzierung gezwungen. Als Trennschicht gegen kulturelle Reibungsverluste entsteht die „Geldhaftigkeit der Beziehung".

Die damit aufkommende Kälte macht zwar frei, weil sie sich vom Traditionellen löst, dafür macht sie aber auch einsam. Es kommt zur Single-Gesellschaft, der nichts anderes bleibt, als sich nach Odo Marquard (2000) mit einer Träne im Auge „Bewahrungsgeschichten" zu erzählen. Solche Kompensation aber bleibt nicht ohne Reaktion. Einerseits wehren sich die geisteswissenschaftlichen Geschichtenerzähler dagegen. Doch deren Renaissancebemühungen gehen meines Erachtens auch wieder rückläufige Wege ins Irrationale. Die Besinnung auf deutsche Innerlichkeit spaltet das Denken angesichts der Geschichte. Missglückte Heldenhaftigkeit im *Untertan* bei Heinrich Mann (1979) wirft ihre Schatten in die Herzen und in die Welt.

Da nützt die Lektüre Nietzsches und Schopenhauers nur der Regeneration des Heroischen. Sie mit kühleren Augen zu sehen, trennt die Aussagen von ihrer emotionalen Botschaft und untersucht das Epistemische in ihnen.

Mit Wagners Musik ist das ähnlich. Man kann sich auf ihre Phänomenologie einlassen, ohne den Grund der an sich selbst leidenden Sehnsucht dahinter zu verstehen. Für manche ist das aber bereits gefährlich. Ich denke nur, wenn ich weiß, dass es gefährlich sein kann, weil es schon einmal so war, dann kann Wagner auch in Israel gespielt werden.

Das Verhältnis von „Gefühl" und „Lebenskunst" (bei Hastedt ebd.: 115–129) beschäftigt sich mit der Frage, wie viel Lust die Lebenskunst verträgt. Epikur hätte sicher kein Problem damit, den Spruch zu bestätigen: „Lieber zu viel getrunken, als zu wenig gegessen". Denn das Leben ist schließlich kurz. Doch auch diese Banalität – und das weiß der Philosoph – hat komplexe Hintergründe. Denn eine „besinnungslose Lust" führt zum Schmerz, der nur durch Klugheit beherrscht werden kann. Auch für Boëthius in dessen *Trost der Philosophie* (1992) ist dies der Einstig in das wahre Glück. Er findet es nur in Gott. Im Bewusstsein, dass die Lust von der Zeitlichkeit, die „Jedermann" einholt, endlich ist, wird Klugheit diesbezüglich zur Tugend, die sich dann freilich wieder auseinanderdividiert zum glücklichen Sisyphus bei Albert Camus, der die Kunst des *carpe diem* beherrscht und der zu einem anständigen und gebildeten Menschen, zum *bonnete homme* reifen kann. Er kann Bildung in Lust und umgekehrt verwandeln. Vermeiden kann diese Fähigkeit nach Michel Houellebecq (2001) den Absturz in schreckliches Verlassensein. Ähnlich schlägt auch Foucault dafür eine Art von „Wachsamkeitsdiät" vor.

Schließlich bleibt noch die Frage, ob Gefühle immer „recht haben". Die Antwort darauf ist gewiss mit einer Verteidigung des Vernünftigen in ihnen verbunden. Wenn es vernünftig ist, in etwas involviert zu sein, und Gefühle dieses Involviertsein direkt bestätigen, dann sind Gefühle dadurch und insofern auch vernünftig und rechtens. Sie hängen also nicht im luftleeren Raum. Vielmehr bilden Subjekt und historische Kultureinbindung den Erkenntnisrahmen.

4.2 Intuition, Inspiration, Kreativität

Für Daniel Goleman (1998) ist Intuition der empathische Teil der emotionalen Intelligenz. Es handelt sich um eine Art Einfühlungsvermögen und somatische Vorahnung, Warnzeichen frühzeitig zu vernehmen. In diesem Zusammenhang wird auch vom *Bauchgehirn* gesprochen. „Die intuitiven Signale, die uns [...] leiten, sind limbische Impulse aus dem Bauch" (ebd.: 76).

In der Umgangssprache wird Intuition mit *Vorahnung* gleichgesetzt. Es ist eine Fähigkeit des augenblicklichen Erfassens der Möglichkeiten und Risiken einer Situation. Damit verbunden ist auch ein „Ausloten des Unbewussten" (ebd.).

Psychoanalytisch gesehen ist Intuition die Aktivierung von kulturunabhängigen, archetypischen Erfahrungen, die als Menschheitserfahrungen bezeichnet werden können. Für deren Inhalte ist in Europa die griechische Götterwelt zuständig. Die den Göttern zugeschriebenen Charaktermerkmale bilden das aktive Material für die intuitive Erinnerungen des Menschen an universelle Eigenschaften seiner Gattung.

Aus Sicht der Phänomenologie ist die Intuition in Ausweitung dessen auch die Fähigkeit der Antizipation und Wesensschau. Sie ist darin eine sich plötzlich einstellende *Kernerfahrung*.

Aus der Intuition kann eine *Inspiration*, ein zündender Gedanke oder eine Idee hervorgehen. Dabei wirkt die Intuition anregend auf den Assoziationsfluss.

Der Vorgang dessen wird in der Regel als *Kreativität* bezeichnet. Sie ist die einzigartige, generative Fähigkeit, über ungewöhnliche Verknüpfungen Neues zu kreieren und damit zu Veränderungen beizutragen. Kreativität ist daher die Schöpfungskraft, mit Formen und Inhalten künstlerisch zu spielen. Sie ist aber vor allem in der Sprachperformance von ganz besonderer Bedeutung. Mit ihr hat der Mensch nämlich die Möglichkeit, immer wieder neue und noch nie *so* gesprochene Sätze zu produzieren.

4.3   Haltung und Einstellung

Haltungen und Einstellungen führen zu moralischen Urteilen und Entscheidungen im Hinblick auf das, was als gut und was als böse angesehen wird. Der Unterschied könnte folgender sein: Haltungen blicken auf die Welt und stehen daher der Moral nahe, Einstellungen hingegen auf das Individuum und dessen Gewissen. Beide sind also mit einem Gesicht vergleichbar, das in zwei Richtungen schaut, von innen nach außen und von innen nach innen. Haltung und Einstellung stehen also einander nahe und werden daher meist synonym verwendet.

Betrachten wir die Gemeinsamkeit genauer, so treffen wir auf ein System von Verhaltensweisen, die alle etwas mit dem Begriffsrepertoire der Tugenden zu tun haben. Auf das Thema „Tugend" werden wir noch genauer eingehen. Zuvor soll auf die Verbindung zur Ethik und Moral hingewiesen werden.

Héctor Zagal und José Galindo (2000) sehen in ihrem Büchlein *Ethik für junge Menschen* im sehr früh erlernten moralischen Wissen um den Unterschied von gut und böse den Anfang für die Herausbildung von Haltungen und Einstellungen.

Unter Moral kann die Verbindlichkeit der Praxis einer Gesellschaft verstanden werden, die sich auf sittliche Regeln beruft. Dem Sittengesetz allgemein liegen angenommene – entweder historisch gewachsene oder prinzipielle – Werte und Normen zugrunde, die nach ihrer Übernahme durch Bräuche zu Werturteilen im Hinblick auf eine richtige Lebensführung kommen.

Das Gewissen ist dabei die subjektive Verinnerlichung dessen und somit das Gespür für gut und böse. Es kommt in Konflikt, wenn das Verhältnis von Pflicht und Neigung zum Gefühl der Schuld führt. In der Entwicklung der Identität sind solche Gefühle – auf der Suche nach dem richtigen Leben – unvermeidliche Erfahrungen.

In diesem Kontext spielt die Freiheit eine ganz entscheidende Rolle. Zu den problematischen Momenten zählt die Frage nach der Qualität der unmittelbaren Beziehung der Menschen zueinander. Die Sexualmoral wäre ein Beispiel. So ist es fraglich, ob Sexualität bereits im Jugendalter unmittelbar gelebt werden darf, oder ob sie sich nach einer vernünftigen Vorgabe richten soll. An Fassungen der Moral sind auch maßgeblich Vorstellungen beteiligt, exstatische Begegnungen seien gleich welcher Art in jeglicher Hinsicht mit großen Risiken verbunden.

Im Begriff der „Doppelmoral" ist die Situation etwas anders. Hier wird vor allem die Bindung der Freiheit an Privilegien kritisiert. Privilegierte schaffen sich selbst sanktionsfreie Räume, die nur für sie gelten, bei anderen aber angemahnt werden. Ähnlich ergeht es der Freiheit beim Auseinanderfallen der Moral in eine private und in eine öffentliche. „Alle können machen, was sie wollen", heißt es, „solange sie nicht andere Menschen dabei privat oder öffentlich körperlich und seelisch verletzen".

Diese Haltung jedoch führt angesichts der Kunst-, Theater- und Medienlandschaft zu einem großen Diskussionsfeld. Doch auch hier scheint es bei aller Vielfalt der Darstellung der abartigen Instrumentalisierungsmöglichkeiten des Menschen einen vernünftigen und vielleicht auch natürlichen Konsens unter den Ästhetikproduzenten zu geben. Er lautet: Solange die Verletzung von Menschen nicht *verherrlicht* wird, solange sie nicht *nur* fasziniert und zur Nachahmung anregt, ist ihre Darstellung ein Stilmittel der Erkenntnis, die sich mit den Abgründen und Folgen der Moral auseinandersetzt, um sich in der Praxis kritisch verhalten zu können. Nur über ein solches Bemühen ist es uns möglich, menschenfeindliche Haltungen und Einstellungen im Kleinen zu entlarven.

Gerhard Schweppenhäuser (2003) geht in seinem Buch *Grundbegriffe der Ethik zur Einführung* bei der Frage nach der Herkunft moralischer Einstellungen und Haltungen auf die Kritik an der empirischen Ethik ein. Die empirische Ethik verlagert die Moral in den Bereich eines evolutionären Grundmusters, ähnlich der Vorstellung von Konrad Lorenz, bei der auch in der Tierwelt moralähnliche Verhaltensweisen vorhanden seien, die dem „Wohl des Rudels" dienen (ebd.: 23). Dem gegenüber sagt eine eher individualistische Auffassung, dass weniger der Nutzen des Gemeinwesens als vielmehr der des Einzelnen den Ausschlag gibt.

Nun sind sowohl kollektive als auch individuelle Beschreibungen insofern Illusionen, als damit kein allgemeines System an Sollvorstellungen abgeleitet werden kann. Die Empirie wäre dazu nicht in der Lage. Moral ist nicht empirisch ableitbar. Hier wird Annemarie Pieper (1998: 75) zitiert: „Aus etwas, das der Fall ist, kann [...] nicht geschlossen werden, dass es der Fall sein soll". Also muss die Moral einer Haltung entstammen, die dem vorausgeht. Diese aber kann selbst nicht normativ sein, da sie sonst denselben Fehler begehen würde, aus dem Ist eine Norm abzuleiten. Sie kann aus diesem Grund nach Schweppenhäuser (ebd.: 27) nur etwas sein, das immer wieder erkämpft werden muss. Damit wird die Moral zum kommunikativen Resultat moralischer Entscheidungen, die Haltungen und Einstellungen diskursiv behandeln. Die Prinzipien aus der praktischen Vernunft, aus der Beziehung von Ethik und Politik, von Sollen und Pflicht, Freiheit Autonomie, Gerechtigkeit und Glück, die bei dieser Behandlung jedoch ins Spiel kommen, verlangen dann aber doch wiederum normative Fixpunkte, die auf den Menschenrechten beruhen.

Dennoch bleibt ein tragisches Dilemma. Im Kapitel „Moralisches Koma und innere Freiheit" (ebd.: 91–98) wird dies besonders deutlich, wenn die moralische Tragödie von Calel Perechodnik beschrieben wird, der als KZ-Häftling die Vernichtung seiner eigenen Landsleute mit organisiert hat. Als Opfer wurde er selbst zum Täter.

Darin zeigt sich, wie es zu einer Spaltung von Haltungen und Einstellungen kommen kann, wenn eine allmächtige Umgebung keinerlei moralische Erfahrungen mehr zulässt und das Böse gnadenlos erzwingt. Die Gefahr drückt Imre Kertész (2007) so aus: Wenn die Werte-

4.3 Haltung und Einstellung

diskussion sich von der geschichtlichen Erfahrung der Individuen trennt und den *Mündern der Macht* überlassen wird, dann werden die Werte zum Vorwand eines sezierenden Willens. Dagegen aber können nur die Selbstsicherheit und Überzeugungskraft des denkenden Geistes antreten. Er verdichtet sich zu einem *Querdenken,* wenn er versucht, sich gegen Anpassungszwänge zu stellen. Die begrifflichen Fassungen dazu reichen von Vorstellungen über das Oppositionelle bis hin zum sogenannten Ketzerischen, zu dem sich parallel Formen der moralischen Verurteilung und Verfolgung von Visionären und Außenseitern befinden.

4.3.1 Querdenken

Das von Markus Knapp und Theo Kobusch (2005) herausgegebene Buch *Querdenker* gibt zu diesem Komplex zahlreiche aus der Theologie und Philosophie stammende, historische Beispiele für eine Kritik am *mainstream* des europäischen Denkens. Es handelt sich dabei immer um Menschen, die im denkerischen „Abseits" stehen oder standen, die wenig akzeptiert wurden oder keinen Anschluss zur Allgemeinheit fanden. Es sind Menschen, die verfolgt, zum Schweigen gebracht oder mundtot gemacht wurden. Gerade deswegen sind diese Menschen um so mehr von besonderer Bedeutung. Denn zur Frage der Orientierung an der Wahrheit haben sie – vielleicht innovativer und nachhaltiger als andere – die Geschichte direkt und indirekt positiv bewegt.

Aus der Fülle der Namen greifen wir beispielhaft eine Person heraus: Simone Weil. Sie hat in den 33 Jahren ihres Lebens ein gewaltiges Denkwerk hinterlassen, das bis heute noch nicht ausgearbeitet ist. Der Artikel über sie ist von Rainer Wimmer (ebd.: 278–287) geschrieben.

Simone Weil, 1909 in Paris geboren und 1943 in England gestorben, war jüdischer Abstammung, jedoch nicht orthodox. Der Autor nennt sie einen kritischen „Feuergeist", weil sie „die Hoffnung mit den Begriffen der Vernunft, der Gerechtigkeit und der Heiligkeit" in einer einzigartigen Weise verbinden konnte. Die zahlreichen Texte, die unter der Reihe *Espoir* erschienen sind, legen Zeugnis darüber ab. In England wurde sie vom Wittgensteinschüler Peter Winch „thinker of a radically innovative kind" genannt. Simone Weil aber wollte ihre politische Aussage nicht auf einem grünen Tisch ausbreiten, sie wollte aus Erfahrung sprechen. Sie war als Arbeiterin in verschiedenen Fabriken tätig, am Hochofen, als Packerin wie als Akkordarbeiterin. In einem Tagebuch schreibt sie: „Dort ist mir für immer der Stempel der Sklaverei aufgeprägt worden, gleich jenem Schandmal, das die Römer dem verachtetsten ihrer Sklaven mit glühendem Eisen in die Stirn brannten" (zit. ebd.: 280).

Aus dieser Erfahrung aber erwächst ihre „persönliche Verbundenheit mit Christus". Nach einer Zeit als Lehrerin an einer Mädchenschule in Frankreich, arbeitet sie als Bäuerin auf dem Land. Später lässt sie sich als Kämpferin gegen den Faschismus in Spanien ausbilden, erleidet dort aber einen Unfall. Inzwischen hat der Krieg begonnen. Weill flieht mit den Eltern von Marseille aus über Algier und Casablanca nach New York. Sie unterstützt von dort aus den Widerstand in Frankreich, bei dem sie gerne selbst vor Ort wäre. Sie verfasst eine Schrift zu den Menschenrechtsbedürfnissen der menschlichen Seele, die eigentlich alles aussagt. Es trägt den Titel *L'Enracinement,* die Einwurzelung. Dann wird sie schwer krank nach England verlegt.

Im Zentrum des Denkens von Simone Weil steht die Demontage der Macht der Wörter. Sie betreibt sie auf kreative, philosophisch-literarische Weise. Homers Ilias' *Dichtung der Gewalt* ist für sie Anlass, über die mitmenschliche Begegnung zu reflektieren. Die soziale Begegnung ist nicht nur der existentielle Anlass für das Ungewöhnliche, sondern auch ein Schutz davor, dass Menschen zu Dingen oder Nummern werden.

4.3.2 Tugend

Tugenden sind allgemeine positive Einstellungen in der Person und deren Identität. Es sind im Ich und Selbst angesiedelte Kräfte, die den Bereich der Pluralität des Sozialen erheblich beeinflussen und bewegen. Tugenden zeigen sich im Umgang der Menschen miteinander. An der Oberfläche verkörpern sie Manieren und Etiketten, zu denen Freundlichkeit, Achtsamkeit, Takt, Feingefühl, Respekt, Höflichkeit und Geschick gehören. Im Mittelalter galt die Ritterlichkeit als eine besondere Tugend dem anderen Geschlecht gegenüber. Der aggressive Affekt ist der Feind der Tugend.

Vladimir Jankélévitchs Schüler André Comte-Sponville behandelt in *Ermutigung zum unzeitgemäßen Leben* (2002) sehr couragiert und tiefgründig eine stattliche Fülle von Tugenden sowie die sie auslösenden Haltungen. Tugenden stehen zirkulär zueinander, bauen aber auch auf einander auf. Im einzelnen sind dies: Höflichkeit, Treue, Klugheit, Mäßigung, Mut, Gerechtigkeit, Großherzigkeit, Mitleid, Barmherzigkeit, Dankbarkeit, Demut, Einfachheit, Toleranz, Reinheit, Sanftmut, Aufrichtigkeit, Humor, Liebe, Eros, Philia, und Agape. Die Lebendigkeit seiner Darstellung ist über jeden erhobenen Zeigefinger erhaben und trifft den Kern einer Hoffnung, dass uns die Angst vor der Gewalt und der Ekel vor dem Schlachthaus vielleicht doch zur Vernunft bringen können.

Im Vorwort (ebd.: 13–18) wird die Absicht des Autors klar: Tugenden lassen sich nur vorleben, so dass ausschließlich das Modell einer Lebensform ermessen kann, wie weit wir von ihnen entfernt sind. Das hat aber nichts mit Anprangern zu tun, sondern eher mit einer traurigen Moral. Tugend ist zugleich die „Tauglichkeit", die spezifische „Vorzüglichkeit" des Menschen zu zeigen, nämlich ein „vernunftgemäßes Leben" zu führen, das nicht nur von Augenblick zu Augenblick hetzt, sondern auch dem Wunsch nach Erhaltung eines menschlichen „Lebensgedächtnisses" folgt. Dazu wird Montagne zitiert: „Nichts ist so schön und ehrenhaft, als wahrhaft und wie es sich gehört ein Mensch zu sein". Bei Spinoza wird die Tugend als Kraft beschrieben. Sie ist eine „Menschlichkeitskraft", die über der Moral steht.

Die Frage nach den Bestandteilen der Moral führt Comte-Sponville zu den oben genannten Tugenden. Wir wollen einige Gedanken dazu herausgreifen. Die erste Tugend ist die „Höflichkeit". Sie steht deswegen am Anfang, weil sie in der Form der Anpassung als erstes gelernt wird. Kinder hören etwas von den Sitten der Welt und erlernen die Regeln des Zusammenlebens. Zunächst ist dies freilich Disziplin, aber keine entartete, da sie mehr Regel ist als Zwang, eher schon ein „Respektieren der Sitten und Gebräuche". Diese selber dienen jedoch nur dem offenen Zusammenleben und nicht dem durch Rituale getragenen Zusammenhalt. In positiver Weise stellen sie gewisse „Liebenswürdigkeiten" dar. Ihnen gegenüber entwickeln wir eine Disziplin

4.3 Haltung und Einstellung

der Höflichkeit, die im Akzeptieren einer „Manier des Guten" besteht. So sind „bitte", „danke" und „Entschuldigung" keine Momente einer Dressur, sondern zeigen etwas vom guten Gebrauch der Regeln des Zusammenseins.

Zur Tugend der „Treue" reflektiert Comte-Sponville die Aussagen seines Lehrers Jankélévitch (ebd.: 33 f.). Die Treue zwischen einem „kleinkrämerischen Widerkäuen" und jener der Nibelungen lebt auch vom „Gedächtnis für Beleidigungen". Wer durch Wankelmut und Verdrängung der eigentlichen Treue zu entgehen versucht, begeht den Wortbruch der Unbeständigkeit und äußert nur versprochene Liebe. Ein gewisser Ausweg aus dem Dilemma der Extreme liegt in der Haltung: „Ich schwöre nicht, dass ich dich immer lieben werde, aber ich schwöre, dass ich dieser Liebe, die wir erleben, immer treu sein werde." Und: „Liebe mich, soviel du willst, mein Schatz; aber *vergiss uns nicht*" (ebd.: 42. f.).

Die Tugend der „Klugheit" manövriert zwischen Zurückhaltung und Tapferkeit. Immer aber ist dabei die *phronesis*, die „Weisheit des Handelns" maßgeblich, um einen Mittelweg zwischen dem romantischen Träumer und dem Hitzkopf zu finden.

Die „Mäßigung" ist nicht das Gegenteil von Völlerei, sondern ein Maß für den Genuss. Auch hier wird Spinoza zitiert: „Fürwahr nur ein finsterer und trauriger Aberglaube verbietet, sich zu erheitern" (ebd.: 53). Der Genuss der Schönheit, das Ausleben der Triebe, ohne ihnen hörig zu sein, davon kann Comte-Sponville mit eigenen Worten „ein Lied singen". Auch Thomas von Aquin hält diese Tugend neben der notwendigen Klugheit, dem Mut und der Gerechtigkeit für schwieriger, denn schließlich muss auch die Macht des Lebensnotwendigen, der Affekte und Gelüste in Bahnen gelenkt werden, um die Eskapaden des Vernunftwidrigen beleuchten zu können.

Der „Mut" steht dabei an besonderer Stelle. Er muss seinen Beitrag zur Existenz der anderen liefern und sich vor allem darum kümmern, dass die Vernunft in der Welt nicht verloren geht. Doch auch das ist leicht gesagt. Denn mutig ist auch der Terrorist. Sein Mut, sich selbstlos für eine Ideologie zu opfern, aber ist grausam, denn er verfolgt ein eigennütziges Ziel. Daher ist der Mut eine „Risikobereitschaft *ohne* eigennützige Motive". Der Mutige verkörpert nicht den „Draufgänger, Schlägertyp und Haudegen" und eigentlich auch nicht den heldenhaften Retter, sondern nur die Haltung der „Seelenstärke", die darin besteht, eine Position „fest und ohne Schwanken" zu besitzen (ebd.: 65). Der Mut aber endet im zerstörerischen Wollen.

Die Tugend der „Gerechtigkeit" ist für Comte-Sponville per se gegen die Tyrannei gerichtet, gegen alle Formen irrationaler Willkür. Sie muss daher darauf achten, dem selbstherrlichen und selbstsüchtigen utilitaristischen Tendenzen Grenzen zu setzen, indem sie ihre Möglichkeiten ausschließlich in den Dienst der Gleichheit und der entsprechenden rechtlichen Ordnung stellt.

„Großherzigkeit" als Tugend ist gegen das Ego des Herzens gerichtet. Der Großverdiener sagt meist nicht so leicht, er könne von Herzen gerne auf Teile seines Einkommens verzichten, weil er eigentlich kein zweites Schloss braucht. Dies aber ruft nicht nur das Thema der gerechten Verteilung auf den Plan, sondern auch das von Liebe und Schenken, das sich bewusst ist, dass dem Menschen – wie Descartes bemerkt (ebd.: 115) – außer seinem Selbst nichts wirklich gehört.

Das „Mitleid" ist eine Tugend, die den Menschen „von der Barbarei trennt". Auch hierzu noch ein kurzes Zitat: „Die Botschaft Christi, die der Liebe, ist erhabener; doch die Botschaft Buddhas, die des Mitleids, ist realistischer" (ebd.: 140). Die Barmherzigkeit stellt sich gegen das Wollen des Bösen im Herzen, aber kann es dieses auch verzeihen? Die Frage wirft ein komplexes Netz aus. Es kann nur entwirrt werden, wenn die Selbsteinsicht in die Schuld und die Verzweiflung darüber sichtbar werden. Dies aber scheint im Kleinen leichter möglich zu sein als im Großen.

Die „Dankbarkeit" ist als „verkappte Unterwürfigkeit" wertlos, sie wäre „Schmeichelei, Kriecherei und Lüge". Wirkliche Dankbarkeit aber ist das „Geheimnis der Freundschaft" (ebd.: 164 f.).

Eine weitere Tugend ist die „Demut". Sie ist vergleichbar mit der Weisheit und darum unbestechlich. Frei von hochnäsiger Illusion verneigt sie sich ehrfurchtsvoll vor der Schöpfung. Es kann aber sein, dass sich die Demut mit der Tugend der Einfachheit nicht verträgt, weil sie mehr die Komplexität des Großen vor Augen hat. Daher bildet die Einfachheit das „Gegengift zur Reflexivität" (ebd.: 179). Kalkül und Geziertheit fallen zugunsten der Ehrlichkeit weg. Alles in allem ist darum die Ehrlichkeit „die Tugend der Weisen und die Weisheit der Heiligen" (ebd.: 184).

Der problematische Teil der Tugend der „Toleranz" wird deutlich, wenn sie der Duldung gleichgesetzt wird. Das ist der Fall, wenn Menschen ihre Identität oder Leistung verteidigen müssen, wenn sie auf der Seite derer stehen, von denen der Hauptteil einer Gesellschaft sagt, ihre Gedankewelt würde sich irren. Für die Geduldeten kann dies ein Martyrium sein, wenn die Duldung nicht zur Akzeptanz wird, zur Anerkennung einer Gleichberechtigung. Die Kehrseite besteht im Paradox der Toleranz, nach Karl Popper in der „Toleranz der Intoleranz" (ebd.: 190 f.). Damit sich hier die Toleranz nicht selbst vernichtet, muss sie sich vernünftiger Grenzen besinnen und den Inhalt ihre Aufforderungen dahingegen prüfen, welche Strukturen sie durch ihre Haltung aufrecht erhalten muss und gegen welche sie aktiv vorgehen muss. Die Gewaltstrukturen in Familien wären ein Beispiel, ebenso aber auch dogmatische Positionen, die nur die Dummheit vermehren: *„Vertias terror"* (ebd.: 199).

Die „Reinheit" als Tugend hat viel mit Lauterkeit zu tun. Sie muss sich aber erst selbst von einer Vorstellung reinigen, die einem ideologischen Wahnsinn gleichkommt: es ist der Begriff des „ethnisch Reinen", der „Säuberung". Die Rede ist vielmehr von der inneren Reinheit, die kein „Verächter des Leibes" ist, sondern „Sanftheit der Lust". „Nicht das Geschlechtliche ist unrein, sondern die Gewalt" (ebd.: 209 f.). Zitiert wird auch Simone Weil: „Besitzen heißt besudeln" und „rein lieben, heißt Abstand gewähren". Freundschaft und selbstlose Liebe haben große Anteile zwischenmenschlicher Unmittelbarkeit.

Die „Sanftmut" als überwiegend weibliche Tugend verweist auch darauf, dass alle Tugenden ein Geschlecht haben. Das heißt aber nicht, sie seien nur dem einen oder anderen vorbehalten. Auffällig ist nur, dass sie unterschiedlich gelebt werden. Auch Männer können sanftmutig und zärtlich sein, diesbezüglich aber anders „ticken" als Frauen. Comte-Sponville zitiert dazu Denis Diderot und Tzvetan Todorov (ebd.: 217 f.). Letzterer reflektiert vor dem Hintergrund von Konzentrationslagererfahrungen über die Moral und über die lüsterne Gefühllosigkeit der Brutalität der Peiniger. Sanftmut hat viel mit Kraft zu tun, aber nichts mit „sturer, unnachgiebiger Kraft", mit Starrheit, Zorn und Härte. Ihre Kraft der Sanftheit besteht gerade im Nichtausüben dieser Kraft. Sie ist die Einheit von Wohlwollen, Menschfreundlichkeit, Güte und Nachsicht. Ihre Wirkung ist daher friedenstiftend.

Die „Aufrichtigkeit" besitzt psychologische und moralische Komponenten und meint „die Übereinstimmung von Tat und Wort" (ebd.: 229). Der Aufrichtige versucht auf der Suche nach Wahrheit ehrlich zu sein, also Arglist und Lüge bei der Wahrung seiner Interessen nicht einzusetzen.

Der „Humor" ist eine besondere Tugend, die viele Eigenschaften vereint: „Dem Humorlosen mangelt es an Demut, an klarem Verstand, an Leichtigkeit, er ist zu sehr von sich selbst eingenommen, fällt auf sich selbst herein, ist zu streng oder aggressiv und lässt es daher fast immer an Großherzigkeit, an Sanftmut, an Barmherzigkeit fehlen" (ebd.: 247). Humor kann „Traurigkeit in Freude" verwandeln, „Enttäuschung in Komik" und er kann heilen. Das Lachen über sich selbst kennt keinen Hass. Woody Allen wird zitiert, der es schafft Reales in Absurdes zu verwandeln und dadurch Schmunzeln zu bewirken: „Ich bin regelrecht besessen von der Vorstellung des Todes und denke dauernd darüber nach. Ich frage mich ständig, ob es ein Leben im Jenseits gibt und ob man mir dort einen Zwanzig-Dollar-Schein wechseln kann" (ebd.: 258).

Am Ende des Buchs steht das große Thema der „Liebe" zwischen Eros, Philia und Agape, zwischen sinnlicher Begierde, Freundschaft und selbstloser Nächstenliebe. Wir wählen auch hier aus dem sehr inhaltsreichen Text nur einige Stellen aus. „Zuerst die Begierde, zuerst die Lust. Zuerst das besänftigende und tröstende Streicheln, zuerst die schützende oder nährende Gebärde, zuerst die beruhigende Stimme, zuerst das Selbstverständliche: die stillende Mutter; und dann das Überraschende: ein behutsamer Mann, der über ein schlafendes Kind wacht. Was wüssten wir über die Moral, wenn die Liebe nicht vor ihr käme?" (ebd.: 265). Die Formen der Liebe sind seltsame Mischungen aus Schmerz und Freude. Sie sind selig machende Hingabe, aber sie machen Menschen auch unersättlich und einsam. Romeos und Julias Liebe ist anders als die von Tristan und Isolde. Für beide Paare wird Liebe unerreichbar. Die Macht gesellschaftlicher Moral und die des Schicksals verhindern sie. Im einen Fall wird die Liebe durch die Bestimmung dessen entmündigt, wer wen heiraten darf, im anderen wird sie durch das romantische Gefühl verklärt und zur reinen Lust an der Erlösungslosigkeit. Leidenschaftliche Liebe ist aufregend und kurzlebig, Herzensliebe hingegen das Gefühl einer tiefen verantwortungsvollen Freundschaft, vom Wunsch geprägt, zusammenzubleiben. Eine dem Menschen zugewandte Moral ist ohne Liebe undenkbar, zumal die Liebe in der Welt oft durch Abwesenheit glänzt (ebd.: 340).

4.4 Wille

(a) Vermessung des Willens

Der Wille spielt im Ich eine schillernde Rolle, die zwischen Vernunft und Neigung, Anpassung und Willkür pendelt. In unserem Modell ist er der emotionalen Ebene zugeordnet, weil er auf der Schwelle zwischen bewusster Erkenntnis und den vom Unbewussten geleiteten Gefühlen und Trieben agiert. Als Motivation ist der Wille mit Durchsetzungsfähigkeit und Neugierde verbunden.

In der materiellen Natur kann der Wille sich nur begrenzt gegen die Vorgaben mechanischer Abläufe stellen. Er ist deren Kausalität unterworfen. In der Gesellschaft hingegen ist der Wille der Ethik und somit der Achtung gegenüber der Autonomie des individuellen Willens verpflichtet. So wird auch in Schopenhauers Vorstellung unterschieden zwischen einem Willen, der in der Welt eingebaut ist und sie als Kausalität vorantreibt, und einem, der unabhängig davon im Subjekt wirkt.

An die Macht gebunden schlüpft der Wille in das Gewand von Interessen. Als freier Wille kann er neue Anfänge setzen und Dinge anders tun als das zwangsweise Notwendige es vorgibt. Der Wille kann sich weigern und verweigern und zu einer enormen Kraft des Widerstandes werden. Den Willen eines Menschen gewaltsam zu brechen, bleibt ein unmenschlicher Akt. Wenn der Glaube an eine höhere Idee und der eigene Stolz bis zuletzt gegen die Folter siegen, so zeigt dies, wozu die seelische und geistige Energie des Willens fähig ist. Überlebensfähigkeit und Standhaftigkeit sind weitere Ausdruckformen dessen.

Generell werden zwei Standpunkte sichtbar. Für den einen ist jede sichtbare Wirkung bereits Ausdruck eines Willens, wobei auch angenommen wird, dass die sichtbare Wirkung immer Ausdruck einer unfreien Abhängigkeit von Gesetzen ist, die durch die Kausalität determiniert sind. Anders wird der Wille verstanden, wenn er im Subjekt als die Fähigkeit der Verantwortung von Entscheidungen gesehen wird. Hier gehen Handlungsanfänge unmittelbar vom Menschen und dessen Autonomie aus. Dieser Standpunkt ist auch Grundlage des Rechts. Der Mensch ist durch seine Freiheit auch voll verantwortlich für seine Taten. Wäre das nicht mehr nachweislich der Fall, so würde sich der Raum seiner Unzurechnungsfähigkeit erheblich verändern, was zwangsläufig zu größeren Konsequenzen der Rechtssprechung führen müsste.

Hanna Arendt recherchiert in ihrem Entwurf *Vom Leben des Geistes* (2006: 241–443) mit sehr viel Engagement und Tiefsinn die kontroversen Grundlagen des Willens in der Philosophie. Die Positionen, die beschrieben werden, sind alle mit dem Freiheitsgedanken verbunden. Ihr Diskurs beginnt jedoch mit Ansätzen, die die Freiheit des Willens anzweifeln. John Stuart Mill tut dies durch die Erkenntnis, dass es da wohl zwar so etwas wie den Willen im Inneren des Menschen gäbe, dass das aber alles zu keiner Erfahrung führe, die seine Freiheit bestätige. Nietzsche geht noch weiter. Er sieht im Willensbegriff eine psychologische „Fälschung". Ähnlich hält Gilbert Ryle den Willen für einen „künstlichen Begriff" (ebd.: 246).

Für die Philosophin aber ist das „Abtun des Willens als bloße Bewusstseinstäuschung und Leugnung seiner Existenz" auf den grundsätzlichen Konflikt zwischen dem denkenden und wollenden Ich zurückzuführen. Diesen drückt Augustinus so aus: „Wenn ich aus Notwendigkeit wollen muss, warum soll ich dann überhaupt vom Willen sprechen" (zit. ebd.: 247). Freiheit besteht hier im Bewusstsein, etwas auch unterlassen zu können, im Gegensatz zu den reinen Trieben, die eigentlich nichts mit dem Willen zu tun haben. Daher kommt es zu einer Dreiteilung des denkenden, wollenden und getriebenen Ich.

Für Hanna Arendt scheint klar zu sein: Die Geistesgeschichte zeigt deutlich, dass eine „innere Disposition, durch die man sich frei *fühlen* konnte, auch wenn man Sklave war oder seine Glieder nicht bewegen konnte", nur von einem lebendigen Geist abstammt. Insofern stellt sie sich auf die Seite Kants, der sagt, dass der vom freiheitlichen Geist geprägte Wille durch sein Vermögen darauf achtet, *selbst* Anfänge bewusst zu setzen, diese nicht zu verspielen, sondern

4.4 Wille

sie in sinnvolle Bahnen zu lenken. Und das ist für Arendt ein Wille, der „in einer Umwelt der Faktizität, die definitionsgemäß alt ist [...] unablässig die ganze Spontaneität ihrer Neuankömmlinge in das ‚ist gewesen' der Tatsachen überführt" (ebd.: 249).

Die Position des so verstandenen Willens richtet sich damit gegen verschiedene Verwechslungen. Zu ihnen gehören Kausalität, Macht, Interesse und die Vorstellung von der ewigen Wiederkehr des Gleichen und der „Wiederkunft" eines Seins hinter der Zeit. Für Arendt sind diese großen Entwürfe eher Ausdruck eines blockierenden Denkens. Die Tatsache aber, dass wir Handlungen in der Praxis auch unterlassen können, weist im Kleinen eher auf eine größere Freiheit hin als das Denken es zulässt (ebd.: 265). Diese Freiheit aber ist selbst unter dem Dach ethischer Normen ein System der Überschreitung, das den freien Geist mit dem Sinn gleichsetzt. Das freie Denken „hat die Wirklichkeit vom bloß Zufälligen gereinigt" (ebd.: 267). Auf diese Weise wird der Wille zu einer „Tonalität" des Geistigen.

Die Tonarten aber sind die Denkformen. Wenn z.B. der Wille in der Lage ist, das Gegebene im Sinne Hegels zu negieren, so entwirft sein Plan eine attraktive Gegenwirklichkeit, die er erstrebt. Der Wille kümmert sich als Tat um die Realisierung der Denkinhalte, während das Denken trotz seiner Beweglichkeit eigentlich nichts *tut*.

Eine Form der totalen Pervertierung des Willens ist der Hass. Er kann nur zu Handlungen führen, von denen wir nicht wollen dürfen, sie begangen zu haben, wie Meister Eckhart es sagt (ebd.: 277). Indem der Hass die Welt verdammt, verdammt er auch sich selbst und den, der ihn fühlt. Der Hasswille ist kein Wille, da er keinerlei Freiheit zulässt. Der Wille entfaltet sich somit nur durch den Fortschritt, den er macht. Im Sinne Hegels treibt er die Vervollkommnung einer Idee voran, im Sinne Marx die der Gesellschaft, für uns vielleicht die eines Versuchs der Realisierung von sozialer Gerechtigkeit. Im Tätigsein ist daher das Exil des Willens aufgehoben worden. Er kann also zu seiner eigentlichen Bestimmung kommen.

> Ist der Wille hilflos, so kann dies an den Grenzen der Ausstattung des Subjekts liegen. Trotzdem geht der Mensch in dem, was er will, oft über seine Grenzen hinaus und entwickelt dabei enorme Kräfte. Die Psychologie rechnet dies der intrinsischen Motivation zu, deren Höchstform eine Kraft ist, die auf einer reinen Neugierde und Entdeckungslust beruht. Sie äußert sich u.a. darin, sich immer wieder völlig neuen Anforderungen und extremen Mühen zu stellen (vgl. Csikszentmihalyi 1992).

Von Aristoteles entdeckt wird für Hanna Arendt die Innensicht und mit ihr die Unterscheidung von Wille und Neigung. Der Anstoß von Bewegungen in der Seele wird – wie auch bei Platon – durch die Vernunft bewirkt, die weiß, „was man tun und was man lassen sollte" (ebd.: 292). Für Aristoteles allerdings müssen diese Befehle nicht in jedem Fall befolgt werden. Als Beispiel dient ihm der „haltlose Mensch", der nur seine Neigungen lebt, die in Wirklichkeit nichts bewegen können, außer den eigenen Narzissmus. So muss zwischen Vernunft und Neigung der Wille treten. Dabei aber ist entscheidend, *was* der Wille will. Für Meister Eckhart tritt damit das Thema „Sünde" auf den Plan. „Täte ich nie Böses, hätte aber den Willen zum Bösen [...], so ist es ebenso große Sünde, als hätte ich alle Menschen getötet, obwohl ich gar nichts getan habe" (zit. ebd.: 292).

Die Vernunft wird damit gegenüber den Neigungen und ihren Begierden zu einem „herrschenden und befehlenden" Prinzip, aus dem der Wille seine Richtung nimmt. Hinter der Vernunft steht der *Logos*, der den Zweck der Vernunft aufzeigt, hinter der Neigung die Begierde, Obsession und *Pathos*, die keinen Zweck verkörpern, sondern reine Lust. So wird die Wahl des Willens entscheidend. Wird sie zum zweckvollen Gehilfen des Logos, ist sie überlegt, unüberlegt ist sie hingegen, wenn sie der Neigung folgt.

Die Wahlmöglichkeit aber hat eine eigene Konsequenz: Wähle ich aus Neigung etwa zwischen Keuschheit und Ehebruch den Ehebruch, wäre es nicht anders wie umgekehrt. Zum Ehebrecher würde ich erst, wenn ich es mit Absicht tue. Die Wahl des Willens zwischen Logos und Neigung ist die zwischen Zweck und Zwecklosigkeit. Wenn ich allerdings den Zweck wähle, so habe ich keine weitere Wahl. Wähle ich die Neigung, so habe ich die Möglichkeit, zwischen Mitteln zu wählen. Das Verhältnis von Mittel und Zweck, im Sinne des Satzes „der Zweck heiligt die Mittel", kann sich daher nicht einer Sinnprüfung des Zwecks entziehen. Anderenfalls wäre es nicht möglich, die Zügellosigkeit eines Menschen etwa als zwecklos zu sehen.

Mit dem Wahlvermögen, *proairesis*, sind also qualitative Sinnstrukturen verbunden. Gemeint ist der sinnvolle Gebrauch der Freiheit, das lateinische *liberum arbitrium*, die freie Wahl. Sie existiert grundsätzlich, auch wenn es Situationen gibt, in denen wir die Wahlmöglichkeit beiseite lassen müssen und uns Grundbedürfnissen zuwenden müssen.

(b) Erfahrung des Willens

Die Erfahrung des Willens trägt der Mensch *in* sich. Sie gleicht – wie es Sokrates lehrt – einem *denkenden Zwiegespräch* und findet nur „in der Einsamkeit statt, im Rückzug von der Erscheinungswelt". Der Mensch ist mit sich selbst „Zwei-in-einem [...] Freund und Partner, und die besondere Bewahrung dieser ‚Harmonie' ist die wichtigste Sorge des denkenden Ich" (ebd.: 298 f.).

Doch das ist nicht immer so. Beim Apostel Paulus ist das Zwei-in-Einem Anlass eines inneren Kampfes. Der Mensch will Gutes tun, doch es hängt ihm auch das Böse an und stellt ihn selbst infrage. Die „innere Verderbtheit", kann weder durch das „Gesetz", schon gar nicht durch „die Hingabe an die Sünde" gelöst werden, sondern nur unverdientermaßen durch die „Gnade". Auf diese Weise kam es auch zu Paulus' persönlicher Wandlung (ebd.).

Wenn der Wille sagt „du sollst wollen", heißt das, der Mensch kann Ja oder Nein sagen. Insofern ist er frei. Bei dem Satz „du sollst gut sein wollen", wird es jedoch kompliziert. Dann nämlich muss sich der Wille einem Gesetz beugen.

In diesem Fall wehrt sich die Neigung des Menschen zur Freiheit gegen den Willen, der sagt, du sollst auch wollen, was das Gesetz sagt. Ebenso ist es, wenn der Wille selbst befiehlt, sich unter das Gesetz zu stellen. Dann folgt er einem Fluch. Denn das von Menschenhand Gemachte zwingt das Individuum, zu seiner eigenen Verehrung und wird zum Götzendienst.

Dass die Befreiung nur, wie dies nach Arendt Paulus von Jesus glaubt, durch ein Freisein von der Selbstbehinderung des Willens bewirkt wird, so schließt Paulus daraus auf die einzige Möglichkeit des Menschen: Er muss sich die „Denktätigkeit des Geistes" durch Gutsein aufheben. Dazu aber ist Spiritualität erforderlich. Sie reinigt die Reflexion von den Willensresten hin zum Sein.

Bei Epiktet, einem Zeitgenossen von Paulus, ist die Haltung dahinter zunächst ähnlich: „Wer seines Nächsten Weib lüstern anschaut, hat bereits Ehebruch begangen", sagt er. Also spielt der Wille als Vorstellung, etwas gerne tun zu wollen, mit dem Feuer einer verletzenden Leidenschaft. Auch hier führt der Wille zur Heuchelei. Der Mensch bildet sich das Glück nur ein, indem er sein Unglück verleugnet. Zwischen dem eingebildeten Glück und dem wahren steht schließlich der lästige Körper, wie ein „Sack [...] den man Tag für Tag voll stopft und wieder entleert" (ebd.: 308).

Der Ausweg daraus besteht für Epiktet nur in der „Kunst sein Leben zu leben" (ebd.: f.). Dazu macht die Philosophie die besten Vorschläge. Nicht das *eu zen*, das konsumierende Leben, sondern das *euria biou*, das Wohlergehen *des* Lebens in seiner Orientierung an der Ruhe und der Heiterkeit, an der Stille und dem schönen Wetter, ist das sinnvolle Ziel. Gegen das „Elend des wirklichen Lebens" gibt es also von der Philosophie Denkalternativen für das Leben. Durch die Vernunft kann erkannt werden, dass nicht der drohende Tod elend macht, sondern die Furcht vor ihm.

Das Zwiegespräch des Menschen mit sich führt bei Epiktet zu keiner Gedankenwelt, die der Erlebniswelt Erkenntnisse nachträgt, sondern zu einer, die sich nur anregen lässt. Beim Gehen etwa achtet man nicht auf das Ziel, sondern auf die „Tätigkeit des Gehens" (ebd.: 310). Die äußeren Dinge werden zu „Bewusstseinsdaten" der besonderen Art, indem die Eindrücke nicht im Hinblick auf ihren Wert geprüft, sondern einfach bewundert oder abgelehnt werden. Der Tauschwert bestimmt dabei die Schönheit nicht.

(c) Hoheitsgebiete des Willens

Die Lösung vom Äußeren kann nur der Geist leisten, in dem er in sich geht und nach der Wahrheit sucht. Die Philosophie ist der Anfang dessen. Er bekämpft die *synaisthesis*, das „Gewahrwerden der eigenen Schwäche gegenüber dem Notwendigen", und versucht eine Stütze zu finden, die den Widerstreit zwischen Schwäche und Notwendigkeit löst (ebd.: 311). Bei diesem Streben ist der Wille von besonderer „Souveränität". Die Vernunft kann nur unterscheiden, nicht jedoch befehlen. Das macht der Wille. Er ist jener Teil der „menschlichen Innerlichkeit", die seine Macht zum Ausdruck bringt, sich mit ausgewählten Dingen auch handfest „zu befassen". Nur dort ist der Wille „Herr und Meister". Bei allem anderen muss er sich den äußeren Naturgesetzen beugen.

Die Ausklammerung der äußeren Welt kommt aus der Konzentration des Willens, einer gymnastischen Übung, mit der die Stärke des Willens selbst trainiert wird. Zunächst ist der unabgelenkte, reine Blick in sich hinein, eine Verweigerung des Sichtbaren. Sodann ist es eine Verweigerung dessen, was durch Meinungen, Befürchtungen und Hoffnungen aus dem Sichtbaren gemacht wird.

Diesen Schritten geht es vor allem um die „Unverwundbarkeit" (*ataraxia*) und Nicht-Verwirrbarkeit der Seele, die der Wille stärkt. Auch dazu ist stoische Gelassenheit angesagt. Diese folgt der Regel: „Da man nicht bekommen kann, was man sich wünscht, so wünscht man sich, was man bekommt" (ebd.: 314).

Die Frage, warum es auch einen Willen geben muss, etwas nicht zu wollen, umgeht Epiktet allerdings, mit dem Hinweis, man solle wollen, was ohnehin geschieht. Hier vollzieht sich viel Anpassung an die reine Willenskraft, ohne zu prüfen, was geschieht. Der Rückzug auf das unvermeidliche Schicksal ist zwar kein Erleiden, aber das, was geschieht ist unvermeidlich. Es kann nicht anders sein, als es ist, also können wir nicht anders als es so zu wollen. Daher bleibt daneben nur das Streben nach der Selbstzufriedenheit. Anders als bei Paulus stürzt dieses Selbst aber nicht in die „äußerste Verzweiflung", sondern ruht in sich. Es muss nicht nach der Transzendenz suchen.

(d) Wille und Liebe

Das Glück immer nur in sich zu suchen, wirft die Frage auf, ob das Ich als heilende Instanz des menschlichen Elends nicht selbst schlimmer ist als eine Krankheit (ebd.: 317). Denn, wenn alles vom Selbst ausgeht, kann das Interesse für die äußere Welt wiederum nur dem Egoismus dienen. Sich dem zu entziehen und ein „ich will nicht nur meinem Heil dienen" zu sagen, erfordert den Einsatz des Gewissens, dem dann der Wille folgen muss, wenn er ein ichbezogenes Unheil vermeiden will.

Erst mit Augustinus ist nach Hanna Arendt ein besonderer Stand der Reflexion über das Selbst erreicht. Der Wille ist nichts anderes als ein „ausführendes Organ des Geistes". Er ist also nicht eigenständig, so als gäbe es in mir einen Konflikt zwischen verschiedenen Mächten, sondern es ist immer ein Konflikt zwischen „mir und mir". Bei Augustinus ist dazu die „Liebe" der letzte inhaltliche Schiedsrichter (ebd.: 330 f.). Ähnlich sieht dies auch John Stuart Mill. Auch ihm geht es um die Annahme einer Konstanz im Willen. Für John Stuart Mill jedoch ist im Unterschied zur Liebe das Gewissen die Grundlage für die Selbstreflexion. Weil aber unklar ist, ob eine solche Instanz angeboren ist, wird die moralische Erziehung umso wichtiger. Hier allerdings ist der Gedanke der Einheit in der Vielheit bei Augustinus entscheidend. Der Mensch als Ebenbild Gottes findet erst durch Zusammenführung von „ich bin", „ich weiß" und „ich will" zu einer Identität. Die Unterscheidungsfähigkeit dazu leistet die Aufmerksamkeit des Geistes. Bezieht sie sich auf den Willen, bezwingt der Geist den Willen kompromisslos, da dieser nicht etwas tun kann und gleichzeitig nicht. Auch dazu ist die Liebe die Garantie für eine sinnvolle Konstanz des Willens.

Sehr kritisch jedoch sieht Arendt die „Prädestinationslehre" von Augustinus und der totalen Abhängigkeit des freien Willens von der Gnade Gottes. Der Mensch kann eine Vergebung seiner Sünden nur erlangen, wenn Gott es will. Erinnert wird an Platons *Timaios*, für den alles vom Beweger der Zeit und seiner „Voraussicht" abhängt, der als solcher auch die Zukunft ermöglicht, aber selbst zeitlos sein muss (ebd.: 339 f.). Die „Verzeitlichung" im Übergang von der Gegenwart zur Gegenwart leistet die Aufmerksamkeit des Geistes und dessen Ausführung im Willen, wenn er sagt, „jetzt will ich dieses tun" und wenn er dazu beiträgt, dass aus der Gegenwart des Hier und Jetzt das Abwesende des „es war" entsteht.

Mit dem Dominikaner Thomas von Aquin wird die Vorrangstellung des Verstandes noch intensiver verteidigt. Er unterscheidet ein geistig aufnehmendes und verarbeitendes Vermögen des Verstandes und der Vernunft von einem geistig verlangenden Vermögen, dem Willen und dessen Wahlfreiheit. Während der Verstand als „universelle Vernunft" sich mit den „evidenten Wahrheiten" beschäftigt, zu denen vor allem die geometrischen und mathematischen gehören,

4.4 Wille

konzentriert sich die „partikuläre" Vernunft auf logische Folgerungen. Beide Bereiche sind kontemplativer Natur, was sich insofern auf den Willen auswirkt, als jener bei der Erfassung eines Ziels einen geeigneten Weg zwischen Zweck und Mittel finden muss. „Zuerst kommt die geistige Erfassung des Ziels [...] dann die Beratung [Überlegung] der Mittel; und schließlich der Wunsch nach den Mitteln" (zit. ebd.: 348). Dabei geht die „apprehensive Funktion der appetitiven Bewegung voraus und hat Vorrang vor ihr" (ebd.).

Die erkenntnistheoretische Rückführung beider Teile auf das Sein macht bei Thomas von Aquin einen weit verbreiteten Standpunkt sichtbar. Je mehr das Sein und dessen Lebens entfaltende Kraft erkannt wird, umso deutlicher tritt das Gute zum Vorschein. Das Böse ist ein relatives Fehlen des Seins, also kein radikales, da das völlig Schlechte nur zu seiner eigenen Selbstzerstörung führen würde. Von Arendt zitiert wird dazu auch Étienne Gilson: „Wollte man sagen, Gott habe nicht nur die Welt, sondern auch das Böse geschaffen, so hieße das, Gott hätte das Nichts geschaffen" (ebd.: 349). Die Unwiderstehlichkeit des Seins ist daher bei Thomas ein Prinzip, das der Wille anerkennen muss. So muss der Wille wollen, was der Verstand verstehen kann.

Doch dies alles nutzt nichts, wenn nicht die Liebe hinzukommt, die selbst kein Willensakt sein kann. Denn wenn wir ein Ziel nur gut finden, kann es sich nicht vervollkommnen. Verwirklichung geschieht erst, wenn wir das Ziel lieben. So verhält es sich auch mit dem Streben, Gott zu erkennen. Arendt zitiert dazu Dante (ebd.: 353):

„So siehst du mit dem Schauen hebt es an,

Das legt den Grund zu solchem sel'gen Leben

Und nicht das Lieben, das ihm folgt sodann."

Damit wird die Liebe zur „Erlöserin des Willens", was jedoch bei Thomas nicht so konsequent verstanden wird, weil er sich eher wie Aristoteles an die Seeligkeit hält, die den Willen bewegt. Die Liebe ist also keine aktive Kraft, sondern Reaktion auf ein Geliebtwerden: Das Sein liebt alles, was ist.

Mit dem Franziskaner Duns Scotus wird nach Arendt der Hintergrund noch anders interpretiert. Das Sein ist nicht die konkrete Wirklichkeit, sondern anschauende, abstrakte Erkenntnis. Dabei hat die Wirklichkeit den Vorrang, da es um sie geht. Die lebendige Existenz ist mehr als das Denken dessen (ebd.: 351). Zwar braucht der Wille nach wie vor die Bestätigung durch den Verstand, nur wird das Thema „Autorität" dabei bedeutsam. Der Verstand wird zur Autorität, wenn er auf Vernunft beruht. Umgekehrt ist es ebenso: Autoritäten sind nur solche, die auf Vernunft gründen. Autorität wird zur Überzeugungskraft des Willens. Da diese aber immer mit sich selbst kämpft, kann keine Meinung die Wahrheit an sich sein, sondern sich ihr nur nähern. Damit ist der Wille zum Diskurs geboren und mit ihm der Zweifel an den „Bekundungen von Zeugen" (ebd.: 359). Zwar ist der erworbene Glaube (*fides aquisita*) allen Menschen gemeinsam, doch die Qualität der Dogmen kann mehr oder weniger sinnvoll sein. Für Duns Scotus ist z.B. die Auferstehung Jesu sinnvoller als der Glaube an die Unsterblichkeit der Seele. Damit steht auch hier die Dominanz des Verstandes im Vordergrund.

Beim Willen ist das anders. Er muss sich zwar der Vernunft beugen, kann sich aber auch Diktaten der Vernunft und den Begierden entziehen. Nur so entsteht „menschliche Freiheit" (ebd.: 360). Der Wille kann nein sagen und verzichten. Erst dadurch ist es möglich über die Distanz der menschlichen Gesellschaft hinweg zu Gott zu finden. Auf diese Weise wird der Wille selbst darin autonom, nichts anderes zu wollen als in der diskursiven Überwindung seiner Meinungs- und Triebstruktur zur natürlichen Neigung und mir ihr zur Glückseligkeit zu finden.

Die Glückseligkeit im Hass zu finden, bleibt allerdings offen, sodass die Frage der Freiheit damit doch durch den allgemeinen Sinn des Gutseins relativiert ist. Nur eines ist ein interessanter Rest: Den Willen auf die Vernunft allein zu gründen ist gefährlich, weil die Vernunft die Freiheit nicht retten kann. Denn die Welt ist nach Duns Scotus nicht aus der Entwicklung vorbestimmter Kräfte entstanden, sondern durch einen Willensakt Gottes aus dem Nichts. Damit können wir dieses Freiheitspotential nur bejahen.

Der menschliche Wille ist somit prinzipiell „undeterminiert", auch wenn er seine Freiheit verliert, sobald er sich für etwas entscheidet. Die Tragik zwischen dem Prinzipiellen und dem Verlust dessen im Vollzug der Entscheidung macht die menschliche Existenz aus. Es geht ihr wie dem Esel, der zwischen zwei Heuhaufen steht, sich nicht entscheiden kann und um nicht zu verhungern, den Zufall wählt. Er kann dann auch quasi erst den einen und dann den anderen fressen. Doch das ist nicht wirklich ein Beispiel für die Tragik. Es wäre erst dann eines, wenn die Freiheit es zulässt, die Befriedigung von Bedürfnissen bewusst zu verweigern und sich für diese Art von Freitod zu entscheiden. Ob die Gesellschaft in diesem Fall eingreifen muss, ist eine andere Sache.

Für Duns Scotus ist jedenfalls diese Tragik nur durch natürliche und zugleich vehemente Zurückweisung des Zerstörerischen möglich. Dieser Akt aber kann nur gelingen, wenn sein Garant die Liebe ist, die Leitfigur des Willens.

5 Kognition des Instrumentellen

Die instrumentelle Ebene ist vom Zusammenspiel von Sprache und methodischem Handeln geprägt. Instrumentell wird sie genannt, weil es darin um Werkzeuge, also um Hilfsmittel der Orientierungsfindung und Erkenntnisgewinnung sowie um Handlungsziele geht. Letzteres ist geprägt von pragmatischen Momenten wie etwa Nutzen, Erfolg und Effektivität.

Auf Grund der Fülle dieses Themenfeldes können wir zu den einzelnen Stichworten nur einschlägige Merkmale beschreiben. Das Kapitel ist also entsprechend knapp verfasst. Zur Weiterführung und Vertiefung möchte ich auf meine Veröffentlichung der *Handlungstheorie in der Sozialen Arbeit* (2005) verweisen.

5.1 Sprache

Die Sprache besitzt eine hervorgehobene Stellung innerhalb der praktischen und wissenschaftlichen Erkenntnis. Im empirischen Teil der instrumentellen Ebene besteht die gesprochene und geschriebene Sprache im Austausch von Zeichen, Sätzen und Gesten. Musik, Malerei und Gestaltung treten in der Kunst- und Kulturwelt als eigene Sprachformen in Erscheinung.

Die Sprache ist die universelle Trägerin von Meinungen, Aussagen und Urteilen sowie reflektierenden Rechtfertigungen. Zudem lassen sich in ihr und mit ihrer Hilfe Methoden und Handlungsformen unterscheiden.

Sprache drückt die Dichte und Intimität des Selbst zu sich und zur Welt aus. Sie entspringt unmittelbar dem Subjekt, das sie gebraucht. Sie ist daher ein technisches Instrument und pragmatisches Medium des Subjektiven. Sie ist aber zugleich auch ein Interpret der Symbolik der Welt.

Zum einen ist die Sprache Ausdruck einer logischen Struktur. Sie ist das Variationsfeld einer Orientierung an Denkmustern und logischen Regeln, denn sie kann angeben, was etwas bedeutet sowie was die Ursache und Folge von etwas ist. Mit diesen Möglichkeiten der Konkretion und Abstraktion, der Reduktion und Ausweitung ist sie in der Lage, den Sinn einer Erkenntnis im Hinblick auf Individualität und Allgemeinheit zu steuern.

Zum anderen ist sie auch Ausdruck der jeweiligen Heimat des Menschen und dessen kultureller Vielfalt. Sie ist Ausdruck von spezifischen Sozialisations- und Lernprozessen. Hochsprache, Dialekt und Milieusprache sind dabei nicht nur an die Verwendung von *Idioms* gebunden, sondern auch an die Melodie, den Klang, die Betonung und den Rhythmus einer Sprache.

Außerdem ist die Sprache in der Lage, Aktuelles und Vergangenes übergreifend zu thematisieren. Diese weist auch darauf hin, dass sie nicht nur die innere und äußere Welt spiegelt, sondern auch selbst innovativ ist.

Die Vorstellung, die Sprache sei die Grenze der Welt und determiniere die natürliche und kulturelle Erfahrung – wie sie von Wittgenstein und anderen Vertretern der Sapir-Whorf-Hypothese angenommen wird – wird durch die Annahme ihrer kreativen Kraft verworfen. Diese besteht vor allem in ihrer *semantischen Dimension*, also darin, Bedeutungen zu verstehen und Symbolisches zu deuten. Darin enthalten ist auch die Übersetzung und Transferierung von Texten sowie deren sachgerechte Interpretation. Sprachzeichen können zudem einen Aufforderungscharakter zum Handeln haben.

Mit Ferdinand de Saussure (1967) unterschieden wird *la langue* von *le parole*, die Sprache als System von Zeichen von der Sprache als Sprechakt. Zudem wird mit Noam Chomsky (1970) ein oberflächen- und tiefenstrukturiertes *Grammatiksystem* als form- und bedeutungsgebend sowie ein kreatives Umsetzungssystem als *Sprachperformance* angenommen. Die Vorstellung, dass in der Sprache immer eine gegenseitige Transformation von Energie und Ausdruck stattfinden, wird in der *Ergon- und Energeia-Theorie* von Aristoteles beschrieben.

Die kritische Funktion der Sprache liegt in der Möglichkeit einer Hinterfragung von Aussagen. Daher ist dieser Teil dort, wo sie als Ideologiekritik in Erscheinung tritt, mit der Frage nach der Vernunft verknüpft. Damit verbunden ist vor allem die grundsätzliche Frage, woher die Bedeutung von Sprachzeichen kommt. Kann Sprache in Eigenregie Bedeutungen hervorbringen oder ist sie lediglich als Medium ein Träger? Der Unterschied und der damit einhergehende *Linguistik Turn* wirkt sich auf die Zuordnung zu verschiedenen Bereichen aus: auf die Sprachphilosophie und Linguistik.

Der *Brockhaus* (2004: 193, 308 f.) stellt dazu die Frage der Sprachphilosophie, ob Wörter Dinge vertreten können, ob und wie sich Sätze auf die Welt beziehen, wie die Bedeutung von Wörtern und Sätzen zusammenhängt, wie Zeichen zu Zeichen und Zeichen zur Welt stehen. Die Linguistik hingegen kümmert sich weniger um eine Bestimmung der Grenzen der Transzendenz. Sie will die Bedeutung von Wörtern immanent bestimmen. Ein Wort bedeutet das, was durch seinen natürlichen Gebrauch festgelegt ist. Die Frage der Transzendenz wird gegenwärtig eher wohl durch die Literatur beantwortet.

In der Narrativität der Sprache scheinen Transzendenz und Immanenz als *energeia* vorhanden zu sein. Das Spiel mit formalen und inhaltlichen Gebrauchsformen ist ebenso möglich, wie das mit ontologischen Gegebenheiten.

Die Semiotik und Semiologie, die sich mit dem beschäftigen, was zum Vorgang des Bezeichnens gehört, bilden daher die wissenschaftliche Fundierung der Semantik. In ihr spielt nicht nur die gegenseitige Beziehung der Zeichen untereinander sowie die Beziehung von Zeichen und Bezeichnetem eine Rolle, sondern auch die pragmatische. Die Wahrnehmung eines Zeichens wird durch eine Handlungserfahrung im Sinne eines ästhetischen Erlebens und eines Umgangs erweitert. Aufnahme und Verstehen von Wörtern sind daher nicht allein das Ergebnis von Abbildung und Gebrauch. So kann die Semantik des Wortes „Heu" erst mit dem Duft von Heu, dem unmittelbaren Umgang oder der Erinnerung ganzheitlich erfasst werden.

Im Bereich der interkulturellen Interaktion ist das Erleben der Fremdheit von Sprachen unterschiedlicher Kulturen, Alltags- und Lebensformen der Ansatz für ein gegenseitiges Verstehen und Verständnis. Fremdheit kommunikativ zur bearbeiten hat den Reiz des Entdeckens von Neuem.

Vorstellungen über das Ausmaß der Universalität der Sprache betreffen alle Bereiche menschlicher Kommunikation und Interaktion. Sprache ist Ausdrucksraum des Minimalen wie des Maximalen. Ihr inhaltlicher Gestaltungsreichtum ist daher unendlich. Dies gilt nicht nur für die Alltagssprache, sondern auch für die Fortentwicklung der Terminologie von Fachsprachen.

Im Bereich der Sozialen Arbeit ist die Sprache das Hauptwerkzeug der Kontakt- und Beziehungsarbeit, verbunden mit pädagogischen Absichten. Sprache wird hier als ein Baustein der Kommunikation zum Zweck einer individuellen und gesellschaftlichen Entwicklung verstanden. Sprache ist die Basis für Austausch und Auseinandersetzung, Dialog, Diskurs und Diskussion mit dem Ziel einer Verbesserung gegenseitigen Verstehens und Verständnisses. Sie ist dabei vor allem an die Sollvorstellungen sozialer Zustände geknüpft.

In diesem Kontext sind das Schweigen, die Sprachlosigkeit und Spracheinschränkung ebenso Themen wie das Ende der Sprache im Phänomen der Gewalt. Destruktive Sprachformen in konstruktive zu wenden, ist eine der Hauptaufgaben.

5.2   Fragen als philosophische Methode

Heideggers Antwort auf den Sinn des Fragens in seinem Vorlesungsband *Die Grundbegriffe der Metaphysik* (2004) lässt sich einfach zusammenfassen: *Fragen suchen nach einer Heimat in der Vielfalt der Wahrnehmung.*

Fragen bilden den Anfang, etwas über sich, andere und die Welt in Erfahrung zu bekommen, etwas zu erklären und zu verstehen oder kurz gesagt zu erkennen. Sie zeigen Interesse und Anteilnahme. Fragen unterscheiden sich von Aussagen einfach dadurch, dass sie keine solchen sind. In der Sozialen Arbeit sind sie nicht wegzudenken. Nur über sie bekommen wir Antworten, an denen sich Hilfestellungen orientieren können.

Martin Heidegger geht auf die metaphysische Heimat eines sich auf der Suche befindenden Fragens ein (ebd.: 6 f.). „Was ist der Mensch? Die Krone der Schöpfung oder ein Irrweg, ein großes Missverständnis und ein Abgrund? Wenn wir so wenig vom Menschen wissen" – vielleicht ließe sich ergänzen: aber viel Methodisches über die technische Beherrschung der Welt – „wie soll da unser Wesen nicht fremd sein?" Die „Zwiesprache des Menschen" mit sich und anderen ist daher ein wesentlicher Grund des Daseins. Ohne ihn wäre alles sinnlos. „Kein Grund" wäre z.B. nur herumzuhängen, weil wir „gerade zwischen fünf und sechs eine Stunde frei haben, und es sich nicht lohnt, nach Hause zu gehen" (ebd.). Dann könnte sich auch keine Zwiesprache als Selbst- und Fremdreflexion, geschweige denn Kommunikation entwickeln, ebenso kein Bewusstsein der Heimatlosigkeit und mit ihm keine Fragen nach dem Eigentlichen. Es geht Heideggers Sprachkunst ähnlich wie dem Dichter Novalis, den er über das strenge Urteil von Aristoteles hinweg zitiert, welcher sagt, Dichter würden eben Vieles zusammenlügen. Er klagt mit Novalis' Stimme den, die Zwiesprache vermeidenden und von der Oberflächlichkeit vereinnahmten, Menschen an. Er stellt die Frage, ob „nicht der heutige städtische Mensch und Affe der Zivilisation das Heimweh längst abgeschafft" hat", und kommt zur Aussage, dass die Philosophie eigentlich Heimweh sei, „ein Trieb überall zu Hause zu sein". Ein erster Punkt ist also die „Vereinzelung" des Menschen, dessen Sinnsuche die Heimat im Ganzen ist.

Hier freilich ist Vorsicht geboten, wenn das Ganze als eine Weltanschauung unhinterfragt übernommen wird. Denn da liegt der Gedanke des „heim ins Reich" schon nahe, mit dem bekanntlich Heidegger – vielleicht geblendet von der nicht zu leugnenden Sentimentalität seiner Sprache – zunächst sympathisiert. Wenn er aber (ebd.: 257) von der Vorsicht spricht, sich in das „Gebäude einer Weltanschauung" zu begeben, weil sie nicht die „Not des heutigen Daseins" beseitigen kann, wird der existentielle Standpunkt einer guten Meisterung des Augenblicks sichtbar, der das Erkennen des Wesentlichen trägt und beflügelt.

Auch Albert Keller widmet sich in seiner systematischen Darstellung *Allgemeine Erkenntnistheorie* (2006) dem Thema des „Fragens". Er folgt dabei der Auffassung Heideggers, setzt sie aber der von Ludwig Wittgenstein entgegen, der dem metaphysischen Suchen wenig Sinn einräumt, indem er sagt, dass eine klare Antwort auf einer ebenso klaren Frage beruhen müsse. Mit „klar" meint Wittgenstein, dass die Frage nach einem Unbekannten nicht durch ein weiteres Unbekanntes beantwortet werden kann, es sei denn man sei unwissenschaftlich tätig. Die Frage nach dem „Wesen" gehört jedenfalls zur Suche nach einem Wolkenkuckucksheim (ebd.: 12). Keller antwortet mit einem Verweis auf den Mathematiker Kurt Gödel und dessen Unvollständigkeitssatz mit Heidegger. Dieser macht einen Unterschied zwischen dem Erfragten und dem Befragten, indem er Form und Inhalt, Weise und Substanz differenziert. Das Befragte ist der Gegenstand, wobei offen ist, wo die Grenze zwischen realem Dasein sowie einer formalen Abbildung einerseits und der inhaltlichen Begriffsummantelung andererseits liegt.

Bei Heidegger ist die Realität einer Sache oder Person durch den Augenblick ihrer Vereinzelung konkret. Doch diesen zu erkennen ist nur möglich, wenn das Befragte das Wesentliche bis zum Rand seiner Vereinzelung ausfüllt. Das Wesentliche wird damit zur existentiellen Möglichkeit, zu der es schlechthin keine Alternative gibt. So wäre die Situation eines durch Armut vereinsamten Menschen dadurch wesentlich, als eben die Armut diesen Menschen bis zum Rand ausfüllt, und er aus eigenem Tun schlicht nicht in der Lage ist, sich zu befreien. Dieser Aufgabe muss sich daher ein anderes Wesentliches – z.B. das Mitleid – stellen. Kritisch zu sehen ist hier die enorme Abhängigkeit zu dem doch recht dumpfen Schicksal der Menschen.

Die Frage, wodurch sich sinnvolle Fragen von Scheinfragen unterscheiden, wird von Keller zunächst mit logischen Hinweisen aus der Wiener Schule versehen (ebd.: 13 ff.). Der Inhalt der Frage muss zum Prädikat passen. Darunter fällt z.B. die Frage, „Wer hat Goethe ermordet?" Fragen müssen danach Protokollierbares enthalten. Die Frage: warum das Nichts nicht ein Etwas sein kann, wäre in diesem Kontext sinnlos, weil sich immer nur etwas Bestimmtes protokollieren lässt. Keller bemerkt zur wissenschaftlichen Ausklammerung alles Metaphysischen kritisch: „Will man jedoch begründen, warum Sinn so verstanden werden müsse, dann gerät man unweigerlich selbst in metaphysische Erörterungen – denn aus Beobachtungen allein lässt sich diese Norm nicht ableiten" (ebd.: 14).

5.2 Fragen als philosophische Methode

Der „Ausgangspunkt" allen Fragens sind „Situation, Anlass und Wissen". Mit Wissen meint Keller (ebd.: 15–18) auch den Wissensstand, dem gegenüber die Frage gestellt wird. Ein Politiker wird eine Frage aus der Sozialen Arbeit anders beantworten als ein Sozialarbeiter. Sokrates ebenso. Für ihn jedenfalls wäre vor allem Bescheidenheit angesichts der „Beschränktheit des menschlichen Erkennens" wichtig. Das Bewusstsein von Erkenntnisgrenzen deckt sich mit der Haltung einer Kritik am arroganten Glauben, über alles „Bescheid zu wissen" und nichts anderes zuzulassen. Eine solche Vorstellung ist „dogmatisch". Das Gegenteil davon wäre „skeptisch", wobei auch dies im Extrem dogmatisch ist. Es geht also um die Bestimmung von Erkenntnisgrenzen. Der Skeptizismus Wittgensteins legt sie klar fest, indem er sagt, dass die Grenzen der Welt auch die der Sprache sind. Für Keller ist diese Grenzziehung problematisch, weil eine Grenze von der Sache her gesehen immer ein Dahinter einschließt. Eine Erkenntnis hinter der Erkenntnis kann aber keine Grenze der Erkenntnis sein, denn das Dahinter muss ja auch erkannt werden. So also landen wir im Grunde immer bei einer metaphysischen Dimension, insbesondere dadurch, dass Anfang und Ende in unserem verfügbaren Sprachsystem liegen.

Demgegenüber ist die Haltung des Skeptizismus wenig offen. Denn in ihr kommen Erkenntniszweifel dogmatisch zustande. Das Prinzip der logischen Bedingung für die Möglichkeit wird nur vom Zweifel getragen. Er durchzieht alles Erfahrbare. Wird der Zweifel zur Methode, kommt er zu dem radikalen Schluss, dass hinter einer Erfahrung nicht wiederum etwas Erfahrbares liegen kann, weil sich eine Erfahrung schließlich nicht selbst erfahren kann, also nicht die Bedingung ihrer eigenen Möglichkeit sein kann, sondern immer nur die Folge von etwas. Es fragt sich nur, von was eigentlich.

> Beim berühmten Satz des Rationalismus von Descartes, „Ich denke, also bin ich", leitet sich die Existenz vom Nullpunkt des Denkens ab und nicht etwa vom Sein der Gesellschaft. Würde man ihn umwandeln und sagen „ich denke, also fühle ich mich (noch) am Leben", könnte die Logik des Nullpunktes der Schmerz sein. Dann aber wäre das Denken nicht das erste, denn in totaler Übermacht, kann der Schmerz das Denken ausschalten, nicht aber die Existenz. Ein weiterer Gesichtspunkt käme hinzu, der von den Nöten des Seins gegenüber dem Denken sprechen würde. Es macht nämlich einen substantiellen Unterschied, ob ihn ein reicher Mensch oder ein armer sagt. Der Reiche kann ihn einfach in seiner Reinform eher locker zum Apriori erheben, weil ihm das Denken in seiner allgemeinsten Form nichts stiehlt. Der Arme aber will ihn möglicherweise gar nicht denken, weil er dann nur seine Armut vor Augen geführt bekommt. So wirkt der Satz für den einen befreiend, für den anderen lästig.

Bei allen Formen von Grenzziehungen war in der Philosophie der Gesichtspunkt einer Freisetzung des Seins durch das Denken trotz aller Gesellschaftskritik ein vorrangiges Motiv, um Fragen zu stellen, auch bei Karl Marx. Bleiben wir also im Raum des Kognitiven und gehen den Varianten des Fragens weiter nach.

Vor der Suche nach den inhaltlichen Grundlagen eines humanen Lebens in der Gesellschaft steht in rationalistischer Tradition die formale Frage nach sicheren und abgesicherten Erfahrungen, Erkenntnissen und Denkformen. Sie überhaupt nicht zu stellen, käme einer Entwertung des Humanen gleich. Ob das richtig ist, sei dahingestellt. Denn auch der umgekehrte Weg vom Inhalt zur Form wäre denkbar. In Wittgensteins *Tractatus* jedoch ist die Frage klar entschieden. Die logische Form gestaltet den Inhalt und nicht der Inhalt und seine Ausuferungen die Form. So gibt es also keine inhaltlichen Fragen, sondern nur Fragen nach Inhalten, die durch eine vernünftige Sprachform abgebildet werden können. Damit bleibt auch alles mehrdeutig Nebulöse außerhalb des richtigen Fragens, im Dschungel des Lebens. Die Erfahrung eines solchen Ortes ist nur insofern möglich, als ich mich an den Ort begeben muss, an dem sich alles abspielt, dorthin, wo die Welt nicht durch logische Strukturen geformt wird, sondern z.B. durch Tanz und Musik.

Georg Wilhelm Friedrich Hegel, der in seiner *Phänomenologie des Geistes* (1807; 1987) all dies entgrenzt, löst das Problem darin ganz anders. Er legt das Inhaltliche in seiner ganzen Fülle das Spannungsfeld des Begriffs und dessen Wesensverbindung zum Allgemeinen. In der Vorrede dazu „Das Wirkliche ist das Allgemeine" (ebd.: 55) wird gesagt, dass es keine formalen Erfahrungen vom vorüberziehenden und vergehenden Einzelnen – z.B. von Formen, Farben, Konturen, Zahlen etc. – gäbe, wenn sie nicht auch Erfahrungen eines Allgemeinen wären, die mehr sind als ein bloßes Zurückgeworfensein auf Prädikate. Zentrale inhaltliche Erfahrungen, wie etwa die der Relativität der Welt, sind nur möglich, weil auch ein platonischer Schatten des Unendlichen darin erfahren wird. Das löst natürlich eine Menge von Assoziationen aus, die im Rückblick auf Hegel eine Menge Kritik an seiner wissenschaftlichen Verwertbarkeit haben aufkommen lassen.

Bleiben wir also wieder bei Keller (2006), der nicht so hoch über die Dinge hinwegfliegt, dennoch aber in ähnlichem Tenor auf die „Ehrfurcht vor dem Geheimnis" hinweist. Er zitiert Goethe: „Das schönste Glück des denkenden Menschen ist, das Erforschliche erforscht zu haben und das Unerforschliche ruhig zu verehren" (ebd.: 17).

Fragen entspringen Motiven. Neben dem Wunsch, Nichtwissen zu verringern, gibt es eine Reihe anderer Motive (ebd.: 18-20). In der Philosophie des Aristoteles ist es das „Streben nach Weisheit", bei Kant ein Streben nach Klarheit: „Was kann ich wissen? Was soll ich tun? Was darf ich hoffen? Was ist der Mensch?". Die großen Fragen von heute lauten etwas anders, weil sich auch das, wonach wir dringend fragen müssen, verändert hat: Wohin steuern wir? Wie können wir Zukunft sichern? An welches Menschenbild müssen wir uns halten? In diesen Fragen steht die Bedeutungs-Suche im Vordergrund, verbunden mit der Sehnsucht nach Beendigung der Odyssee, nach dem Verstehen und dem Verständnis von Sinn und dem Erkunden von Wegen der Verantwortung. Dabei kommen wir nicht umhin, die Frage auch auf das zu richten, was „wesentlich" ist.

In der Sozialen Arbeit wird die persönliche Variante bevorzugt und gefragt, was für uns (für mich, dich, andere) an einer Sache wesentlich ist oder für wesentlich gehalten wird. Damit treten durch das individuelle Verstehen, durch das Meinen und Einschätzen sowohl die Erfassung des allgemeinen Wesens als auch der Kern der Frage nach dem, „was" etwas ist, in den Hintergrund. Man will vielmehr wissen, was Menschen unter einer Sache verstehen und weniger, was die Sache selbst ist. Das Wesen wird damit eher zum Spielball von Meinungen und ist nicht mehr – wie bei einigen Philosophen – etwas von Ort und Zeit unabhängig Feststehendes. Damit es aber nicht ganz in die Beliebigkeit entgleitet, werden die Läufe der Spielbälle mit Regeln versehen. Und das ist eine ganz neue Variante: Regeln definieren das Wesen einer Sache, während von diesem nur ein einziges übergreifendes Merkmal verlangt wird, nämlich dass die Sache zu einem Spielfeld gehört, so wie Wasserball im Wasser gespielt wird.

Das „System" definiert also das Wesen, indem es der Sache einen Platz gibt. Würde man nach dem Wesen von Regeln fragen, so käme nichts anderes heraus: Regeln sind Wesensmerkmale von Systemen. Und Systeme? Sie sind in ihrem Wesen Ordnungsganze und Ordnungshüter der Regeln. Damit wird deutlich wie bei einer solchen impliziten Definitionsweise die Kirche im Dorf bleibt.

Die klassische Definition der Frage nach dem Wesen einer Sache folgt der Regel, erst den höheren Begriff zu bestimmen und dann das unterscheidende Merkmal: Der „Mensch" (*spezies*) ist ein „Sinnenwesen" (*genus proximum*), das – im Gegensatz zu anderen Sinnenwesen – „vernunftbegabt" (*differentia specifica*) ist. Damit ist das, *was* eine Sache ausmacht zugleich auch das, *wie* sie gegenüber anderen in Erscheinung tritt. Das Wesen ist demnach das So-Sein von etwas Existierendem. Die Frage nach dem Existierenden wäre nach Keller (ebd.: 32) die Frage nach dem, ob es etwas gibt oder nicht.

Kritisch wurden dazu weitere Ansätze entwickelt. Sie wollen sich aus dem Vorwurf befreien, die klassische Definition ersetze lediglich ein zu definierendes Unbekanntes durch ein noch nicht definiertes Unbekanntes. Auswege daraus wurden über die *Logische Propädeutik* von Paul Lorenzen und Wilhelm Kamlah (1969) vorgeschlagen. Sie kommen zu der Forderung, Begriffe über Beispiele und Gegenbeispiele exemplarisch einzuführen.

Die Soziale Arbeit könnte im Vertrauen auf die tatsächliche und nicht vorgetäuschte Existenz des Inhalts bei der Definitionsart bleiben, die nur nach dem fragt, wie etwas für einen Menschen ist oder wie er etwas für sich versteht, wenn sie nicht auch die Antworten in ein eigenes professionelles Verständnis einordnen müsste, um auch gut reagieren zu können. Genauer gesagt bedeutet das, dass sie nur angemessen reagieren kann, wenn Klarheit darüber besteht, worum es im Wesentlichen geht. Dazu muss sie trennen, was davon zum Bereich individueller Meinung gehört und was zur Sache selbst. Würden wir das Wesentliche oder Wesen dem Meinungs- und Erscheinungsbild nur *einer* Definitionsart entnehmen, kämen wir nicht zum Eigentlichen und auch nicht zu dem, was den Dingen gerade dieses oder jenes „angeheftet" hat.

Eine solche Vorstellung einer Leitlinien-Definition ist nur insofern brauchbar, als sie sich darüber bewusst ist, dass nach Thomas von Aquin zwar „das Wesen das ist, was durch die Definition ausgedrückt ist" (zitiert bei Keller ebd.: 33), aber sich nicht allein in Buchstaben erschöpft. Das Verhältnis von Sprache und Sein, von Text und Welt ist ein eigenes.

5.3 Methode und Handeln

Methodos ist bekanntlich der Weg zu einem Ziel. Er bedient sich internen Hilfsmitteln, Techniken, Verfahren, Phasen und Stufen. Die Angemessenheit an ein Ziel ist zugleich auch der Zweck einer Methode. Methoden sind auch Handlungsformen der Verwirklichung von Absichten und Interessen sowie der Umsetzung von Zielen.

Methoden in Form von *Verfahren* verkörpern in der Regel geschlossene Systeme, deren *Methodik* sich nach einem Modell, einer Theorie oder einem Handlungszirkel richtet. Besonders im pädagogischen und therapeutischen aber auch im wirtschaftlichen Bereich sind solche Modelle handlungsleitend.

Die Ausstattung eines Verfahrens als Methodenpaket richtet sich nach den Grundannahmen eines Modells. So sind z.B. die Annahmen der Psychoanalyse und die der Verhaltenstheorie grundlegend verschieden. Ebenso ist die Arbeit mit der Vergangenheit und dem Hier und Jetzt methodisch differenziert.

> In der Sozialen Arbeit unterliegen Methoden und Verfahren nicht nur dem ethischen Sinn von Zielen, sondern auch humanen Normen. So ist die Wahl der Sprachform in der Praxis von vorneherein auf eine *Sprache auf Augenhöhe* begrenzt. Das heißt, ausgeschlossen sind alle degradierenden Ausdrucksweisen. Die Sprachabsicht ist somit immer von Achtung und Wohlwollen, Respekt und Sensibilität getragen. Daher dient die Idealvorstellung sozialarbeiterischen Handelns im Sinne einer Entscheidung für konkrete Maßnahmen auch immer dem Wohl der Person und dem Gemeinwesen (vgl. Heiner 2004).

Die Konfliktfelder Idealismus kontra Materialismus sowie Ökonomie kontra Humanität sind in diesem Zusammenhang bekannte Hindernisse: Der Idealismus reibt sich mit dem mächtigen Materialismus, indem er versucht, diesen zu einer gerechteren Verteilung der Güter zu bewegen. Der Materialismus gibt dem Idealismus Rahmenbedingungen vor, indem er den Umfang der Finanzierbarkeit einer Maßnahme bestimmt. Ebenso ergeht es dem Spannungsfeld von Ökonomie und Humanität.

Die geisteswissenschaftliche Antwort auf diese Spannungsfelder besteht vor allem im Hinweis darauf, dass sich mit der Forderung nach Effektivität und Erfolg auch die gesamte Perspektive der Sozialen Arbeit verändert. Der Sinn einer Handlung etwa kann nicht mehr bestimmt werden, wenn er nicht auch ein Bedauern eines Zuwachses an materialistischem Denken einschließt, was immer noch etwas mit Kritik zu tun hat und nicht mit Jammern verwechselt werden darf. Der Sinn ohne kritische Anteile wäre so gesehen halbiert, da ihm die Geistigkeit entzogen ist. Im Gegenzug dazu wird die Qualität von Zielen überwiegend nur von empirischen Faktoren mit dem Hinweis bestimmt, da sie sich ja sonst nicht messen lassen. Die Folge aber ist eine schrittweise Verdrängung des Idealismus. Und das ist schlecht, denn es hat schwerwiegende Auswirkungen. Es macht sich nämlich mehr und mehr die Meinung breit, dass die professionelle Beziehungsarbeit etwa nur dann sinnvoll sei, wenn sie anhand messbarer Kriterien erfolge, und sie sei dann erfolgreich, wenn sie zu einer nachweisbaren Verbesserung der Kommunikation und Interaktion führe. Außerdem, so wird gesagt, sei nur ein solcher Regelkreis auch wirklich finanzierbar.

5.4 Ziele

Die Herstellung von Intersubjektivität ist das generelle Ziel sozialarbeiterischer Orientierungsarbeit. Was Ziele aber philosophisch als solche sind, wird nachfolgend kurz bearbeitet:

Robert Spaemann und Reinhard Löw (2005) beschreiben zu diesem Thema historische und systematische Stationen einer „Wiederentdeckung des teleologischen Denkens". Die Frage der Interaktion nach dem „Wozu" stellt sich anders als die nach dem „Wie, Warum, Weshalb und Für-wen". Das Wozu will auf einen „Zweck" stoßen, auf etwas „Nützliches", hinter dem etwas „Gutes" vermutet wird.

Im Bereich des Subjektiven definieren sich Ziele in der Form von Willensakten, von Handlungsmotiven und Interessen. In der vom Menschen gemachten Welt spiegeln sich sodann diese Willensziele in der Verdinglichung, den kulturellen Artefakten, den gemachten Verhältnissen und konkreten Strukturen. Sie zeigen sich in der vom Willen beherrschten Welt. Ob sie in sich selbst gut oder nur gut platziert sind, ist eine Frage der sozialen Gerechtigkeit, deren Zielgerichtetheit oder Finalität dem Interesse einseitiger Bevorteilung offensichtlich enorm zuwiderläuft. Das Ziel der Wahrung von Besitz etwa ist gegenüber dem der Verteilung kontrovers verfasst.

Das zweite Spektrum der Frage richtet sich auf die vom Menschen unbeeinflusste Natur, falls es eine solche gibt. Gefragt wird, ob auch dieser Bereich ähnliche Willensakte kennt, nach denen sich dessen Evolution ausrichtet.

Selbst wenn diese Frage heute eher als müßig empfunden wird, so ist neben der kausalen Finalität des Energiehaushalts der Welt der Anpassungszwang des Lebens ein vorrangiges Wohl-und-Wehe-Thema der Menschheit. Im Moment sieht es so aus, als ob die durch den Menschen veränderte physikalische Welt zwangsläufig verstärkt Phänomene – wie den Klimawandel – hervorbringt, die den gesamten Komplex der Lebensmöglichkeiten negativ beeinflussen.

Das zielgerichtete, teleologische Denken beginnt mit der Wahrnehmung der Bewegung (ebd.: 41 ff.). Das eine wandert von hier nach da oder geht von dem in dieses über. Die dahinter stehende Kraft der Wirklichkeit ist bei Platon die Idee (*eidos*), bei Aristoteles schon handhabbare Substanz (*ousia*). Durch ihre Initialzündung (*hypokeimenon*) aus sich selbst heraus werden sie zur Wirklichkeit, also zu dem, was sie sind. Danach richtet sich auch die Lehre von den vier Ursachen und Prinzipien der „Entelechie". Es sind: die „Materialursache" (*causa materialis*), die „Wirkursache" der Eigenschaft und Kausalität eines Materials (*causa efficiens*), die „Form- und Gestaltungsursache" im Gestaltungsbewusstsein des Künstlers (*causa formalis*) und die „Zweck- und Endursache" im Verwendungszusammenhang (*causa finalis*) (ebd.: 50).

Dabei wird auch der „Zufall" erwähnt. Doch dieser ist nur vordergründig willkürlich und in Wirklichkeit ebenso teleologisch. *Telos* ist also Ziel und Grund zugleich, ohne die wir nicht sagen könnten, um „wessen willen" etwas sinnvoll sei. Gott als Demiurg des *bonum universale* steht über allem unabhängig von den Tatsachen, die sich der Mensch selbst schafft.

6 Rahmenbedingungen, Prinzipien und Schaltstellen geistiger Zugriffe der Sozialen Arbeit

Im Hinblick auf das Ziel einer Realisierung humaner, freiheitlicher, gerechter und friedfertiger Zustände besitzt die sozialarbeiterische Praxis einen eigenen professionellen Betrachtungsgarten. In ihm werden Ideen geboren, weiterentwickelt und verändert, in ihm finden aber auch Rückzüge statt, Ruhepausen des Handelns. Es werden Ereignisse kritisch durchleuchtet, Strategien in Frage gestellt, neue geschmiedet und Möglichkeiten behutsam bewertet.

Die enorme Bandbreite des Netzwerks psychosozialer Verstrickungen ist das Kernfeld der Sozialen Arbeit. Die daran geknüpften, sehr umfangreichen und differenzierten Themen können nicht ohne grundlegende Verständnisse zur „geistigen Basis" bewältigt werden. Dazu stellt das folgende Kapitel eine Auswahl markanter Gegenstände vor. Sie betreffen das „soziale Verhältnis von Mensch und Gesellschaft" und die damit verbundenen Vorstellungen über den Begriff des Sozialen, dessen Rahmenbedingungen, Prinzipien und Schaltstellen.

6.1 Rahmenbedingungen des Sozialen

Unterschieden werden (1.1.) inhaltliche, (1.2.) prinzipielle, (1.3.) strukturelle und (1.4.) historisch gewachsene Rahmenbedingungen.

6.1.1 Inhaltliche Rahmenbedingung: Facetten des Begriffs „sozial"

Der Begriff „sozial" gehört zu den *inhaltlichen Rahmenbedingungen* der Sozialen Arbeit. Der Mensch ist innerhalb bestimmter Lebenslagen und Lebensverhältnisse neben seiner biologischen, psychologischen sowie geistigen Ausstattung und seiner politischen und ökonomischen Bestimmung in erster Linie ein soziales Wesen, ein *homo sociologicus,* wie ihn Ralf Dahrendorf (1967: 141) beschreibt. Er wird von Anfang an von Positionsmerkmalen wie „Geschlecht", „Alter", „Familienstand", „nationale und religiöse Zugehörigkeit", „Wohnort", „Beruf", „Titel", „Stellung" etc. umklammert.

Das Wort „sozial" hat vielfältige Bezüge. Im Großen bezieht es sich real auf den Bereich der „Fürsorge" und ideal auf die „gerechte und glaubwürdige Verteilung und Teilhabe" sowie „Gleichberechtigung und Gleichbehandlung". Im Kleinen beinhaltet er „Haltungen und Tugenden", wie die der gegenseitigen Rücksichtnahme, Achtung und Ehrfurcht vor dem Leben.

Das Gegenteil von „sozial" entsteht vor allem im Makrobereich durch die ausgespielte Privilegierung bei der Verteilung und der Ausübung irrationaler Macht. Im Mikrobereich sind mit dem Nicht-Sozialen alle Formen von Ungleichbehandlung gemeint, verbunden mit Belästigungen, Übergriffen, Nötigung, Hass und Gewalt. Die Welt dazwischen ist von der Suche nach einem fairen Umgang, also von der Suche nach vernünftigen und verträglichen Kompromissen des Zusammenlebens in der Gemeinschaft geprägt. So gesehen ist der Begriff „sozial" immer zugleich auch ein permanenter Prozess der Bewältigung von Krisen.

Lateinisch bedeutet *socius* Genosse, Weggefährte, Wegbegleiter aber auch Mitmensch, mit dem das Leben in der Gemeinschaft und einem Gemeinwesen geteilt wird. Es kommt darin bereits ein interessantes Verhältnis von Geben und Nehmen sowie von der Freude des Schenkens und Beschenktwerdens zum Ausdruck. Wichtig ist dabei jedoch, dass das Soziale immer mehr ist als die Gabe der Mächtigen. So muss auch den Geldgebern klar sein, dass die Gabe das Prinzip von Bündnis und Handel ist und der Stagnation des Krieges und anderer Formen selbstsüchtigen Herrschens, der Überheblichkeit und unnötigen Konkurrenz gegenüber steht (vgl. dazu: Marcel Mauss *Essai sur le don* und auch den Artikel von Hermann Unterstöger SZ vom 12.12.06, S. 2 „Der Brillant auf der Messerspitze").

Auch die Sozialpsychologie weist in ihrer Begriffsdefinition von „sozial" auf die Entwicklung von sinnvollen Formen eines geregelten Zusammenlebens hin. Sie betreffen Regeln und Vereinbarungen zur Förderung von Parität in der zwischenmenschlichen Kommunikation auf der Ebene der Zweierbeziehung und auf der von Gruppen und Gruppierungen. Es geht dabei um die soziale Gestaltung des beruflichen wie privaten Alltags, um Arbeitsübernahmen, um eine ausgeglichene Verteilung der Aufgaben und Lasten, um Rotation der Macht, um Verzicht und Aufopferung, Freundschaft, Partnerschaft und Liebe. Hier wären Aktionen sozial kontraproduktiv, wenn sie einseitig Macht stabilisieren oder wenn sie Beziehungen nur über das Raster von Sympathie und Antipathie, von Anhänger- und Gegnerschaft definieren. Ebenso gegenläufig wären Gefühle wie Neid, Missgunst, aber auch mangelnde Glaubwürdigkeit bei einer ungleichen Verteilung der Güter. Die Einsicht, warum manche Gruppen auf Grund von Positionen und Ämtern mehr verdienen, obwohl sie vergleichsweise weniger arbeiten, bleibt in diesem Zusammenhang schwer verständlich.

Allgemein formuliert meint daher „sozial" die zentrale Eigenschaft einer zu leistenden Mitmenschlichkeit und Fairness bei der Verteilung erwirtschafteter Güter. Als Prinzip steht der Begriff dafür ein, aufzuzeigen, dass der Mensch grundsätzlich eine familiäre Heimat hat und braucht. Er benennt aber auch die Forderung, ihm in seiner Entwicklung, in seinen Bedürfnissen und Wünschen beizustehen. Das betrifft vor allem den Bereich der Schwächen, Krankheiten und Krisen sowie des Versagens und Abweichens von Leistungs- und Zielvorstellungen bzw. Erwartungen.

6.1 Rahmenbedingungen des Sozialen

Besonders die Sozialphilosophie thematisiert bereits mit Jean-Jacques Rousseaus Diskurs *Über den Ursprung und die Grundlagen der Ungleichheit unter den Menschen* (von 1755) das Verhältnis von Individuum und Gesellschaft sowie Möglichkeiten einer Überwindung der Ungleichheit durch Herstellung einer Rechtsgleichheit. Die darin versteckte Kritik am Darwinismus weist deutlich darauf hin, dass sich aus gewissen Tatsachen der Evolution kein Recht des Stärkeren ableiten lässt, auch wenn die biologische Natur dies so vorzuleben scheint. Ihr tritt die Kultur gegenüber und mit ihr der sie lebendig haltende Geist, der in der Lage ist, Ideen zu denken und der menschlichen Natur die Kategorien der Gleichheit, der Gerechtigkeit und Freiheit überzuordnen. Die grundsätzliche Gleichberechtigung und Gleichbehandlung aller steht hier an oberster Stelle.

Der Kern des Sozialen wird daher sowohl zur ethisch gebotenen Norm der Verpflichtung, zum Helfen in Form von Unterstützung, Beratung und Begleitung, als auch zur Erklärungsgrundlage der Erhaltung und des Zusammenhalts einer Gemeinschaft. Eine Gesellschaft wird in ihrer ökonomischen Bemühung erst durch ihre soziale Bemühung auf eine menschenwürdige Weise existenzfähig. „Sozial" kann so gesehen als anthropologischer Tatbestand gelten, sich nicht grundsätzlich von der Gesellschaft lösen zu können.

> Problematisch ist die Stelle, wo sich Menschen von der Gesellschaft lösen müssen, wenn sie sonst Gefahr laufen, „kaputt" gemacht zu werden. In diesem Fall hat die Gesellschaft ein Interesse, sie in die Gemeinschaft zurückzuholen, weil diese Menschen auf Dauer menschenunwürdig verwahrlosen würden oder sich dann vom Kultur- und Rechtssystem der Gesellschaft gänzlich abwenden könnten.
>
> Die Gründe für eine Loslösung und Abkehr von der Gesellschaft sind oft mit tiefen Beziehungsenttäuschungen verbunden, nicht anerkannt und willkommen zu sein, umgerecht und unfair behandelt zu werden, unterdrückt zu werden oder Opfer von Interessen und Ideologien zu sein. Daher hat die Gesellschaft mit der in ihrem eigenen Interesse ausgesprochenen Norm des „sozialen Friedens" ein verstärktes Anliegen, sozialarbeiterisch und sozialpädagogisch tätig zu werden, das heißt, diesen Menschen die Chance einer Resozialisierung und Integrierung zu geben, damit sie für sich wieder neue Entwicklungsmöglichkeiten entdecken können. Es heißt darüber hinaus aber auch, diesbezüglich prophylaktische Beiträge für die Menschen bereitzustellen, die von den Gefahren eines Enkulturations-, Identitäts- und Emanzipationsverlustes besonders bedroht sind.
>
> Wenn sich der Sozialstaat aus pekuniären Gründen schrittweise aus der Führsorgepflicht zurückzieht, handelt er natürlich selbst nicht mehr sozial, sondern produziert automatisch eine ethisch kaum zu rechtfertigende Verschärfung der Überlebenssituation sozialer Einrichtungen. Vor allem gilt dies in den Gesellschaften, in denen die Leistungsgerechtigkeit von einer Verteilungsgerechtigkeit wenig hält, weil sie den Verlust von Vorteilen bei der Verteilung befürchtet (vgl. zur „Frage der Gerechtigkeit" Wilhelm Schmid *Philosophie der Lebenskunst*, 1998: 278–285).

Im Rahmen sozialarbeiterischer Prinzipien der Praxis spielt das Ideengut der *Für-Sorge*, also der Barmherzigkeit, des Mitleids, des Mitgefühls und des Verzeihens eine besondere Rolle. Zu diesen Themen werden wir nachfolgend die Begriffe etwas umreißen und auch einzelne Veröffentlichungen dazu heranziehen. Zu ihnen gehören Textstellen aus dem Alten und Neuen Testament sowie Auffassungen verschiedener Religionen. Sie werden jedoch nur kurz gestreift. Etwas genauer eingehen werden wir auf die Begriffe „Mitleid und Mitgefühl" sowie „Verzeihen". Zu Hilfe nehmen wir Paul Ricoeurs Buch *Das Selbst als ein Anderer* (1996), ebenso einige Passagen aus Wilhelm Schmids *Philosophie der Lebenskunst* (1998), sodann die berühmte Schrift von Arthur Schopenhauer *Über das Mitleid* (Neudruck 2005). Darüber hinaus gibt Dieter Thomä in *Totalität und Mitleid – Richard Wagner, Sergej Eisenstein und unsere ethisch-ästhetische Moderne* (2006) einen weiterführenden Beitrag. Zum Thema *Verzeihen* kommt schließlich noch kurz Vladimir Jankélévitch (2004) zu Wort.

Die Barmherzigkeit – lat. *misericordia* – ist als menschlicher Charakterzug der Großherzigkeit im Unterschied zum Mitleid eine Art *Gabe an Bedürftige* (vgl. Stefan Dybowski 1992). Die von Internetnutzern erstellte freie Enzyklopädie *Wikipedia* stellt zu dem Stichwort „Barmherzigkeit"Aussagen aus verschiedenen Religionen nebeneinander. Im Judentum meint der Begriff die Eigenschaft Gottes der „Gnade, Huld und Treue". Angesichts der Sünde tröstet Gott den Menschen, verzeiht ihm und wendet sich nicht ab, so als würde er ihn vergessen. Die Quellen dessen sind das *2. Buch Moses* 34, 6 und *Jesaja* 49, 13, 15 und *Tobit* 12, 8.

Im Christentum sind mit der Barmherzigkeit Menschenliebe und Humanität bzw. *caritas* gemeint. In den von Jesus vorgetragenen Gleichnissen – in: Lukas 10, Vers 25–37, Markus 1, Vers 16–20 und 7, Vers 31–37, so wie in der Bergpredigt – kommt die Barmherzigkeit hauptsächlich den Hungernden, Dürstenden, Kranken, Fremden, Toten, Gefangenen und Nackten zugute. Im Koran des Islam ist *ar-rahman* der *Allerbarmer*, also Allah selbst. Ihm sind alle Gläubigen verpflichtet. Der Buddhismus versteht unter Barmherzigkeit als *karuna* das Mitgefühl, zu dem sich die Freigiebigkeit gesellen muss. Sie ist die Praxis der Lebenserhaltung, die die Ehrfurcht vor dem Leben gebietet und es verbietet Tiere – seien sie auch noch so klein – zu töten. Im Konfuzianismus und Taoismus ist die Güte das Prinzip der Rangordnung in der Gemeinschaft.

Gegenwärtig bildet Fürsorge den Oberbegriff. Allgemein darunter zu verstehen ist die gesellschaftlich finanzierte und organisierte Dienstleistung in der Form psychosozialer Unterstützung, die über Ämter, Institutionen und Einrichtungen in Formen der Einzel-, Gruppen- und Gemeinwesenhilfe organisiert ist. Der geistige Hintergrund der Fürsorge meint dabei jedoch neben dem Gedanken der barmherzigen Gabe hier mehr die Organisation einer *weltlichen Gnade*, also eines Almosen der Reichen für diejenigen, die nicht in der Lage sind, ihre Existenz auf menschenwürdige Weise zu sichern.

Das Interesse am Almosen ist dabei meist weniger ein praktiziertes Mitleid als vielmehr von der Überlegung begleitet, das Verhältnis von Armut und Reichtum eines Gemeinwesens friedfertig zu halten. Ethisch gesehen ist dieser Regelkreis nicht unbedenklich, wenn sich die Reichen die Armen durch Almosen halten und sie an sich binden, weil sie sie zur Stabilität ihres Reichtums brauchen. Daher ist der Begriff der Barmherzigkeit in der Fürsorge nur sinnvoll, wenn er interessenlose Menschenliebe ist. Die Stationen dazu sind meines Erachtens Mitleid und Mitgefühl, die als menschliche Züge dem Almosengedanken der Barmherzigkeit erst seine weltliche Menschlichkeit geben.

6.1 Rahmenbedingungen des Sozialen

Für Paul Ricoeur (1996) sind Mitleid und Mitgefühl im weitesten Sinne zunächst ein „gegenseitiger Austausch von Selbstschätzungen" (ebd.: 268). Die Frage dabei ist allerdings, ob die gegenseitige Achtung, insbesondere die Achtung des Anderen sich auch mit dem Prinzip der individuellen Autonomie vereinbaren lässt, egal in welcher sozialen Lagen sich der Andere befindet, oder ob die Achtung eben nur die Notwendigkeit einer allgemeinen Pflicht ausdrückt, einer möglichen Verwahrlosung in jedem Fall entgegenzuwirken.

Die Problematik zeigt sich vor allem in folgendem: Die Grenzziehung zwischen einer staatlich organisierten Barmherzigkeit und dem individuellen Mitleid und Mitgefühl gegenüber der Autonomie des Menschen ist konkret schwierig. Die Einweisung alter Menschen gegen ihren Willen in ein Heim wäre etwa ein solches Problem. Für den Philosophen stellt sich hier die Frage, was nun höher steht: der äußere Sinn oder das Leid, die Barmherzigkeit oder das Mitleid und Mitgefühl.

Für die Begründung beider Ansichten gäbe es eine Menge Argumente. Dennoch kann eine allgemeine Antwort nur lauten: Das Wohlwollen muss als Norm über allem schweben. Bei Mt 22, 39 heißt es: „Du sollst deinen Nächsten lieben wie dich selbst". Oder bei Lk 6, 31: „Was ihr von anderen erwartet, das tut ebenso auch ihnen". Der *Babylonische Talmud* (Schab 31 a) sagt: „Was dir unlieb ist, tue keinem anderen" (Zitate bei Ricoeur ebd.: 265 f.).

Ricoeur leitet aus diesen Textstellen die „Norm der Gegenseitigkeit ab". Ihr Ort ist damit von vorneherein die Zwischenwelt eines paradoxen „Wohlwollens". Es agiert zwischen dem Freiheitsdrang der Selbstbestimmung aus dem Kategorischen Imperativ und den Vorstellungen, denen sich das Gemeinwesen verpflichtet fühlt. Beiden Quellen bleibt die Frage nach den Grenzen der Pervertierung ihres Systems gemeinsam, auch wenn sie beide offensichtlich nicht in der Lagen sind, zu antworten, weil der Kategorische Imperativ die Frage der Notwendigkeit gewaltsamer Eingriffe nicht klären kann und weil das Gemeinwesen die Autonomie und das Wohl des Individuums schützen muss.

Nach Wilhelm Schmid (1998) ist eine Grundlage der „Sorge" gleichgesetzt mit dem Verständnis des Selbst und dessen Einbettungs- und Abgrenzungskultur innerhalb der Moderne, welche zunehmend nach „Sorglosigkeit" sucht. Das entspricht einem Trend, der im Sinne des Satzes „das geht mich nichts an" das Recht formuliert, Nah- und Fernbeziehung sowie den Umfang der Beziehungspflege selbst zu bestimmen. Die Zunahme der Fernbeziehung zu Individuen, deren Identität sich verantwortungsfrei in Form von Bits präsentiert, schafft alle Last einer persönlichen Verpflichtung ab, sich kümmern zu müssen. Der Kontakt wird durch Anklicken eröffnet und auf die selbe Weise abgebrochen.

Die Sorge um andere aus Klugheit bzw. aus „klugem Eigeninteresse" ist zwar auch für Schmid die bessere Alternative zur allgemeinen Pflicht angesichts der Gefahr der Herzlosigkeit, aber von einem „freien Interesse" ist auch diese Klugheit weit entfernt.

Eine andere Dimension ist mit dem Ansatz von Emanuel Lévinas in *Die Spur des Anderen* (1992) verbunden. Das Glück einer Selbstlosigkeit liegt in der Eröffnung des Erblickens des Antlitzes des Anderen. Der Verzicht auf eigene Möglichkeiten wirkt über die Dankbarkeit auf das Selbst zurück. Daher ist für Schmid nur über die „Rückbesinnung auf die Selbstsorge" auch die sinnvollste Basis im Unterschied zur ethischen „Nobilitierung" oder allgemeinen

Wertschätzung der Soge für Andere möglich (ebd.: 267 f.). Damit wird die „Unverzichtbarkeit der Selbstsorge", die sowohl die Klugheit als auch das freie Interesse enthält, unterstrichen. Ferner schützt das Selbst vor Idealisierungen und weist auf die Erfahrung des „Ärgernis" und der „Enttäuschung" hin. Der Altruismus wird also durch das Selbst vor der totalen Selbstaufopferung bewahrt. Außerdem ist die Sorge nicht auf das Ziel der Abhängigkeit ausgerichtet, andere zur Selbstsorge zu führen. Zum nachhaltigen „Umsorgen" und „Versorgen" schreibt Schmid (ebd.: 268): „Aufmerksam zu sein auf sie, sie zu reflektieren und ihnen bei ihrer Selbstgestaltung behilflich zu sein, die gesamte hermeneutische und parrhesiatische Arbeit der Sorge gemeinsam mit ihnen zu betreiben, insbesondere das Künftige vorwegzudenken und vorzubereiten,[...] die Arbeit an der Veränderung ihrer selbst mit ihnen zu teilen.[...] Andere zu umsorgen, meint nicht mehr nur, ihre ‚Versorgung' sicherzustellen und Beistand im Notfall zu leisten, sondern dauerhaft an der Gestaltung ihres Lebens und ihrer selbst teilzuhaben, in diesem Sinne auch Einfluss auf sie zu nehmen und nicht etwa ‚sich zurückzunehmen'". Sorge und Fürsorge gehören damit in der wechselseitigen Gestaltung von Lebensfreude auch zur Lebenskunst. Ausgeweitet wird dann aber auch die Sorge um das Selbst zur Sorge um die Gesellschaft, also zur Lebenskunst der Umgangsformen, auf der Basis eines „Gesellschaftsvertrags" im Sinne von Jean-Jacques Rousseau und des „Geistes der Gesetze" von Charles de Secondat Montesquieu. Schmid plädiert (ebd.: 274 ff.) für eine Rückgewinnung einer *Citoyenität* oder eines Bürgersinns, sich die Tugenden der „Höflichkeit, Aufmerksamkeit, Rücksichtnahme, Zurückhaltung, Respekt, Anerkennung Anderer, Dankbarkeit, Erweisen von Gefälligkeiten, Toleranz, Unvoreingenommenheit, Nachsicht für die Schwächen Anderer etc." anzueignen, damit dies auch zur „Gewohnheit des Herzens" wird, so wie es Alexis de Tocqueville (Ausg. 2004: 40) ausdrückt. Damit aber wechselt sich das Szenenbild zum Thema „Gerechtigkeit", das wir noch an anderer Stelle behandeln werden.

In Arthur Schopenhauers Schrift *Über das Mitleid* (Ausg. 2005) wird Mitleid als Mitgefühl der Lage eines Andern umgrenzt, in dessen Haut ich nicht stecken kann, doch dessen „Wohl und Wehe" mir am Herzen liegen. Dabei ist die Anteilnahme zugleich auch ein Stück Aufhebung und Zunahme an Wohlergehen und Verminderung des Leids. Mitleid ist damit auch aktive Verwirklichung echter Gerechtigkeit über eine Verteilung des Wohlergehens durch Anteilnahme. Wenn es den Menschen um Zuneigung und Dankbarkeit geht, dann zeigt sich darin das „große Mysterium der Ethik" (ebd.: 77). Wenn sie aber den Grundtriebfedern des „Egoismus", der „Gier", „Völlerei", „Wollust", des „Eigennutzes", „Geizes", der „Habsucht", „Ungerechtigkeit", „Hartherzigkeit", dem (überheblichen) „Stolz", der „Hoffahrt", der „Gehässigkeit", der „Missgunst", dem „Neid", dem „Übelwollen", der „Bosheit", der „Schadenfreude", der „spähenden Neugier", „Verleumdung", „Anmaßung", der „brutalen Ausgelassenheit", des „Hasses", des „Verrats", der „Tücke", der „Rachsucht" und „Grausamkeit", nicht entsagen, dann gelangen sie nie durch die Finsternis hindurch an das Licht, an die Evidenz der Mitmenschlichkeit. Da der positive Weg jedoch wesentlich ein idealistischer ist, kann er nur als eine „Moralität der Gesinnung" wirksam sein, zu der Menschen sich ein Leben lang durchringen müssen. Gelingt ihnen dies, sind sie die „wahrhaft ehrlichen Leute" der Gesellschaft (ebd.: 70 f.).

Bei Kant wird das Mitleid in der praktischen Vernunft verankert. Das führt zwar zu einer genialen und sehr fundierten Begründung. Für Schopenhauer aber besitzt die Verlagerung des Mitleids in die Herzenswärme mehr Substanz. Vorbild dazu ist Jean-Jacque Rousseaus *Discours sur l'origine de L'inégalité*, den er ausführlich zitiert. Darin wird von Rousseau die Annahme einer ursprünglichen Wildheit, von der Thomas Hobbes' *Leviathan* spricht, radikal verneint. Unbemerkt wird dort nämlich die Eigenliebe des Menschen durch „ein angeborenes Widerstreben, seinesgleichen leiden zu sehen" gedämpft. Rousseau meint auch – Mandeville zitierend – dass, „die Menschen mit all ihrer Moral nie etwas anders gewesen wären als Scheusale, hätte nicht die Natur ihnen zur Unterstützung ihrer Vernunft *das Mitleid* gegeben" (ebd.: 126 f.). Das Mitleid mildert die Selbstliebe und trägt damit zur Erhaltung der Gattung bei. Es wird jeden „rohen Wilden abhalten [...] einem schwachen Kinde oder einem hilflosen Greise seine mühsam erlangte Subsistenz [Auskommen] zu rauben, solange er selbst hoffen kann, die seinige auf anderem Wege zu finden".

Schopenhauer holt noch weiter aus, indem er auch Aussagen aus anderen Kulturkreisen zitiert (ebd.: 128 f.). Die Chinesen kennen fünf Kardinaltugenden, an deren Spitze sich das Mitleid befindet, „die Gerechtigkeit, Höflichkeit, Weisheit und Aufrichtigkeit". Im Hinduismus steht das Mitleid mit Mensch und Tier im Zentrum der Entwicklung der Seele. Auch die Griechen hatten auf dem Forum in Athen einen Altar des Mitleids. Aus dieser Zeit stammt auch der von Stobäos überlieferte Spruch des Phokion, der „das Mitleid als das Allerheiligste im Menschen" darstellt. Er lautet: „Man darf den Altar nicht aus dem Tempel und das Mitleid nicht aus dem Menschenherzen reißen". Das Mitleid wird als höchste Tugend so zur „gefühlten Wahrheit". In dieser Hinsicht besitzen die Religionen einen gemeinsamen Kern. Das Christentum hält Schopenhauer für den „Abglanz eines indischen Urlichts" (ebd.: 119).

Die Frage, warum nicht alle Menschen dem Urlicht folgen, erörtert er im Abschnitt „Vom Unterschied der Charaktere" (ebd.: 129–141). Die Frage lautet: Kann die Ethik „den hartherzigen Menschen in einen mitleidigen und dadurch in einen gerechten und menschenfreundlichen umschaffen?" Für Schopenhauer sind die Chancen gleich Null, wenn vom guten und vom bösen Schatz des Herzens die Rede ist.

Auch Michel de Montaigne fragt sich in seinen *Essais* (von 1595), ob eine natürliche Beschaffenheit und Fähigkeit ohne Gesetz, Vernunft und Beispiel ausreichen.

Für Kant ist die Frage beantwortet, da der Charakter zur Einsicht in ethisches Handeln intelligibel ist. Damit ist die Tugend des Mitleids angeboren und kann nicht „angepredigt" werden.

Der Ausgang ist also für Schopenhauer nicht gerade hoffnungsvoll, weil das Mitleid Teil eines charakterlichen Schicksals wird, für das wir entweder den Willen dazu haben oder dieser uns versagt bleibt. Deutlicher wird dies noch durch den Spruch aus Faust I: „Du bist am Ende – was du bist". Und : „Du bleibst doch immer, was du bist" (ebd.: 138).

Franco Volpi, der Schopenhauers Werk am Ende kommentiert, versucht die Hauptaussagen durch eine moderne Deutung zu würdigen (ebd.: 151–159): Das „Phänomen der moralischen Sensibilität" bleibt für ihn ein „rational schwer bestimmbares Phänomen". Dies gilt auch für den Bereich des Sozialen. Auch dort muss gefragt werden, ob Mitleid als Richtschnur gelten kann, um zwischenmenschliches Handeln und Zusammenleben zu organisieren. Die Frage ist offen, solange der Wille mit Macht sein Unwesen treibt und solange er sowohl für den Zweck wie die Zwecklosigkeit zuständig ist. Das Mitleid verrät so etwas Mysteriöses, „das dem eisernen Gesetz des Willens zuwiderläuft".

Was aber dennoch übrig bleibt, ist eine nicht zu leugnende Tatsache: „Das Mitleid hebt die Mauer zwischen Du und Ich auf". Es „bezieht sich auf alles, was Leben hat." Als eigene Willensquelle stellt es sich den Willensquellen des „Eigennutzes" und der „Grausamkeit" entgegen, durch die immer einer der Teufel des anderen sein muss. Kurz um, das Mitleid gehört nicht zu den „Göttern der Intoleranz". Über Kant geht Schopenhauer nach Volpi dadurch hinaus, dass er das Mitleid nicht zu einer Pflicht erhebt, nicht zu einem Imperativ. Vernunft ändert nichts an der „schrecklichen Natürlichkeit des Egoismus", wenn nicht auch die Haltungen der Toleranz und Solidarität mitwirken. Das Einfühlungsvermögen hingegen ist eher dazu in der Lage.

Dieter Thomä erweitert das Szenarium und eröffnet in *Totalität und Mitleid* (2006) einen künstlerischen Zugang zu einem eigentlich unüberwindlichen Dilemma. Es ist die Frage, ob Mitleid und Verzeihen im Totalitarismus überhaupt einen Platz haben können.

Am 21. November 1940 fand am Bolschoi-Theater in Moskau ein besonderes Ereignis statt. Sergeij Eisenstein bekam den Auftrag, Richard Wagners *Walküre* zu inszenieren. Hintergrund war ein vereinbarter Kulturaustausch anlässlich des Nichtangriffspakts in der Zeit zwischen dem 23. August 1939 und dem 22. Juni 1941. Im Gegenzug zu Wagner, Schiller, Hauptmann und Mozart wurde in Berlin eine Oper von Michail Glinka aufgeführt sowie eine Novelle von Alexander Sergejewitsch Puschkin verfilmt.

Die *Walküre*, das Herzenswerk des Führers, von einem kommunistischen Juden inszeniert, war ein ganz ungewöhnliches Ereignis! Das ist für Thomä Anlass, Zusammenhänge zu sehen, die den Mitleidsbegriff mit dem der *Inkarnation eines Mythos verbinden*. Beide Teile führen zunächst zum Thema „Gestaltungspoetik", führen zu Lessing, sodann zum „Mitleid" bei Adam Smith, zur „Erlösung" bei Schopenhauer, zur „Dekadenz" bei Nietzsche, zur „Masse" bei Kracauer und zum „Jazz" bei Joyce. All dies wird auf sehr interessante Weise miteinander verglichen.

Dies jedoch breiter darzustellen, würde aber den Rahmen unserer Absicht sprengen. Ich werde daher nur einige wenige Teile herausgreifen, insbesondere die, die den Mitleidsbegriff mit einer eigenen Sichtweise versehen:

Im Zentrum Wagners Oper *Walküre* steht die Figur der Brünhilde, die Tochter Wotans. Sie lebt einzig allein aus der Nähe zu den Spielfiguren ihres Vater und dessen Untaten, und was entscheidend ist: sie übernimmt diesen Part als Frau in einem übermächtigen totalitären System. Zur Handlung: Das unheilvolle Schicksal, das durch Alberichs Entscheidung im *Rheingold*, sich nicht der Liebe hinzugeben, sondern dem Geld, besiegelt den Lauf der Welt bis hin zur *Götterdämmerung*. Die Macht wird zur Quelle allen Treibens, und die Liebe zum Spieltrieb des Totalitären. In diesem Netz übernimmt Brünhilde eine besondere Rolle, zumal ihr bewusst wird, wie sehr sie unter den Trieben und Machtgelüsten ihres Vaters leidet, während ihr Herz ihn vergöttern muss, denn sie hat ja keinen anderen Vater. Auf der einen Seite stehen also die unsäglichen Affären ihres Erzeugers, die sie am liebsten ungeschehen machen möchte, auf der anderen das Leid der Betroffenen, zu denen letztlich auch sie gehört. Als Tochter steht sie also in einem tragischen Dilemma. Eigentlich müsste sie den Vater verdammen. Das aber kann sie nicht, sondern verlässt die Schuldzuweisung, indem sie Mitleid

6.1 Rahmenbedingungen des Sozialen

empfindet und dem Täter und seinen Protagonisten verzeiht. Bei Wagner opfert sie sich als Frau einem höheren Erlösungsgedanken, indem sie die Nicht-Rettung des Unschuldigen zur bitteren Erkenntnis ihres Vaters macht und ihn durch ihr verzeihendes Mitleid zumindest beschämt.

Aber was sind die Stationen dessen? Der aus einer Inzestverbindung von Siegmund und Sieglinde geborene unwissende Tor Siegfried ist zugleich ein Kind des Schicksals. Er wird von Brünhilde als Symbolfigur der Befreiung geliebt, weil er für sie das verkörpert, was eigentlich den Wunsch nach dem Vergessenwollen der väterlichen Affären ausmacht. Doch auch der ungescholtene Held wird von den dunklen Seiten Wotans in der Gestalt Hagens niedergestreckt, ebenso wie einst sein Vater Siegmund, der mit Wotans Hilfe durch Hunding getötet wurde, dem Mann seiner Schwester Sieglinde. Siegfried erbte zwar von seinem Vater das Schwert, die männlich Kraft, mit der er den Drachen tötete, in dessen Blut er badet. Der Panzer, den er dadurch erhält, aber schützt ihn nur bis auf eine kleine Stelle, durch die das grausame Erbe des Bösen wieder in die Welt dringen kann. Wotan meint, er könne sich damit von Schuld befreien, indem er der Naivität des Nicht-Bewussten ein Ende bereitet und es, um die Geschichte neu zu schreiben, in die totale Vergessenheit treibt. Doch das ist ein Irrtum, den zu erkennen nur Brünhilde im Stande ist. Solange das Schicksal in den Händen der Götterwelt liegt, führt es nur zur Reproduktion von Gewalt. Diesen Regelkreis kann Brünhilde nur erkennen, nicht aber durchbrechen. So verliert auch sie am Ende, indem sie ihr nutzloses Mitleid dem Schicksal überlässt, den Töchtern des Rheins, die es verwalten.

Durchaus ähnlich ist die Vorstellung bei Friedrich Nietzsche. In seiner Schrift *Zur Genealogie der Moral* (Nachdruck 2005: 125) ist Moral eine mysteriöse „Herrschaft über Leidende". Der Mitleid Empfindende ist darin selbst krank, denn er vollführt eine letztlich auf Macht beruhende Mission. Er ist zwar ein „natürlicher Widersacher und Verächter aller rohen, stürmischen, zügellosen, harten, gewalt(h)ätig-raubtierhaften Gesundheit und Mächtigkeit", aber auch ein kleiner Wotan.

Brünhildes Sicht weicht nicht wirklich davon ab. Sie verachtet den Vater nicht, sondern baut über den eigenen Schmerz eine Verbindung zum Leid auf (Thomä ebd.: 198). Damit geht sie nach Thomä auch über Niklas Luhmanns Vorstellung, ihr Mitleid sei nichts weiter als „Empathie" insofern hinaus, als sie dann doch zu einer geheimnisvollen Art einer „Seelenverschmelzung" mit dem Vater gezwungen ist. Und das ist wohl auch das Charakteristische im Totalitären: Trauer kann sich nicht von einer Seelenverbindung zu den Tätern lösen. Sie kann zu keiner vernünftigen Verurteilung und Verachtung finden.

Was Eisenstein zu dieser Deutung beiträgt, ist die Wendung, das Mitleid als ein Spiel der Natur und nicht als das eines Einzelnen zu begreifen. Auf diese Weise will auch er sich aus seinem totalitären Umfeld lösen. Das Totalitäre gehört zur Mechanik der Welt, die einen gesellschaftlichen „Kollektiv-Körper" schafft, der in der Inszenierung der *Walküre* wie „Ebbe und Flut der wogenden Gefühle" in das Geschehen der Geschichte der Leidenschaft fließt und das individuelle Mitleid manipuliert (ebd.: 94).

So liegt die Verbindung von Wagner und Eisenstein in einem totalitären Weltbild. Brünhilde ist nur ein Zahnrad in diesem Getriebe. Ihr Mitleid wird letztlich entpersonifiziert und zu einer Lust am ewigen Leid. Daher kann die Weltgeschichte nur apokalyptisch enden.

Eines jedoch bleibt unklar, ob Brünhildes Leid und Trauer sich nur auf den Verlust eines lauteren Heldentums durch ihren Vater beziehen oder auch auf eine von ihr längst gewusste, aber durch die Abhängigkeit von ihrem Vater nie zugelassene Ehrfurcht vor dem Leben, dessen Glück in etwas anderem als im Besitz des Rings besteht. Sie wirft jedenfalls das unselige Stück zurück in den Rhein, was immer man daraus schließen mag. Klar ist, diese Deutung obliegt weiterhin den Regisseuren und Zuschauern.

Kommen wir zum nächsten Thema: Dem Verzeihen. Vladimir Jankélévitch beleuchtet in seinem Buch *Das Verzeihen* (2004, mit einer Einleitung von Jürg Altwegg) die Tragödie der geistigen Kultur als eine ihr innewohnende Tragik. Er beginnt seine Ausführungen mit einem Vergleich des Begriffs des „Lebens" und des „Lebendigen" bei Georg Simmel und Henri Bersgon (ebd.: 23–59). Das über das Denken gelebte und erlebte Leben des Menschen steht auf der „Stufe des Geistes". Dessen Lebendigsein geht durch seine Willenskräfte über eine biologisch bestimmte „Lebensökonomie" hinaus. Dabei ist nicht das reine Dasein, den Organismus zu „bewahren", das Prinzip, sondern „das Leben des Ich in all seinen Formen zu erweitern und zu bereichern: intellektuell, moralisch, ästhetisch und religiös" (ebd.: 25). Das Leben nimmt im Streben nach Entwicklung eine „Mittelstellung" zwischen zwei Grenzen ein: dem Lebendigen und dem Toten, und es ist dabei als relatives Erleben des Spannungsfeldes beider Pole selbst eine Grenze. Das Vitale ist nur durch den Kampf gegen das, was es tötet, lebendig. Daher ist der Vitalismus auch das Prinzip, alle Formen zu bekämpfen, die ihn niederringen wollen, so wie „die Gewalt, die alle Wesen bindet" (Zitat von Goethe, ebd.: 61). Der Kampf selbst durchläuft nach Jankélévitch mehrere reinigende Stufen, die recht rigoros mit dem Moralischen verfahren müssen, um kritisch sein zu können und das Verzeihen zu ermöglichen. Es geht um die „Lüge" und die „Aufrichtigkeit", um „Dekadenz", „Lähmung und Raserei". Wir können hier nur einige Bestimmungen herausgreifen. Das Problem des Lügens verbreitet sich mit dem Teil, der unbewusst abläuft, indem er immer eine gehörige Menge von Unehrlichkeit zulässt. Die Rede ist von den „Litotes", jenen Redewendungen, in denen z.B. gesagt wird: „Er war nicht der Schlechteste". Damit wird eine „doppelte Beziehung" ausgedrückt, etwas Wahres wird durch eine raffiniert formulierte Lüge verpackt, die keinem wehtut. Sie versucht in diplomatischer Weise listig zu sein und folgt der Maßgabe, „allein der Starke kann sich den Luxus leisten, schwach zu sein", was ebenso heißt, „wer schwach ist, muss listig sein" (ebd.: 70 f.).

Die Verstellungskunst hat einen eigenen Platz. Positiv versucht sie Verletzungen zu umgehen, negativ findet sie als Raffinesse und Arglist im Naiven ihre größte Anhängerschaft. Das Problem des Anderen ist damit manifestiert: Wer darf wem die Wahrheit sagen? Dürfen wir einem Todkranken die Wahrheit sagen, wenn wir wissen, dass diese Nachricht ihn schneller sterben lässt? Jankélévitch bejaht diese Frage, weil Wahrheit das Gegenteil einer Entbindung von totalem Sinn ist, sondern den Ernst der Lage ausdrückt, weil sie sich vor der „Geheimniskrämerei" hütet, und weil Wahrheit stets eine Situation meint, in der Rückzugsgefühle nichts zu suchen haben. Aufrichtigkeit wird in diesem Zusammenhang zur Grundlage eines Friedensverständnisses. Sie scheint die einzige Kraft zu sein, dem „klumpigen Komplex" der gesellschaftlichen und wohl auch politischen Kommunikation ihr „Bindemittel und ihre Beweglichkeit" zurückzugeben (ebd.: 157). Das Thema „Dekadenz" wird mit drastischen Worten beschrieben: „Die Dekadenz ist eine Verfertigung von Monstren, [...] narzisstische Monstren [...] der Überspitztheit, mit denen das bankrotte Bewusstsein niederkommt" (ebd.: 189).

Aber worum geht es? Es geht nicht um die Wiederentdeckung eines „Weitblicks", auch nicht um eine „zu viel seitwärts gerichtete Klarheit", nicht um geistige Akrobatik, um Koketterie, nicht um die Sehnsucht des ‚blasierten Bewusstseins, den skurrilen Effekt, die schwindelerregende Entgleisung, auch nicht um die künstlichen Hindernisse, die der von der Leichtigkeit und vom Luxus gelangweilte Geist zu seiner Beschäftigung auf den Markt wirft'. Es geht offensichtlich um etwas anderes. Bei Jankélévitch ist es das Unumkehrbare und die Freiheit des Neubeginns, es ist der ernsthafte Akt, sich leidenschaftlich zur Wahrheit zu bekennen (vgl. ebd.: 190 f.).

Wenn aber diese Wahrheit das Grauen von Vernichtungsfabriken ist, kommt mit ihr die Frage nach dem Verzeihen, dem Verzeihenkönnen und dem Verzeihensollen von Verbrechen gegen die Menschlichkeit auf. Eines scheint klar zu sein, das „stumme und ohnmächtige Entsetzen" enthält eine natürliche Warnung: die Taten der Täter *nicht verstehen zu dürfen*, um keine Spur vom Gift der grausamen Faszination, die diese bewegt hat, in Naivität zu übernehmen. „Die Geschichte des Pardon ist in Auschwitz zu Ende gegangen" (ebd.: 16, Einleitung von Altwegg). Vergessen und Verdrängen sind also keine Wege einer Bewältigung. Das Verzeihen selbst kann dabei nur eine niemals verjährende Erinnerung sein.

6.1.2 Prinzipielle Rahmenbedingung: Menschenrechte

(a) Ansätze

Menschenrechte gehören zu den *grundlegenden Rahmenbedingungen des Sozialen*. Christoph Menke und Arnd Pollmann (2007) behandeln dazu in ihrer *Philosophie der Menschenrechte zur Einführung* wesentliche Zusammenhänge zur Grundbestimmung und Reichweite einer politischen Idee, die nicht nur „weltweit gültig", sondern auch „schlechthin grundlegend" geworden ist. Aus diesem Buch wollen wir einige markante Passagen zitieren.

Menschenrechte sind die Grundlage politischen Handelns. Schon mit den ersten Sätzen wird klar, worum es geht: „Eine Institution, eine Handlungsweise, eine soziale Situation, die Menschenrechte verletzt, *ist* damit bereits delegitimiert" (ebd.: 9).

Der Weg zu dieser Einsicht aber ist steinig. Er führt uns über verschiedene theoriegeschichtliche Etappen. Zum einen ist es das *Naturrecht*, dann die *Moralphilosophie*, die *Politik- und Rechtsphilosophie* sowie das *Völkerrecht*. Insgesamt ist der Weg ein *emanzipatorischer* und damit vor allem auch ein *dialektischer*.

Ein Ansatz in Richtung einer Formulierung von Menschenrechten sind Vorstellungen des 17. und 18. Jahrhunderts zum Naturrecht. In ihnen wird zwar die Universalität betont, aber die Verwirklichung bleibt offen. Sich darauf berufend kommt danach und sehr zögerlich zu einer auch politisch-rechtlichen Wirklichkeit, die zwar auf dem Papier stand, aber real dann doch wiederum nur für bestimmte Gruppen galt. So waren Frauen, Juden, Schwarze und das Proletariat ausgenommen. Erst nach 1945 wird die Verankerung der Menschenrechte als allgemein politisch verbindlich betrachtet. Die Vereinten Nationen wurden zum „international gültigen politischen Gerüst". In der Erklärung vom 10. Dezember 1948 werden die „Nichtanerkennung und Verachtung" der Rechte der Würde, der Freiheit, der Gerechtigkeit und des Friedens als „Barbarei" verurteilt (zit. ebd.:17).

Hintergrund ist die Erfahrung des Totalitären, das den Menschenrechten die Möglichkeit jeglicher Existenz raubt. Für die reine Macht sind Menschenrechte eine Bedrohung, so dass der totalitäre Staat den Machtverlust nur durch die radikale Nichtbeachtung von Rechten beseitigen kann. Der Rechtsstaat hingegen begrenzt willentlich die Willkür durch die Formulierung von Grundformen der Menschenrechte. Die klassische Form dieses Willens sind Erklärungen, die *Wahrheiten für ausgemacht halten*, so wie dies die Präambel der amerikanischen Unabhängigkeitserklärung vom 4. Juli 1776 ausdrückt: „We hold these truths to be self-evident".

(b) Begriffsfeld

Der Begriff „Menschenrecht" eröffnet ein breites Feld unterschiedlicher Vorstellungen. Sie pendeln zwischen zwei Richtungen. Für die einen sind Rechte selbstverständliche Figuren der *moralischen* Seite der Natur. Für andere sind sie als Figuren der Macht das Ergebnis von Gesetzen und damit *politischer* Natur. Ersteres geht auch auf John Lockes zurück, der den Naturzustand zum Ausgang nimmt, in dem ein natürliches Gesetz herrscht, „das jeden verpflichtet" (zit. ebd.: 28). Auf das Individuum bezogen heißt das, dass die Interessen der Herrschenden eines Staates immer automatisch mitverantwortlich sind für den Lebensraum des Privaten. Ist dieser Lebensraum bedroht, so kippt das Naturrecht in eine Schieflage, indem Interessen die Menschenrechte übergehen. Ein Staat, dessen Praxis nur in der Produktion dieser Schieflage besteht, handelt unmoralisch.

Für Jacques Derrida (2006: 128 ff.) wäre ein solcher Staat in besonderem Maße ein *Schurkenstaat*. Für den Philosophen gehören eigentlich alle Staaten dazu, selbst auch ein demokratischer. Ihm gegenüber lässt sich leicht der Verdacht der Unehrlichkeit äußern. Er meint, selbst wenn der Staat sich auf die Verbindlichkeit von Rechten beruft, lebt er die Demokratie nicht wirklich. Und das zeigt sich vor allem dort, wo er den Geist von Rechten aus dem Hier und Jetzt ständig in die Ferne verlagert.

Da nun jeder Staat solche Tendenzen hat, indem er den Geist als Utopie abhandelt, kann er sich nur schwer von gewissen barbarischen Anteilen befreien. Will er sich aus prinzipiellen Überlegungen und Haltungen nicht von einer vernünftigen Utopie entfernen, so kann er nur versuchen, die geistige Dimension durch einen Gesellschaftsvertrag real zu regeln. Doch dabei muss ihm bewusst sein, dass dies nur durch den Glauben an die Vernunft der Utopie möglich ist. Denn dieses Ansinnen gleicht immer dem Versuch des Lammes, den Wolf zu zähmen. Daher ist die vernünftige Regelung dieses Willens ein normatives und den Prozess begleitendes, unendliches Geschäft, das nur ein Ziel hat, den Tod des Lammes durch den Wolf zu verhindern.

Bei Menke und Pollmann (ebd.: 47 ff.) ist vor diesem Hintergrund der politische Geltungsbereich von besonderer Bedeutung. Sie zitieren Rolf Zimmermann (2005) und seine *Philosophie nach Auschwitz*. Die völlige Entmachtung der Menschenrechte lässt sich als „Gattungsbruch" kennzeichnen, der die Menschheit als Gattung auflöst.

6.1 Rahmenbedingungen des Sozialen

Ein solches Vorhaben wird durch die Einteilung der Menschen in „Rassen" erleichtert, und zwar insofern, als genau die Rasse, die das Zentrum der Macht bildet, nur von der eigenen (machiavellischen) Macht als auserwählt und total mächtig empfunden werden kann und somit automatisch zur *Leitrasse* hochgejubelt wird. Wenn dies totalitär geschieht, dann können alle anderen nur dem Genozid zum Opfer fallen.

Es wird damit deutlich, wie schwer jede Form von Totalität die Einheit der Menschheit als Gattung beschädigt. Daher ist auch der Gebrauch des Begriffes „Rasse" nicht nur extrem vorbelastet, sondern auch in sich in seiner Tendenz ungeeignet, dem Interkulturellen und Transkulturellen gegenüber Rechenschaft zu zollen.

(c) Menschrechte und Tugenden

Dass der Gattungsbruch neben dem unsäglichen menschlichen Leid, zu dem er führt, auch ein erkenntnistheoretischer Fehler ist, zeigt der Philosoph Richard Rorty, der von Zimmermann zitiert wird. Er betont, dass zwischen der Bestimmung der Gleichheit und dem Respekt, der Achtung und Anerkennung solange eine Kluft besteht, solange die logische Einsicht in diese Tatsache nicht zugleich von einer *Haltung des Feingefühls* begleitet wird. Es scheint daher besser zu sein von der Einheit der menschlichen Gattung zu sprechen und von Menschen verschiedener Herkunft, ohne sie einem fragwürdigen Kategoriensystem zuzuordnen.

Als Haltung ist das Tugendpaket der Menschenrechte dann auch mehr als ein höflicher Umgang, mehr als die Vermeidung unschicklicher Manieren, mehr als reiner Takt und Etikette. Es ist vor allem ein aufrichtiges Bemühen der *Achtung der Würde*.

Die Rückführung dieser Haltung auf ein tiefes moralisches Gefühl und Gewissen stellt jedoch das Hauptproblem dar. Nach Kant muss es dem Wollen der Vernunft folgen, nach Jean-Jacques Rousseau und Adam Smith der Besinnung auf die Natur und deren Kräfte des Mitleids und der Solidarität.

Die Antworten auf die Unmöglichkeit einer eindeutigen Platzierung der Menschenrechte werden nach Menke und Pollmann durch verschiedene Modelle ausgeglichen. Ein erstes versucht dies durch einen *Gesellschaftsvertrag*. Nach Otfried Höffe, der (ebd.: 50) zitiert wird, liegt dem eine „transzendentale Tauschvorstellung" zugrunde. Das Interesse, nicht Opfer von Gewalt zu werden, tauscht der Mensch gegen die Sicherheit ein, die ihm der Staat garantiert. Also unterstützt er, so weit wie möglich, dessen Sicherheitsstrukturen.

Diese „Klugheitsregel" gibt jedoch auf der anderen Seite dem Staat mehr Ermächtigungsspielraum für sein eigenes Sicherheitsverständnis. Menke und Pollmann führen die Sicherheitsmaßnahmen nach dem 11. September 2001 an. In ihnen wird die Bedrohung der Sicherheit inhaltlich benannt. In diesem Fall ist es ein religiös motivierter Terrorismus. Die Antwort auf die Frage, ab wann die Sicherheitspraxis dem gegenüber menschenunwürdig wird, ist äußerst schwierig, weil die Sicherheit eines Landes immer unter dem nationalen Verständnis dessen steht, was eine Bedrohung darstellt und was nicht. Auf diese Weise kann zwar das Thema „Folter" in gewisser Weise wegdiskutiert werden, dennoch sollte der Ansatz als solcher nicht in Frage stehen.

Der Gesellschaftsvertrag beruht in seiner Tauschvorstellung vor allem auf der Maxime des Kategorischen Imperativs: Der Mensch darf sich nicht der Person anderer bedienen, heißt es bei Kant. Den Menschen nur als Mittel zum Zweck zu sehen, ist des Menschen unwürdig. Denn er ist als Person immer zugleich selbst der Zweck. Oder: Wenn der Zweck die Würde ist, kann das Mittel nicht unwürdig sein.

Ob jedoch der Mensch seine Würde verlieren kann, wenn er sich willentlich und radikal gegen die Gemeinschaft stellt, darüber gehen die Meinungen sehr weit auseinander. Für ein Weltgericht muss daher klar sein, wie die Frage nach der Würde eines Menschen, dem Verbrechen gegen die Menschheit vorgeworfen werden, vor und nach seiner Verurteilung beantwortet wird.

> Es bleibt dabei allerdings die Vermutung, dass dies nicht wirklich möglich sein kann, weil gesetzliche Bestimmungen niemals an sich und in sich so klar sein können, dass sie keiner Interpretation mehr bedürfen. Das heißt nicht, dass ihre Geltung nicht prinzipiell allgemein ist, sondern nur, dass sie immer zugleich auch einer besonderen *Diskurstheorie der Moral* unterworfen werden müssen, so wie dies Jürgen Habermas und Karl Otto Apel versuchen.

Für eine solche Diskussion gibt es nach Menke und Pollman (ebd.: 57 f.) nur zwei Alternativen. Entweder ist dabei die Annahme eines allgemeinen Erkenntnisvermögens der Vernunft die Richtschnur, oder es wird davon ausgegangen, dass es dieses Vermögen in dieser universellen Form nicht gibt, sondern nur den Willen zum Diskurs. Daher stehen sich also eine *prinzipiell a-historische* und eine *historisch sich wandelnde Vernunft* gegenüber und mit ihr verschiedene Orientierungssysteme der Menschenrechte.

Für einen Diskurs darüber aber muss es eine besondere Bereitschaft geben. Sie ist bei der zweiten Variante von Natur aus höher, weil sie weniger in starren Gegebenheiten denken muss. Dennoch aber kann die historische Vernunft nicht ohne die erste arbeiten. Denn auch sie muss von feststehenden Überzeugungen ausgehen, wie etwa die der Anerkennung der Gleichheit. Der Unterschied ist nur, dass sie das Universelle mehr über dessen Veränderungscharakter in das Konkrete einbindet.

(d) Vernunftgefühl als Voraussetzung

Dazu sind einige Voraussetzungen nötig. Die historisch verankerte Vernunft braucht ein *Gefühl* für die Lebenslage von Menschen. Dieses Gefühl jedoch ergibt sich nicht durch reine Einsicht aus der gesellschaftskritischen Betrachtung von Armut, Hunger und Elend, sondern wiederum durch andere Gefühle. Dazu zählt z.B. das natürliche Gefühl eines *Widerwillen*, andere leiden zu sehen. Wir haben diesen Zusammenhang bereits beim Mitleid und Mitgefühl und deren Bezüge zur Barmherzigkeit erwähnt. Doch mit dem natürlichen Gefühl allein lässt sich bestenfalls eine natürliche Begründung der Menschenrechte leisten. Die Geschichte aber hat noch andere Dimensionen. Sie lehrt uns nämlich auch, dass der Mensch bewusst die Augen vor dem Unrecht verschließen kann, obwohl er das Gefühl des Mitleids kennt und obwohl er es sogar für nötig hält. Er will es nur nicht hier und jetzt aktivieren, weil ihn im

6.1 Rahmenbedingungen des Sozialen

Konkreten offensichtlich eine klammheimliche Furcht davor abhält, etwas davon zu zeigen. Die Natur und mit ihr die Auffassung, eine allgemeine Vernunft genüge für die Formulierung der Menschenrechte, treten damit in den Hintergrund. Denn es hat sich gezeigt, dass sie stattfinden kann und auch nicht. Daher ist sie auch nicht die verbindlich zwingende Kraft.

Zwingend erforderlich aber ist es, den Fokus auf den einzelnen Menschen in seiner historischen Einbettung zu richten. Und die Verbindlichkeit dessen liegt in der Anerkennung seiner Person. Das theoretische Konstrukt dazu ist die *moralische Person* (ebd.: 59).

Im Vordergrund verbleibt damit in erster Linie die Geschichte. Sie zu erfassen, führt zu einer Auseinandersetzung, die mit Jürgen Habermas nur über einen Diskurs zu den Grundlagen der Moral laufen kann. In ihm ist die Fähigkeit der Anerkennung des anderen eine zentrale Voraussetzung. Da sie aber nicht bei jedem Menschen vorhanden ist, muss sie pädagogisch vermittelt werden. Denn in den Perspektiven des Fremden denken zu lernen, macht die spezielle Empathie zu einem Lerninhalt.

Daher lautet der pädagogische Auftrag, Formen des Respekts und der Achtung dem Fremden gegenüber zu vermitteln, was niemals heißt, eigene Positionen deshalb immer aufgeben zu müssen. Es meint lediglich, sie mit friedlichen Mitteln zu verteidigen. So ist der verinnerlichte Wille zum Frieden die wohl entscheidende Grundlage der Menschenrechte. Nach Richard Rorty muss auch sie eingeübt werden (zit. ebd.: 63).

Der Umfang dieses Einübens will viel erreichen. Er will das *gleichgültige Nebeneinander* mindern, aber auch nicht die reine *Nettigkeit* zur allgemeinen Umgangsnorm erheben. Sie will Haltungen, die dem Geist der Menschenrechte entsprechen und keine oberflächlichen Lippenbekenntnisse. Dabei befindet sich die reale Anerkennung des anderen im Vordergrund und nicht sein Recht auf Anerkennung. Denn das erste wäre, so es zutrifft, nicht auflösbar, wohl aber das zweite, dessen moralische Begründung immer nachgereicht werden muss. Für die Menschenrechte heißt dies: Sie müssen – ähnlich wie das Hanna Arendt sieht – in erster Linie *vorpolitisch* sein (ebd.: 69 f.).

(e) Reichweite der Menschenrechte

Die Klärung der *Reichweite* der Menschenrechte wird von Menke und Pollmann zu einer globalen Herausforderung. In der Theorie ist klar: Sie sind überall auf der Welt *bedingungslos gültig*, für alle Menschen *unveränderlich* und im Hinblick auf sich selbst *unteilbar*.

Dennoch aber variieren diese Eckpfeiler kulturspezifisch, als würden sie auf verschiedenen Böden stehen. So betont die Allgemeine Erklärung der Menschenrechte vom 10. Dezember 1948 u.a. die Religionsfreiheit, während die Kairoer Erklärung der Menschenrechte im Islam vom 5. August 1990 die über allem stehende islamische Umma als Grundlage nennt. Sie ist die von Gott gemachte beste Gesellschaftsform für die Menschheit, die von der materialistischen Zivilisation übernommen werden sollte (zit. ebd.: 77).

Würden wir nun an alle beiden Versionen Maßstäbe anlegen, die an Menschenrechte gebunden sind, so müssen wir zunächst beide achten. Das aber wiederum heißt, dass die Menschenrechte sowohl auf der Möglichkeit der Analyse von Ansprüchen innerhalb eines Geltungsbereichs als auch auf einer multilateralen Toleranz beruhen, soweit es sich um friedfertige Ideen handelt, die den Begriff der Entwicklung und Verbreitung nicht revolutionär begreifen. Das ist in beiden Versionen der Fall, auch wenn etwa der Begriff der Freiheit im Bezug zur Gesellschaft und zur Religion jeweils unterschiedlich begründet wird. Die Freiheit aus der Religion zu begründen ist natürlich dem, der sie aus der Aufklärung ableitet, fremd und kann Erinnerungen an das Mittelalter wecken. Doch das hat nur einen historischen Sinn, wenn klar ist, dass die Freiheit generell die Voraussetzung für ein friedfertiges Leben darstellt.

Die Frage nach der Moralität der Freiheit, also die Frage, ob Freiheit per se zur Unmoral aufruft, ist damit generell aus der Welt. Sie tut es nicht, wenn sie den Menschen achtet und ihn nicht moralisch verurteilt, es sei denn, es ist Gewalt im Spiel.

Die Reichweite der Menschenrechte ist also, obgleich universell, auf ein demokratisches Auslegungsspektrum angewiesen. Dieses aber muss auf der Grundlage der Anerkennung von friedlicher Koexistenz beruhen.

(f) Ruf nach einem Dialog der Kulturen

Fragen zum Universalismus und Relativismus der Menschrechte erscheinen als müßig. Menschenrechte sind relativ, sie sind aber in ihrer, dem Menschen zugewandten, *guten Botschaft* universell. Die Haltung der Selbstkritik ist dabei zwar wichtig, aber wichtiger ist der *Dialog der Kulturen*. Er nämlich entscheidet die reale Gültigkeit.

Sollte sich herausstellen, dass ein solcher Dialog prinzipiell nicht möglich wäre, dann hätte das fatale Auswirkungen auf den Menschen. Der Mensch würde in seinem Personsein nicht mehr das Verbindende zwischen den Geschlechtern, zwischen den Völkern und Religionen sein. Er würde sich im Dunkel der totalen Differenz verlieren.

In einem Dialog aber wird von einer Fähigkeit gesprochen, die sich *Verstehen* nennt, manchmal auch nur Verstehenwollen. Die Fähigkeit gehört zur hermeneutischen Natur des Menschen, in der Welt zu sein, sich mit ihr zu arrangieren und ihre Geschichte weiterzuerzählen. Damit ist der Mensch nicht nur zur Transformation einer historischen Erfahrung fähig, sondern auch kooperativ im Sinne eines unabschließbaren geschichtlichen Bewusstseins.

Für Martha C. Nussbaum (1999) macht dies den Universalanspruch der Menschenrechte aus. Dass dabei jeder Dialog von *Machtansprüchen* durchdrungen ist, erschwert zwar alles, dass er zudem von *Asymmetrien der Kulturen* gekennzeichnet ist ebenso. Ihn aber deswegen hinzuwerfen, wäre eine unsinnige Kapitulation.

Die Konsequenzen, die Menke und Pullmann aus der Analyse dessen beschreiben, sind wenig aussichtsreich, solange die Primate von Auffassungen aufeinanderprallen. Natürlich ist es schwer, fundamentalistische Auffassungen im Dialog zu Veränderungen zu bewegen, denn diese sind immer von ihrer eignen Version der Menschenrechte zutiefst überzeugt. Im Islam etwa steht die allgemeine moralische Pflicht über der des Einzelnen, in der westlichen Welt hat das Individuum den Vorrang. Wenn es aber gelingt, beide Ansätze als ein friedliches Bemühen um die Verwirklichung der Menschenrechte zu verstehen, das frei ist von Kolonialisierungsabsichten auf der einen wie auf der anderen Seite, dann erübrigt sich der Waffengang von selbst. Und selbst wenn die Pflicht aller, so wie es im Kairoer Dokument erscheint, über dem Recht einzelner steht, so könnte doch eine Einigung zum Verhältnis von Recht und Pflicht, etwa am Beispiel der Zehn Gebote vielleicht weiterhelfen. Denn ein Gebot Gottes ist zugleich auch ein Recht darauf, dass das, von dem das Gebot spricht, für jeden einzelnen eintritt.

Die Diskussion um Voraussetzungen und Formen subjektiver Rechte bilden für Menke und Pollmann das eigentliche Streitfeld, das immer wieder neu geführt werden muss, um das „Recht auf körperliche Unversehrtheit" der Person und das auf „subjektive Rechte" trotz aller Unterschiede in der inhaltlichen Sicht zu bewahren (ebd.: 97). Wenn etwa die Unversehrtheit wesentlich im *Intaktsein der Ehre* besteht, stellt sich natürlich die Frage, über welche fremde Berührung das Intaktsein sein Wesen verliert. Nur ein interkultureller Dialog könnte dieses Thema sensibel aufgreifen und auf eine allgemeine Ebene heben sowie verhindern, dass rigide Maßstäbe im Fremdbild anderen Kulturen gegenüber die Überhand gewinnen. Ein solcher Dialog darf nicht abreißen. Denn Menschen haben immer eigene kulturspezifische Vorstellungen darüber, wann und wodurch das Recht auf körperliche Unversehrtheit für sie verletzt wird.

Darüber hinaus müssen wir uns davor hüten zu meinen, wir wären in dieser Hinsicht dialogfähiger als andere. Denn mit den Folgen der von der westlichen Welt gemachten Globalisierung gehen schier unüberwindliche Probleme einher. Sie werden nach wie vor von den Ländern, die die Menschenrechte auf ihren Fahnen stehen haben, sehr zögerlich angegangen. Die Zunahme von Armut, Hunger und Krankheit von großen Teilen der Erdbevölkerung zusammen mit enormen ökologischen Veränderungen stellt die humanitäre Rettung der Spezies Mensch auf den Prüfstand. Allein, wenn es um Teilnahme- und Mitspracherechte von Betroffenen bei Entschlüssen zur Verteilung von Geldern geht, ist man weit entfernt von einer Idee der sozialen Gerechtigkeit und menschenfreundlichen Umwelt. Die Dringlichkeit wird oft nur gesehen, wenn es zu spät ist. Auf diese Weise gefährdet ein kurzsichtiger Pragmatismus oft die Ansätze einer verantwortungsvollen Zukunftsgestaltung.

6.1.3 Strukturelle Rahmenbedingungen: Gesellschaft, Macht, Ökonomie

Der Gesellschaftsbegriff unserer Zeit thematisiert „Gesellschaft" als ein System, dessen soziale Ordnungsmerkmale ähnliche Muster aufweisen wie physikalische und organisch-biologische. Niklas Luhmann (1984; 1997) hat dazu entscheidende Beiträge geliefert. Allemal interessant ist die Frage nach den Bedingungen des Zusammenhalts einer Gesellschaft. Wie kommen Ordnungen in Gemeinschaften zustande? Sind es funktionale und zweckrationale oder dysfunktionale und kreative Kräfte, die das Überleben sichern? Wie sehen Übergänge zwischen einem Sowohl-als-auch bzw. einem Mehr-oder-weniger gradueller Einflüsse aus? Welche Kräfte müssen politisch gestützt und welche kritisch verändert werden? Wie kommt es von der Tradition zum Fortschritt?

Antworten dazu hier darzustellen würde unseren Rahmen überfrachten. Daher muss auf die entsprechende Literatur verwiesen werden. Dennoch aber wollen wir uns dem Umfeld über einige markante Stationen des Gesellschaftsbegriffs nähern, deren Aussagen insbesondere zum Thema „Herrschaft und Macht" von Belang sind. In der von Michael Sukale verfassten Einleitung zu Max Webers *Schriften zur Soziologie* (1995) wird eine reduzierte und sehr anschauliche Übersicht geboten, aus der wir einige Stellen herausgreifen wollen (ebd.: 7–47):

Zunächst geht es in der Gesellschaft um den Gütertausch als Regulierungsfigur für die Befriedigung von Bedürfnissen. Der lokale Standort dessen ist dabei besonders bedeutsam. Er erzeugt Wanderbewegungen zwischen Land und Stadt. Wenn in Folge dessen das Gleichgewicht des Austausches gestört ist, kommt es zur Konzentration des Kapitals an dominierenden Stellen. Max Weber erkennt darin einen Grund für den Untergang städtischer Kultur in der Antike und deren Verlagerung in einen beginnenden Agrarfeudalismus. Als der Nachschub an Sklaven in den Städten abnahm, wurden die Bauern in abgewandelter Form zu Objekten einer feudalen Landverteilung durch die Aristokratie. Freilich beleuchtet erst viel später Karl Marx die Folgen der Verelendung, indem er die Kapitalverhältnisse zum Kern gesellschaftlicher Verfasstheiten erklärt. Während das Individuum letztlich aus eigener Kraft nicht viel anrichten kann – es sei denn, es entschließt sich mit anderen zusammen für die Revolution – geht das Calvinistische Denken anders an die Ursachen des Elends heran. In ihm zeigen sich die Ergebnisse anhand des Grads eines persönlichen Einbringens von individuellen Fähigkeiten und Fertigkeiten. Elend wäre demnach auch die Folge brachliegender Talente, aus dem sich der Mensch nur durch die geschickte Tat befreien kann.

Mit diesem Ansatz ist im Grunde der „Berufsmensch" geboren, dessen Obsession es nur sein kann, dem „kapitalistischen Geist" und der „Zeugungskraft des Geldes" zu dienen, um im Sinne der calvinistischen Variante der protestantischen Ethik zu den Auserwählten zu gehören. Dieser Typus muss jedoch asketisch leben und vereinsamt zwangsläufig. Die Folgen führen zum Zerfall einer sozialen Ganzheit zu Gunsten einer puritanischen Elite.

Ähnlich wie in Thomas Hobbes *Leviathan oder Stoff, Form und Gewalt eines kirchlichen und bürgerlichen Staates* (von 1651; 1966) würde dann zwar auch der Krieg zum Überlebensprinzip des Stärkeren, es würde sich aber anders mit der Askese verhalten. „Der Mensch ist dem Menschen ein Wolf", heißt es. Doch der ist nicht wie bei Platon und Aristoteles zufrieden, wenn seine Bedürfnisse erfüllt sind, sondern er ist ständig ein Wolf, der aufgrund seiner Natur im ewigen Hungergefühl der Ungenügsamkeit nach immer mehr streben muss. Er muss entweder Kriege führen oder im Frieden allen Kräften hinterherlaufen, die ihm den ultimativen Kick versprechen. Bei Hobbes wird dieses Problem eines wild ausufernden Naturalismus durch die Inthronisation eines Leviathan mit durchaus logischen Argumenten (ebd.: 155f.) gelöst. Es tritt der absolute Fürst auf den Plan, der als Souverän wilde Wesen zu Untertanen macht, indem er deren Furcht voreinander durch eine uneinklagbare Ordnung beendet.

Beim Empiristen John Locke hingegen wird in seiner Abhandlung *Über die Regierung* (von 1690) das Zustandekommen einer Gemeinschaft völlig anders erklärt. Hier nimmt auch der „Sinn" einen gewissen Einzug. Verkörpert wird diese Dimension durch prinzipielle Einsichten: Wenn in der Natur der Menschheit nur kriegerische Potenzialität sitzt, dann gibt es überhaupt keine Garantie für den Frieden. Daher *muss* sich eine Gemeinschaft vielleicht gegen ihre Natur dazu durchringen und einigen. Erst dann können „Gleichheit", „Freiheit" und das „Recht auf

6.1 Rahmenbedingungen des Sozialen

Unverletzlichkeit der Person" greifen. Selbst wenn es beim Einigungsprozess einen Souverän gibt, so ist dieser ein vom Volk gewählter, der – sollte er (zufällig) ein Tyrann sein – auch beseitigt werden darf. Für Locke findet die Toleranz an der Gefährdung der Liberalität ihre Grenze.

Zurück zu Max Weber. Auch er ist nicht frei von Hobbes Hauch. Nur er sieht auch genau, dass neben Konflikt und Kampfpotential ein reines Ordnungsdenken in Zweck-Mittel-Relationen bereits zu Einverständnissen führt, die eine Gesellschaft zusammenhalten und sie zu einer Gemeinschaft machen. Ob Einverständnisse nur „echte" sind, wenn sie auch sinnvoll sind und wiederum nur dann sinnvoll sind, wenn sie zu einer friedfertigen und vielleicht auch selbstlosen Gemeinschaft führen, bleibt der nüchternen, nach Wertfreiheit suchenden soziologischen Methode verschlossen. Dass der Weg zu dieser Inhaltlichkeit ein mühsamer Prozess ist, zeigt uns die empirische Sicht der Geschichte in allen Zügen. Wenn wir einen Blick in das von Dieter Schwanitz verfasste Buch *Bildung* werfen, können wir dies bestätigen: Europa war von der Antike bis in die Gegenwart hinein ein einziges Schlachtfeld. Die nach Expansion strebenden Kräfte von Macht und Herrschaft, Interesse und Ordnung haben immer nur an eine Befriedung durch Gewalt geglaubt.

Dennoch: Eine gewisse und durchaus positive Verlagerung des Kampfpotentials in den Bereich des Interesses bedeutet für Weber nicht zugleich automatisch die verfeinerte Fortführung kriegerischer Ambitionen, wenn sie in Kombination mit einer aufgeklärten Sicht stehen. Interessen sind zusammen mit ihren nach Vorteilen suchenden Zwecken doch mehr am Wandel eines Kriegsschauplatzes in ein Konkurrenzgeschehen beteiligt. Unabhängig davon aber ist das Kapital die treibende Kraft, ohne die keine Aufrechterhaltung der Gemeinschaft angenommen werden kann. Wenn das Kapital zur steuernden Generalmacht wird, steht das Wirtschaftliche über allem.

> In der Sozialen Arbeit ist dies bekanntlich ein sehr konfliktreiches Feld. In ihr scheinen sich für mich auch marxistische Vorstellungen fortzusetzen, zumal es im Bereich der Wohlfahrt nicht um eine direkte Verzahnung von „Ware gegen Geld" geht, sondern um soziale Dienstleistungen, deren Effektivität sich nicht unmittelbar als Geschäftserfolg ausweisen können, obgleich sie unverzichtbar zur Stabilität und zum sozialen Frieden einer Gesellschaft beitragen. Das Marxistische daran ist die kritische Haltung gegenüber einer unlauteren Kapitalanhäufung und deren ungerechter Verteilung, um z.B. Arbeitsplätze zu sichern. Es läuft in dieser Hinsicht wohl auch mit christlichen Zielen konform. Wirtschaftliches Denken darf nicht alt bekannte Verelendungstheorien als überholt in die Klamottenkiste stecken, sondern muss dem Trend eines verführerischen Shareholder-Value-Denken bewusst Haltungen entgegensetzen. Ein Teil dieser Haltung verdichtet sich auch darin, Systeme nicht für selbstverständlich zu halten, sondern sie als Produkte menschlicher Leistung zu sehen. Ein streng wirtschaftlich denkender Unternehmer würde dazu natürlich sagen können, wenn er das gewonnene Geld nicht unmittelbar in eine weitere Anpassung an den globalen Markt steckt, dann ist er „weg vom Fenster". Da mag er vielleicht Recht haben. Der Preis aber ist hoch. Wenn nur die Beschäftigung und nicht die Beschäftigten etwas wert ist, kann die Achtung gegenüber den Beschäftigten innerhalb des Ökonomischen kaum einem Nährboden finden. Die Leistung entspringt nämlich wesentlich immer den Köpfen, den Händen und der Motivation der Menschen. Anderenfalls würden nur noch Systeme die Erde bewirtschaften.

Mit der Forderung nach einer Kontrolle der Macht und der Herrschaft von Interessen kommt es zu einem Modellwechsel. Der „Funktionalimus" geht in eine „offene Gesellschaft" über. Bei Talcott Parsons' *The Social System* (1951) wird dies deutlich. Eine Gesellschaft kann nur durch klare Erwartungsverteilung und entsprechende Kontrolle zu einem funktionierenden System werden. Dieser Ansatz lässt sich auf den Satz reduzieren, „wenn alle das tun, was von ihnen erwartet wird, läuft das System reibungslos". Kommt es zu Konflikten, müssen durch den Hinweis auf Regeln vorgegebne Erwartungen eingefordert oder gegebenenfalls diszipliniert werden.

Im Modell der „offenen Gesellschaft" – vertreten etwa durch Jürgen Habermas (1971) – wird dem gegenüber thematisiert, dass es keine eindeutigen Definitionen von Erwartungen geben kann, sondern dass der Austausch immer einen Diskurs über Mehrdeutiges voraussetzt. Vor dem Hintergrund, dass Einigungen immer auf der Potentialität einer unendlichen Kommunikation beruhen, ist der Ausgang offen und lediglich vom gemeinsamen Lösungswillen getragen. Bei Niklas Luhmann (1984) wird ein gewisser Mittelweg vorgeschlagen, indem Funktionen einerseits feste Größen sind, andererseits wiederum Spielräume freisetzen.

Das kritische Hinterfragen des Verhältnisses von Ethik und Ökonomie bezieht einen zukunftsweisenden Wachposten. Richard Münch beschreibt den Hintergrund dazu in seinem Buch *Globale Dynamik, lokale Lebenswelten* (1998). Wir greifen dazu einige Gedanken zu den „Elementen des Brückenbaus" zwischen Ethik und Ökonomie heraus (106–117). Das Denken in ethischen und in ökonomischen Kategorien hat sich parallelisiert, durch einen „intellektuellen Diskurs" und „dem offenen Wettbewerb auf dem Markt". Die Liberalisierung des einen wie des andern hatte durch das Dach der „Ständegesellschaft" eine gemeinsame Herkunft. Durch deren „Auflösung" entstehen divergierende Erscheinungen. Erst durch die „Berufsarbeit" gelangen beide wieder in den Anforderungskatalog einer Verknüpfung. Deutlich wird die Parallelität zunächst, wenn in der „Fachausbildung" etwa Fragen nach ethischen Hintergründen zugunsten eines rein technischen Knowhows ausgeklammert werden. Wenn dann aber bemerkt wird, dass die Diskussion um ethische und moralische Fragen nur noch von der Öffentlichkeit und nicht auch von den Hochschulen getragen wird, scheint sich für Münch das Verständnis für eine Brücke anzubahnen.

In Luhmanns Beobachtungsansatz sieht er für die Erfassung dieser Brücke allerdings keine Lösung, weil man hier nicht darüber hinauskommen kann, festzustellen, dass Wirtschaft und Ethik nur über deren jeweilige Sprachcodes beschrieben werden können und folglich darin verstrickt bleiben müssen. „Die Wirtschaft kann auf ethische Anforderungen nur wirtschaftlich reagieren, die Ethik auf wirtschaftliche Notwendigkeiten nur ethisch" (ebd.: 107).

Demgegenüber stellt Münch aber fest, dass es empirisch falsch sei, „dass wirtschaftliches *Handeln* nur auf ökonomische Gesetzmäßigkeiten und ethisches *Handeln* nur auf ethische Anforderungen eingestellt ist" (ebd.: 107). Die „symbiotische Beziehung" kann nur durch „Interpretationszonen" hergestellt werden. Dazu werden „Zahlung" und „Achtungszuweisung" in einen Kontext gestellt. Die Zahlung als ökonomische Größe und die Achtungszuteilung als ethische verlieren ihren „autopoietischen" Zug. Die Annahme lautet: ihre interne Funktion ist nicht dieselbe wie die externe. So ist auch das ethische Prinzip der „Sozialen Sicherheit" an die Ökonomie gebunden, wie etwa auch diese an die „Redlichkeit".

Das analytische Denken in internen Kreisläufen macht nur dann Sinn, wenn über die Bezahlung sich die Achtung vermehrt. Denn eine geachtete Person tut sich leichter, andere zu achten, auch unabhängig von der Bezahlung. „Diese Verknüpfung von Achtung und Zahlung wird in der Wohlfahrtsökonomie durch das Prinzip der Bedürftigkeit und in der Umweltökonomie durch das Prinzip der Umwelterhaltung ergänzt" (ebd.: 108). Die Verbindung kann also einzig über eine Dezentralisierung von „Kontextsteuerungen" geschehen. Die Frage ist nur, welcher Art. Eine solche steht nämlich unter der Norm, dass das, was zum Wohl der Menschen in einer Wirtschaftsgesellschaft geschieht, nicht das Ergebnis funktionaler Differenzierung sein kann, weil daraus lediglich eine kalte „Gabe" entstünde. Es darf nach Münch auch nicht nur das Ergebnis von strukturellen Koppelungen autopoietischer Systeme sein, weil das Ganze zu keiner ethischen Verpflichtung einer Achtungszuteilung führen kann, vor allem deswegen, weil es mehr oder weniger zufällig ist und entsprechend funktioniert, wenn der Staat nur die entsprechenden Rechtstexte hochhält. Eine Symbiose unterschiedlicher Handlungslogiken bleibt mit diesem Ansatz daher unmöglich, zumal die Kräfte dahinter durch eine einseitige Identifikation mit dem ordnenden Staat nicht weltoffen, sondern nur rein konservativ sein können.

Eine gänzlich andere Lösung verbirgt nach Münch das Konzept der „kommunikativen Rationalisierung" von Jürgen Habermas. Dieser geht von der Lebenswelt im Sinne von objektiven und subjektiv erlebten Verhältnissen aus, aus denen sich moralische Anforderungen ergeben, die wiederum in das Rechtssystem einfließen müssen. Damit entsteht ein Austauschprozess, in Verlauf dessen durch den moralischen Diskurs auf allen Ebenen kein Teil in seinem autopoietischen Zustand verbleibt. Die Umgangsprache ist dabei zwar Basis, die Anforderung allerdings ist ein Großunternehmen, das in seiner Terminologie über die Umgangsprache hinweg große Sprünge erforderlich macht. So bleibt die Frage nach dem Ort der Diskurse. Ist es der Ort der Anerkennungszuweisung selbst oder ein akademischer Zirkel? Daher kehrt auch hier das Problem auf der Ebene der Sprachverwirrung wieder. Was bleibt sind weniger Kognitionen als vielmehr die von Überzeugungen getragenen Willensakte, für die eine Anerkennungszuweisung als eine von Herzen kommende Geste ist, die dann als solche natürlich ihre Theoretisierung wieder in dem finden kann, was unter den pädagogischen Voraussetzungen einer positiven Integration in das den Menschen umgebende System zu verstehen ist. Nur so lässt sich die Krise einer Wohlfahrtsökonomie erklären. Es geht nicht um die Frage der Leistung und der Expansion des Ökonomischen als *conditio sine qua non*, sondern um die Gegenbewegung in Richtung einer mit dem Paritätischen einhergehenden Wertschätzung der Person.

6.1.4 Historisch gewachsene Rahmenbedingung: Kultur

(a) Positionen

„Kultur" ist eine lebendige und historisch gewachsene Interaktionsordnung zwischen Mensch und Gesellschaft, Individuum und Gemeinschaft. Der Begriff der „Ordnung" bezeichnet ein ambivalentes System, das zwischen Tradition und Progression pendelt. Ein Blick in die Geistesgeschichte bestätigt diese Dynamik.

Entsprechend vielfältig sind die Kulturmodelle. Den Darstellungen gemeinsam scheint immer insofern eine Abgrenzung zur Natur zu sein, als die Kultur ein vom Menschen gemachtes System ist und folglich etwas Artifizielles an sich hat, während die Natur ein Programm biologischer, chemischer und physikalischer Notwendigkeiten lebt.

Für eine genauere Begriffsumgrenzung sind zwei Positionen auffällig, die auf den ersten Blick ähnlich zu sein scheinen, sich aber erheblich unterscheiden. Für Hans-Georg Gadamer (1974) ist Kultur Ausdruck eines übergreifenden Verstehens von Gemeinsamkeit. Sie verkörpert darin als Ganzes ein festes *Weltbild*. Bei Jürgen Habermas (1996) ist dies zunächst durchaus ähnlich. Der Unterschied liegt im Begriff des Verstehens. Das Verstehen der Kultur darf nicht nur die Suppe im eigenen Teller konsumieren, sondern muss über den Tellerrand hinausgehen und sich mit dem „Fremden" als dem nicht zu diesem Weltbild gehörenden auseinandersetzen. So wird Kultur hier zum ideologiekritischen Gegenfeld und zum Ausdruck eines *Wertewandels*.

Das Konfrontative im Kulturbegriff zu betonen ist wichtig, weil im Hintergrund weniger eine Vorstellung steckt, Kultur käme gewissermaßen hermeneutisch gebacken aus dem Ofen, sondern sie sei ein durch und durch dialektischer Begriff. Daher müssen wir uns mit dem, was wir und was andere unter Kultur verstehen, diskursiv auseinandersetzen und versuchen, auf faire, wertneutrale und herrschaftsfreie Weise Verständnisse auszutauschen und Positionen kritisch hinterfragen. Dem Diskurs gemeinsam ist die Notwendigkeit eines Wissens über die Geschichte und die Erscheinungsformen der eigenen Kultur und der fremder.

(b) Strukturmomente

Der Kulturbegriff wird von diversen Kräften gezogen. Sie sind gegensätzlicher Natur, wenn sie sich zwischen relativistischen Standpunkten („Kultur ist das jeweilige *Wie* der Lebensweise") und universalistischen („Kultur ist das, was Menschen allgemein teilen") bewegen.

Ebenso kommt es zu Variationen von Positionen. Die pragmatische lautet, „Kultur ist die Produktion des Nützlichen". Für die konstruktivistische ist „Kultur ein Produkt der individuellen Wahrnehmung", für die dekonstruktivistische ist sie das „Produkt von Differenzerfahrung".

Hilfreich ist die Einteilung des Kulturbegriffs in die Bereiche „Artefakte" (etwa Kunst und Sprache), „Kategorien" (Raum und Zeit) und „zwischenmenschliche Beziehungen" (vgl. dazu Uzarewicz 1999: 114 f.). Aus ihr geht der Definitionsvorschlag zu dem hervor, was Kultur darstellt: „Kultur meint im weitesten Sinne das gesellschaftliche Sediment (Basis), in dem Handeln und Verhalten von Menschen stattfindet". Damit wird das Kulturelle real zu einer *dynamischen* Figur, selbst wenn sie als Erkenntnisobjekt den Anschein macht, eine „Entität", eine „Substanz" und somit ein „monolithischer Begriff" zu sein und in normativen und hegemonialen Vorstellungen weiterlebt. Freilich besitzen solche geschlossenen Vorstellungen durchaus stark identitätstiftende Momente, sie können aber letztlich dem „Recht auf Gleichheit", „Differenz", „Einzigartigkeit" und „Eigenheit" nicht gerecht werden, weil sie keine eigentlich kulturverbindende Dimension haben. Dem gegenüber ist also eine kritische Haltung notwendig, die in die Forderung mündet, den Begriff des Interkulturellen auf eine eher *transkulturelle* Ebene zustellen, um besser gewährleisten zu können, das Thema „Fremdheit" ohne unterschwellig sezierende Momente anzugehen.

6.1 Rahmenbedingungen des Sozialen

Im Rahmen wissenschaftstheoretischer Diskurse ist der Kulturbegriff so gesehen von einem ständigen Wechsel zwischen „hermeneutischer Identifikation" bzw. Enkulturation und einer „dialektischen Emanzipation" gekennzeichnet. Er wird damit auch zu einem pädagogischen Programm, in dem die Klärung des Verhältnisses der „Bewahrung" und der „Veränderung von Werten" zum zentralen Bemühen wird. Die Bewahrung des geistigen Erbes wird durch die Vermittlung von Wissen angestrebt in der Hoffnung, es könne über Erziehung gelingen, zu lernen wie wir uns moralisch vernünftig verhalten können. Im Zentrum dieses Unterfangens steht die „Auslegungskunst" des Überlieferten, dessen Ziel es ist, das für die jeweilige Gegenwart zu deuten, was archiviert ist und bleiben soll, was neu entsteht, sich verändert und auch vergehen kann.

(c) Etymologische, historische und systematische Verwendungsweisen

Der lateinische Ursprung des Wortes *cultura* führt uns zu einer Art Maximaldefinition. „Kultur" beinhaltet das Erzeugen und die Pflege des praktischen und geistigen Lebens einer Gesellschaft. Sie ist also eine Art von Produktionswelt geistiger Sinnhorizonte. Zu ihnen gehören alle Ausdrucksbereiche des Menschen wie Kunst, Literatur, Musik, ebenso aber auch Regeln des Zusammenlebens, Riten, Rituale und Mythen. Im Grunde ist es die Summe dessen, was das bestimmt, wie Menschen leben, wie sie es können und müssen. Kultur umfasst daher die Gesamtheit der geistigen und praktischen Lebensäußerungen und Lebensbestätigungen einer Gemeinschaft und Gesellschaft im Großen wie im Kleinen, im öffentlichen wie privaten Alltag, verbunden mit der Erhaltung und Sicherung des Gesamtsystems und seiner Teile.

In der Antike stand die „Bildung der Psyche" im Mittelpunkt kultureller Aktion. Sie wird dann bei Giovanni Battista Vico *Grundzüge einer neuen Wissenschaft über die gemeinschaftliche Natur der Völker* (von 1725) zur Kultur als Prozess eines sich von der Natur trennenden Bewusstseins, mit dem der Mensch nur das erkennt, was von ihm geschaffen wurde. Die Entwicklungskraft ist also keine evolutionäre, sondern die willentliche einer *mundo civile*.

Die dadurch entstehende Spaltung des Menschen in den Schöngeistigen und den Zupackenden wird erst durch Friedrich Schiller angegangen, der das Verhältnis von Geistigem und Sinnlichem durch seine Vorstellung der Einheit von Form und Stoff thematisiert (vgl. dazu *Der Brockhaus*, Stichwort *Kultur*: 176). Verbunden damit ist auch die Klassifizierung der Wissenschaften in Natur- und Geisteswissenschaften durch Wilhelm Dilthey und im Anschluss daran die Trennung der Erforschung der Eingrenzung von Naturgesetzen und der an die Entwicklung von Werten gebundenen Kulturgeschichte.

> Sichtbar wird damit von Anbeginn an die enorme Vielfalt des Begriffs, die nicht nur bei der Beschreibung konkreter Lebensweisen stehen bleibt, sondern auch nach den „generierenden Momenten" des Geistigen, wie es Noam Chompsky (1970) sagt, Ausschau hält. Damit wird auch eine Suche nach Kategorien eingeleitet, die den Augenblick bestimmen und dessen Ästhetik erzeugen.

Kommen wir zurück zu dem, was sich aus den Verwendungsweisen des Wortes ableiten lässt. Ein erster Blick landet bei Redewendungen: Wenn gesagt wird, dieser Mensch habe „Kultur", so ist das zunächst eine doch recht positive Eigenschaft. Sie bedeutet, dieser Mensch ist gut gekleidet, kann sich benehmen und er hat Charakter. Wenn wir die Wurzeln dieses Vorurteils kennen, dann sieht das schon etwas anders aus: Aristoteles grenzt die Kultur der Athener von den Barbaren ab, von denen er sagt, sie würden sich mit nichts anderem beschäftigen als mit der Nahrungseinnahme, dem Auswurf des Übriggebliebenen und der Fortpflanzung. Übrigens spricht er auch den Frauen Kultur ab, da sie von Natur aus dienen müssen und darum für Kulturleistungen nicht geeignet seien (Aristoteles Werke 1955 ff.: 1254b, 1955).

Ein zweiter Blick stößt auf eine beachtliche Anzahl von Wortverbindungen: Da gibt es z.B. den „Kulturattaché", der die kulturellen Belange eines Landes vertritt, das „Kulturreferat und Kultusministerium", das sich um „Kulturpolitik" bemüht und es gibt den Begriff der „Unternehmenskultur".

(d) Erkenntnisleitende Sichtweisen

Interessant ist, dass die unterschiedlichen Zusammensetzungen auf Allgemeines hinweisen. So lässt sich unschwer die Vorstellung eines „bewahrenden Guts" erkennen, ohne das keine Geborgenheit im Zusammenleben, keine Orientierung und auch kein öffentlichkeitstaugliches Selbstbild möglich wären. Selbst im Wort „Okkultismus" liegt etwas Hartnäckiges, und der „Kulturschock" hält bekanntlich die Demontagefahnen einer Gegenkultur hoch.

Die erkenntnisleitenden Momente eines zu bewahrenden „Gutes" kommen vor allem im Begriff des „Kultivierens" und dem dahinter befindlichen Wert des Bewahrens von Lebenssinn zum Ausdruck. Damit verbunden ist auch die Wertschätzung, dass Menschen, die vor uns gelebt haben, uns ein kulturelles Wissen in Form von „Weisheiten" vermacht haben.

Immer aber scheint es eine Art von vorgegebener „Ordnung" zu sein, ohne gleich von Schicksalhaftigkeit zu sprechen, in die der Mensch im blinden Vertrauen ohne große Autonomie hineinwächst und einen Vorgang absolviert, der nach Werner Loch (1968) „Enkulturation" heißt. Der Mensch identifiziert sich mit der ihn umgebenden Welt und dessen realer Verfasstheit und er hat darin keine andere Chance als diese Welt zunächst, wie Leibnitz es sagt, als die bestmögliche zu idealisieren.

Wir dürfen aber die Ordnung als Gut nicht statisch und a-historisch für alle Zeiten festschreiben, so als gäbe es nur eine einzige Auslegung. Kultur ist neben gewissen durchgängigen und formalen Momenten, z.B. dem Festhalten an Überlieferungen und festgefahrenen Verstehensmustern, die durchaus als universal angesehen werden können, inhaltlich immer „Ausdruck eines historischen Bewusstseins". Sie sind Ausdruck einer Raum-Zeitlichkeit des Bewusstseins und dessen Abhängigkeit von den jeweiligen Umweltbedingungen und der sich verändernden Natur.

Das Ordnungssystem einer Gesellschaft ist auch ein Wissens- und Bildungssystem – neben der politischen Struktur, die ja bekanntlich den Grad bestimmt, wie Individuen an gesellschaftlichen Ressourcen teilhaben können und dürfen. Das Kultursystem formt ein Kompetenzprofil und wird als Kulturerrungenschaft der globalen Postmoderne betrachtet. Kultur ist hier fast ausschließlich interessenabhängiges Wissen zur Selbstverwirklichung des vergesellschafteten Individuums. Gemeint ist jener Teil der Bildung, der den Mitgliedern einer Gesellschaft abverlangt wird, damit diese sich reproduzieren kann. Kultur bindet den Menschen damit an jeweilige Ordnungen. Sie entlässt ihn auch ungern daraus.

Eine weit verbreitete Vorstellung von Kultur ist bei aller Vielfalt immer zunächst die eines „sinnhaften und sinnstiftenden Überbaus" des praktischen wie geistigen Lebens. Sie ist vielen philosophischen Betrachtungen zugrunde gelegt (Schütz 1982). Neueren Datums ist der Gedanke der sozialen Pflege, der Sorgfalt als kulturelle Verpflichtung. Er reicht von der Bewahrung des Geschaffenen über die Anerkennung von ethischen Lebensregeln und Normen bis zu Vorstellungen über ein humanes und gerechtes Zusammenleben (Staub-Bernasconi 1995).

An der Kultur nehmen wir alle teil. Wir können uns in Folge dessen dem auch nicht entziehen. Auf diese Weise besitzen wir als Lebewesen „In-Mitten-der-Kultur" „immer schon" einen Vorbegriff von ihr. Wenn wir aber über diese Tatsache hinaus nicht nur auf der subjektiven Ebene von Vorverständnissen diskutieren wollen, ist es erforderlich allgemeine Perspektiven des Kulturbegriffs ähnlich denen von „Kategorien" zu formulieren (Hofstede 1993). So kommt nicht nur ein „interdisziplinärer Ansatz" von „Wesenseigenschaften" zu Stande, sondern darüber hinaus auch einer, der auf einer besonderen Subjekt-Objekt-Beziehung beruht (Davidson, 2005).

Ersteres kann durch eine Einteilung auf der Grundlage unterschiedlicher wissenschaftlicher Sichtweisen geschehen. Ich möchte einige davon kurz umreißen, selbst wenn ich mir im Klaren bin, dass solche Verkürzungen den vielen wissenschaftstheoretischen Richtungen zwischen Natur- und Geisteswissenschaft niemals gerecht werden können:

- Die philosophische und theologische Brille:

  Der Mensch bestimmt sich in seinem Sein durch die Möglichkeit und Fähigkeit zur Transzendenz. Er ist also offen und dialogfähig. Kultur ist darin Ausdruck von Metaphysik (Heidegger 2004).

- Die anthropologische und biologische Brille:

  Die Entstehungsgeschichte des Menschen ist nicht ohne Kultur denkbar. Kultur geht immer schon mit der anthropologischen Entwicklung einher. Sie ist die biologische und auch geistige Antwort (Anpassung) auf die Herausforderungen zur Existenzsicherung und auch Bestätigung des Daseins (Gehlen 1963).

  Die Einbindung in eine kulturelle Außenwelt wird von der Einbindung in die Natur, von der unsere biologische Existenzsicherung abhängt, unterschieden und an die Stelle gesetzt, wo diese Existenzsicherung über die reine Überlebensherausforderung zu einer subjektiven Kunst wird, Nahrung zu erjagen, eine Wohnung zu bauen und in der frei werdenden Zeit die Beschaulichkeit zu entdecken. Kultur ist also immer zunächst ein subjektives Produkt, das sich über das Können und die Motivation an der Verfeinerung der Praxis über die Technik und der Beschaulichkeit des Theoretisierens entwickelt.

- Die psychologische Brille:

  Kultur bietet Schutz, schafft Aufgehobensein und erzeugt Heimatgefühle und Zugehörigkeit. Es werden auch Idealisierungen möglich, und es entsteht ein Stolz dem kulturellen Erbe gegenüber. Die Abarten aber können auch zu Formen der Überheblichkeit, der Verachtung und zu Hass führen, vor allem wenn die Kultur zum Projektionsfeld von Sublimierungen des Unterbewusstseins wird. Kultur ist damit auch „Expression des Unbehaglichen" (Freud 1994). Nach Michael Foucault gibt es keine Kultur ohne Wahnsinn (vgl. Hastedt 2005: 86).

- Die soziologische und politologische Brille:

  Kultur ist die Manifestation des Normen und Wertesystems einer Gesellschaft.

  Systemtheoretisch gesehen ist sie die Repräsentationsebene für sozialen Sinn. Sie ist damit der Sinnhorizont unserer inneren Lebenswelt, demgegenüber sich freilich unsere Lebenslage oft anders verhält.

  Der Mensch ist nicht nur ein soziales, ein ökonomisches Wesen (Dahrendorf 1967), sondern insofern ein kulturelles Wesen, als er Kultur schafft und auf sie angewiesen ist. Kultur ist hier das „Regelsystem zur Sicherung des Sozialen", also etwa „Beziehungs- und Konfliktkultur".

Kultur ist damit *universell*. Es gibt keine kulturlose Gesellschaft, auch wenn fälschlicherweise immer noch merkwürdige Vorstellungen über das Wilde bzw. Nicht-Zivilisierte kursieren. Sie wären auch wenig sinnvoll für ein Verständnis im Sinne des Verhältnisses von Verständnis und Toleranz.

Die besondere Subjekt-Objekt-Beziehung der Kultur wird deutlich, indem Kultur weder eine rein subjektive Konstruktion, noch ein rein objektives Konstrukt ist, sondern sich in einem kreativen Austausch mit der Zeit befindet.

(e) Zentrale Bedingungen

Im Zentrum des Kulturbegriffs steht die *Sprache*. Für manche (wie Wittgenstein 1971; 1973) ist sie identisch mit Kultur. Die Sprache spielt vornehmlich die Rolle eines logischen Navigationssystems zur Bewältigung der Umwelt.

Eine ähnlich verstärkende Funktion bei der Identitätsfindung hat auch die Religion. Ich würde allerdings Kultur und Religion trotz vieler gemeinsamer Wurzeln getrennt sehen. Vor allem im Hinblick auf diejenige Sehnsucht des Menschen nach Geborgenheit durch einen höheren Sinn, die nicht allein in der Kantschen Vernunft ihr Glück findet, wäre es wichtig den Geltungsanspruch des Weltlichen, dessen Aufgeklärtheit und technische Rationalität nicht als Gegenposition zur Religion – im Sinne des Glaubens an eine höhere Instanz – umzuformulieren. Darüber hinaus gibt es weitere Elemente der Kultur, die auf Grund ihrer teleologischen Ausrichtung fundamental sind, also in jeder Gesellschaft vorkommen, unterschiedlich ausgeprägt sind und systemerhaltende Funktionen haben. Darunter fallen folgende Stichworte:

- Menschenbild
- Hierarchie der Werte
- Orientierung an Denkmustern

- Orientierung an der Macht und deren Reproduktion (Sozialisation und Erziehung)
- Regeln des Zusammenlebens (Verhalten, Tradition, Brauchtum, Zeremonien)
- Wege der Existenzsicherung
- Abwehr von Bedrohung (Umgang mit Angst)
- Helden, Idole, Vorbilder
- Märchen, Mythen, Archetypen, Aberglaube
- feste Vorstellungen über das Glück und über das Wahre (und Richtige), Schöne, Gute und Gerechte.
- Umgang mit der Differenz (hierarchisch oder paritätisch)
- Umgang mit Leistungsanforderungen
- Umgang mit Zeit
- Umgang mit Tabus und Intimität
- Umgang mit Gefühlen im privaten Bereich und in der Öffentlichkeit (Freude und Trauer)
- Umgang mit den Generationen (Umgang mit Verantwortung)
- Umgang der Geschlechter untereinander (Rollen- und Positionsverteilung)
- Umgang mit Minderheiten
- Umgang mit der Verteilung von Ressourcen
- Umgang mit Solidarität.

Neben diesen Systemerhaltungskräften aber gibt es auch Potentiale der Veränderung, durch die das Verhältnis von kultureller Eigenwelt und kultureller Gegenwelt bestimmt wird. Es sind:

- Kreativität
- Kunst
- Reflexion und Kritik
- Vision und Utopie
- neue Trends.

(f) Resümee

Kultur im wissenschaftlichen Sinn als die Summe dessen zu beschreiben, wie wir leben, geht mit Zugangsweisen des Erkennens, also mit Formen der Wahrnehmung, der Analyse und Diagnose, und darin immer auch mit der kritischen Reflexion von Haltungen und verwendeten Denkmodellen einher. Wichtig ist und bleibt die Offenheit, in der die Neugierde überwiegt, in der die kulturelle Vielfalt als Reichtum gesehen wird. Denn Kultur ist etwas Kostbares und Graziles. So bleibt das Bild von der Kultur als eine Art Patchwork-Klammer, die um die Aufrechterhaltung der Tradition, um konstruktive Veränderung und um den Blick für den Reichtum der Vielfalt durch Toleranz am Leben hält bemüht ist.

Für die Soziale Arbeit sind interkulturelle und transkulturelle Kompetenzen unverzichtbar. Inzwischen gibt es dazu eine Reihe von theoretischen und methodischen Ansätzen. Einer davon ist ein umfangreiches Instrumentarium zum Erwerb interkultureller Kompetenz von Sabine Handschuck und Willy Klawe (2004). Ziel ist eine „Differenzminimierung" durch das Erlernen von Aushandlungsstrategien (ebd.: 34 f.).

In der Praxis ist Interkulturalität nicht nur mit der Haltung der Toleranz konfrontiert, sondern auch mit einer Überprüfung des subjektiven Homogenitätsstrebens (vgl. ebd.: 36, Zitat von Anita Kalpaka). Um dem kritisch zu begegnen, sind Kompetenzen erforderlich, die auch eingeübt werden müssen. Genannt werden: Kommunikative Kompetenz, Empathie, Offenheit, Flexibilität, Ambiguitätstoleranz, Konfliktfähigkeit, Selbstreflexion und Kreativität (ebd.: 42 f.).

Zudem spielt das „migrationsspezifische Wissen" eine besondere Rolle zum Abbau von gegenseitigen Ängsten und zur Förderung von Partizipation. Damit wird die interkulturelle Kompetenz zur „Fähigkeit professioneller Akteure, eine Balance zwischen einem akzeptierenden, dialogischen Umgang mit Differenz und einer Orientierung an universellen Menschenrechten und dem Recht auf Teilhabe herzustellen" (ebd.: 46).

Dem gegenüber durchaus auch kritisch ist Wolfgang Welsch (1998) mit seinem Entwurf zur Transkulturalität. Er versucht das „ideologische Dekret" des Homogenitätsgedankens, der für ihn auch dem Interkulturellen anhaftet, zu überwinden, indem er sich auf den Begriff der *inneren Multikulturalität* beruft. Für ihn lassen sich Parallelgesellschaften offensichtlich untereinander nicht homogenisieren. Diese Tatsache aber macht eine neue Sichtweise auf der Makroebene erforderlich: die Transkulturalität. Nur durch sie ist eine echte „kulturelle Anschluss- und Übergangsfähigkeit" möglich (ebd.: 56 f.). Es wird dazu auch Wittgenstein zitiert, der den Standpunkt vertritt, dass weniger das Verstehen entscheidend ist als die pragmatische „Interaktion mit dem Anderen". Zudem werden die Begriffe „Partikularisierung" und „Globalisierung" dadurch etwas entmachtet, dass gesagt wird, der Mensch findet eine Heimat auch dort, wo er sich gerade befindet: „Ubi bene, ibi patria" (ebd.: 61). Die Debatte um einen universellen Kulturbegriff wird damit also neu eröffnet.

6.2 Prinzipien

6.2.1 Freiheit und Verantwortung

Julian Nida-Rümelin widmet sich in seinen Essays *Strukturelle Rationalität* (2001) und *Über die Menschliche Freiheit* (2005) dem Verhältnis von Rationalität und Freiheit. Unter „Rationalität" wird eine universelle Reflexionsfähigkeit der Selbst- und Fremdspiegelung verstanden. Sie ist sowohl zur reinen Beschreibung als auch zur Erkenntnis des Normativen in der Lage. Das hört sich zunächst sehr einfach an. Im Hinblick auf unsere Überzeugungen, also auf das, worüber wir uns festen Glaubens sicher sind, stellt sich die nicht leicht zu beantwortende Frage nach der Verankerung des Rationellen. Erschöpfen sich Überzeugungen voll und ganz nur in rationalisierten Außenwahrnehmungen? Oder ist die Darstellung der Welt in abstrakter Form ein ebenso natürlicher Vorgang wie der, sich am Finger zu kratzen?

6.2 Prinzipien

Für Nida-Rümelin (2001) besteht zwischen der Vorstellung einer bloßen Zurückführung von Handlungen und deren bewusste und unbewusste Absichten auf eine kritiklose Beschreibung ein Konflikt mit „unserem Selbstverständnis als rationale Personen" (ebd.: 15). Denn wir sind in der Lage, unsere Überzeugungen zusammen mit dem, was wir wollen, durch kritische Nachfragen zu beleuchten. Außerdem haben wir trotz der Einbindung in begrenzende Systeme Wahlmöglichkeiten im Betrachten und Handeln. Das bedeutet nicht, dass Freiheit unmöglich wäre, sondern dass sie nur innerhalb ihrer eigenen Rechtfertigung frei ist. Diese Norm gilt zumindest für die Freiheit des Handelns. So heißt es: „Handlungsbindung ist mit Handlungsfreiheit dann vereinbar, wenn diese über Gründe erfolgt" (ebd.: 17).

Die Freiheit der Existenz im hamletschen Sinn eines „Sein oder Nichtsein" verkürzt die Handlungsgründe auf ein Entweder-oder. Sie wird zum Zwang ohne Norm und zur Auflösung ihrer selbst. Das aber hätte sinnlose Konsequenzen. Daher muss die Freiheit weniger an die Existenz, als vielmehr an das praktische Leben gebunden sein. So kommt es zum Resümee, dass Freiheit zum einen ein dem Leben zugewandtes Prinzip ist und zum anderen eines, das axiomatisch an Begründungen gebunden ist. Beides zusammen aber führt zu inhaltlichen Begründungen.

Im Fall von Neigungen können Handlungsgründe durch „Stellungnahmen" veräußert werden. Die Gründe selbst sind jedoch im Sinne des Vorausgegangenen nicht subjektiv. Ich halte dies für die Soziale Arbeit für ein ganz wesentliches Moment. Denn nur so sind, sagt Nida-Rümelin (ebd.: 14), „normative und deskriptive Überzeugungen [...] gleichermaßen begründbar (rationalitätszugänglich)", und nur so wird es möglich, die Willensäußerungen und Absichten des Alltagsplausiblen zu finden. Die Meinung, Rationalität sei eine rein „deskriptive Überzeugung" und eine gute Beschreibung sei erschöpfend genug, schwimmt auf der bequemlicheren Welle. Es wird darin nur behauptet, dass eine Beschreibung auf der nicht mehr hinterfragbaren Überzeugung beruhe, es lasse sich hinter Wünsche, Befürchtungen und Hoffnungen nicht blicken, weil sie in ihrer Intentionalität – also in ihrem Absichtscharakter – nur im Handeln und Verhalten in ihren Wirkungen wahrgenommen werden könnten. Würden sie reflektiert werden, wäre das schon etwas anderes. Dann müsste nämlich geprüft werden, ob sie verantwortbar sind. Alles in allem wird auf diese Weise offenbar, wie Rationalität, Freiheit und Verantwortung zusammenspielen.

Gehen wir einen Schritt weiter: Die Erfüllung von Normen ist nicht automatisch gleichzusetzen mit deren Wesensgehalt. Die Inhalte von Normen durchlaufen keine Kausalketten, sondern Interpretationen. Daher ist mit der Freiheit auch ein Wert gemeint, dessen Sinngehalt ebenso vielschichtig ist wie dessen Einlösung. Im einen Fall erhält der Gegenstand seine Konturen durch argumentierende Denksysteme, im anderen durch konkrete Rahmenbedingungen des Möglichen.

Ein gegenwärtig sehr mächtiges Denksystem ist dabei das der Analytischen Philosophie und deren Unterstützung des technologischen Siegeszuges der Naturwissenschaft. In ihr dominiert eine Rationalität, die wissenschaftliche Erkenntnisse streng an Beobachtungen, Experimente und logisch-mathematische Formeln knüpft und alles andere als doch recht zweifelhaft ablehnt. Der problematische Teil liegt in der selbstgenügsamen Meinung, es ließe sich nur über Empirie und Logik das Erklärbare vom Spekulativen trennen. Der Kern der Freiheit ist darin von den Grenzen des Unlogischen und Nichtempirischen umgeben. Innerhalb der Freiheit sind nur bestimmte Dinge möglich. So verfügt unser Körper nicht über die Freiheit fliegen zu können, da er sich physikalischen Gesetzen beugen muss. Das bedeutet nicht, dass das Unmögliche „zu denken" nicht erlaubt wäre. Beides hat eben seinen Platz.

Mit der Analytischen Philosophie und deren Abkehr von jeglichem metaphysischen Denken wird zwar eine gewisse Verbesserung der Grundlagen interdisziplinärer Erkenntnis erreicht. Andererseits aber wird über die Freiheit des Denkens auch deutlich, dass es eine anders gestaltete Metaebene geben muss, auf der die Absichten nicht mit rein logischen Mitteln hinterfragt werden können. Einer solchen hat sich die kritische Philosophie verschrieben. Sie will sich nicht mit dem Gedanken abfinden, alles sei immer nur eine Folgeerscheinung von physikalischen Determinationen, wie z.B. der der Relativität und Kausalität, sondern eine Errungenschaft des Geistes, sich in den Grenzen der Verantwortung zu emanzipieren. Die Verantwortung ist also kein Begriff des Physikalismus. Er ist geisteswissenschaftlicher Herkunft und versteht den Begriff der Grenze im Sinne der Ethik als eine (kantsche) Pflicht der humanen Gestaltung des Verhältnisses der Menschen untereinander. Damit jedoch ist Physikalismus nicht per se inhuman, er denkt aber doch sehr im Sinne von Faust nur an die Entdeckung eines alles beherrschenden Wissens, das oft erst über die Verantwortung im verspäteten Nachhinein erkennen kann, was erlaubt ist und was verboten sein muss.

Für den Begriff der Freiheit stellt die Gleichzeitigkeit von Rationalität und Verantwortung seit jeher eine besondere Herausforderung für das kritische Denken dar. Die kritische Begründung der menschlichen Freiheit durchläuft daher nach Nida-Rümelin in diesem Ansatz zahlreiche diskursive Argumentationsfelder. Dabei schwebt über allem, selbst wenn dies nicht ausdrücklich genannt wird, eine dualistische Sicht. Das Wesen des Menschen deckt sich nicht mit seiner physikalischen Natur. Der Mensch ist zwar von Natur aus frei, in seiner Natur jedoch unfrei. Daher müssen Entscheidungen verantwortlich sein. Es muss ein Grund bekannt sein und der muss mit dem Humanen vereinbar sein. Der Begriff des Menschlichen darin ist freilich ein Ideal, das auch mit Inkohärentem rechnen muss. Er muss mit Inkonsequenzen umgehen und Entschuldigung für eine Willensschwäche berücksichtigen (ebd.: 136–150). Der die Freiheit eröffnende Grund für eine Entscheidung ist also kein normatives Top-down-Verfahren, sondern Rücksichtnahme auf andere, auf deren Interessen und Bedürfnisse (ebd.: 151–171).

6.2.2 Gleichheit

Alexis de Tocqueville (1985) entwirft in seinem 1835 und 1840 erschienenen Werk *Über die Demokratie in Amerika* weitreichende Vorstellungen über die aufgeklärte Gesellschaft und die Begleiterscheinungen des demokratischen Denkens. Im zweiten Band seiner Ausführungen werden Vorstellungen entwickelt, wie die Errungenschaft der Gleichheit mit den gemeinsamen Überzeugungen – heute würde man von konstituierenden Grundwerten sprechen – korrespondiert. Dazu werden wir aus dem Kapitel *Die wichtigste Quelle der Überzeugungen* einige Stellen herausgreifen (ebd.: 219–224).

De Tocqueville beginnt mit der Feststellung, dass jeder Mensch Anschauungen besitzt, die er „vertrauensvoll" und „diskussionslos" übernommen hat. Diese Tatsache entstammt dem Hauptmerkmal einer Gesellschaft: „Ohne gemeinsame Ideen gibt es kein gemeinsames Handeln, und

6.2 Prinzipien

ohne gemeinsames Handeln existieren zwar Menschen, aber nie ein Gesellschaftskörper". Ein Staat wird erst gebildet, wenn die Bürger durch „Grundideen vereinigt und zusammengehalten werden" (ebd.: 219).

Damit wird das Programm klar: Der Mensch findet nur über das Arrangement mit der sozialen Welt zu seiner „Daseinsbedingung". Diese Tatsache kommt einem Gesetz gleich: Da der Geist wie das Leben begrenzt ist, kann der Mensch niemals alles selbst prüfen, sondern muss die Meinungen von „geschickteren" Menschen oder von der „Menge" übernehmen. Erst diese Übernahme ist es, die zu eigenen Anschauungen und zur Vermehrung der Wahrheit führt. Denn in jeder einzelnen Anschauung steckt etwas Wahres. So ist die Übernahme nicht nur notwendig, sondern auch wünschenswert. „Es ist zwar richtig, dass jeder Mensch, der eine Anschauung aus der Hand eines anderen empfängt, seinen Geist unterjocht; es handelt sich hier jedoch um eine heilsame Hingabe, die es erlaubt, von der Freiheit einen guten Gebrauch zu machen" (ebd.: 221).

Vor dem Hintergrund des Spannungsfeldes von Freiheit und Autorität setzt Gleichheit anders an, kommt aber letztlich zum selben Ergebnis, nämlich zur Kontrolle durch die Vernunft. Während im Feudalismus die Autorität die Vernunft lenkt, ist das in demokratischen Verhältnissen umgekehrt. Die Gleichheit hat zur Errungenschaft individueller Unabhängigkeit geführt und mit ihr zur Entmachtung der Autorität, die mit der Vernunft rivalisiert. Dennoch darf die Vernunft auch hier die Autorität nicht verdrängen, sie muss sie nur ihrer weltlichen Selbstherrlichkeit berauben.

Das Ganze hat nur einen Haken: Wenn die Gleichheit missverstanden wird, führt die Besinnung des Menschen auf sich selbst und auf seine Natur, zu einer noch engeren Anbindung an die eigene Anschauungswelt, die das Produkt einer Menschenmenge ist, die sich als Gesellschaft, als Gemeinschaft, Sprachverbund usw. bezeichnet. Dadurch wird die Freiheit des Ich durch eine so praktizierte Gleichheit zu einer Illusion der Individualität. Die Folgen dessen würden sich verrückt anhören, wenn sie nicht auch eingetreten wären: „Es ist vorauszusehen, dass die demokratischen Völker nicht leicht an göttliche Missionen glauben werden, dass sie ohne weiteres neue Propheten auslachen und innerhalb der Grenzen der Menschheit, nicht jenseits von ihnen den obersten Herren ihres Glaubens suchen werden" (ebd.: 221).

Das heißt, die Betonung der Individualität in der Gleichheit führt nicht gleichsam zur Entmachtung von irrationaler Autorität schlechthin. Mit der individuellen Vorstellung von Gleichheit wächst zwar zunächst tatsächlich die Neigung, „bestimmten Menschen" nicht mehr blind zu glauben, doch die Folge ist dann aber eine noch schwerwiegendere Neigung, der öffentlichen Meinung mehr zu glauben als kritischen Geistern. Deutlich wird das in Folgendem: „In Zeiten der Gleichheit schenken sich die Menschen wegen ihrer Gleichheit gegenseitig kein Vertrauen, aber dieselbe Gleichheit flößt ihnen ein fast unbegrenztes Vertrauen in das Urteil der Öffentlichkeit ein". Und weiter: „In den Vereinigten Staaten nimmt es die Mehrheit auf sich, den Individuen eine Menge Meinung zu liefern, und enthebt sie so der Verpflichtung, sich eigene zu bilden. [...] Nichts ist nämlich dem Menschen geläufiger, als dem, der ihn unterdrückt, eine größere Weisheit zuzuerkennen" (ebd.: 222).

Gleichheit wird damit zur ausgleichenden Aktion, einer Herstellung von gleichen Bedingungen unter Menschen. Sie ist darin auch verwirklichte Gleichstellung. Begibt sich die Gleichheit in den Raum des Allgemeinen, so ermahnt sie uns an die Unmenschlichkeit der Knechtschaft. Begibt sie sich in den Raum der Individualität, muss sie den Neid gegenüber der Ähnlichkeit thematisieren und auf die Gefahren hinweisen, die in Abwehr dessen zu einer verstärkten Übernahme der Vorurteile von Massen führen können. Die Aufrechterhaltung einer kritischen Haltung gegenüber einer autoritär überzogenen Lenkung und gegenüber dem Phänomen der Massenhysterie ist folglich eine der wichtigsten Aufgaben einer sozialen, freiheitlichen *und* gerechten Gesetzgebung (ebd.: 307).

6.2.3 Gerechtigkeit

Der Satz „jedem gebühre das Seine" macht nur Sinn, wenn „das Seine" nicht mit dem von der Gesellschaft Zugewiesenen verwechselt wird, als würde man sagen: dem Armen die Armut, dem Reichen der Reichtum. In dem Moment jedoch, in dem die Ungerechtigkeit, die dem entspringt, Realität ist, wird die Gerechtigkeit zum Idealbegriff eines ordnenden Prinzips des Zusammenlebens im Rahmen von Politik, Religion und Recht. In Beziehung zu einem objektiven Bereich wird der Handlungsradius von Systemen normativ geordnet. In Bezug auf Subjektives ist Gerechtigkeit eine Tugend, die einem vernünftigen Gespür unterliegt (vgl. dazu im folgenden auch die Ausführungen in *Der Brockhaus* 2004: 107).

Grundlegend ist die Vorstellung einer Wesensverbindung zum Guten. In der *Nikomachischen Ethik* des Aristoteles werden zwei Arten unterscheiden: eine *justitia commutativa* und eine *justitia distributiva*, eine ausgleichende und eine verteilende Gerechtigkeit. Die erste regelt die Aufhebung der Ungleichheit per Gesetz, die zweite den Anspruch auf bestimmte Rechte. Eine Erweiterung durch die *justitia legalis* durch Thomas von Aquin bindet die Gerechtigkeit an das Gesetz, das wiederum bestimmte Pflichten vorschreibt.

In den älteren Fassungen werden verschiedene Quelle angenommen. Es sind zum einen die Vernunft im Subjekt und in der Welt, zum anderen die Seele, die nach dem *logos* ausgerichtet ist, ferner die Ideenwelt sowie die ethisch-moralische Natur des Menschen und auch des Göttlichen.

Neuere Fassungen von Jeremy Bentham und John Stuart Mill gehen allein vom Gedanken des Ziels eines größtmöglichen Glücks für die Mehrzahl in der Gesellschaft aus. Dieses folgt einem naturrechtlichen Utilitarismus. Kant hingegen wendet das Blatt wieder in Richtung der Annahme einer „sittlichen Autonomie".

Gegenwärtige Ansätze pendeln vor diesem Hintergrund zwischen formalen und inhaltlichen Begründungen. Formal gesehen will Gerechtigkeit die Welt gerecht gestalten und auf den Soll-Wert des Guten ausrichten. Sie deckt sich darin mit dem gesetzlich geregelten Verteilungsprinzip von Ressourcen.

Inhaltlich sind die Vorstellungen darüber allerdings sehr unterschiedlich. Die „sozialistische Verteilungsgerechtigkeit" ist gegenüber der sozialen eher an die Umsetzung von geplanter Gleichheit gebunden, bei der die Planer dann doch meist erhebliche Privilegien besitzen. Gerade dies aber soll in der „sozialen Verteilungsgerechtigkeit" ausgeklammert werden.

6.2 Prinzipien

Gerecht ist, wenn die erarbeiteten Güter an alle gleich verteilt werden, ebenso müssen auch alle bei der Produktion von Gütern mithelfen. Die „demokratische Verteilungsgerechtigkeit" versucht politische und wirtschaftliche „Fairness" zu realisieren. Gemeint ist ein Regelsystem der gegenseitigen Unterstützung, das aber auch mit pragmatischen und wirtschaftlichen Interessen kollidieren kann. Insofern ist sie tendenziell eher idealistisch konzipiert.

John Rawls liefert in *Eine Theorie der Gerechtigkeit* (1979) eine differenzierte und viel beachtete Begründung des Fairnessgedankens. Zentral ist der Gedanke einer Einbindung aller in Aufgaben und Pflichten, ohne jedoch die Freiheit zu gefährden. In einer „Gegenüberstellung" nimmt er zum Gedankengut des Utilitarismus kritisch Stellung (ebd.: 46 f.). Für diese Richtung ist Gerechtigkeit ein von naturrechtlichen Vorstellungen abgeleitetes Regelsystem, dessen Nutzen schlicht im „außerordentlichen Eifer" ihrer Bejahung eines Vorteils besteht. Die Ursachen dafür liegen in der Anpassungsneigung des Menschen begründet. Der Mensch folgt bedenkenlos den Regeln, die ihm Vorteile verschaffen und sieht daher auch in der Glaubwürdigkeit derjenigen Mächtigen kein Problem, die ihm die Verwirklichung von Vorteilen versprechen. Damit folgt der Einzelne in seinen Entscheidungen mehr einer politisch verfassten Gemeinschaftsordnung, als seinem eigenen Gerechtigkeitssinn. Umgekehrt orientiert sich die Macht demzufolge am Populären.

Im Gegensatz dazu ist der Begriff der Gerechtigkeit als Fairness nicht an die Urzustandsvorstellung einer reinen Ausrichtung auf den Nutzen gebunden. Denn nach Rawls kennt auch eine Gesellschaft im Urzustand bereits das Prinzip der „vernünftigen Umsicht". In ihr „akzeptieren Menschen von Anfang an den Grundsatz der gleichen Freiheit für alle, ohne im einzelnen ihre Ziele zu kennen" (ebd.: 49). Das Gute wird den Grundsätzen der Gerechtigkeit dann einfach angepasst. „Wenn jemand entdeckt, dass es ihm Freude macht, andere mit weniger Freiheit ausgestattet zu sehen, weiß er, dass er keinen Anspruch auf diese Freude hat. Die Freude an der Benachteiligung anderer ist an sich unrecht: Sie erfordert die Verletzung eines Grundsatzes, dem man selber im Urzustand zustimmen würde" (ebd.: 49). Damit ist die Beliebigkeit von Bedürfnissen beschränkt.

In der Fairnesstheorie tritt somit das Gerechte insofern rangmäßig vor das Gute, als es die Verteilung von Gütern nach dem Prinzip der Gleichheit regelt. Die Verteilung allerdings bleibt ein komplexes Unterfangen. Es würde sein Fairnessziel verfehlen, wenn sie nur auf Intuition beruht, ebenso wohl auch, wenn sie von einer Vernunft beherrscht wird, die moralische Tatsachen lediglich „lexikalisch" ordnet. Die Grundsätze, die daraus hervorgehen, hören sich so an:

„1. Jedermann soll gleiches Recht auf das umfangreichste System gleicher Grundfreiheiten haben, das mit dem gleichen System für alle anderen verträglich ist.

2. Soziale und wirtschaftliche Ungleichheiten sind so zu gestalten, dass (a) vernünftigerweise zu erwarten ist, dass sie zu jedermanns Vorteil dienen, und (b) sie mit Positionen und Ämtern verbunden sind, die jedem offen stehen" (ebd.: 81).

Ungeklärt schienen dabei allerdings inhaltliche und damit auch kritische Einsichten in den Wertehintergrund einer Gesellschaft zu bleiben, die letztendlich auch die jeweiligen Vorränge bei der Verteilung von Gütern mitbestimmen. Wenn es etwa heißt, dass bestimmte Interessen, – z.B. nationale – Vorrang haben, dann sind gewisse Schwerpunkte der Verteilung bereits vordefiniert.

Reflexionen über eine sinnvolle Verteilung aber könnten – wenn überhaupt – nur in einem Diskurs geführt werden, der im Sinne von Jürgen Habermas' *Theorie des kommunikativen Handelns* (1981) Feststehendes mit dem Verhandelbaren in einen Konsens zu bringen versucht. Ausgelöst aber wird damit zwangsläufig eine Auseinandersetzung um die existentiellen Bedrohungsgrade der Grundfeste der Kultur einer Gesellschaft. Das gilt auch im Hinblick auf die unterschiedlichen Kulturbezüge von Menschen, die in ihr leben und die diese mit ihr teilen.

6.3 Schaltstellen und deren Verankerungen

6.3.1 Person und Identität

Das von Martin Brasser (1999) herausgegebene Büchlein mit dem Titel *Person* enthält philosophische Texte von der Antike bis zur Gegenwart. Deutlich wird, wie sehr bei allem Bemühen, die Welt zu verstehen, der Einzelne in seiner Personalität und Identität, in seinem Ich und Selbst, seiner Individualität und Subjektivität vor allem als „Person" begriffen werden muss. Sie macht das Zentrum des Menschen aus, da sie ihn in seiner Würde respektiert. Der Komplex von Brassers Eingangsfragen dreht sich um einen Punkt, den auch die Soziale Arbeit interessiert: Kann die Ethik die Würde der Person ausreichend schützen, angesichts der tatsächlich realisierbaren Möglichkeit, ihn zu klonen?

Brasser überlässt eine Antwort den Positionen selbst und geht zu einer allgemeinen sprachanalytischen Ebene eines alltagssprachlichen Gebrauchs über. Das ist insofern verständlich, als eine ethische Begründung ein wirklich umfangreiches Unterfangen wäre. Die Frage nach dem, was eine Person sei, wird nach klassischem Muster durch eine Sicht beantwortet, in der der Person unmittelbar auch der Begriff der Würde zukommt und zwar in erster Linie substantiell und nicht nur akzidentell. Person wird in der Antike zu einem *ens morale* und später von Boëthius zu einer *individua substantia rationalis naturae*, zu einer vernunftbegabten Natur.

Der Substanzbegriff erweist sich für die christliche Theologie als besondere Herausforderung. Er besagt nämlich, dass die Person immer eine Einheit darstellt, also nicht gespalten werden kann. Nun ist Gott im christlichen Glauben, dreifach personalisiert in Gott Vater, Gott Sohn und Heiliger Geist. Gott hätte also in dieser Logik keine Substanz, was dann doch recht merkwürdig anmutet. Einen Ausweg glaubt Thomas von Aquin zu finden, indem er den Substanzbegriff der Person Gottes der Geschichtlichkeit entbindet. So gesehen kann Gott Substanz und Person sein, während die Person des Menschen von einer geschichtlich vermittelten Substanz ist. Der Substanzbegriff wird damit zweigeteilt in einen geschichtlichen und einen prinzipiellen. Diese Differenzierung ist in sofern wichtig, weil sie auch die Debatte um Menschenrechte begleitet. Wenn Verletzungen der Würde der Person, von Personen und Personengruppen dokumentiert sind, wäre die prinzipielle Sicht die, dass nicht nur die reale Person davon unmittelbar betroffen ist, sondern auch das hinter ihr stehende Weltbild, das durch die Beleidigung mit verletzt wird. Im anderen Fall bezieht sich das Substantielle der Person nur auf den historischen Kontext, so dass die Beleidigung also nur die Person und nicht deren Weltbild trifft.

6.3 Schaltstellen und deren Verankerungen

Eine interessante, wenn auch umstrittene Variante wird in Thomas Hobbes' *Leviathan* geliefert. Person ist nur jemand, dem die Rolle übertragen wurde, diesen zu vertreten. Person ist also jemand mit Legitimationsmacht, ein Delegierter, einer der ausdrücklich für einen fremden Willen zuständig und tätig ist. Diese staatstheoretische Auffassung ist Grundlage für weitere Fassungen. Bei Kant funktioniert das mit der Person im Sinne Hobbes nur, wenn die Stellvertretung auch einem moralischen Zweck an sich genügt, und zwar im Sinne des Satzes: Der Vertreter leistet nichts für andere, sondern nur etwas für die Firma, die er vertritt. Anders der Standpunkt des Empiristen John Locke. Er kümmert sich nicht um Transzendenz einer Autonomie außerhalb, sondern führt das Personsein auf reine Bewusstseinsfähigkeiten zurück. Eigentlich sprengt erst Hegel alle Ansätze dazu durch die Rückbindung an einen Ursprung, nämlich an die absolute Erkenntnis. Die Person ist Teil und Träger eines universellen Prozesses der Erkenntnis, die vor dem Hintergrund des Werdens und Vergehens der Geschichte die Person über das Selbst und das in ihm aufgehobene Fremdbewusstsein vervollkommnet. Die Person ist hier ein Träger des nach Vervollkommnung strebenden Bewusstseins.

In der Philosophie der Neuzeit wird die Person für Brasser ein Begriff, „der seine Karriere dadurch macht, dass er die Metaphysik in zentralen Aspekten ihrer eigenen Geschichte hinter sich lässt" (ebd.: 22f.). Dennoch aber sind metaphysische Anteile nach wie vor wirksam. Emmanuel Levinas greift (1992 a) den ursprünglichen Begriff der *persona* als Maske im Theater auf und macht ihn (1992 b) zur Geisel eines Umsturzes des Denkens, das davor warnt, nicht alles nur auf sich zu beziehen, inklusive der Freiheit. Er spricht dabei von Verantwortung, die der Intention des Vergangenen und Gegenwärtigen Grenzen setzt (ebd.: 327).

Einen noch stärker sozialarbeiterischen Bezug ermöglicht Gabriel Marcel (1963), wenn er von der Person im Gegensatz zum anonymen *man* spricht. Nur ihr ist es möglich „die Stirn zu bieten" (ebd.: 109 f.).

Die Analytische Philosophie hingegen geht einen radikalen Weg. Sie will den Personbegriff von allen metaphysischen Anteilen reinigen, weil diese zu nichts führen, außer zu idealistischer Gefühlsduselei. Sie möchte damit nicht etwaige Leib-Seele-Probleme abschaffen, sondern diese nur sekundär betrachten. Daher handelt der Tenor Wittgensteins von Anfang an vom strengen Nachweis gesicherter Prädikate. Zu nennen sind neben dem Sprachanalytiker Peter F. Strawson auch Daniel C. Dennett. Für beide bietet der Sprachgebrauch eine erste Orientierung. Strawson (1985) unterscheidet den Hintergrund dessen, wenn er sagt „ich tue dies, tat dies, werde dies tun" von den Empfindungen „mir ist warm, ich habe Schmerzen" und den Gefühlen „ich denke, ich wundere mich, ich möchte dies, ich bin ärgerlich, enttäuscht, zufrieden" sowie den Wahrnehmungen und Erinnerungen, wenn er sagt „ich sehe dies, höre das, erinnere mich an jenes" und den Positionen und Körperhaltungen („ich bin auf dem Sofa" und „ich liege") (ebd.: 113). Die Frage für ihn ist grundsätzlicher Natur: Wie kommt es zu mehrdimensionalen Zuschreibungen in einem Haus (der Person)? Wie entstehen Bewusstseinszustände, die uns im Hinblick auf Einzeldinge betreffen, wie z.B. dann, wenn ich irgendwo liege und mich wundere, und dann, wenn ich gerade dieses registriere? Das Subjekt kann offensichtlich dies alles tun, weil es zu einem logischen Typ gehört, dessen Muster interindividuell sind. Erst dadurch werden Unterscheidungen und Identifizierungen eigener Sachverhalte und solcher von anderen möglich. Die Person wird zur Sammelstelle aller Prädikate der Selbst- und Fremdwahrnehmung. Die Integration im Ich vollzieht sich nicht wirklich auf geheimnisvolle Weise. Sie ist ein „Sprachakt", der den Darstellungen des Eigenen und seiner Umgebung sowie der Stellvertretung anderer dient. Ein solcher ist auch das „kollektive Ich". Wird z.B. beim Fußball von „etwas" gesprochen, was „in Wirklichkeit eine Person ist", aber „Rechtsaußen" genannt wird, so stammt die Zuschreibung aus diesem Ich (ebd.: 145 ff.). Das „Wir" sagt also nichts über das Individuelle aus, bestenfalls nur etwas über den Vorgang, dass Individuelles darin aufgeht, nach dem Motto „einer für alle". Hier wird die Person eigentlich aufgelöst, weil sie nicht mehr einer individuellen Körperlichkeit angehört.

Dennett (1981) teilt den Begriff der Person in „Themen" ein, die aussagen, wodurch jemand zur Person wird. Die Stichworte dazu lauten: Eine Person ist ein „Vernunftwesen" mit „psychologischen und körperlichen Prädikaten", das nach seinen „Einstellungen" handelt und „sprachlich" reagiert. Sie verfügt über ein „Selbstbewusstsein". Diese Faktoten sind zwar notwendig nicht aber hinreichend, zumal ihre Bedeutung nicht klar definiert werden kann. Denn es kann einer Person ihr Personenstatus auch aberkannt werden. Daher ist der Begriff normativ und verkörpert ein Ideal.

Bei Niklas Luhmann (1984) ist „Person" ein „Kunstbegriff" mit einem Kriterienkatalog der Verhaltensbeobachtung sozialer Ausbreitung. Fest umrissene Merkmale umgrenzen den Inhalt, indem sie ihn von metaphysischen Spekulationen abtrennen. Wir haben das Gefühl eine Person zu sein, weil die Zuschreibungen von anderen nicht über den Kriterienkatalog hinausreichen. Zu unterscheiden ist also das Subjekt als psychisches System und die Gesellschaft als soziales. Die Person nimmt eine Schnittposition für Integration und Desintegration ein. Es wird damit auch ein Übergang zur sozialen „Identität" geschaffen. Dieser gleicht einem Zustand der inneren Übereinstimmung des Selbst mit sich, mit seinen Wünschen und Ideen sowie mit dem Grad der Zugehörigkeit zur Gesellschaft. Das Wechselspiel von Rolle und Position oder Status wirkt sich auf das Anerkennungsbedürfnis der Person und auf die Erwartungshaltungen der Umwelt aus. Um eine gute Balance zu halten, werden Fähigkeiten benötigt. Zu ihnen gehören neben anderen die „Ambiguitätstoleranz", „Rollendistanz" und „Selbstdarstellung", die bei Lothar Krappmann (1973) genauer beschrieben sind.

> Ob das Erleben der eigenen Identität hauptsächlich von allgemeinen Konturen bestimmt wird, oder ob sie geschlechtsspezifisch sind, ist eine offene Frage. Die europäische Philosophie hat sich um einen solchen Blickwinkel, wenn überhaupt, so nur am Rand gekümmert. „Wer um Haus und Herd Sorge tragen muss, hat zu den Gefilden des Geistes keinen Zugang." So jedenfalls dachten von Aristoteles, über Kant bis Heidegger leider ziemlich viele Philosophen. Die Gesellschaft diesbezüglich zu entschuldigen, mag ja in gewisser Weise verständlich sein, daraus aber Unterordnungen abzuleiten, ist mehr als unethisch. Daher ist wichtig festzuhalten, dass die Darstellung der Wahrnehmungs- und sodann Erkenntnisfähigkeit der Person als Mann und Frau immer an den Stellen ergänzt werden muss, wo es um den Begriff des Individuellen geht. „Individuell" bezieht sich auf die geschlechtsspezifische Eigenheit des Erlebens von Individuen, deren Lebenssituation, Lebenslage und Lebenswelt. Damit sollten die Aussagen von fast ausschließlich männlichen Vertretern der Philosophie als allgemeine Aussagen bewertet werden und nicht als Endprodukte verkrusteter männlicher Haltungen. Wer meint, solche Aussagen wären nur die Hälfte der Wahrheit, mag freilich dennoch recht haben (vgl. Hagemann-White 1995).

Die Frage, ob Männer anders wahrnehmen als Frauen, kommt schnell zum Begriff des Interesses der Person. Dazu wird ebenso festgestellt, dass Frauen aufgrund ihrer Sozialisation und Stellung in der Gesellschaft andere Interessen haben als Männer und sich von daher der Blickwinkel auf andere Bereiche konzentriert. Ob es aber einen Qualitätsunterschied in den Interessen selbst gibt, halte ich für fragwürdig. Was jedoch wohl wahr ist, ist die Tatsache, dass Frauen aufgrund der Machtverhältnisse Interessen anders durchsetzen müssen als Männer. Sie müssen sie vehementer einklagen als jene und sie müssen sich immer noch das Recht erstreiten zu wissen, wer sie sind und was sie für die Männer bedeuten.

Freilich spielt auch die Typologie der Natur eine Rolle. So ist das Vorurteil, dass Frauen sich *mehr* für die Sammlung und Erhaltung des Lebens zuständig fühlen, während Männer in ihrem Gefühlsleben *mehr* der Jagd nach Ruhm und der Ehre frönen, nicht völlig von der Hand zu weisen. Aber auch diese Erfahrung ist abhängig von der Sozialisation.

6.3.2 Lebenswelt und Lebenslage

Klaus Held offeriert in seiner Einleitung zu ausgewählten Texten von Edmund Husserl und dessen *Phänomenologie der Lebenswelt* (2002) einen Überblick zu den Zusammenhängen von Bewusstsein, Wahrnehmung und Lebenswelt (5–53). Wir werden uns an die Ausführungen anlehnen, aber auch eigene Gedanken hinzufügen.

Husserl hat mit seinem Ansatz den Begriff „Lebenswelt" zu einem geisteswissenschaftlichen „Zentralbegriff" gemacht. Als „Sicht der Dinge" formt die Lebenswelt Perspektiven, die für das individuelle Verstehen der Welt verantwortlich sind. Lebenswelt ist der „Sinnhorizont einer Sichtweise". So ist der Begriff formal klar umgrenzt, inhaltlich aber pluralisiert er sich enorm.

Hinter der Individualisierung von Lebenswelten, befindet sich die erheblich zerrissene Moderne, deren Kräfte unterschiedliche Formen individueller Existenz zeitigen. Held schreibt dazu: „Die moderne Existenz scheint gespalten in das geistlose Leben in einer naturwissenschaftlich-technisch rational geprägten Welt mit ihren Organisationen und das erfüllte Dasein in einer geschichtlich-personal gewachsenen Welt mit ihren kulturellen Zeugnissen" (ebd.: 6). So gesehen lässt sich auch die Frage nach dem, was zur Bildung einer Lebenswelt beiträgt, nicht einheitlich beantworten.

Husserl hat den Versuch der Rückführung auf einen einheitlichen Kern in lebenslangen Bemühungen unternommen. Die Frage nach der Lebenswelt kann für ihn nicht ohne eine „Konstitutionsanalyse" des Bewusstseins beantwortet werden. Sie beginnt mit der Frage nach dem Objekt. Für ihn ist das Objekt der Wahrnehmung von Momenten der Lebenswelt nichts anderes als die Welt selbst. Durch Wahrnehmung und Erfahrung wird diese eingekreist. Sie wird mit subjektivem Sinn verknüpft zur inneren Lebenswelt. Allerdings ist dieser Vorgang kompliziert und beruht auf einer Reihe von komplexen Voraussetzungen. Eine dieser ist aufseiten des Subjekts die natürliche Einstellung und Haltung des Menschen zur Welt, die ihn in ihrer Gegenwärtigkeit und ihrer historischen Entstehung umgibt. Aus dem heraus muss das Subjekt die Bedeutung für sich vermessen. Es muss dabei das Bedeutsame vom Beiläufigen trennen und zum Wesentlichen finden. Die Ressourcen, die dies ermöglichen sind u.a.:

- Erkenntnisfähigkeit
- Willens- und Gemütskräfte
- Talent, Geschick, Stärken und Schwächen
- Erfahrungen
- Einstellungen und Haltungen
- Bedürfnisse
- eigene Erwartungen
- Interessen, Wünsche und Hoffnungen
- Neigungen
- Ängste.

Der inneren Lebenswelt steht die äußere gegenüber. Verknüpft mit der Lebenslage besteht diese aus Objekten, Verhältnissen und Situationen, in die das Subjekt sozial verstrickt ist. Darunter fallen z.B. die Stichworte:

- Familie, Partner, Freundeskreis
- Geld, Wohnverhältnisse, räumliches Umfeld
- Rolle
- Position
- Arbeit und Freizeit.

Dahinter wiederum befinden sich weitere Faktoren wie z.B.:

- Gemeinschaft und Gesellschaft
- Wirtschaft
- Kultur und Religion.

Nun gibt es aber offensichtlich zusätzlich Kräfte, die sich auf die Selbst- und Fremdsicht auswirken. Sie kommen ebenso aus inneren und äußeren Zuständen und Bedingungen. Zu den inneren zählen:

- Befindlichkeiten (Wohlbefinden, aber auch Stress, Krisen, Sucht, physische und seelische Erkrankungen)
- körperlich-seelische Verfassungen (Stimmungen, Stabilität und Instabilität)
- Erlebnisse (in Bezug auf Glück, Dramen und Traumata).

Zu den äußeren gehören:

- Grad der Partizipation am Gemeinwohl
- materielle Ressourcen.

6.3 Schaltstellen und deren Verankerungen

Erkenntnistheoretisch gefasst bedeutet dieser Zusammenhang für die innere und äußere Lebenswelt Folgendes:

Der Austausch der äußeren präsenten und inneren re-präsenten Lebenswelt führt zu einer „Beziehungserfahrung". Sie füllt die Inhalte der inneren Welt im Subjekt aus. Auf diese Weise repräsentiert sich die präsente Welt. Dieses sich im Subjekt spiegelnde Erscheinen und auch Erinnern ereignet sich erstens durch den festen Glauben an die Existenz von etwas Anderem außerhalb des Subjekts, zweitens durch Rückführungen auf die Erkenntnismöglichkeiten des Subjekts und drittens durch die Reflexion der Erfahrung.

In der Beziehungserfahrung sind Nähe und Distanz zwischen innerer und äußerer Lebenswelt zentrale Momente. Befinde ich mich nahe an der Sache, so vergegenwärtigt sich „Originalität", bin ich weit weg, so entfremde ich mich. Das Bewusstsein ist also nur voll intakt, wenn es „originäre Gegegebenheitsweisen" eines materiellen bzw. geistigen Gegenstandes erfüllt. Damit bekommt das Bewusstsein auch eine übergreifende Eigenschaft: es ist „intentional", d.h. es befördert immer die Absicht, auf einen Gegenstand gerichtet zu sein und auch die, sich auf ihn einzulassen. Was dabei im Subjekt geschieht, ist in der gegenwärtigen Bewusstseinsforschung umstritten (vgl. Metzinger 2005; 2006). Bei Husserl kommt ein Erlebnis durch die „Fundierung" in anderen Erlebnissen zustande, also durch eine Art gegenseitigen Erfahrungsbezug. Das Wort „Verankerung" aus der Gestalttheorie meint Ähnliches. Dennoch ist auch hier, wie in der Bewusstseinsforschung, ungeklärt, welche Eigenschaften der Boden für den Anker hat oder haben muss.

- Was zählt zu den zentralen Momenten der Lebenswelt?

Die Sichtweisen über die Welt werden wesentlich vom „individuellen Verstehen" gestaltet. Sie formen gewisse Konstruktionen im Subjekt. Die Architekten auf der Seite des Subjekts sind die Motivationen, die Erscheinungen auch haben wollen, ferner sind es die Methoden, um Reflexionen zu ordnen. Die Architekten der Gegenseite sind mit anderem beschäftigt. Sie fertigen das, was das Erlebnis und Erleben selbst macht. Sie sind also für die gesamte Inhaltlichkeit der äußeren Lebenswelt im Wandel fließender Übergänge, Emergenzen und Prozesse zuständig. Mit Hilfe beider Parteien aber entsteht so etwas wie eine Sicht, die sich das Subjekt zu Eigen macht. Greifen wir ein Beispiel dazu heraus: In der Formgestalt eines konkreten Raumes verschmilzt die Qualität immer mit der Ästhetik. Das hört sich erst einmal eigenartig an. Doch wenn wir beachten, dass jeder Raum eine eigene Atmosphäre ausstrahlt, dann wird die Verschmelzung deutlich.

> Auf die Soziale Arbeit übertragen heißt das, dass zum geographischen Ort und der Lebenssituation immer die soziale Lage tritt. Genauer gesagt ist es die soziale Lage von denjenigen Individuen, die sich dort aufhalten. Die Folge ist, dass alle Faktoren zusammengenommen je nach realem und erlebtem Standort zur individuellen Sicht dieser Individuen führen. Diese kann bei einem Vergleich der Individuen untereinander begrifflich gesehen ähnlich oder sogar ganz übereinstimmend sein, real aber kann sie sehr verschieden sein. So ist leicht nachzuvollziehen, dass der Erlebnisunterschied zwischen einem Bettler in Las Vegas und einem in Kalkutta trotz einer angenommenen Gleichheit der Lebenslage doch sehr verschieden sein dürfte.

Für Husserl und wohl auch für Heidegger ist jedenfalls die Verdinglichung eines Raumes in der Zeit „geballte Intentionalität", die alles beherrscht. Für die Soziale Arbeit ist dieser Teil insofern interessant, als darin auch die Tatsache der „Originalität", also der Nähe des Menschen zum Objekt im unmittelbaren Erleben seines „Originalbewusstseins" eine wichtige Rolle spielt und somit auch die zu bearbeitenden Themen speist. Es ist das, was Husserl „Evidenz" und Schütz „thematische Relevanz" nennen. Held schreibt dazu (in seiner Einleitung zu Husserl 2002: 13): „Ihr Charakter ist die Anschauung, in der ich die Gegenstände, nämlich gewisse allgemeine Wesensverhältnisse, in interessefrei-unbeteiligter Betrachtung erblicke".

Dabei hat das „Gegenwärtighaben" einen doppelten Boden. Es gibt eine „Dingwahrnehmung", wenn ich etwas im wahrsten Sinne des Wortes „vor Augen" habe. Diese Vergegenwärtigung identifiziert den Ausschnitt der Wahrnehmung. Dann gibt es eine Vergegenwärtigung, ohne dass der Gegenstand in der Nähe ist. Hier hole ich diesen imaginär aus der Erinnerung heraus in das Hier und Jetzt meines Bewusstseins. Schließlich gibt es auch unterschiedliche Qualitäten von Gegenständen. Es handelt sich dabei um „Abschattungen", um Möglichkeiten, die in meiner Denkmacht liegen. Husserl nennt sie „Vermöglichungen". Wichtig ist dabei ein weiterer Begriff, nämlich der des „Bedeutungshorizonts", von dem Hans Thiersch (1992) etwa sagt, er sei dasjenige, was substantiell die Lebenswelt ausfülle.

Mit der sozialen Lebenswelt verbindet sich die Qualität, etwas für sich zu haben und mit anderen teilen zu können. Sind Lebenswelten ähnlich, so lässt sich von einer Homogenität sprechen, im anderen Fall von Diversität, von Fremdheitserfahrungen. Keine soziale Lebenswelt zu besitzen, käme dem traurigen Zustand einer absoluten inneren Einsamkeit gleich, einer autistischen Eingeschlossenheit in sich. Es wäre ein Leben nur mit den eigenen Regungen. Die Ursache können Ängste vor Kontakten zur Umwelt sein.

Anders ist es, wenn Lebenswelten auf Grund der Herkunft, Sprache und Sozialisation zwar prinzipiell offen für Kontakte sind, untereinander jedoch enorme Verschiedenheiten aufweisen. In diesem Fall aber ist die jeweilige Lebenswelt immer reich an kultureller Erfahrung und sie besitzt ein Füllhorn an Geschichten.

Ein Austausch zwischen Lebenswelten ist erschwert, wenn eine Lebenswelt einer anderen in soziologischer und politischer Hinsicht überlegen oder unterlegen ist. Der Grad der Dominanz einer Lebenswelt drückt sich über die Differenz von Lebenslagen aus, besonders aber darin, wenn vorgegeben wird, wer wem die Kultur näher zu bringen habe. Damit ist die Suche nach einem eigenen Sinnhorizont und einer eigenen Identität für die Unterlegenen in dieser Hinsicht doppelt schwer. Sie dürfen das Eigene nicht aufgeben, sind aber gezwungen, sich der Dominanzkultur anzupassen.

Mit dem Bemühen einer näheren Bestimmung lebensweltlicher Inhalte verbindet sich die Frage nach einem angemessenen Umgang. Sie lautet: „Wie weit muss, soll und darf die Soziale Arbeit in die Lebenswelt anderer Menschen einsteigen?". Dass sie sich prinzipiell damit beschäftigen muss, dürfte klar sein. Selbst wenn sie sich nur als technisches Unterstützungssystem sieht, das steuernd eingreift, sich aber empathisch auf eine nicht allzu große Nähe einlässt, kommt es zur Frage nach

6.3 Schaltstellen und deren Verankerungen

der Verantwortung. Für die Bestimmung von Professionalität ist das keine leichte Aufgabe. Der Umgang mit fremdseelischen Lebenswelten verlangt, wenn er nicht rein technisch praktiziert wird, immer zugleich auch ein bestimmtes Maß an Einfühlungsvermögen und Toleranz.

In diesem Zusammenhang taucht noch ein anderes Problem auf: Im Hintergrund des Umgangs lauert das Phänomen der klammheimlichen „Bewertung von Lebenswelten". Im Sinne des Bewertens eines Horizonts des Verstehens zeigen Sätze wie, „das verstehst du noch nicht" oder „das wird dieser Mensch nie verstehen", das Problem einer Haltung, die sagt, es gäbe den sogenannten „beschränkten Horizont" und vermeintlich „kleinen Geist". Die Einstellung, hier dagegen zu halten, erfordert ein hohes Maß an Engagement, um den Gegenbeweis anzutreten. Menschen eine „andere Welt" näher zu bringen, deren Tagesablauf sehr eingeschränkt ist, kann in diesem Zusammenhang eine enorm lohneswerte Aufgabe sein. Projekte – wie das Berliner Projekt *Rhythm is it* – zeigen, wie gut dies gelingen kann.

Die Aussage, jemand lebe eben in einer „kleinen Welt", kann aber auch nur bedeuten, jemand kann komplexe Dinge lediglich nicht verstehen. Das muss kein Manko sein, sondern bisweilen sogar ein Glück. Nicht so gut wäre es, wenn jemand das sogenannte „höhere Glück der akademischen Lebenswelt" aus irgend einem Grund nicht leben darf, weil Mächtigere es verhindern. „Warum soll es unseren Kindern anders gehen?", kann eine der Begründungen lauten.

Ganz schlimm wird es allerdings, wenn sich Oberflächlichkeit mit Reichtum paart. Dann entsteht eine merkwürdige, sich in Dominanz wähnende Haltung, jede Intellektualität als Schwachsinn zu bezeichnen und sich nur noch mit dem zu beschäftigen, was sich auf einem Showtime-Niveau abspielt. In dieser Lebenswelt spielen Intellektuelle, sobald sie an ihr teilnehmen, bisweilen eine bedauerliche Rolle. Sie können, weil unterlegen, nur als „Schöngeister" zur Belustigung beitragen, zum Ökonomischen aber nur schweigen. Ist es umgekehrt, so ziehen auch hier düstere Wolken vorüber. Paart sich das Intellektuelle mit dem Reichtum können sich abartige Züge zeigen. Dann wird mit Hilfe raffinierter Argumentation und Rhetorik so ziemlich alles begründet. Die, die das durchschauen, werden sich wehren. Aber wenn sie nicht die Position dazu haben, können sie nur anklagende Essays publizieren.

Die Lebenslage ist natürlich immer ein gewisses Indiz für die Lebenswelt, in der sich jemand befindet. Aber trotz des äußeren Reichtums, trotz der schier unendlichen Fülle von Möglichkeiten, kann die Lebenswelt in unerfüllten Sehnsüchten und Ängsten ersticken, so wie umgekehrt eine Lebenswelt in Armut sehr reich sein kann.

Unabhängig aber davon, wie das Verhältnis von Lebenswelt und Lebenslage die Beziehung der Menschen zu sich selbst und untereinander gestaltet, muss sich die Soziale Arbeit bemühen und versuchen, es möglich zu machen, dass diverse Lebenswelten aufeinander zugehen können, sich kennenlernen und austauschen. Dieses übergreifende Ziel nennt sich ganz einfach „gegenseitiges Verstehen".

Die Umsetzung dessen wirft freilich viele Fragen zur Anteilnahme auf: In welcher Welt lebst du? Was geht in dir vor? Was interessiert dich? Welche Hobbies hast du? Was fasziniert dich? Welche Ziele, Träume hast du, wie gestaltest du dein Leben? Welche Musik hörst du? Welche Bücher liest du? Hast du Helden und Idole? Wie sieht für dich die ideale Beziehung aus? Was ist für dich wichtig, bedeutsam, sinnvoll und warum? Was erwartest du für dein Leben? Wie steht es mit deiner Familie? Hast du Freunde, auf die du dich verlassen kannst? Bist du mit der Welt, in der du lebst, glücklich und zufrieden? Was willst du beibehalten und was ändern?

In der Sozialen Arbeit ist daher der „lebensweltliche Ansatz" nicht nur in Bezug zur Vergegenwärtigung von Problemfaktoren, sondern auch übergreifend bedeutsam. Nur über ihn lässt sich herausfinden, „wo Menschen stehen". Nur so kann es zu einer größeren Annäherung an Probleme kommen und zu einer besseren Vorsorge. Und hoffentlich müssen nicht immer wieder Extrembeispiele von Amokläufern und Selbstmordattentätern die Notwendigkeit dessen unter Beweis stellen.

6.3.3 Beziehung und Bindung oder das Problem des Intersubjektiven

Die Beziehung des Ich zum Du und des Ich zu Anderen macht die Intersubjektivität zur sozialen Kontaktgrundlage. Das Wort „Beziehung" umfasst in diesem Zusammenhang passiv die gegenseitige Angewiesenheit und aktiv die Anteilnahme. Der Weg des Intersubjektiven läuft von privaten zu öffentlichen und von dort zu globalen Bezügen und umgekehrt. Die Silbe „inter" bezieht sich auf die Wechselseitigkeit und Parität zugleich.

Intersubjektivität stellt eine Verbindungswelt dar, ohne die der Mensch in die totale Einsamkeit stürzen würde, in der er nur noch mit sich selbst in Kontakt wäre, während die Welt nur als Objekt der Verwirklichung der Ideen seines Selbst und dessen Lustgewinns fungieren würde. Damit dies nicht geschieht, tritt Intersubjektivität an die Stelle einer Hoffnung. Natürlich zeigt sich rasch, wie wackelig diese Hoffnung ist. Wird nämlich Intersubjektivität in das Spiel liberalen Gedankenguts Kantscher Prägung geworfen, so hat das unter Umständen enorme Konsequenzen.

> Nehmen wir zur Erläuterung dessen das Beispiel von Schillers *Räuber* her und betrachten wir einmal nur die Beziehung der zwei Brüder Franz und Karl zu ihrem Vater. Der Vater, der die kollektive Selbstbezogenheit des Deutschtums seiner Zeit verkörpert, transportiert das ganze Elend der nationalen Einsamkeit und Romantikflucht auf seine Söhne. Es wird damit für ihn unmöglich, diesem Gefängnis zu entkommen und seinen Kindern gleichermaßen echte Liebe zu zeigen. Der erstgeborene Franz erbt den Hof. Er zerbricht aber an der Gnade dieses Blut-und-Boden-Schicksals. Karl wird Terrorist. Auch er zerbricht an seiner eigenen Weltordnung, in der nur noch die Vernunft regieren soll. Beide vernichten also den Vater und das, was er verkörpert, auf ihre eigene Weise. Aus ihrer Rolle heraus vergelten sie Gleiches mit Gleichem und töten sich dabei selbst. Der eine zerbricht an der morastigen Neigung seines Gefühls, der andere an der gnadenlosen Pflicht seiner Vernunft.

> Was zeigt diese kurze Interpretation, die sich an eine Inszenierung in den Münchner Kammerspielen anlehnt? Sie spricht im Grunde von den Gegenkräften, die mit unterschiedlichen Motiven Intersubjektivität im Keim ersticken wollen. Die eine Seite wird von einem zwanghaften Egoismus beherrscht, die andere von kalter Vernunft. Die Deutung spricht von den Gefahren eines Kontrasts durch Polarisierung der Welten.

Wer nicht in diese Welt passt, kann seine Freiheit nur in einer Gegenwelt, im Untergrund finden. Die Deutung spricht aber auch von den gegenseitigen Fluchten von Pflicht und Neigung. Dominiert die Pflicht, so wünscht sie sich eine Flucht in die Neigung. Hat die Neigung die Überhand, rührt sich das Gewissen der Pflicht.

Auch innerhalb der postmodernen Welt ist das Verhältnis beider bedeutsam. Denn es führt zur Entwicklung von pluralen Subkulturen. Die Welt des Kapitals gönnt sich den Luxus einer eigenen Gegenwelt. Im Gegensatz zum Pflichtbereich der Öffentlichkeit verlebt sie Privates nach Lust und Laune. Die Welt der Armut kann ihre Gegenwelt nicht in der gleichen Weise nach der Neigung ausrichten. Sie kann nur träumen oder sich zur politischen Tat aufraffen.

So könnte Folgendes gelten: Wird die eine dominante Welt von der Pflicht beherrscht, so flieht die Neigung innerhalb dieser in eine Subkultur. Wird eine der dominanten Welt gegenüber unterlegene Welt von der Neigung beherrscht, so entsteht die Radikalität subkultureller Vernunft, die zur Revolution aufruft. Die Welt dazwischen aber hat es schwer mit der Intersubjektivität. In Kenntnis der Extreme muss sie sich als ein wohlwollendes Geschehen präsentieren. Doch das geht nur, wenn sie sich an einem übergeordneten Dritten orientieren kann. Dieses schwer zu beschreibende Dritte hat eine komplizierte Aufgabe. Letztendlich aber muss es in jedem Fall eine zentrale Eigenschaft der Intersubjektivität bewahren, nämlich die der gegenseitigen Achtung.

Kommen wir schließlich noch zu einigen erkenntnistheoretischen Faktoren der Intersubjektivität: Kontakt und Austausch zwischen Subjekten führen zur Aktivierung des Bewusstseins, aber auch umgekehrt kann das Bewusstsein beides vorantreiben. Die Wechselseitigkeit ist hier das Prinzip. Die Energie entspringt mit den Worten des Vorsokratikers Heraklit dem Prozess des *panta rhei*, der ständigen Veränderung in Raum und Zeit. Die Kraft dazu besitzt mehrere Quellen. Zum einen entspringt sie dem Subjekt, der „Autorität der ersten Person" (Davidson 2004) und dem mit generativen Fähigkeiten und Steuerungselementen ausgestatteten Geist (vgl. Chompsky 1970). Sie rührt aber auch vom Objekt, der materiellen, geistigen und sozialen Welt und dem Du, dem Anderen und Fremden. Der dritte und eigentlich dynamische Teil aber kommt durch die „Interaktion" zustande, durch die wiederum das Subjekt handelnd über sich hinauskommt.

Intersubjektivität bedeutet zugleich auch Interaktion zwischen Subjekt und Objekt, auch im Sinne einer Anteilnahme und Teilhabe an der sozialen Welt. Die Interaktion dazu besteht aus der Sprache und dem Handeln, das als konkretes Tun entweder reine Reaktion ist oder der überlegten Entscheidung folgt, das Geplante in Maßnahmen auch konkret umzusetzen. Das Objekt ist in erster Linie nach wie vor der Mitmensch sowie die Gemeinschaft und Gesellschaft, Wirtschaft und Wissenschaft. Zugehörig sind auch Themen und Probleme in der Lebenswelt und Lebenslage des Individuums und des sozialen und mitmenschlichen Umgangs. Von außen betrachtet fallen eine Menge umfangreicher Stichworte darunter, die wir im einzelnen nicht vertiefen, sondern mit Hinweis auf weitere Literatur zum Themenkreis „Sprache, Denken und Handeln" nur auflisten können. Weitere Stichworte sind „Ziele und Methoden", „Werte und Normen" ebenso die „individuelle Lebensgestaltung", um nur einige zu nennen.

Die Interaktion trägt mit ihrer Ausbreitung dadurch wesentlich zum Intersubjektiven bei. Durch die enge Verbindung beider Begriffe wird deutlich, wie sehr die Beziehung von Subjekt und Objekt sich in der Interaktion selbst unter ein erkenntnistheoretisches intersubjektives Dach begibt. Das Subjekt, von dem hier die Rede ist, ist das Ich als Person und Identität, also das freie und autonome Selbst. Dessen Erkenntnisformen und Denkmuster dienen der Reduktion von Komplexität, aber auch dem Registrieren neuer Formen der Ausbreitung oder Emergenz von Wachstum- und Entwicklung sowie dem Entzerren von Unübersichtlichkeit zugunsten einer neuen Orientierung. Das Bedeutsame am Phänomen des wechsel- und gegenseitigen Austausches von Subjekt und Objekt im Rahmen des Intersubjektiven ist die Herausforderung im Umgang mit dem Anderen, mit anderen Menschen und deren Themen und Problemen. Parallel zwingen uns die gesellschaftlichen, kulturellen, politischen und historischen Entwicklungen unserer Zeit dazu, nach neuen Zusammenhängen des Verstehens zu suchen, Auseinandersetzungen zu meistern und Wesensmerkmale zu erkennen.

Ein Zusammenhang des Austausches von Subjekt zu Subjekt bzw. vom Subjekt zum Objekt wird in meinem Buch *Handlungstheorie in der Sozialen Arbeit* (2004: 91–110) beschrieben. Es werden dort die intersubjektiven Steuerungselemente der kognitiven, affektiven und instrumentellen Dimension des Subjekts beschrieben. „Wissen, Erkennen, Denken, Vernunft, Geist" stehen neben „Wille, Bedürfnis, Interesse" in Verbindung mit „Sprache, Kommunikation, Interaktion und Intervention" sowie der „Kompetenz". Zu den steuernden Faktoren auf der Seite des Objekts gehören: „Lebenswelt, Lebensprozess, Lebenslage, Lebensbedingung, Lebenssituation" neben „Problem, Probleminhalt, Problemort, Problemfeld". Die Stichworte zur der Interaktion lauten: „Austausch, Umsetzung, Transformation, Situation, Kontext, Evaluation".

Ein philosophischer Beitrag neueren Datums zur Intersubjektivität liegt mit Donald Davidsons *subjektiv, intersubjektiv, objektiv* (2004) vor. Wesentlich erscheint der Ausgangspunkt dessen, was das Verhältnis der subjektiven Eigenwelt zur ungewissen Erkenntnis des Fremdpsychischen bestimmt. Für Davidson liegt in der Annahme des Interpersonalen die Hauptverwirrung des Themas. Am unmittelbarsten gegeben ist das Wissen der ersten Person, also des Ich über sich selbst. Es kennt sein eigenes Wissen, seine Wahrnehmungen, Gefühle und Stimmungen und besitzt diesbezüglich eine eigene Autorität. Ebenso relativ sicher ist das Wissen über die Welt, über den Ort, die Zeit und die Umgebung etc.

Das Wissen der zweiten Person, des Du, ist jedoch der ersten fremd. In der Ichform hört sich das frei formuliert so an: „Manchmal glaube ich zwar zu wissen, was in Anderen vor sich geht, sicher kann ich aber nicht sein, selbst nicht, wenn ich auf Nachfragen Antworten erhalte, die mir vertraut sind. Daher muss ich mich auf den Weg des Intersubjektiven begeben. Ich tue dies durch den Ausdruck der eigenen Überzeugung, durch die Überprüfung von Wahrnehmung und Erfahrung und durch den Mut zur Verringerung von Ungewissheit" (vgl. ebd.: 329 ff.).

Selbstbezug, intakte Sinnesorgane und Wissen sind dabei die Grundbausteine des Erschließens von Zielen, Richtungen und Wegen. Voraussetzung dazu aber ist eine Klärung des Verhältnisses von direkter und indirekter Erkenntnis. Die Fragen dazu lauten: Kann ich mit meiner Erfahrung auch in den Erfahrungshorizont von anderen gelangen? Oder ist die Verschiedenheit jene ewige Trennung und Unerreichbarkeit, die nur zum Lebensarrangement bestenfalls unter Vernünftigen, nicht aber zum Verstehen und Einfühlen führen können. Davidson kann die Frage eigentlich nur verneinen. Selbst wenn wir mit dem Getrenntsein von Ich, Du und Welt leben müssen, ergäbe die Isolierung des Ich keinen Sinn. Der Gegenbeweis wird durch eine Analyse der Erkenntnis geleistet. Wenn wir etwas über uns wissen, dann nur, weil es auch eine Außenwelt gibt. Auch reichen Glaube und Überzeugung nicht aus zu zeigen, dass wir nur inneren Gegebenheiten folgen. Ferner müssen wir auch den Gegensatz zwischen wahr und falsch beurteilen. So können nur wir sagen, „die Sonnenblume mache einen Fehler, wenn sie sich zu einem künstlichen Licht hinneigt, als wäre es die Sonne, aber wir nehmen nicht an, die Sonnenblume könne denken, sie habe einen Fehler gemacht, und daher schreiben wir der Sonnenblume keine Überzeugung zu" (ebd.: 345). Überzeugungen in Bezug auf die Welt setzen also einen Begriff von dem voraus, „was unabhängig von seinen eigenen Gedanken der Fall ist" (ebd.: 346).

Der nächste Schritt führt zur Sprache, die Überzeugungen ausdrückt. Hierzu vertritt Wittgenstein die passende Position, indem er sagt, dass es keine „private Sprache" gibt und dass das Denken nicht von der Sprache getrennt werden kann. Damit ist selbst die Gedankenwelt der ersten Person nicht losgelöst von Kommunikation denkbar. Das Ich ist mit der Gewissheit über sich zugleich der Interpret der Welt und des Du. Wie unerschrocken das Ich dabei ist, hängt zudem von den Erfahrungen mit dem Echo der Welt und dem von anderen ab.

Die aus der Interaktion hervorgehende Intersubjektivität beruht ihrerseits selbst auf zwei „Schlüsselprinzipien": dem der „Kohärenz" und dem der „Korrespondenz", die im Rahmen der Wahrheitstheorien noch näher dargestellt werden. Vorweg aber sei Folgendes gesagt: Das erste Prinzip ist verantwortlich für das Registrieren einer gewissen logischen Konsistenz von Aussagen. Das zweite behandelt das Du so, als reagiere es auf die gleiche Weise. Erst durch die Gemeinsamkeit beider entsteht ein Begriffsinhalt. Die Konsequenz daraus ist klar: „Wüsste ich nicht, was ich denke, ginge mir die Fähigkeit ab, die Gedanken anderer zu taxieren" (ebd.: 363). Um dies aber zu können, muss ich in derselben Welt leben wie diese. Subjektivität, Objektivität und Intersubjektivität sind also die drei Standbeine des Kontaktes zu uns, zu anderen und zur Welt. „Ginge eines der Beine verloren, bliebe kein Teil aufrecht stehen" (ebd.: 363).

Wie wir sehen, spielt innerhalb der Intersubjektivität neben der Orientierung an Tugenden auch die Diskussion um Ziele eine besondere Rolle. In der Philosophie verbirgt sich dahinter die Frage nach dem Teleologischen, der Zielgerichtetheit und Zielstrebigkeit des Intersubjektiven und der Interaktion. In jedem Fall sind Ziele Zustände in der Zukunft, die für den Entscheidungshorizont des Individuums und für den politischen Willen der Gesellschaft qualitativ von Wert sind.

6.3.4 Wirklichkeit und Wahrheit

Ein von Virginia Woolf stammender Satz macht vorweg das Verhältnis deutlich: „Wirklichkeit ist erst wahr, wenn sie reflektiert ist." Damit begründet eine geistige Basis generell die Beziehung zwischen beiden Begriffen.

Die Frage von Wirklichkeit und Wahrheit gehört zu den wohl ältesten der Menschheitsgeschichte. Gibt es die Wirklichkeit als solche oder ist alles nur eine Einbildung, eine Konstruktion des Subjekts? Welche Alternative ist wahr?

Etwas Licht in die Problematik bringt die Verwendung der Begriffe. Es macht einen Unterschied zu fragen, „Ist das wirklich wahr?" oder „Ist das wahrhaft wirklich?". Daher meint Wirklichkeit das existenzielle Vorhandensein einer Sache, die Wahrheit hingegen die Tatsache des Zutreffens im Rahmen eine Vielfalt von Möglichkeiten. So gesehen wäre ein Problem wirklich, wenn es existiert, es wäre wahr, wenn die Existenz in einem Umfeld gegeben ist und auf einen Menschen oder eine Situation zutrifft.

Schwieriger ist es den Ort von Wirklichkeit und Wahrheit zu bestimmen. Ist die Wahrheit die Wirklichkeit der Tatsache? Oder braucht sie sie nicht dazu? Und umgekehrt: Braucht Wirklichkeit die Wahrheit? Genügt es nicht, dass sie wirklich ist?

Wirklichkeit und Wahrheit bleiben vor allem durch ihr gegenseitiges aufeinander Angewiesensein auf der einen Seite und ihre Nicht-Austauschbarkeit auf der anderen geheimnisvoll. Während die Wirklichkeit als solche immer zugleich auch wahr sein sollte, um Wirklichkeit sein zu können, muss die Wahrheit als solche nicht unbedingt wirklich sein, um Wahrheit zu sein. Die Wahrheit kann sich auch als Logik im Kopf aufhalten, während die Wirklichkeit immer einen Bezug zur Umgebung des Hier und Jetzt hat. In der Wirklichkeit ist die Wahrheit offenbar enthalten, während umgekehrt die Wahrheit auch getrennt von der Wirklichkeit sein kann, zumindest was die mathematische, geometrische und axiomatische Wahrheit und deren Prinzipien betrifft. Zu ihnen zählt auch die ethische Wahrheit innerhalb des Sozialen.

Während das Intersubjektive sich mit der Beziehung auseinandersetzt, geht es der Subjekt-Objekt-Interaktion um eine Klärung der Wahrheit und Wirklichkeit einer Sache. Diese themenbezogene Denkfigur führt zu einer bestimmten Befragung der sozialen Welt. Zunächst meint die soziale Wirklichkeit die allgemein wirkende Existenz des Sozialen. Die soziale Wahrheit geht darin insofern darüber hinaus, als sie z.B. fragt, ob und in welchem Umfang Eigenschaften des Sozialen in der sozialen Wirklichkeit wahr sind, bzw. ob sie wirklich und tatsächlich vorhanden sind. Mit dieser doppelten Fragerichtung gerät Vieles durcheinander. Denn beim Begriff des Sozialen scheint die Wirklichkeit sich nicht mit der Idee zu decken, sondern sie ist ihr nur dem Wesen nach ähnlich. Die Wirklichkeit ist der Wahrheit ähnlich, die Wahrheit der Wirklichkeit gegenüber aber verschieden.

Dementsprechend macht das Denken bei der Frage nach der Wahrheit des Sozialen einen Sprung von der Wirklichkeit als sinnlicher Gegebenheit in die Welt der Ansprüche, die zwar noch nicht real sind, aber dennoch wirklich, weil sie als Vorstellungen, Ideen, Utopien, Meinungen und Interessen auch wirklich in den Köpfen von Menschen vorhanden sein müssen, sobald sie diese äußern. Die Orte der Wirklichkeit sind also sowohl Erkenntnis und Wille als auch die äußere Welt. Wird die Wahrheit nur in der äußeren Welt angenommen, so würden wir mehr von dem „real Gegebenen" sprechen und somit von der „Realität" bzw. „Empirie". Die Frage der Ortsbestimmung von Wirklichkeit, Realität und Wahrheit, des Vorhandenen, Gegebenen und des Wesens versucht die Erkenntnistheorie zu leisten.

Die moderne Auseinandersetzung mit dieser Frage betrifft den Konstruktivismus und dessen ältere Form, dem Skeptizismus und Solipsismus. Wenn alles vom Standpunkt des Betrachtens abhängt, könnte die prinzipielle Frage dazu eigentlich vernachlässigt werden. Das heißt, es würde genügen, lediglich einzelne unmittelbar vorliegende Sichtweisen zu einer Sache zu

6.3 Schaltstellen und deren Verankerungen

vergleichen. Ein Zeit und Raum übergreifendes allgemeines Erkunden einer vom Subjekt unabhängigen Gegebenheit wäre dann lediglich die Demonstration einer prinzipiellen Unmöglichkeit, sie wäre Zeitverschwendung und überflüssiges Gehabe.

Die entsprechende Haltung ist auch in der Sozialen Arbeit insbesondere durch den populären Ansatz von Paul Watzlawick (1984) weit verbreitet: Menschen sollen nicht durch sogenannte Tatsachen belehrt werden, die erkenntnistheoretisch und ontologisch angeblich nicht wirklich welche sind, sondern sie sollen sich mit dem auseinandersetzen, was sie davon mitbekommen, was sie bewegt, betrifft, was sie sehen, für sich verstehen und beurteilen. Die Fragen lauten daher: Wie geht es ihnen mit dem Problem? Wie fühlt es sich für sie an? Wo sehen sie für sich vielleicht auch einen Vorteil? Wirklichkeit ist damit eine versubjektivierte Rückführung des für die Person real Gegebenen. Die Reduktion auf die Erkenntnismöglichkeiten des Subjekts, so wie sie auch Kant sieht, prägt die jeweilige Sicht. Es ist naheliegend, dass sich mit dieser Annahme methodisch näher an der Befindlichkeit von Menschen arbeiten lässt als mit der Annahme einer vom Subjekt unabhängigen Wirklichkeit. Die Analyse eines Problems bewegt sich entlang des Erlebens und wird durch den Schluss belegt, dass sich eine Angelegenheit nicht durch eben diese Angelegenheit erledigt, sondern nur dadurch, dass entweder der betreffende Mensch das Problem selber löst oder das Problem sich durch Ereignisse aus dem Konstruktionshorizont anderer Menschen in Luft auflöst.

Im anderen Fall kann es sein, dass durch die Annahme einer prinzipiellen Nichtbindung der Wirklichkeit an das Subjekt die Wirklichkeit diesem völlig entgleitet. Hierin deckt sich der Begriff der Wirklichkeit mit dem der Außenwelt, der Realität, der Tatsachen und der Empirie. Philosophisch ist damit das „Sein" gemeint, das die Existenz, die Bedeutung und Intentionalität der Wirklichkeit repräsentiert. Problematisch ist der Gedanke einer Selbstständigkeit. Die Wirklichkeit als Gegebenheit von Tatsachen weist hier dem Sein der Wirklichkeit ein vom Subjekt unabhängiges Eigenleben zu, das zwar erkennbar ist, das aber doch macht, was es will. Wir haben bisher diese Eigenschaft der Wirklichkeit als „ontologische" bezeichnet im Unterschied zur „konstruktivistischen". Das mag problematisch sein, es steht meines Erachtens aber kein besseres Vokabular zur Verfügung, das die Trennung von Sein und Bewusstsein darstellt. Diese Position steht damit auch der von Heidegger nahe, der die subjektive Vorstellung in eine Wirklichkeit einbettet, die den Zustand des Unerschlossenen aufzuheben versucht.

Das Wort „Trennung" meint anders als der „Unterschied" prinzipielle Verschiedenheit und ist damit dialektisch gegeben. Wäre er hermeneutisch, so müsste eine hintergründige Einheit angenommen werden, z.B. das Kontinuum einer historisch entstandenen Wirklichkeit. Phänomenologisch gesehen ist das Bewusstsein von „Trennung" und „Unterschied" Teil eines Gesamtseins, das beide nur relativ auseinander dividieren kann, weil die Klammer des Gesamtseins vorweg als gegeben bewusst sein muss und offensichtlich dem auch vorausgehen muss.

Die ältere Position zur Thematik von „Trennung und Unterschied" – auch im Sinne einer radikalen Spaltung und einer pluralen Zugehörigkeit – ist die einer „dualen Annahme", die das Sein alles Seienden zwei Prinzipien unterordnet. Die Begriffe dazu lauten: Gott und Welt, Geist und Materie, Leib und Seele, Form und Inhalt. Stehen die Begriffe in einem dialektischen Verhältnis, so repräsentieren sie Widersprüchliches. Befinden sie sich in einem hermeneutischen, so lassen sie sich durch das Verstehen verbinden. Handelt es sich um ein phänomenologisches Verstehen, so gehören sie dem Intentionalen selbst an. Die dualistische Position projiziert also ihre Linien direkt auf die Ontologie.

Gegebenheit und Bedeutung differenzieren zwei Aspekte, zwei Ansichten einer Münze. Die Gegebenheit wird der Wirklichkeit als Existenz der Realität bzw. als Empirie gegebener Tatsachen, Fakten und Daten zugesprochen, die Bedeutung hingegen der Zielgerichtetheit dieser Existenz. Die Tatsache der reinen Gegebenheit, etwa das Vorhandensein bzw. die Existenz eines Problems, ist im Hinblick auf die Frage, ob es der Fall ist, nicht diskutabel. Die Tatsache der Bedeutung der Existenz, entsprechend der Frage „*wie* es der Fall ist", und „*was* es als solches im Kontext anderer bedeutet", wäre bereits Einschätzung.

Karen Gloy stellt in *Wahrheitstheorien* (2004) auf dem Weg durch die Wasserstrudel in der Meeresenge von „Skylla und Charybdis" die standhaftesten Typen dar. Im Einzelnen sind es drei: die „ontische", die „korrespondierende" und die „subjektimmanente" Wahrheit. Wahrheit im Sinne der ersten ist das Ergebnis einer erkenntnistheoretischen Ableitung (ebd.: 67–92).

Beschrieben wird das berühmte Uhrenbeispiel von Leibniz: Wenn zwei Uhren exakt übereinstimmen, dann gibt es dafür drei Gründe: zum einen ihre prinzipielle Nähe zur Zeit als „immaterielle Spezies", dann die Regulierung durch den „äußeren Beistand" des Menschen und schließlich die „prästabilisierte Harmonie" der Schöpfung. In diesem Beispiel sind Handeln und Interaktion innerhalb einer Gleichrangigkeit des Subjektiven und Objektiven Parallelaktionen zur Wahrheitsfindung. Auf das Subjektive bezieht sich der Begriff der „subjektiven Wahrheit", auf das Objektive der der „ontischen Wahrheit". Das dritte ist eine Art von „Zustimmungs- und Übereinstimmungswahrheit" von *correspondentia, conformitas* und *convenientia*, die sich mit Thomas von Aquin als *adaequatio intellectus rei* bezeichnen lässt (ebd.: 72 f.).

Der ontische Wahrheitsbegriff wird vor allem durch Heidegger vertreten. Die Wahrheit ist „Unverborgenheit des Seins", ein „Sich-Zeigen und Offenbaren von sich her" (ebd.: 76 f.). Das Ontische darin ist das Sein, die Einheit, die Vollkommenheit und das Wahre, das *ens, bonum, unum, verum*, und damit die Idee des Wirklichen und Realen, also des Seienden. Die Wandlungsfähigkeit der Idee verleiht dem Ontischen seine eigene Innovation und wird somit zur Eigenschaft des Ontologischen. Ideen können nur Begriffe sein, die Vorstellungen spiegeln, aber auch Normen und Werte und damit Momente der Annäherung an das, was sein soll.

Anliegen des zweiten Wahrheitstypus ist die Korrespondenz und damit die Repräsentation bzw. Spiegel- und Abbild-Beziehung des Seins im Bewusstsein. Zum Zuge kommt die Ähnlichkeitstheorie von Thomas von Aquin (1986, 1988), die *assimilatio* bzw. *conformitas* und *concordia* sowie die Annahme einer Übereinstimmung zwischen Sache und Intellekt, einer *adaequatio rei et intellectus* (ebd.: 92 f.). Gloy zählt die grundlegenden Stichworte dazu auf: „Je nach Interesse und Motivation wird die *adaequatio*-Formel als Verhältnis von *anima* zu *ens*, von *Denken* zu *Sein*, von *Subjekt* zu *Objekt*, von *Bewusstsein* zu *Welt*, von *Erkenntnis* zu *Wirklichkeit* von *Sprache* zu *Welt*, von *Urteil* zu *Sachverhalt, Aussage* zu *Wirklichkeit, Gedanke* zu *Tatsache* usw. behandelt" (ebd.: 94).

6.3 Schaltstellen und deren Verankerungen

Die Abbildtheorie selbst stützt sich auf physikalische und psychophysische Phänomene. Zum einen ist die Vorstellung einer Plastifizierung eines Inhalts durch dessen Formung vordergründig, ähnlich der in Schillers Glocke, zum anderen die Theorie eines Urabbildes und damit verbunden auch die der reinen Anschauung bei Kant. Völlig von Metaphysik gereinigt wird das Abbild in Wittgensteins *Tractatus*. Aus ihm stellt Gloy die sieben Hauptthesen für einen positivistisch gefärbten wissenschaftlichen Wahrheitsbegriff vor (ebd.: 107):

„1. Die Welt ist alles, was der Fall ist.

2. Was der Fall ist, die Tatsache, ist das Bestehen von Sachverhalten.

3. Das logische Bild der Tatsachen ist der Gedanke.

4. Der Gedanke ist der sinnvolle Satz.

5. Der Satz ist eine Wahrheitsfunktion der Elementarsätze.

6. Die allgemeine Form der Wahrheitsfunktion ist [...] Reihe von Elementarsätze, [...] Variable daraus, [...] wiederholt anwendbare Wahr-Falsch-Relation zwischen Sätzen.

7. Wovon man nicht sprechen kann, darüber muss man schweigen."

Die Sprache spielt in dieser Position eine hervorgehobene Rolle. Sie organisiert die Möglichkeit einer bildlichen Repräsentation sowie die Aussagen und Urteile auf der Ebene der Realaussagen und der Metakommunikation. Die Möglichkeit, Dinge geordnet auszusprechen, hängt von der Logik der Syntax ab, aber auch von der Ordnung der Dinge. Hierbei einen kausalen Zusammenhang anzunehmen, wäre für Wittgenstein suspekt. Der Sinn von Sätzen erweist sich allein dadurch, dass sie als Zusammensetzung von Wörtern immer nur wahr oder falsch sein können. Damit wird die formale Logik zur letzten Station: „Kein Satz ist a priori wahr", außer dass es wahr ist, dass es sich um einen Satz handelt (ebd.: 114 f.). Ähnlicher Argumentation bedient sich Descartes, wenn er schreibt, dass bei allem Umherirren eines Bestand hat: die Tatsache, dass ich zweifle. Nur dadurch kann ich die Gewissheit haben, dass ich bin: *cogito ergo sum*. Diese Art der „Selbstevidenz" ist dem Menschen eigen, sie kann offensichtlich alle Inhalte verwerfen, bis auf ihr Selbst, es sei denn das Selbst erlischt. Der diesem entsprechende Solipsismus ist natürlich nicht so einfach in der Lage, eine Beziehung zu anderen Menschen aufzunehmen. Denn er bleibt nur bei seiner eigenen Gewissheit. Darum ist das Verhältnis von *res cogitans* und *res extensa* streng genommen gestört, dessen Störung von Descartes nur durch einen alles verbindenden Gottesbeweis beseitigt werden kann.

Damit allerdings wird auch die metaphysische Diskussion zwischen Rationalismus und Empirismus in ihrer gesamten Breite eröffnet: Beim Empiristen George Berkley ist in den Sinnen nur das wahr und wirklich, was vorher schon in ihnen war, also nur der Intellekt, der nach John Locke nur konkrete Ideen produzieren kann, weil sich niemand einen Menschen allgemein vorstellen kann, sondern immer nur einen konkreten mit Haut und Haaren, Rock und Mantel. So ist auch nur die reale Aufnahme wirklich: *esse est percipi*. Erst durch Kant wird der Versuch unternommen, den reinen Solipsismus und Empirismus zu überwinden, allerdings ohne die Wirklichkeits- und Wahrheitswelt des Subjekts zu sprengen, was nach ihm auch andere Positionen sowohl in die eine wie in die andere Richtung weiterentwickeln.

Ein besonders kritisches Augenmerk bekommt innerhalb der Korrespondenztheorie bei Gloy die semantische Wahrheitstheorie von Alfred Tarski. Ein viel zitierter Punkt darin ist die Wahrheitsformel: *Etwas* (p) ist genau dann *wahr* (w), wenn dieses *Etwas zutrifft* (q). Also: p ist w, wenn q. So ist der Satz: Der Schnee ist weiß, nur dann wahr, wenn er weiß ist. Diese Normierung aber ist rein metasprachlich, da sie formale Bedingungen regelt. Anders wäre die Verwendung zu sagen, „Schnee ist weiß, weil er eben weiß ist". Das wäre schon eine ontologische Behauptung.

Die kritische Frage dazu lautet, ob sich mit einer formalisierten Zuordnung zu Aussagenschemen klären lässt, ob ein bestimmter Inhalt wahr oder falsch ist, wenn die Wahrheit immer nur eine Beziehung des grammatikalischen Subjekt zum Prädikat eines Satzes aufzeigt und alle anderen Beziehungen als nicht prüfbar abweist.

Der dritte Teil der Typologie bei Gloy beschäftigt sich mit den „subjektimmanenten Wahrheitstheorien" (ebd.: 168–226). Die Position dahinter ist klar: Das Subjekt kann sich nicht selber verlassen. Dieser Meinung gegenüber aber kommt es insofern zu einer Weiterentwicklung, als angenommen wird, dass die Korrespondenz in ihrem Trend einer Betrachtung von Protokollsätzen und deren Eins-zu-eins-Beziehung nur isolierte Teile enthalten kann, nicht aber die Beziehungen zu anderen Teilen und auch nicht deren Einbettung in ein Umfeld.

Dieses komplexe Unterfangen will ein anderer Ansatz angehen: die „Kohärenztheorie". Zu ihr gibt es eine idealistische und eine logisch empiristische Variante. In der ersten wird versucht, sowohl die Übereinstimmung mit dem Objekt, als auch die mit der logischen Darstellung zu beachten. Wahr ist dann das, was objektiv und widerspruchsfrei in einem ist, inklusive dem, was auf gerade diese Weise untereinander zusammenhängt. Mit anderen Worten wäre dies im Begriff des „Zusammenhangs" gegeben.

Ein weiterer, wenngleich auch nicht so offenkundiger Versuch dazu liegt mit der logisch-empiristischen Variante vor. Die Fragen dazu beziehen sich auf die geeigneten Mittel von Zugriffen. Darin wird auch der Unterschied von protokollierten Sätzen und Beobachtungssätzen bedeutsam. Es geht um Konstatierungen von „unerschütterlichen Berührungspunkten von Erkenntnis und Wirklichkeit" (Zitat von Schlick, ebd.: 179). In einem Protokoll kann z.B. stehen, „Herr A hat diese oder jene Beobachtung gemacht". Das sagt viel über das Vertrauen zu A aus, aber nichts über die Beziehung seiner Beobachtung zur Wirklichkeit. Es könnte sich in diesem Fall auch um den Bezug zu einer Erinnerung handeln. Ähnlich verhält es sich auch mit dem historischen Fantasieroman. Im Gegensatz dazu stellt ein Beobachtungssatz das Hier, Jetzt und Dies fest. Dazu aber müsste zur Wahrheit der Kohärenz auch die Bedeutung der Kohärenz bekannt sein, sonst könnten wir nicht zwischen Realität und Fantasie unterscheiden. Damit aber kommen wir wieder in einen sich selbst bedingenden „Kreisgang", doch dieser ist nicht teuflisch, sondern unvermeidbar notwendig.

Ein weiterer Weg wird durch das „Verfahren des kritischen Rationalismus" vorgezeichnet (ebd.: 187–191). Dabei handelt es sich um eine kritische Methode der Wahrheitsfindung. Wahr an etwas ist das, was es „nicht" ist. Wahrheitsfindung ist demnach ein Ausschlussverfahren durch kritische Rationalität. Im Gegensatz zum Falsifikationsprogramm der empirisch-analytischen Forschung ist dieses Programm nicht auf einzelne Gegenbeispiele angewiesen, sondern vielmehr auf eine Summe von Gegensätzen, die im Verbund erst das Wahre zum Vorschein bringen können.

6.3 Schaltstellen und deren Verankerungen

Eine andere Variante der subjektimmanenten Kohärenz ist der Konsens und damit die Übereinstimmung, die ihrerseits wiederum auf zwei Voraussetzungen beruht: Zum einen auf der Sprachtradition und zum anderen auf der Einlösung durch Kommunikation und Dialog. Der Zusammenhang ist folgender: Der Konsens im Sinne seiner eigenen Herkunft stammt aus dem Bezug zum Ideal einer Sprachgemeinschaft, der Tradition, und sodann aus der Lebendigkeit der aktuellen Sprechsituation.

Um hier jedoch interpersonale Momente festschreiben zu können, muss ein geregeltes Sprachspiel vereinbart werden, wie es etwa die *Erlanger Schule* und deren *Logische Propädeutik* von Kamlah-Lorenzen (1996) versuchen. An Beispielen und Gegenbeispielen der Form „dies ist das" oder „so ist es richtig" werden *Prädikatoren* und deren Verwendungsweisen eingeführt und gelernt. Das Regelsystem selbst ist ein konstruktivistisches, operationalisiertes Gebilde, das den Aufbau der Gedanken nicht nach intuitiven Assoziationen ausrichtet, sondern nach Definitionsregeln eigener Art. Dabei werden Begriffe nicht in klassischer Manier definiert, sondern es muss zuerst eine „Konstruktionsvorschrift" (z.B. die der „exemplarischen Einführung" über Beispiele und Gegenbeispiele) vorliegen. Das Konzept versucht so, die babylonische Sprachverwirrung aristotelischer Definitionen zu vermeiden. Dies scheint für diejenigen Begriffe zu gelingen, die sich beispielhaft zeigen, offenbar nicht aber für solche, die Normen, Werte und Gegenwelten repräsentieren. Dazu gehört auch der Begriff „Gerechtigkeit". Zu ihm scheint es nur Gegenbeispiele zu geben, so dass eine positive Fassung nur dialektisch möglich zu sein scheint. Damit wendet sich das Szenarium der Wahrheit zum „Dialogischen", zum „Konsens durch Diskurs" und zum „Pragmatischen" (ebd.: 199–226). Zitiert wird das Konzept von Kuno Lorenz *Der dialogische Wahrheitsbegriff* (1972), das eine Weiterentwicklung von Verfahrensregeln für Dialoge darstellt.

Bei Jürgen Habermas (1971; 1973) allerdings wird dazu ein Paradigmenwechsel vom logischen zum sozialen Kontext vorgegeben. Für ihn ist Wahrheit erstens mit dem „Geltungsanspruch" von Aussagen verbunden, zweitens sind Fragen nach der Wahrheit erst Thema, wenn Geltungsansprüche problematisch werden, und drittens kann die Erkundung von Geltungsansprüchen nur diskursiv geschehen (Gloy, ebd.: 204 f.). In diesem Zusammenhang ist die Wirklichkeit ein Diskursgeschehen in zweifache Richtung: Es bezieht sich auf ein Handlungs- und ein Sprachgeschehen. Zum einen enthält es Informationen und Kommunikationen über Erfahrungen mit Gegenständen, zum anderen argumentierende Aussagen über Tatsachen. Das Verhältnis von Gegenstand und Tatsache wird darin in Bezug auf Wirklichkeit und Wahrheit bedeutsam. Zu unterscheiden sind das *Worüber* und das *Was*: Gegenstände sind das, worüber wir etwas behaupten, Tatsachen das, was wir behaupten. So sind nur die Gegenstände wirklich, die Tatsachen aber nicht, sondern bestenfalls wahr. Gegenstände sind Bestandteil der realen Welt, des faktischen Handlungsgeschehens und Handlungsvollzugs, Tatsachen gehören zum realen Diskurs und dessen Argumentation. Die Wirklichkeit bezieht sich also auf Gegenstände in der Welt, die Wahrheit auf Tatsachen. Die Einlösung von Geltungsansprüchen wird durch ein „funktionierendes Sprachspiel" erreicht, dessen Vernünftigkeit durch „Verständlichkeit", „Wahrheit", „Richtigkeit" und „Wahrhaftigkeit" den Sinn von Aussagegehalten reguliert. Ferner wird der Geltungsanspruch ähnlich wie der von Rechtsansprüchen behandelt, in dessen Mitte „Sachgründe" und „Eigentumsansprüche" stehen.

Ein weiteres Moment spielt darin mit: die Gewissheit. Bei Habermas kommt diese durch Kompetenzen zustande und auch durch den Glauben und das Vertrauen. Vor diesem Hintergrund wird der Diskurs jedenfalls zur maßgeblichen Figur. Er beruht auf der Annahme der „konsenserzielenden Kraft der Argumentation" und auf der „These von der Übereinstimmung der Kognition und ihrer Entwicklung mit den Verhaltensnormen wie solches Konrad Lorenz, C.F. von Weizsäcker und Piaget vertreten" (ebd.: 212). Den Diskurs kennzeichnen Merkmale einer idealen Sprechsituation. Im Zentrum stehen die „Chancengleichheit" der Gesprächsteilnehmer in Bezug auf Kommunikation, die Freiheit der Aussprache über Themen, Einstellungen, Haltungen und Gefühle sowie die Regeln der Reversibilität und Machtbegrenzung. Wahrheit wird so zu einem vom Diskurs bestimmten Kommunikationsprozess, der von der idealen Sprechsituation umrahmt wird und den Spielraum eines Geltungsanspruchs, den Konsensraum von Begründungen, die formalen Regeln und die Sicherheit gegenüber Freizügigkeit und Flexibilität auslotet. Die Einwände, die Gloy schließlich sehr kritisch gegen das Konzept von Habermas vorträgt, beziehen sich auf unausgesprochene Voraussetzungen und innere Ungereimtheiten. Sie betreffen u.a. die Leistungsgrenzen des Konsens und den Unverträglichkeiten im Hinblick auf die angenommene Gleichheit, aber dann doch praktizierte Rangfolge von Gegenständen und Tatsachen. Dabei allerdings wird meines Erachtens möglicherweise verkannt, dass Wahrheit und Wirklichkeit als Prozessgeschehen sich dem geistigen Zugriff und dessen Vervollkommnungsvorstellung immer auch per se entziehen müssen.

Den Abschluss der Typologie bildet die „pragmatische Wahrheitstheorie". Gloy geht darin zentriert auf die doch sehr in Frage zu stellenden Grundlagen des Pragmatismus ein (ebd.: 222–226). Gemeinhin wird in dieser Position nur das Nützliche und Vorteilhafte für wahr gehalten. Die Vertreter dieser Richtung, Charles Peirce, William James, Ferdinand Canning Scott Schiller und John Dewey analysieren die Wirkung von Handlungen unter der Maßgabe, welche Werte und Unwerte sie vertreten. Damit wird die Wirklichkeit durch die Wahrheit qualifiziert, und die Wahrheit selbst zur Evaluation bzw. Qualitätssicherung von Leistung und Erfolg. Das ruft natürlich nach Widerstand. Ausführlich zitiert wird daher die vehemente Kritik von Bertram Russell (ebd.: 224 f.). Er bezeichnet den Pragmatismus als eine „Doktrin", die meint, „dass ein Glaube wahr sei, wenn er gute Auswirkungen hat". Diese aber werden am individuellen Glück gemessen. Wenn also etwa die Verdummung durch Medien als Glück registriert wird, so beantwortet sich die Frage nach den Grenzen des Geltungsbereichs der Wahrheit selbst.

Wie sich die Subjekt-Objekt-Interaktion und damit die Frage nach der Wahrheit und Wirklichkeit in der Argumentation niederschlägt, welche Grundlagen und Variationen es dazu gibt, stellt Holm Tetens *Philosophisches Argumentieren* (2004) dar. Argumentationen begründen mit Hilfe logischer Schlüsse den notwendigen Geltungsanspruch von Aussagen. Sie führen eine Art Wahrheitsbeweis dessen, was neben und hinter der sichtbar gegeben Wirklichkeit zwingend gegeben sein muss, damit diese so sein kann, wie sie ist.

In der Bezugnahme und Bezogenheit auf die Welt nimmt das philosophische Denken eine besondere Stellung ein. Die Philosophie ist dabei die Disziplin einer „höheren Ordnung", die fragt „Wie sollen und müssen wir uns auf die Welt und auf uns selbst beziehen, damit wir uns selber als vernünftige Personen verstehen können?" (ebd.: 19). Der erste Ansatz liegt im Gebrauch von Argumenten. Er beruht u.a. auf logischen Regeln der Form, wenn das eine,

6.3 Schaltstellen und deren Verankerungen

dann das andere. Zu prüfen wäre hier, ob das eine wahr ist und ob das andere daraus wirklich folgt. Das logische Denken bietet dem Argument mehrere Ansätze an, um beides zu prüfen. Der deskriptive Ansatz achtet auf die Empirie und die genaue Protokollierung. Der Ansatz der „Rekonstruktion", nach Platons *Phaidon*, die „Wiedererinnerung", verfährt ähnlich, beruht nur auf der Annahme, dass Erinnerungen im Gegensatz zu Einbildungen immer wahr sind. Der „kausale Ansatz" geht von einem (physikalisch/ontologisch) gegebenen unmittelbaren Zusammenhang von Ursache und Wirkung aus, wobei eine zeitliche Verzögerung der Folge oft das Problem der Zuordnung darstellt. Der „deduktive Ansatz" geht von einer allgemein gültigen Aussage aus und leitet die Argumentation daraus ab. Der „induktive" rechnet umgekehrt Erfahrungen hoch, um sie dann z.B. in Vorhersagen anzuwenden. Beim „rationalen Ansatz" wird, wie das Descartes tut, von einem quasi axiomatischen Punkt aus, der nicht bezweifelt werden kann, argumentiert. „Ich weiß nichts genau, also existiere ich". Hier steht zumindest eines fest, nämlich dass ich zweifle.

Die einzelnen Ansätze unterscheiden verschiedene Argumentationshintergründe und Zielrichtungen. So gibt es „transzendentale Argumente", die nach dem Prinzip der „Bedingung für die Möglichkeit" arbeiten. Sie gehen von Zusammenhängen aus, für die es nicht unmittelbar gegebene, sondern nur abgeleitete Voraussetzungen gibt, ohne die jedoch der Zusammenhang nicht denkbar wäre. Daher ist die verborgene und transzendente Existenz von Bedingungen die Voraussetzung der Aufrechterhaltung eines Zusammenhangs. Das Problem dabei ist der unendliche Regress auf immer mächtigere Bedingungen und die damit festgeschriebene Determination des Menschen durch ein über diesen Weg entwickeltes Weltbild.

In der Fassung der „modalen Argumente" ist von der „Notwendigkeit" und der „Möglichkeit" von etwas die Rede. Wenn etwas notwendig ist, dann gilt das für alle Welten, also für Gegenwart, Vergangenheit und Zukunft. Dass immer etwas über das Notwendige hinaus möglich sein kann, ist auf einer höheren Ebene notwendig, es gilt für das Denken, nicht aber für alle Welten. Bezieht sich die Möglichkeit auf mögliche „Welten", so wird über etwas geredet, was noch nicht ist, aber sein kann, vielleicht auch sein sollte und daher eine „bedingte Notwendigkeit" hat. Wenn es aber überhaupt nicht sein kann, so ist es lediglich ein schöner Traum. Ist dieser Traum eine Utopie, so sind wir im Bereich der Ideen. Ist er ein Hirngespinst, so handelt es sich um falsches Bewusstsein, also um Ideologie.

Zur Frage nach den Voraussetzungen des Identischen innerhalb der modalen Argumentation zitiert Tetens die Position von Saul Kripke (ebd.: 110 ff.). Dieser versucht Forschungsergebnisse zu widerlegen, die behaupten, dass unsere mentalen Zustände mit den Zuständen unseres Gehirns identisch seien. Diese Theorie wird als „Supervenienztheorie" bezeichnet. In ihr wird eine transformierende Verbindung des Geistigen zum Physikalischen angenommen. Es wird gesagt, wenn sich etwas als identisch herausstellt, dann könnten wir uns die Frage nach der Notwendigkeit sparen und umgekehrt. Für Kripke kann jedoch auch immer etwas anderes möglich sein. Das Gefühl von Wärme ist nicht mit einer Molekularbewegung identisch, wenn sie jemand hat, der in eiskaltem Wasser schwimmt. Diese Theorie ganz zu widerlegen, dürfte schwierig sein, da neuronale Zustände immer beteiligt sind. Ob sie aber für die Frage der philosophischen Argumentation taugt, ist eher negativ zu beantworten.

Genannt wird ferner das von Hilary Putnam entworfene Gedankenexperiment darüber, ob unsere Bezugnahme zur Welt gleich bliebe, wenn diese komplett anders wäre (Tetens ebd.: 122 ff.). Dazu wird ein Science-Fiktion-Szenario entworfen. Es wird für ein natürliches Gehirn eine künstliche Umgebung geschaffen, indem es in einen Nährlösungstank gelegt wird, der alle lebenserhaltenden Aufgaben übernimmt. Alles ist so perfekt gemacht, dass das Gehirn die Täuschung nicht bemerkt. Doch an einer Stelle wird eine Grenze sichtbar. Das Gehirn kann zwar sprechen, aber kann nur über das sprechen, was ihm eingegeben ist, nicht aber über ein tatsächlich vorhandenes, äußeres Objekt, nämlich die Tatsache, dass es in einem von einem bösen Wissenschaftler gemachten Tank lebt. Der böse Wissenschaftler hingegen besitzt eine solche Außenperspektive, weil er in einer Kausalverbindung zur Welt steht. Denn schließlich hat er den Tank gebaut. Das Gehirn im Tank aber ist all dem fern. Der Schluss daraus lautet: Wirklichkeit und Realität regulieren das, wozu wir im Denken im Stande sind. Ein wirkliches Gehirn kann nicht denken, dass es sich real in einem Tank befindet. Ein künstliches Gehirn hat keinen Zugang zur Wirklichkeit.

Der Komplex der „rationalen Argumente" wird von einer Definition, wann etwas womit identisch ist, sowie vom Wissen über einen Gegenstand gefüllt. Das erste gibt an, welche Eigenschaften vorhanden sein müssen, damit wir sagen können, es handle sich um dieses und jenes. Das zweite sagt, dass wir ein Wissen über etwas haben müssen, um überhaupt sagen zu können, worum es geht. Die Voraussetzungen dazu sind kompliziert, zumal zum Funktionieren dessen eine Reihe von Prinzipien beteiligt sind. Zum einen ist das die Identifikation einer Eigenschaft im Gegensatz zu einer Nichteigenschaft, also die Trennung von Akzidenz und Substanz, dann die Kenntnis der einer Sache zugehörigen Menge von Eigenschaften, dann die Bedingungen für die Möglichkeit der Zugehörigkeit, ebenso Kriterien der Auswahl und schließlich die Richtlinien für Kriterien: z.B. eine Vorstellung von Vernunft oder aber auch eine von Sinn und Zweck. Um das Ausmaß des Unklaren darin auszuloten, muss eine kritische Selbstprüfung der Vernunft stattfinden, die dann in die Argumentation wieder einfließt. Dazu aber muss sich die rationale Argumentation auf eine Metaebene des ethischen Diskurses begeben.

Eine weitere Variante liegt für Tetens im „Analogieargument" vor (ebd.: 171 f.). Hier ist nicht die Gleichheit das Maß für das Zutreffen, sondern die Ähnlichkeit. Leibniz' Uhrenbeispiel, das wir schon erwähnt haben, ist ein Ausgangspunkt. Die Ähnlichkeit hat hier verbindende Bedingungen. Es sind diese die „Kausalität", der „Eingriff des Göttlichen" und die hinter allem stehende „Harmonie". Vor dem Hintergrund dieser Grundmomente wird zwischen der „Entität" einer Sache und dem „Aspekt" unterschieden, unter dem die Harmonie aus anderen Perspektiven betrachtet werden kann. Doch erst die Analogie zwischen Kausalität und Harmonie erzeugt den Reichtum an Sichtweisen.

Entscheidend dabei aber ist die Vorstellung eines Ortes der Analogie: Sie ist nach Thomas von Aquin im Sein als *analogia entis* und im Denken als Fähigkeit platonischer Wiedererkennung verankert. In der Sprache sind der Vergleich, die Metapher, die Parabel und das Beispiel die Hauptmittel der Veranschaulichung der Ähnlichkeit von abstrakten Argumenten zu dem, was sie konkret aussagen.

6.3 Schaltstellen und deren Verankerungen

In der Pädagogik werden mit dem Ähnlichkeitsprinzip Lernstufen organisiert, die Kompliziertes auf Einfaches zurückzuführen versuchen, ohne es zu verfälschen. Auch in der Handlungstheorie wird von der Ähnlichkeit menschlicher Produkte (z.B. Artefakte) zum kreativen Geist gesprochen, der dann in der Formgebung des Materials steckt.

Die „sprachkritische Argumentation" versucht mit der Klärung des Verhältnisses von Subjekt und Prädikat wissenschaftlich zulässige von unzulässigen Analogien in Sätzen und Aussagen festzuschreiben. Es geht um eine Unterscheidung von Fantasiesprache und einer der Wirklichkeit, den Tatsachen und der Logik zugehörigen Sprache. Was darin als Prädikat gelten kann, muss eine bestimmte Prüfung aufzeigen. Dabei liegt das besondere Augenmerk auf dem Verhältnis von Subjekt und Prädikat. In den meisten Fällen wird das Prädikat für eine Variable gehalten, die nicht vorweg im Subjekt enthalten ist, sondern im Nachhinein dazukommt.

Prädikate sind nicht nur formale, grammatikalische Teile eines Satzes, sondern sie drücken inhaltlich die „Eigenschaft der Substanz eines Subjekts" aus. Im Satz, „dieser Mensch denkt sozial", ist das soziale Denken ein solches Prädikat. Das Wort „Prädikat" ist selbst nur dann ein „Prädikat", wenn es als solches in einem Satz verwendet wird, nicht aber, wenn es für sich genommen wird.

Die entscheidende Frage bei der Zuordnung eine Prädikats zum Subjekt ist, ob ein Eigenschaftswandel auch einen Substanzwandel bewirkt oder umgekehrt, ob sich etwas Substantielles völlig verändern kann, dass es zwar noch existentiell vorhanden ist, aber eben nur als eine völlig andere Identität existiert, so als würde mit dem Körper die Seele ausgetauscht worden sein.

> Die Frage, ab wann Ähnlichkeit zur Unähnlichkeit wird, lässt sich schwer beantworten, ist aber in der Sozialen Arbeit in vielen Bereichen relevant. Vor allem dort, wo der Glaube an eine Gemeinsamkeit oder etwa auch an den sogenannten „guten Kern" eines Menschen im Mittelpunkt steht, ist der Bezug zu analogen Verbindungslinien die Voraussetzung für positive Ansätze.

Gehen wir noch einen Schritt weiter und kommen wir zu einer wichtigen erkenntnistheoretischen Basis in Bezug auf den Charakter von Prädikaten. Die Standpunkte gehen von zwei unterschiedlichen Annahmen aus: Die erste bezieht sich auf Prädikate, die immer erst im Nachhinein, *a posteriori*, durch die Erfahrung (z.B. mit einem bestimmten Menschen) hinzukommen. Das sind z.B. die einem Menschen zugehörigen Eigenschaften. Von deren Wandel ist die *Substanz* nicht existentiell betroffen, denn es handelt sich ja immer um diesen bestimmten Menschen. Dann gibt es Prädikate, die diesen Menschen zwar auch betreffen, die aber der konkreten Erfahrung mit ihm *apriorisch* vorausgehen, also schon da sind, bevor wir ihn wahrnehmen. Gemeint sind Eigenschaften, die in der Natur dieses Menschen gegeben sind. So könnten wir in diesem Zusammenhang auch fragen, ob das Geschlecht darunter fällt, oder ob „Middlesex" der apriorische Zustand ist.

Die Unterscheidung zwischen dem „Vorhinein" und „Nachhinein" gegenüber der Wahrnehmung, der Erfahrung und dem Bewusstsein ist insofern bedeutsam, als sie die soziale Realität unmittelbar betrifft. So kann es wichtig sein, anzunehmen, dass trotz des Wandels von Eigenschaften ein bestimmter Mensch nicht mehr der gleiche, wohl aber derselbe bleibt. In diesem Fall geht das individuelle Menschsein dem Lebensprozess nicht nur voraus, sondern behält auch seine einmalige Substanz bei.

Auf der Ebene der Sprachlogik sind Zusammenhänge des Verhältnisses von Satzsubjekt und Prädikat leichter zu fassen: es geht hier um *analytische* und *synthetische* Kriterien der natürlichen Verwendung von Wörtern. Analytische Merkmale sind Prädikate, die nicht den Charakter einer Zutat haben, sondern per se in Begriffen stecken. So ist z.B. das Prädikat „unverheiratet" in „Junggeselle" enthalten. Prädikate dieser Art sind „analytische", da sie unmittelbar zum Subjekt eines Satzes gehören. Das Wort „schwarzhaarig" als Prädikat für „Junggeselle" hingegen wäre kein solches, da es austauschbar ist, also „synthetisch" hinzukommen kann.

Bei den Prädikaten zeigt sich somit eine entscheidende Besonderheit in Bezug auf die logische und reale Existenz eines Satzsubjekts. Wenn ein Junggeselle das Prädikat „unverheiratet" verliert, dann verliert er sein Junggesellendasein. Bei dem Satz „Junggesellen sind Singles" wäre dies anders.

Es gibt aber auch Prädikate, die zunächst analytisch zu sein scheinen, aber nicht sind. Der Fall ist dies bei Prädikaten, die zwar ganz eng mit der realen Existenz verbunden sind, aber nicht aus dieser selbst heraus kommen, sondern qualitative Wesenszuschreibungen der Wahrnehmung sind, wie etwa in „Schnee ist weiß". Hier bleibt die Frage, ob schmutziger Schnee auch noch Schnee ist. Wir wissen, dass die Identität von Schnee eine bestimmte molekulare Struktur hat, zu der eine Farbwirkung gehört, nicht aber eine bestimmte. Außerdem ist die Wahrnehmung von Weiß kulturabhängig, wie wir das von den Inuits wissen. Zum Schnee substantiell gehört wohl nur die Tatsache, dass es sich um eine bestimmte molekulare Struktur handelt.

Immanuel Kant hat den Hintergrund zu analytischen und synthetischen Urteilen in Bezug zum Apriorischen und zur Erfahrung prinzipiell deutlich gemacht: Würden wir das Prädikat der „Räumlichkeit" der sichtbaren Welt wegschieben, würde diese Welt in unserer Vorstellung verschwinden, da wir nichts Nicht-Räumliches erfahren können. Daher ist dieses Prädikat nicht nur analytisch, sondern auch „apriorisch" und mit der Existenz der sichtbaren Welt unmittelbar verbunden. Ähnlich verhält es sich mit der „Zeitlichkeit". Das Prinzip des Apriorischen ist also ein ganz grundsätzliches Prädikat, das benennt, was der Erfahrung vorausgeht. Ein solches besitzt den Charakter einer „Kategorie". Bei Kant ist diese allerdings, da sie dem Instrumentarium der Erfahrung zugrunde liegt, nur im Subjekt nachweisbar. Räumlichkeit und Zeitlichkeit sind daher Kategorien der Anschauung des Subjekts, zu der die Erfahrung gehört, weil sie vom Subjekt stammt, findet und von der sie geprägt wird. Die synthetische Erfahrung als eine Erfahrung, in der variable Prädikate der Außenwelt, etwa die Farben von Blumen, sich zur Substanz – in diesem Fall der Blume – gesellen, kann zwar Seiendes differenzieren,

6.3 Schaltstellen und deren Verankerungen

aber kann keine Wesensaussagen darüber machen. Das vom Subjekt unabhängige „Ding an sich" ist somit nur über die Kategorien des Subjekts erkennbar. Der Konstruktivismus gegenwärtiger Prägung ist damit durchaus konform.

Nachdem wir aber die Fragwürdigkeit der skeptizistischen Basis dieser Position bereits an mehreren Stellen kritisiert haben, dennoch aber gewisse Ableitungen im Hinblick auf Konstituenten des Subjekts aufrechterhalten wollen, müssen wir das Spielfeld bezüglich analytischer und synthetischer Aussagen durch folgende Feststellung offen halten: Grundsätzlich gibt es an die Substanz gebundene *und* von der Substanz unabhängige, variable Prädikate.

Auf die Sprache bezogen heißt das: Zum einen gibt es Prädikate, die sowohl die logische als auch die tatsächliche Existenz eines in der Sprache wie in der Welt vorhandenen „Subjekts eines Satzes" nicht gefährden. Dann gibt es welche, die eine Existenz in der einen und der anderen Richtung unmöglich machen. Ferner gibt es Prädikate, mit denen die Existenz prinzipiell verbunden ist. Würde hier das Prädikat wegfallen, würde die Existenz ausgelöscht.

> Wir wollen dazu ein Beispiel aus der Sozialen Arbeit anführen: Wenn wir (apodiktisch) sagen würden, „das Soziale besteht in der Organisation einer gerechten Verteilung der Güter", dann wäre es so, dass mit dem Wegfall des Prädikats „Organisation einer gerechten Verteilung der Güter" das Soziale darunter leiden würde, aber nicht aufhören würde zu existieren. Anders wäre es, wenn wir sagen würden, „Das Soziale besteht in der Fürsorge und diese wiederum im Mitleid und der Barmherzigkeit" und es würde die „Fürsorge" ganz wegfallen, dann würde das Soziale aufhören zu existieren. Beide Prädikatsarten können also nicht ebenbürtig auf einer Ebene liegen, was zur Formulierung von Wahrheitsgraden führt, die durch die Merkmale „mehr oder weniger" bzw. „über- oder untergeordnet" gekennzeichnet sind.

Innerhalb dieser Strukturierung muss somit ein Prädikat unbedingt daraufhin geprüft werden, welche Veränderungen durch Hinzufügen, Weglassen oder Austauschen in Bezug zur Existenz einhergehen. Tetens schreibt (ebd.: 198) in der Weiterführung dessen, dass es im Alltag normalerweise keinen großen Unterschied machen würde zu sagen, „Peter raucht" oder „Peter existiert" (ich füge dem hinzu, selbst wenn Peter meinen würde „ich rauche also bin ich"). Wie gesagt, die Qualität von Prädikaten ist eben nicht nur logisch verankert, sondern auch ontologisch.

Komplizierter wird es, wenn Prädikate nicht sichtbar sind oder nicht sichtbar gemacht werden können. Tetens bezieht sich hierzu (ebd.: 198 ff.) auf Gilbert Ryle und dessen Zitat von Descartes, das davon spricht, dass wir mit unserem Geist den Körper sehen können, während der Geist nur sich selbst sehen kann. „Der Körper führt die Befehle des Geistes aus, [...] ist keinen mechanischen Gesetzen unterworfen", sondern „frei". Ryle macht allerdings ein Missverständnis Descartes' deutlich. Prädikate, die auf geistige Zustände zutreffen, unterliegen anderen Gesetzen, wie wenn sie sich auf Ereignisse beziehen. So ist die Absicht einer Handlung etwas anderes als deren Durchführung. Das eine beruht auf einer Disposition, das andere unterliegt der Kausalität.

Die heftigste Kritik an der mit metaphysischen Prädikaten arbeitenden Aussagenlogik übt Rudolf Carnap (zitiert bei Tetens ebd.: 203 ff.). Es geht hier um den Satz von Martin Heidegger, indem er das Prädikat des „Nichts" mit „nichtet" beschreibt: „Das Nichts nichtet". Carnaps Absicht ist es nicht „bloßen Hirngespinsten" oder „Märchen" auf den Leib zu rücken. Sein Angriff gilt vielmehr den Sätzen, die so tun als würden sie auf Erfahrung beruhen. Gemeint sind „sinnlose Wortreihen", „Scheinsätze" im Gegensatz zu empirischen. Für Carnap ist das Wort „nicht" eine logische Feststellung dessen, ob etwas der Fall ist oder nicht. Mehr nicht. Die Diskussion darüber führt zur Forderung einer Bestimmung des Verhältnisses von Logik und Semantik. Für Carnap ist klar, die Logik kann nur das Bestimmbare im Sinne von „Dies ist das" herausarbeiten. Das Unbestimmbare, dem sich das Semantische widmet, kann hingegen unmöglich identifiziert werden, was den Bereich des Semantischen auf das rein Logische und Empirische eingrenzt.

Die Auffassung des Logischen Positivismus hat es also schwer mit dem Unbestimmbaren und ist daher für die Soziale Arbeit in der radikalen Form nicht geeignet. Ähnlich äußert sich auch Tetens (ebd.: 206 f.), wenn er den Therapeuten Paul Tillich zitiert. Es handelt sich in seinem Beitrag um eine Bestimmung der „Angst". Die Angst hat nicht immer ein konkretes Objekt. Es gibt auch die Angst vor dem Nichts. Die Ausstrahlung auf die Angst wäre dann eben nicht exakt erfassbar. So ist es in erster Linie das Nichtsein, das den Menschen bedroht. Die Bedrohung aber verbal zu fassen, kann eigentlich nur eine eigene Wortschöpfung leisten. Ohne deren Dimensionierung wäre die Angst nicht therapierbar.

Argumente im Ganzen haben nur Bestand, wenn sie sich rechtfertigen und verteidigen lassen. Darin zeigt sich nach Tetens die dialektische Dimension der Argumentation (ebd.: 216 ff.). In ihr werden formale und inhaltliche Unterschiede gegenübergestellt. Ob es jedoch zu einer Lösung kommt, hängt vom Grad des Widerspruchs und von den stillschweigenden Voraussetzungen ab, die je nach Standpunkt angenommen oder verworfen werden können. Das „bessere" Argument verspricht zwar Vorteile, aber es ist eben oft nur besser im Hinblick auf ebenjene Voraussetzungen. Die Wahrheit ist daher immer im Fluss und muss fair erstritten werden.

Zur Orientierung beim „Umgang mit Widersprüchen" nennt Tetens (ebd.: 233 f.) einige Fixpunkte, die für sich selbst sprechen. Zu ihnen gehören:
- die „richtige Identifikation des Bezugsgegenstandes"
- die „räumliche oder zeitliche Spezifizierung"
- eine „Relativierung auf verschiedene Perspektiven"
- die „Reformulierung mit adäquateren Begriffen".

Was aber darüber hinaus bleibt, ist die Tatsache, dass in der Auseinandersetzung mit Verschiedenheit der Fortschritt liegt und wir uns nur durch kontroverses Argumentieren der Wahrheit nähern können. Vehementer freilich wirken die realen Widersprüche. Hier ist Handeln mehr gefragt als Reden. Denn die dialektische Entwicklung unserer Welt macht eine äußerst verantwortungsvolle Planung erforderlich, zumal hier die Zukunft des Menschen auf dem Spiel steht.

Kurzes Resümee in Bezug zur Sozialen Arbeit:

Insgesamt lässt sich zur Frage, ob Wirklichkeits- und Wahrheitsgrade wesensmäßig verschieden oder sogar getrennt sind, nur die Unmöglichkeit einer grundsätzlichen Lösung festhalten. Dennoch aber ist das Bewusstsein darüber wichtig, weil nur so nach verschwiegenen Grundlagen gefragt werden kann.

In der Sozialen Arbeit führen beide Ansätze, also der der Verschiedenheit und der der Trennung von Wirklichkeit und Wahrheit zu unterschiedlichen Konstrukten und Praktiken. Die Annahme einer Verschiedenheit mündet in die Aussprache über subjektive Befindlichkeiten. Die der Trennung hingegen ruft nach einer Veränderung von Lebenslagen durch politische Aktionen. Für beide Varianten bleibt die unstrittige Annahme eines autonomen Klärungspotentials des Subjekts zusammen mit der Meinung bestehen, die Befindlichkeit von Lebenslagen müsse nicht eigens thematisiert werden, zumal es nur um konkrete Hilfe gehe.

Zur Position der Annahme einer Trennung lässt sich darüber hinaus Folgendes festhalten: Damit der Bezug des Subjekts zu der von ihm unabhängigen Wirklichkeit nicht verloren geht, wäre es für diese Position wichtig, dem ständigen Erschließen der Wirklichkeit den Vorrang vor dem Empfinden und der Meinung über sie zu geben. Die Fragen dazu sind entsprechend andere. Sie könnten lauten: Aus welchen realen Bestandteilen setzt sich das Problem zusammen? Zu welchen Zuständen hat es geführt? Wie wurde damit umgegangen?

Für die Soziale Arbeit, die sich immer an den Personen und den Tatsachen orientieren will, muss darum Offenheit gegenüber konstruktivistischen und ontologischen Bezügen praktiziert werden. Dabei ist das Argumentieren mit den Mitteln des philosophischen und diskursiven Denkens die Voraussetzung.

6.3.5 Einheit und Differenz

Die Erfahrung der „Einheit" scheint die erste zu sein. Wir nehmen unsere Welt als „Kontinuum" wahr und haben den Eindruck, dass alles zu allem passt und alles zu allem gehört: Das Kamel in die Wüste und der Bär in den Wald. Der heimliche Einklang in allem prägt das Muster der Orientierung. Wir entwickeln die Vorstellung von Zusammengehörigkeit als ein Abstraktum für eine mit sich selbst eins seiende, ungeteilte, gewissermaßen „monadenhafte" Identität, bei der alle Kennzeichen und Merkmale, alle Teile und Elemente zu einem System, zu einem geordneten Ganzen gehören. Die Einheit ist in allem. Alles passt zusammen und alles gehört auch zusammen: Mann und Frau, Individuum und Gesellschaft, Natur und Kultur.

Die Erfahrung aber, dass das, was ursprünglich „heil" war, plötzlich nicht mehr so ist, ist eine bittere. Die Rede ist von Trennung, im Gegensatz zu lieb gewonnener Unterschiedlichkeit und Verschiedenheit. Die Rede ist vom „Verschiedensein". Mit ihm kommt es zur Erfahrung, dass es nicht nur ein (wahres) System gibt, eines, das dominiert, sondern dass es viele gibt und dass diese aufeinanderprallen können, weil sie widersprüchliche Ansprüche haben.

Die Widersprüchlichkeit selbst aber wird durch die Unähnlichkeit, kurzum die „Differenz", wahrgenommen. Ähnlichkeit und Unähnlichkeit haben zunächst nichts problematisches an sich, solange deren Koexistenz gesichert ist oder einfach gelebt werden darf. Das Problem jedoch beginnt mit jener Macht, die Unähnlichkeit der Ähnlichkeit angleichen will, Fremdheit in Bekanntheit verwandeln will und zwar schlechthin mit autoritären Mitteln.

Daher ist es wichtig, das Umfeld der Differenz etwas zu skizzieren, um aufzuzeigen, was die Differenz von der Nicht-Differenz unterscheidet und was ein Wechsel des einen in das andere mit sich bringt. Das Projektionsfeld ist sehr weitläufig. Es verbindet sich z.B. mit der Frage, ob sich die Identität (und Einheit) eines Menschen grundsätzlich verändern kann oder ob sie im Kern immer bestehen bleibt. Eine andere Frage könnte lauten: Lässt sich der Kulturbegriff als Einheit denken oder ist damit nicht automatisch eine autoritäre Verzerrung der Wirklichkeit verbunden, die dem Toleranzbegriff wiederum den Nährboden entzieht?

Zunächst ist es wohl so, dass die Nichtdifferenz identisch ist mit dem, was wir als Einheit und als Zuordnung aller Prädikate zu einem Subjekt bezeichnen, während die Differenz die Prädikate nicht zueinander, sondern gegeneinander stellt. So können wir davon ausgehen, dass die Einheit und die Differenz prinzipiell unterschiedliche Grundmuster von Sichtweisen und Annahmen im Hinblick auf die Struktur der sozialen Welt darstellen. Demnach könnte eine der Grundfragen lauten: Wird die Soziale Welt durch innere Gemeinsamkeit zusammengehalten oder ist Unverträglichkeit das Prinzip des Verhältnisses von Mensch und Gesellschaft? Antworten darauf, wie immer sie auch ausfallen, führen jedenfalls zu Konsequenzen in der Subjekt-Objekt-Beziehung. Es fragt sich, ob die Beziehung von Individuum und Gemeinschaft prinzipiell festgelegt ist oder ob Freiräume zur Selbstorganisation vorhanden sind.

Dazu müssen die Aussagen vertieft werden:

Der erste Teil der Fragestellung sieht eine Art von Monismus durchscheinen, der auf Grund der Auffassung einer Zusammengehörigkeit von individueller und sozialer Natur selbst in der Lage ist, eine Einheit zu stiften. Die Wesenmerkmale der Natur können ideeller oder materieller Herkunft sein. In beiden Varianten aber herrscht die Vorstellung vor, der jeweilige Hintergrund sei nicht wiederum aufteilbar. Seine Basis ist die Erfahrung einer kausalen Notwendigkeit im Gegensatz zur Differenz zur Verschiedenheit, Pluralität und Komplexität.

Der zweite Fragenkomplex beruft sich auf das Phänomen der Unverträglichkeit und Gegensätzlichkeit. Hintergrund ist der Widerspruch auf allen Ebenen und vor allem zwischen den Bedürfnissen des Individuums und den Erwartungen der Gesellschaft.

Die Suche nach der „Einheit in der Mannigfaltigkeit" wurde über Leibniz' Monadenlehre u.a. von Friedrich Wilhelm Joseph von Schelling und dessen Hauptwerk *von der Weltseele eine Hypothese der höhern Physik zur Erklärung des allgemeinen Organismus* (1798) vorangetrieben (vgl. hierzu auch die übersichtliche Darstellung in: *Der Brockhaus Philosophie* 2004: 294 ff.). Darin wird das Absolute als die Triebfeder jeglicher Produktivität und als göttliches Schöpfungsprinzip gesehen. Durch die Freiheit in der Relativität und durch den Willen „als naturhaften Drang" aber wird die Einheit mit der Welt zerstört, so dass der Mensch in die Orientierungslosigkeit fällt und seine Identität (als innere Einheit seines Selbst) und damit ebenso auch seine Bestimmung verliert.

6.3 Schaltstellen und deren Verankerungen

So stellt sich ihm die Aufgabe, diese Einheit wieder zu entdecken. Der Weg dazu führt bei Schelling wie auch bei Hegel über den Intellekt, der in der Lage ist, die Einheit in der Vielheit deswegen zu finden, weil die Abstraktionsfähigkeit des Subjekts prinzipiell das Abstraktsein des Absoluten rekonstruieren kann. Der Weg der Rekonstruktion orientiert sich bei Schelling an Vorformen der Hermeneutik, während er bei Hegel dialektisch verfährt.

Anders verhält es sich mit dem Begriff der Differenz. Zum einen wird dieser als Verschiedenheit verstanden, die aber doch auf einer Gemeinsamkeit beruht. So sind Menschen verschieden, aber sie sind dennoch Menschen. Diese Denkform liegt auch in der klassischen Definition vor, die nach dem Muster einer Aufgliederung nach Gattungsbegriffen und unterscheidenden Merkmalen verfährt. Zum anderen wird mit dem Begriff der „ontologischen Differenz" ein tiefgreifender Unterschied zwischen Denken und Sein dargestellt. Auch dieser ließe sich zwar wieder in eine Einheit zurückführen, mehr noch aber wird hier eine Unvereinbarkeit gesehen, für die es viele Beispiele gibt. Das Verhältnis von Theorie und Praxis ist eines davon.

Mit Jacques Derrida (2004) wird der Begriff der Differenz zu einer sehr schillernden Lichtgestalt, um neue Wege des Erkennens zu gehen. Die Dekonstruktion der Dinge soll dazu führen, sie in einem neuen Licht zu entzerren, ihnen ihre Unheimlichkeit zu nehmen und ihnen den Boden einer durch Macht organisierten Identitätsbildung zu entziehen.

Differenz heißt Unterschied, Verschiedenheit und enthält Differenzieren und Differieren. Das Unterscheiden und die Unterschiedenheit sind aber keine metaphysischen Momente subjektiver Akte und objektiver Gegebenheiten. Sie bewegen sich beide gleichermaßen auf einem Spielfeld, das einfach da ist, das aber vom Spiel belebt wird und nicht von der Bodenbeschaffenheit. So ist die lebendige Ästhetik des Seins keine Oberfläche von etwas anderem, sondern Selbstmotivation, sich zu entfalten, sich zu verändern, um in die unterschiedlichsten Hüllen zu schlüpfen, so wie die Sprache in die Zeichen eingeht und diese wiederum in die „Schrift", so ist auch letztlich alles Schrift: Schriftzug einer Schrift. Der Schriftzug wird zum Ausgangspunkt der Schrift und diese zum Text, dessen Bedeutungsspiel sich aus dem Gebrauch ergibt. Ihn aber zu entdecken, heißt das Spiel zu spielen, heißt die Worte solange zu drehen und zu wenden, bis sie ihr Füllhorn preisgegeben haben. Dann verlieren sie auch die von fremder Hand stammende Macht, sie verlieren ihre fremdbestimmte Identität und Ideologie. Daher ist die Wahrheit der Literatur näher als der Wirklichkeit. Die Erzählung ermöglicht durch ihre differente Entrücktheit die Konstruktion von Neuem.

Vor allem in den Ansätzen der Systemtheorie lassen sich Grundzüge des Spannungsfeldes von Einheit und Differenz entdecken. In dem von Dirk Baecker herausgegeben Buch *Schlüsselwerke der Systemtheorie* (2005) wird die Spannbreite der Thematik sichtbar. Die konzeptionellen Vorstellungen, um die es dabei geht, werden in der Einleitung deutlich gemacht (ebd.: 9–29): „Die Produktion und Variation der Ordnung" ist als eine „Form der Auseinandersetzung mit einer Umwelt zu lesen". Dabei ist die Vorstellung, es handle sich dabei immer um einen „Organismus", durchgehend dominant.

Es wird ein Forschungsweg eingeschlagen, dessen Schwerpunkt nicht allein auf der Rückführung auf Ursachen und Wirkungen beruht, auch nicht in der auf esoterischer Magie, sondern es geht um die Erkundung von „Mechanismen", die das Verhältnis zwischen dem einen und anderen regeln. Somit steht der Begriff des „Prozesses" beim Austausch von Organismus und Umwelt im Mittelpunkt. Er kennzeichnet das System, das sich eben dadurch definiert. Denn ein System ist der prozessuale Austausch von Lebenskonstitution und Umwelt.

Die Kernfragen hierzu betreffen nach Baecker mehrere Ideen (ebd.: 12–17). Zunächst ist es die der „Kommunikation", von der die zu beobachtende „Bestimmtheit und Unbestimmtheit" bzw. Offenheit eines Systems getragen wird. Ferner ist es die Idee von „Natur und Gesellschaft" – vertreten durch Francisco J. Varela – , die auch ungewöhnliche Varianten zulassen würde, wie z.B. eine „Sozialtheorie der Physik, Chemie, Biologie, vielleicht sogar Mathematik".

Die Idee der „Differenz" – vertreten durch Gregory Bateson und George Spencer-Brown – wäre eine nächste. Sie wird als Denkmodell verstanden, das den „Ausschluss von etwas" zugleich als „Einschluss des Ausgeschlossenen" begreift und eben nicht das Nichtzugehörige aussortiert, wie es die „Logik einer sauberen linearen und kategorialen Ordnung" vorschreiben würde.

Eine weitere Idee macht den Versuch des Entwurfs einer „Ontogenetik" – vertreten durch Heinz von Foerster –, die ihren Blick auf die Frage richtet, wie etwas bleibt, „was es ist, indem es wird, was es noch nicht ist".

Mit der Ausweitung von Blickwinkeln ändert sich nach Humberto R. Maturana auch die Stellung der Figur des „Beobachters". Von ihm stammt alles, was gesagt wird und es ist auch auf ihn gerichtet. Er verkörpert die Idee einer „Selbstorganisation", die sich einer „Komplexität" stellen muss und versuchen muss, sie zu reduzieren.

Über die darin versteckte „Temporalisierung" kommt nach Niklas Luhmann eine besondere Art der Komplexität zustande, die wesentlich bestimmt ist von der Austauschbarkeit der Grundkategorien von Zeit und Sein.

Systeme sind nach W. Ross Asby durch einen Beobachter nur zu kontrollieren, „wenn dieser nicht versucht, das System zu verstehen, sondern sich auf einen laufenden Vergleich erwarteter mit tatsächlichen Zuständen konzentriert und auf Abweichungen mit Korrekturen seiner Erwartung (inklusive ihrer normativen Festschreibung) reagiert" (in Becker, ebd. über W. Ross Ashby: 15).

Die Angewiesenheit auf ein „gerade *jetzt* stattfindendes Ereignis" steht im Mittelpunkt einer sich „rekursiv und iterativ verändernden Welt" und deren „Schrift" im Sinne Jacques Derridas. Auch ist Zeitlichkeit das Prinzip, ohne das „es weder eine Sprache gäbe noch der Andere erreichbar wäre". Interessant daran ist der Gedanke der vom Subjekt hervorgebrachten Zeit, ohne die die Erfahrung von Gleichzeitigkeit nicht existieren könnte.

Eine andere Idee des Systemischen ist die „Kritik". Sie stellt ein Gegengewicht zur Rückführung auf Vorstellungen einer Einheit – wie etwa die der Tradition – zugunsten der „Wiederhineinspiegelung der Differenz", die aus der Erfahrung der Unbegreifbarkeit heraus der Forderung nach einer immer wieder neuen und unermüdlichen „Rückversicherung" nachgeht. Am Ende steht die Idee der „Kognition", durch die es möglich wird, zu Begriffen über Gegebenheiten zu finden. Allein durch sie kann überhaupt erst eruiert werden, wer oder was Einheit und

6.3 Schaltstellen und deren Verankerungen

wer oder was Differenz in Anspruch nehmen kann oder – auf die Soziale Arbeit bezogen – nehmen muss oder soll. Denn beide haben ihren Nutzen: Die Einheit vermittelt das Gefühl der Sicherheit, die Differenz führt zu Perspektiven der Veränderung.

Eine gewisse Synthese versucht der Gedanke einer Begründung der Einheit in der Differenz und umgekehrt, zu dem es bei Baecker (ebd.) zwei Beiträge gibt: einer zum Titel *Das Prinzip der Unterscheidung*, den Louis H. Kauffmann über George Spencer-Browns *Laws of Form* (1969) geschrieben hat, der andere von Giancarlo Corsi über Edgar Morins *La méthode* (1977–2001) zum Thema *Die Einheit als Unterschied*.

Das Thema, das Kauffmann zu den Ausführungen von Spencer-Brown (*1923) beschäftigt, ist der Begriff der „Unterscheidung" (ebd.: 173–190). Unterscheidung wird hier „als Spaltung eines Bereichs verstanden", die auf geheimnisvolle Weise durch das „Auge des Sturms" und „das stille Zentrum" zu „Grübeleien" darüber führt. Beim Begriff der Unterscheidung handelt es sich stets um eine Trennung von „Innen" und „Außen" in jeglicher Form. Daher gilt dies vor allem für die Zeichenmarkierungen in der Mathematik. Das logische Feld der Beweisführung dazu ist kompliziert. Was aber für unseren Zusammenhang bedeutsam ist, ist die Frage nach der Grenze eines Inhalts, also die Frage nach dem, was zum Innenkreis und was zum Außenkreis einer Sache gehört und was nicht. Bei Spencer-Brown wird der logische Nachweis geführt, dass Einheit und Differenz identisch sind. Das Innen ist zugleich das Außen. Für uns ist das ein schwieriger ins Fernöstliche reichender Gedanke: das Nichtwissen weiß eigentlich schon viel über die Vielfältigkeit. Es entdeckt sie, wenn es beginnt, mit der Form logisch zu spielen. Das könnte auch auf den Alltag übertragen werden. Denn dort ist es so, dass wir oft mehr wissen, wann etwas nicht stimmt, als wie es sein sollte. So kann dies auch in der Sozialen Arbeit zur Methode werden zu fragen, was der *worst case* in den Augen der Betreffenden wäre, was auf keinen Fall in Frage käme bzw. sein dürfte, um das Positive zu finden.

„Einheit als Unterschied" bei Edgar Morin (*1921) wird von Giancarlo Corsi zum Kern einer Suche nach den Grundlagen der Erhaltung eines Systems (ebd.: 217–224). Lebende Systeme generieren sich aus sich selbst heraus. Sie sind eine „production-de-soi". Damit rückt die „Autopoiesis" ins Zentrum. Um das Prinzip der Selbststeuerung aber zu erfassen, muss man die Sprache eines Systems kennen. So kann ein biologisches System nur mit der Sprache der Biologie, ein soziales nur mit der der Sozialen Arbeit erkannt werden.

Die Selbsterhaltung eines Systems muss sich in ständiger Veränderung bewähren. Dabei muss es sich ebenso zerstören wie wiederaufbauen. Corsi schreibt dazu: „In eine moderne systemtheoretische Sprache übersetzt, heißt das, dass Systeme wie Bewusstsein oder soziale Systeme, da sie aus ereignishaften Elementen bestehen, auf der operativen Ebene grundsätzlich extrem instabil sind: Sie müssen sich laufend reproduzieren, und das sichert auch die Möglichkeit (und das Risiko), die Strukturen zu ändern" (bei Baecker, ebd.: 219). Erst das Instabile führt zur Notwendigkeit seiner Kognition. Die Offenheit von Systemen ist daher eine Folge dessen. Die Frage allerdings, „Offen wohin und wofür?" müsste dann doch die Entscheidung treffen, ob ein finales Ganzes oder etwas anderes lenkend dahinter steht. Morin vermeidet aber dann doch jeden Gedanken an eine Externalisierung, eine Auslagerung in eine höhere Ordnung.

Corsi schreibt zu diesem „Gespür Morins für heiße Themen": „es geht um die Stellung des beobachtenden Systems in Bezug auf sich selbst und auf die Welt, die es konstruiert" (ebd.: 221). Die Antwort lautet: „Selbstreferenz". Dazu wird auch Spencer-Browns Vorstellung von einer „Gleichzeitigkeit von Unterscheidung und Bezeichnung" herangezogen. Selbstreferenz ist das, wie und was etwas ist, sie ist Unterscheidung bzw. Bezeichnung und ontologische Unterschiedenheit in einem. Die Einheit in ihr, die durch den Akt der Bezeichnung in Verbindung mit der ontologischen Differenz steht, ist also in Wirklichkeit Spaltung. Sie taucht in gewisser Weise auch im ökologischen Denken der Systemtheorie auf, vor allem in den Problemen, die aufkommen, wenn Systeme von außen gesteuert werden. Von Corsi wird neben Luhmann auch die französische Ungenauigkeit kritisiert, die – wie immer man das auch sehen mag – einen stark subjektzentrierten Ansatz vertritt. Dennoch aber vermittelt Morins Werk über die Zeit hinausragende Einsichten in die Wechselseitigkeit von Einheit und Differenz.

7 Geisteswissenschaftliche Erkenntnismethoden

Das letzte Kapitel charakterisiert die geisteswissenschaftlichen Erkenntnismethoden. In ihnen sind **Wahrnehmung**, **Verstehen** und **Auseinandersetzung** zentrale Ansätze bei der Bearbeitung von Themen, die sich im Rahmen der *professionellen Kommunikation* vor allem bei der *Analyse* und *Diagnose* sozialer Problemstellungen ergeben.

Thematisiert werden drei unterschiedliche Betrachtungsebenen zur Bearbeitung psychosozialer Probleme. Im Bezug zu Problemsituationen sind es die auf dem *erlebenden*, *wissenden* und *kritischen* Blick beruhenden Perspektiven **hinter**, **über** und **zwischen** die Dinge.

7.1 Überblick

7.1.1 Methodenverständnis

Verstehen und Verständnis bezeichnen Kernanliegen Sozialer Arbeit. Auf sie hinzuarbeiten, bedarf neben dem Wissen um Konstituenten des Verhältnisses von Mensch und Gesellschaft ein Wissen um *Wege der Herstellung geistiger Klarheit*. Reflexionen in einem solchen Umkreis führen zur Forderung nach praktikablen Erkenntnismethoden, die das objektiv Erfasste auch intersubjektiv verlebendigen.

Um dieses Anliegen genauer beschreiben zu können, werden einige Vorbemerkungen zum Unterschied von **Erkenntnis- und Handlungsmethoden** vorangestellt:

- Methoden sind zielgerichtete Wege bzw. Funktionsgebilde mit Instrumenten, die möglichst präzise auf ein Ergebnis hinarbeiten. Sie sind durch ihre Einbindung in eine Methodik an interne und externe Voraussetzungen gebunden. Die interne Bindung richtet sich auf die Herkunft der Methode sowie auf entsprechende theoretische Grundannahmen, die externe auf ein wiederholbares Geschehen, das auf der Ähnlichkeit von Phänomenen beruht. Letzteres weist darauf hin, dass Methoden nur greifen können, wenn es eine gewisse Wiederkehr des Gleichen gibt.
- Methoden dienen zwei Seiten eines Vorgangs: Sie wollen zur Erkenntnis- und Handlungsförderung beitragen sowie das Zustandekommen von empirischen Aussagen und abstrakten Themen transparent halten. Produkte des empirischen und geistigen Erfassens der Realität und Wirklichkeit sind das Ergebnis von Repräsentationen und nachvollziehbaren Erkenntnisschritten. Sie sind also weder magisch, noch zufällig.

- Methoden dienen der Themenbearbeitung und der Lösungsfindung. Auf der Erkenntnisebene werden durch sie Themen geistig ausgelotet. Auf der Handlungsebene sollen Lösungen gefunden und umgesetzt werden.
- Handlungsmethoden sind methodische Schritte mit methodisch-technischen Hilfsmitteln wie etwa Werkzeuge, Vorgehensweisen und Verfahren. Sie sind streng umgrenzte und bei entsprechendem Wissen allgemein imitierbare Interventionen.
- Die Prüfung der Angemessenheit einer Methode an ein Ziel setzt bei der ethischen Dimension an und bei der Frage, ob eine Methode der Klärung wirklich dient oder ob sie nur eine Alibifunktion hat.
- Methoden gehen generell von Entscheidungen über Gegenstände aus. Sie sind also nie frei von Interessen. In der Praxis muss daher klar sein, ob alle Beteiligten mit ihnen einverstanden sind.
- Erkenntnismethoden dienen der geistigen Erfassung von Themen. Sie sind Wege der Erkenntnissicherung und sie versuchen in diesem Zusammenhang Aspekte einer angemessenen instrumentellen Behandlung eines Gegenstandes zu reflektieren.
- Der Bereich der logischen Denkmethoden – wie etwa Induktion und Deduktion – gehört zum Verfahrenskonzept der Forschungslogik und kann hier nicht vertieft werden.

7.1.2 Spektrum der Erkenntnismethoden

Wissenschaft und Praxis benutzen bei der Analyse und Diagnose von Problemen natur- und geisteswissenschaftliche Methoden der Erkenntnisgewinnung. Die nachfolgende Übersicht zeigt den Aktionsradius.

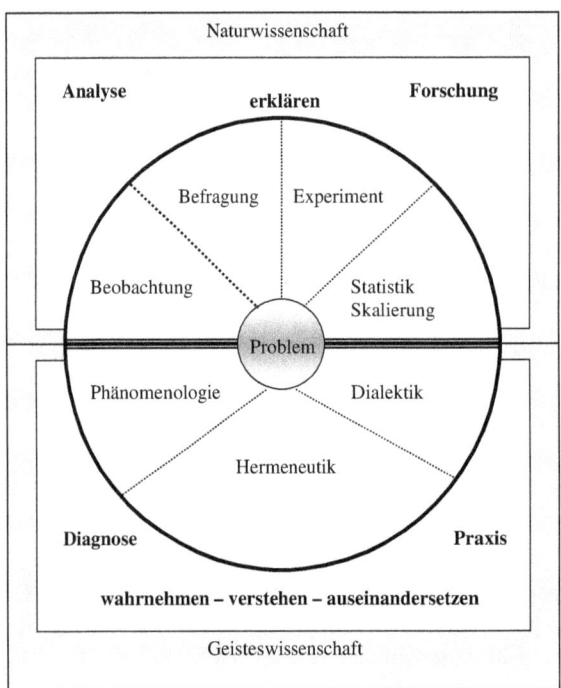

7.1 Überblick

Zum Gesamtbild:

Die Zusammengehörigkeit von Erkenntnismethoden innerhalb des empirischen und geisteswissenschaftlichen Spektrums verdeutlicht die Erkenntnisrichtungen bei der Behandlung sozialer Probleme. Während die Analyse mit einer Anamnese und mit der empirischen Datensammlung als Ergebnis von Beobachtungen, Befragungen und Experimenten ansetzt, versucht die Diagnose, die gefundenen Hypothesen – parallel zu einem stattfindenden Prozess – zu vertiefen. Dabei wird ein diskursiver Reflexionskreis eröffnet, der bei der Wahrnehmung, dem Verstehen und der Auseinandersetzung wechselweise phänomenologische, hermeneutische und dialektische Ansätze verwendet.

> Empirische Erkenntnisansätze lassen sich in der Arbeit an der Basis nur indirekt umsetzen. So müssen in der Beratung etwa Analysen und Diagnosen an der subjektiven Wahrnehmung konkreter Situationen, der Individualität der Klientinnen und Klienten, deren Lebenswelt und Lebenslage ansetzen. Objektive Daten sind dabei wichtig. Im Prozess selbst aber sind die augenblicklichen, aus der Situation gewonnen Eindrücke maßgeblich. Erst im Anschluss daran lassen sie sich auf einer Metaebene mit einem begründeten Wissen um Handlungsstrategien verbinden.

Hinweis zur Qualitätssicherung:

Da die Praxis auf Grund ihrer Involvierung in individuelle Prozesse selbst nicht in der Lage ist, empirisch zu forschen, muss sie Forschung für sich begleitend organisieren. Der empirische Teil wird durch die „wissenschaftliche Begleitforschung" abgedeckt, der geisteswissenschaftliche u.a. durch „Supervision". Beide Ansätze stellen ein Instrument der Qualitätssicherung dar:

- Über externe Forschung werden bedarfsorientierte Fragestellungen zum Ist-Zustand behandelt. Analysen beruhen dabei auf Daten und führen zu Ergebnissen, die als *Erklärungen* für innovative, meist strukturelle Veränderungen genutzt werden können.
- Die Supervision hingegen taucht – obgleich ebenso um ein neutrales Auge bemüht – in den Prozess selbst ein. Sie steht also auf einer dem *Verstehen* zugewandten Grundlage und arbeitet entsprechend phänomenologisch, hermeneutisch oder dialektisch.

Zur Kompatibilität innerhalb des Methodenzirkels:

Die Annäherung an praktische Hilfen zur Problembewältigung geht von einer zirkulären Vorstellung aus, die im Schaubild angedeutet ist:

Die Erkenntnismethoden bilden untereinander einen Kreis, der durch erkenntnistheoretische Unterschiede zwischen Natur- und Geisteswissenschaft halbiert ist. Damit wird ausgedrückt, dass beide Hälften in keinem unmittelbar homogenen Verhältnis zueinander stehen.

Der Grund dafür ist bekannt: Das an der Empirie ausgerichtete Spektrum nimmt eine Außenperspektive ein und kann daher nur abgeschlossene Ergebnisse liefern. Das geisteswissenschaftliche Spektrum hingegen begibt sich in den Prozess selbst hinein und versucht von dort aus neue Erkenntnisse zu gewinnen. Aus diesem Grund sind die Methoden innerhalb eines Halbkreises eher kompatibel als sie es insgesamt wären.

7.1.3 Allgemeine Betrachtungsgegenstände und Themenebenen

Die nachfolgende Übersicht zeigt die Bereiche, die die geisteswissenschaftlichen Methoden schwerpunktmäßig als Dialogpartner zur Gewinnung von Erkenntnissen über Themen betrachten. Für den Weg der Themenklärung wird zusätzlich auch eine Stufenfolge auf der Handlungsebene sichtbar.

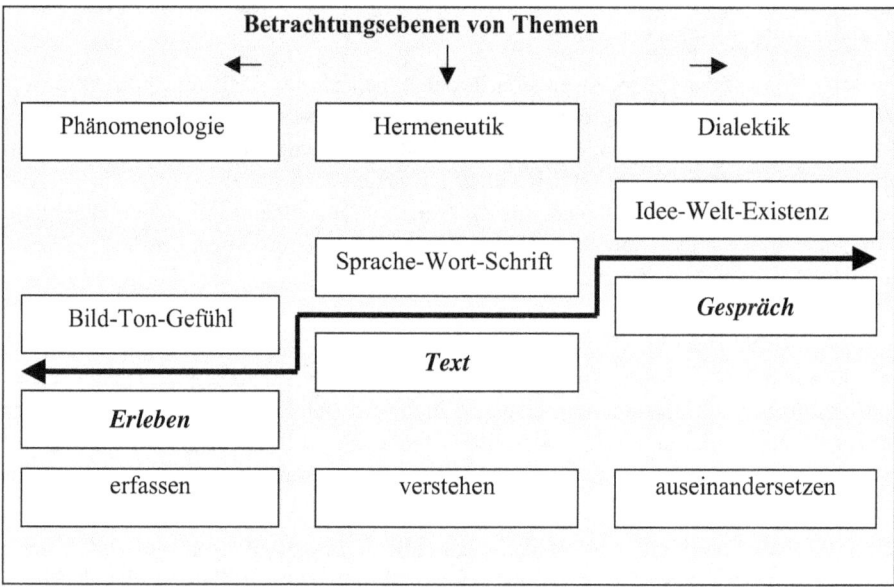

Erläuterung:

- Die Pfeile im oberen Teil zeigen die Implementierungsweisen von Themen.
- Ein Thema wird phänomenologisch implementiert, wenn es entweder aus einer erlebten Situation heraus exzerpiert wurde oder auf eine solche zurückgeführt wird. Das Medium sind Erfahrungen, Bilder, Geschichten, Stimmungen etc. Fragen dazu können lauten: Was ist geschehen? Wie wurde das Geschehen erlebt? Was ist das Thema darin?

Die zahlreichen Beratungsverfahren zur Auslotung des erlebten Hintergrunds eines Themas arbeiten dramaturgisch mit Bildern und Erzählungen, wie sie etwa in den therapeutischen Vorgehensweisen der *katathymischen Bildbetrachtung*, der *Hypnotherapie* und des *Psychodramas* verwendet werden.

- Hermeneutisch wird ein Thema bearbeitet, wenn es als Text gesehen wird. Es stammt dann entweder aus einem inneren oder äußeren Kontext oder es wird darauf zurückgeführt. Medium ist die Sprache. Fragen dazu sind: Wie wird das Geschehen verstanden? Welches Wissen gibt es zu einem Thema?

In der Beratung wird hier die Spracharchitektur eines Themas vermessen. Verfahren dazu sind die *Themenzentrierte Interaktion* und die *Objektive Hermeneutik*. Insgesamt ist dabei auch der gruppendynamische Bezug bedeutsam.
- Dialektisch wird ein Thema behandelt, wenn die Situation, die es zu erfassen sucht, als Konfliktfeld gesehen wird. Ein solches wäre im Bereich der Sozialen Arbeit etwa der Gegensatz zwischen der Sozialarbeit als Beziehungsarbeit und der als Steuerungs- und Verwaltungsarbeit.

Widersprüche zwischen Idee und Welt führen in Bezug zur existentiellen Stellung des Menschen zu Fragen wie: Wie kann die Existenz gesichert werden? Woher kommt das Phänomen des Scheiterns und Versagens?

In der Beratung werden dazu Verfahren verwendet, die das kreative Potential sichtbar machen. Zu ihnen gehören Gestaltungsübungen und Spiele aus dem Bereich der *emanzipatorischen Pädagogik*.

Eine besondere Herausforderung bildet die Montage der einzelnen Ergebnisse. Hierzu gibt es prinzipiell zwei Richtungen, die wir in einem vorausgegangenen Kapitel zum Verhältnis von Einheit und Differenz bereits behandelt haben.

Insgesamt aber lässt sich Folgendes festhalten: Die Zusammenfügung zu einem diagnostischen Ganzen will in der Regel einen Überblick gewinnen. Passen die diagnostischen Teile zueinander, so löst sich ein Problem. Stehen sie unvermittelt nebeneinander, so bleibt auch der damit verbundene Konflikt weiterhin bestehen. Diese Variante macht das Aushalten von Spannungen, also Ambiguitätstoleranz erforderlich.

(a) Einstieg in die Themenfindung

Der Einstieg in den geisteswissenschaftlichen Halbkreis des Methodenfeldes kann in der Beratungspraxis so aussehen:
- Über die Wahrnehmung werden nach Prüfung der Daten im Anschluss an die Beschreibung einer Problemlage Elemente herausgefiltert, die auf ein mögliches Thema hinweisen.
- Anschließend wird versucht, das Thema zu benennen, damit alle an der Problembearbeitung Beteiligten ihre Erfahrungen und ihr Wissen einbringen können.

Auf diesem Pfad können drei Stufen passiert werden:
- Ein Ereignis kann auf ein **Bild** (eine Geschichte, eine Schilderung des Erlebten etc.) zurückgeführt werden bzw. von dort aus beschrieben werden. Ein solcher Weg beruht auf dem *phänomenologischen Ansatz*.
- Dann kann versucht werden, das Thema des Bildes in seiner Bedeutung auszuloten. Diesen Weg des Verstehenwollens und des Aufbau eines Verständnisses schlägt der *hermeneutische Ansatz* vor. Dazu wird das Bild als ein zu deutender **Text** behandelt.
- Ferner kann das thematisch relevante hermeneutische Wissen zusammen mit den phänomenologischen Erfahrungen zum Gegenstand eines **Diskurses** gemacht werden. Dies ist der Weg des *dialektischen Ansatzes*.

Den Kommunikationswegen sind entsprechende Erkenntnisebenen zugeordnet:
- der phänomenologischen Beschreibung *das bewusste Erleben*
- der hermeneutischen Auslotung des Sinns *das praktische und theoretische Wissen*
- dem dialektischen Diskurs *das kritische Bewusstsein.*

(b) Weg der Themenfindung

Auf der Handlungsebene werden Kommunikationswege parallel zu den Praktiken der Handlungsmethoden (Übungen, Spielformen) gewählt. Ihnen zugeordnet ist das Methodenrepertoire einzelner Interaktionsansätze.

Der Weg vom Phänomenologischen zum Hermeneutischen und weiter zum Dialektischen wird insofern als sinnvoll angesehen, als dadurch vermieden werden kann, dass es zu schnell zur Demontage von Themen kommt. (Beispiel: Wenn jemand sagt, etwas Bestimmtes werde sehr positiv erlebt, und sein Gesprächspartner meint, das Positive sei immer trügerisch, so werden in diesem Fall der phänomenologische und der hermeneutische Bereich übersprungen.)

Für den Wechsel der Wege lassen sich in der professionellen Kommunikation nur Prinzipien, aber keine Regeln angeben. Es muss z.B. sicher gestellt sein, dass auf Augenhöhe kommuniziert werden kann und dass die Prinzipien der Sensibilität der Wahrnehmung, der Autonomie und Pluralität des Verstehens sowie der kritischen Reflexion möglich bleiben.

Vor diesem Hintergrund zeichnen sich Erkenntnisschritte ab:
- Begonnen wird mit dem phänomenologischen Blick, also mit der Beschreibung des Erlebten, mit dem Wie bzw. der Ästhetik des Sinnenfälligen. Der Einstieg führt zu einem darin relevanten Thema.
- Ferner wird versucht, dieses hermeneutisch subjektiv wie objektiv zu verstehen. Es werden also Wissen und Theorien herangezogen, die das Thema mit dem Subjekt (bzw. der Person), mit den sozial-politischen Umweltstrukturen (bzw. der Lebenslage, Lebenssituation und dem Milieu) und mit den Austauschprozessen (bzw. den Interaktions- und Kommunikationsprozessen) verbinden.
- Schließlich werden Meinungen im Diskurs verglichen, um mögliche Gemeinsamkeiten und Widersprüche zu diskutieren. Dabei geht es auch um die Aufarbeitung von Fremdheitserfahrungen und um den Umgang mit Differenzen.

Kurz gefasst enthalten die Erkenntnisschritte folgende Wissensarten:
- das Erfassen und Begreifen in Verbindung mit dem Erfahrungswissen
- das Verstehen auf der Basis von Theoriewissen
- das Handlungswissen beim Umgang mit Fremdheit und Differenz.

7.1.4 Themen und deren Genese

Fragen dazu könnten lauten:
- Was ist ein Thema?
- Wie kommt es zu Themen?
- Welche Funktionen haben Themen bei der Problembearbeitung?
- Wie gestaltet sich das Verhältnis von Thema und Handeln?
- Wie entwickeln sich Themen weiter und wie kommt es zu ihrer Veränderung?
- Wie werden Themen durch Rahmenbedingungen geprägt?

(a) Was lässt sich unter einem Thema verstehen?

Unter einem Thema wird weitläufig zunächst der Titel einer schriftlichen Arbeit verstanden, der sagt, womit sich ein Text beschäftigt. Themen können Fragen sein, aber auch Aussagen, unter deren Dach der Stellenwert eines Begriffs oder eines Zusammenhangs erörtert wird.

Ein Thema betrifft einen Menschen unmittelbar, wenn der darin enthaltene Kern auch wirklich seiner Lebenssituation, Lebenslage und Lebenswelt entspricht.

Allgemein gefasst umreißt ein Thema immer einen brisanten Schwerpunkt oder Brennpunkt, der manchmal auch als *Fokus* bezeichnet wird. Der Fokus eines Gesprächs etwa ist das, *worüber* geredet wird.

Wenn auf ein Geschehen bezogen gefragt wird „was los war", so zielt das Was auf einen markanten Punkt des Handlungsablaufes. Der entscheidende Moment wird geschildert und benannt. Letzteres weist auf eine Einklammerung und einen Blickwinkel hin, unter dem die betreffende Situation steht. Der Blickwinkel wiederum deutet in eine Erkenntnisrichtung, die näher betrachtet werden muss. Auf diese Weise kann es zu einem Thema kommen.

Bei diesem Verdichtungsvorgang nennt das Thema einen Hauptbegriff, dessen Realität begründet und dessen Inhalt näher erläutert werden muss. Gleicht das Thema einer Aussage, muss eine Erläuterung folgen. Handelt es sich um eine These oder Hypothese, so muss sie gerechtfertigt werden.

Der in einem Thema formulierte *Kern einer Sache* – z.B. der einer aktuellen Lebenssituation oder eines aktuellen Ereignisses – spiegelt immer mehrere Bezugsebenen. Hierzu haben wir bisher immer folgende Konstrukte im Sinne der Subjekt-Objekt-Interaktion vorgeschlagen:

- die **Person**, deren innere Ausstattung (z.B. Wünsche, Interessen), deren Biographie und deren Bewältigungsstrategie
- die **Struktur** und deren Verhältnisse (z.B. Familie, Milieu, institutionelle, organisatorische und gesellschaftliche Rahmenbedingungen und deren Auswirkung auf die Rolle und Identität)
- der **Austausch** und dessen Interaktions- und Kommunikationsmuster.

Die Sprachlichkeit bzw. der Fachjargon innerhalb der Ebenen ist von der Verwendung von Fachbegriffen aus den Einzelwissenschaften geprägt.

Zusammenfassung:

Der Kern einer Sache lässt sich also über ein Thema benennen. Dieses wiederum kann umgekehrt den Kern einer Sache als **erlebtes Bild**, als **sprachlichen Text** und als **Gegenstand einer Kontroverse** genauer erfassen:

- Ein Thema lässt sich sowohl in ein Bild, als auch in Sprache und in einen Diskurs verwandeln. Es kann von dort aus klärend behandelt und kritisch hinterfragt werden.
- Themen verfolgen inhaltlich und formal unterschiedliche, diagnostische Absichten. Es kann sich formal um Aussagen über Tatsachen handeln, aber auch um Vermutungen im Sinne von Hypothesen. Die inhaltliche Seite verleiht Themen einen spektakulären Charakter, der einerseits in einen aktuellen Prozess eingebunden ist, andererseits sich aber auch auf die Wiederkehr von Ähnlichem und einem dazugehörigen Wissen beruft.
- Themen sind *Lesearten von Wirklichkeitsausschnitten* zum Zweck der Gewinnung größerer Klarheit und Handlungsorientierung im Hinblick auf die Konfrontation mit Gegebenheiten.

(b) Aspekte zur Entstehung von Themen

Die Entstehung von Themen gehört neben ihrer Bearbeitung zu den wirklich spannenden Fragestellungen der Erkenntnisgewinnung in der Praxis. Für das methodische Handeln ist die Kenntnis von *Entstehungszusammenhängen* unverzichtbar. Einige Assoziationen dazu:

- Die Frage nach den Entstehungszusammenhängen von Themen, die in der beruflichen Praxis in der Regel Arbeitsschwerpunkte benennen, ist enorm vielschichtig. Hinein spielen feld- und fachspezifische Blickwinkel. In jedem Fall jedoch steht der Lebendigkeit der Realität immer die Ermittlung eines konkreten Bedarfs gegenüber.
- Die sich daraus ergebende *Heuristik* bzw. „detektivische" Herausforderungen einer Be- und Erarbeitung von individuellen Problemlösungen sorgt gerade wegen ihrer Einbindung in die Lebendigkeit und Prozesshaftigkeit des Lebens für die permanente Produktion neuer Erkenntnisgegenstände. Es hat zwar manchmal den Anschein, als handle es sich immer um die gleichen Universalien menschlichen Leids und Elends. Die sich verändernden Phänomene und Perspektiven aber führen in ihrer Einzigartigkeit zu stets neuen Erkenntnisherausforderungen. Ausgangspunkte sind die innere und äußere Welt sowie die Rolle, die Position und das Entwicklungspotential der Person.
- Ein Gegenstand wird zu einem Thema, wenn er „ausdrücklich benannt" wird, d.h. wenn gesagt wird, welche Bedeutung, welchen Sinn, Wert oder Nutzen er hat. Diese Aspekte müssen diejenigen, die das Thema formulieren, genauer reflektieren. Sie tun dies entweder dadurch, dass sie im Sinne eines Interesses „etwas" aus dem Umkreis des Wahrgenommenen als „bedeutsam, sinnvoll, nützlich oder wertvoll" erachten, es herausziehen und als zentralen Punkt oder Fokus begrifflich benennen.

- Ein Thema kann unabhängig von den Daten auch aus Ideen, Überlegungen und Vorstellungen hervorgehen, die noch keinen Erfahrungshintergrund besitzen, wohl aber für erstrebenswert gehalten werden. Ob in diesem Fall das Thema noch etwas mit der konkreten Außenwelt zu tun hat, hängt davon ab, wie es definiert wird. So sind die Inputgeber eines Themas oft selbst die Erzeuger. Der Vorgang ist in der Praxis durch die Forderung nach einer genauern Analyse der Daten und Fakten jedoch eingeschränkt.

Die erforschenden und entdeckenden Erkenntnisinstrumente für die Findung und Fassung von Themen im Rahmen von zerlegenden Analysen und durchleuchtenden Diagnosen lassen sich einfach benennen. Es sind: einfühlen und beschreiben, verstehen und wissen, bewerten und kritische reflektieren.

(c) Thema und Relevanz oder: Wann ist ein Thema wirklich ein Thema?

Das Bedeutungsnetzwerk eines Themas ist zugleich dessen *Relevanz*. Umgekehrt ist aber auch der jeweilige Sachverhalt selbst relevant, sobald er nachweislich mit einem Thema zusammenhängt.

Zum Erkenntnisumfeld von Themen:

Sprachliche Fassungen der Relevanzen von Themen sind mehr als reine Beschreibungen. Sie sind Hinweisschilder der Orientierung bzw. *diagnostische Indikatoren* für Hintergründe. Damit gemeint ist die Tatsache, dass einem phänomenalen Ereignis immer auch Erklärungszusammenhänge mit einhergehen. Aus systemischer Sicht muss dabei davon ausgegangen werden, dass Symptome nicht nur eine einzige, sondern mehrdimensionale Ursachen haben.

Themen gestalten damit ein offenes Erkenntnisfeld. Sie weisen zwar auf einen umgrenzten Bereich hin, erschöpfen sich aber nicht darin.

Bei einem Thema – etwa aus der Beratungspraxis – handelt es sich in jedem Fall um eine sprachliche *Verdichtung*, die als Gesprächsangebot die inhaltliche Richtschur oder Leitlinie einer Klärung vorgibt. Im Hinblick auf die Entstehung eines Themas gibt die Erkenntnis eines Relevanzbereichs Hinweise auf mögliche Ursachen.

Zur Funktion von Themen:

Die Funktion von Themen ist selbst nur durch ihren Erkenntniswert begründbar. Manchmal sind Themen aber auch die Aufhänger für einen Gesprächseinstieg, um auszuloten, welche Vorstellungen und Erfahrungen, Wünsche und Ängste bei konkreten Entscheidungen Problemstellungen vorhanden sind. Themen zeigen also etwas vom Erkenntnisstand der Menschen, die sie einbringen.

Wir haben diese Grundlage bereits als eine Forderung der Sozialen Arbeit formuliert, und gesagt, es sei vor allem in der Beratung notwendig, den epistemischen Zustand von Menschen zu kennen, um entsprechende Vermittlungswege konzipieren zu können.

Vom inhaltlichen Umfang und der Aktualität der Themen ist die Handlungsdimension unmittelbar betroffen.

Themenevidenz und deren sprachliche Fassung:

Auf Grund der Vernetzung von Themen kommt es oft zu einem Themenwechsel, manchmal deswegen, weil erkannt wird, dass es sich noch nicht um den Kern einer Sache handelt. Erst wenn die am Gespräch teilnehmenden Personen das sichere Gefühl haben, etwas sei auch wirklich ein Thema, lässt sich von *Themenevidenz* sprechen.

Die sprachliche Fassung kommt aus subjektiven Erkenntnisaktivitäten. Themen entstehen dort durch innere Betrachtung und Erinnerung. Dabei konzentriert sich die Betrachtung auf einen Ausschnitt der Wahrnehmung, auf ein Geschehen, das entweder vor den Augen direkt abläuft oder als Erinnerung vorhanden ist. Nachdem die Zeit im direkten Geschehen nicht zu stoppen ist, muss die Erinnerung auf die vorhandenen Fotos zurückgreifen. Auf diese Weise fungieren Themen als Rahmen von Bildern, indem sie sagen, *was* dort gezeigt wird. Durch diesen Vorgang kann das Geschehen noch einmal erlebt werden, wenngleich in anderer Form. Der Vorteil dabei ist, dass dieses Dokument selbst nicht davonlaufen kann, es sei denn es verblasst eines Tages.

(d) Resümee zu den Themenquellen

Die Voraussetzungen für eine thematische Einrahmung des Erlebten sind zunächst Situationen und Ereignisse, sodann *subjektive, umwelt- und milieubedingte* sowie *interaktionistische* Faktoren. Ebenso spielt die Eigendynamik der Erkenntnis- und Handlungsmethoden eine Rolle:

- Themen sind Ausdruck des Erlebten, sie sind eine Reaktion auf Situationen und Ereignisse und Ausdruck des Unerwarteten und Überraschenden. Oft sind gerade sie bei der Veränderung der inneren und äußeren Welt des Subjekts maßgeblich. Themen können aus den Glücks- und Unglücksmomenten des näheren Umfelds, aus den sich plötzlich verändernden seelischen und körperlichen Zuständen und aus dem Feld der politischen Ereignisse stammen. Sie enthalten immer Gegenstände des jeweiligen Involviertseins des Subjekts in seine Umgebung.
- Themen, die mit dem Innenleben des Subjekts in unmittelbarer Verbindung stehen, spiegeln subjektive Energien und Entwicklungszustände. Innerhalb des kognitiven Raums des Subjekts können sie logischen Ableitungen des kausalen Denkens sowie der Frage nach der Bedeutung von Begriffen entspringen, aber auch aus Willensabsichten und Interessen.
- Im emotionalen Bereich sind sie Produkte der Neugierde, des Ehrgeizes und auch des Widerstands.
- Themen aus dem instrumentellen Bereich stammen aus dem Handlungswillen. und den pragmatischen Wünschen nach einer umsetzbaren, vorteilhaften und erfolgreichen Strategie.
- Die Psychosomatik generiert Themen aus dem – etwa nach Harmonie und Konflikt strebenden – Bedürfnis und der körperlich-seelischen Befindlichkeit.
- Die Themenentstehung aus der Umwelt folgt der Kausalität und dem Gabewesen von Objekten, z.B. dem grazilen Charakter der Kultur. Es können aber auch nur Rahmenbedingungen und Systemkomponenten ursächlich beteiligt sein.
- Im Interaktionistischen läuft die Themengenese mit der Entwicklung von Handlungszielen sowie der Rollen- und Positionspflichten und Verpflichtungen einher.

- Erkenntnismethoden zeichnen den Weg für Themen vor, indem sie durch ihre Herangehensweise bestimmte Blickwinkel des Erfassens, Begreifens, Verstehens und der Auseinandersetzung eröffnen.
- Handlungsmethoden – wie etwa gesteuerte Lernschritte, Übungen und Spielformen etc. – haben durch ihre internen Vorgaben im Vorfeld oft bereits allgemeine Themen eingebaut, die dann in der Umsetzung zum Vorschein kommen und individuell erlebt werden können. Ob dabei Themen ausschließlich das Produkt der Konstruktion von Methoden und deren dynamischer Wirkung sind, hängt stark von der Haltung und dem motivierenden Vorgehen derjenigen ab, die diese Methoden einsetzen. Es kann Manipulation sein, wenn die auf diese Weise hergestellte Aktion zu Erkenntnissen führt, die nicht genuin von den Akteuren stammen, sondern z.B. nur von der Spielleitung. Daher ist es notwendig, Handlungsmethoden nicht als Werkzeuge einer künstlichen Motivation, sondern als einen lebendigen Anreiz zu sehen, um körperlich und geistig in die Gänge zu kommen. In diesem Fall sind Handlungsmethoden natürliche Werkzeuge, die das Tor für Themen öffnen. Sie sind kein technisch garantiertes Mittel für vorgegebene Einsichten.

Gerade hierin aber scheint auch der größte Unterschied zwischen dem schulischen Lernen, das über Methodik und Didaktik auf eine möglichst motivierende Weise Einsichten in Lerninhalte vermitteln möchte, und der Sozialen Arbeit, die in der psychosozialen Beratung etwa Beratungsmethoden einsetzt, um zu den generativen Themen der Betroffenen zu gelangen. Wäre auch hier die Einsicht durch Lösungen gekennzeichnet, die von außen vorgeben sind, so gäbe es keinen gravierenden Unterschied zum Mathematikunterricht. Methoden, die sich jedoch bei den Betroffenen rückversichern, ob sie mit ihnen einverstanden sind, können sich – trotz ihrer Anbindung an die Bedingungen der Lebenslage – stärker an der kommunikativen Spielfreiheit orientieren und neue Themen und Sichtweisen fördern, in denen sich die Subjektivität besser aufgehoben fühlt.

7.1.5 Allgemeiner Erkenntnisweg im Rahmen von Analyse und Diagnose

Zum Analyse- und Diagnoseprozess von Auftragsgegenständen und Anfrageinhalten werden in der Handlungstheorie Wege vorgeschlagen, von denen einer das von mir (2004) entworfene Raummodell eines rationalen Klärungsansatzes ist. Dessen Konstruktion bildet den Hintergrund, der in diesem Zusammenhang erkenntnistheoretisch erweitert wird.

Innerhalb der Analyse und Diagnose lässt sich ein Praxis- und Theorieraum unterscheiden, von denen einer auf der Analyse von Wahrnehmungen und Daten beruht, der andere auf der Heuristik von Erklärungszusammenhängen und deren Deutung. In beiden Räumen finden Erkenntnisse statt, die jedoch durch ihre jeweiligen Quellen qualitativ verschieden sind.

Im Praxisraum führt die Wahrnehmung zur Beschreibung von Tatsachen und Erinnerungen, mit denen Bilder und Gefühle einhergehen. Das Erlebte wird zu einem Gegenstand der Betrachtung reduziert, indem z.B. gefragt wird, was darin elementar vorkommt. Die begriffliche Benennung dessen führt zu einem darin vermuteten Thema, zu dem es unterschiedliches Wissen gibt.

Auf diese Weise wird über allgemeine Anhaltspunkte nach Verständnismomenten Ausschau gehalten, die die Problemstruktur erfassen.

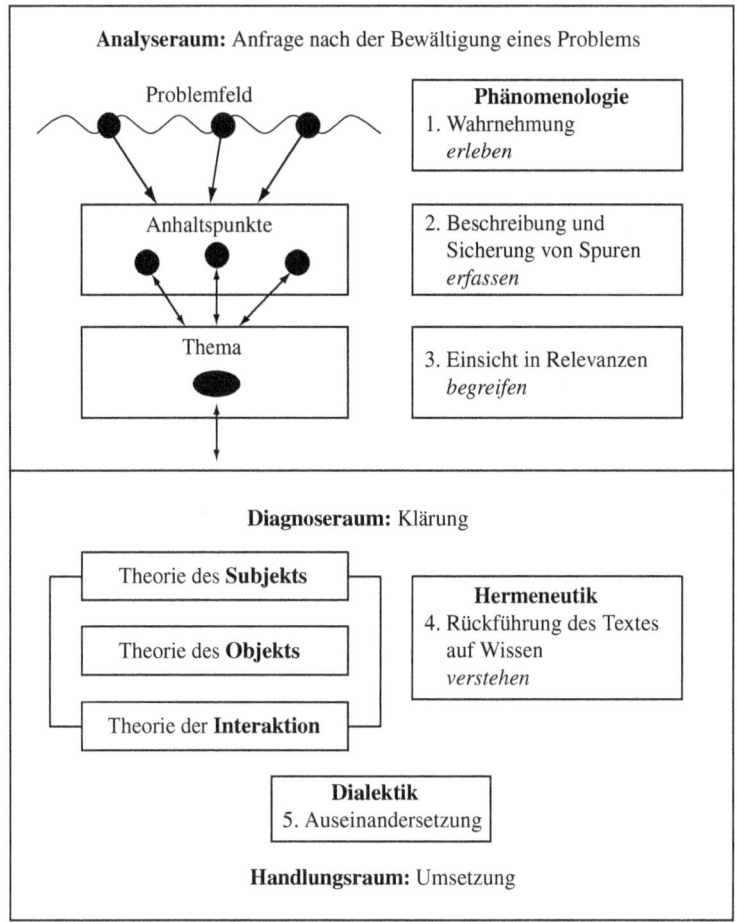

Der Theorieraum liefert das hypothetische Material für Diagnosen, mit anderen Worten für *Durchblicke*. Hier wird aus den Entstehungsmöglichkeiten von Themen – also aus dem Herkunftskomplex *Ereignis, Subjekt, Umwelt, Interaktion* – das jeweils einschlägige theoretische Wissen bzw. die entsprechende Theorie herangezogen, um die konkreten Themen geistig zu erfassen und eine auch rationale Klarheit über sie zu gewinnen.

Die Stationen lauten also: Situations-, Subjekt-, Sozio- und Interaktionszentrierung.

Fragen dazu sind: Was ist geschehen? Welches Thema lässt sich erkennen? Was hat das Thema mit mir zu tun? Was mit meiner Umwelt? Was mit den Austausch- und Beziehungsprozessen von mir zu meiner Umwelt? Welche Lösungswege sind möglich?

Das Zusammenfügen der Antworten aus den einzelnen Bereichen zur eigentlichen Diagnose führt entweder zu einem hermeneutischen und kompatiblen Miteinander, also zu einer Erklärungseinheit, oder zur Darstellung der Verschiedenheit eines dialektischen und spannungsreichen Nebeneinander. Entsprechend gehen die Handlungsmethoden im Bereich der Entscheidungen und Maßnahmen eigene Wege. So kann es in der ersten Variante zu identitätsstiftenden Vorschlägen kommen, in der zweiten zur Aufforderung, politisch tätig zu werden und Strukturen zu verändern.

7.2 Phänomenologie oder das blitzschnelle Erfassen thematischer Einschlägigkeit

- Phänomenologie wird dort auf den Plan gerufen, wo das bewusste Erleben zum Begreifen des Kerns einer Sache kommen will. Erkenntnisse erschließen sich hier aus der Betrachtung der an Situationen gebundenen **Bildhaftigkeit**.
- Indem die Welt in der Lage ist, ihre Seele zu enthüllen, ist sie phänomenologisch wirksam.
- Eine zentrale Frage der Erkenntnismethode lautet: Was ist an einer Sache wesentlich?
- Erkenntnisleitende Axiome: (a) Es gibt ein Wesen *hinter* den Dingen. (b) Die Erkenntnis steht auf einer transzendenten und metaphysischen Ebene.
- Phänomenologische Haltung: Wir leben in der reichhaltigsten aller Welten. Über die Nähe zu den Dingen erfahren wir durch unmittelbare Evidenz auch deren Wesen.

Es gibt das blitzschnelle Erfassen des Kerns einer Sache, ohne dass wir eigentlich angeben können, wie dieser Vorgang zustande kam. Es handelt sich dabei um evidente *Einsichten*. Deren psychologische Grundlage könnte die *Intuition* sein, eine Art blitzschnelle oder tiefe Ahnung und sichere Überzeugung, die zur entsprechenden Navigation unseres Verhaltens führen kann.

Vor diesem Hintergrund beruht die Phänomenologie als Erkenntnismethode vor allem auf der Erfahrung der Unmittelbarkeit des Verstehens durch *Wesensschau*, die sich mit einem tiefen Gespür für Substantielles erfüllt. Um diese Fähigkeit vorausschauend gezielt zu nutzen, wird der Vorgang des blitzschnellen Erfassens im Nachhinein analysiert. So gesehen besteht das Anliegen in der Rekonstruktion der intuitiv gewonnenen Evidenz bei der Betrachtung eines Phänomens. Gleichzeitig aber sollen auch die Instrumente der Wesenserfassung im Bewusstsein des Subjekts selbst erkannt werden.

(a) Umgrenzung des Begriffs

Die Phänomenologie umfasst als Bewusstseinslehre die Lehre von der formalen und inhaltlichen Ordnung des Wahrnehmbaren. Sie ist die Lehre von dem, was das Wahrnehmbare als reale und gedachte, konkret ästhetische und abstrakt bildliche sowie begriffliche Erscheinung verkörpert.

Um den Weg zu dieser Art einsichtlicher Sachlichkeit aufzudecken, bemüht sich die Methode um eine Analyse des Blicks hinter die Oberfläche des uns phänomenal Bewussten auf den eigentlichen Herkunftsort dessen hin, was ein Objekt *wesentlich* zu dem macht, wie es unseren Sinnen erscheint.

Ein Phänomen ist als Wesensträger mehr als eine bloße Erscheinung, die sich mit dem rein Sichtbaren deckt. Es ist vielmehr das, was das Bewusstsein von der Welt *qualitativ* aufzuspüren in der Lage ist.

Als Teil der Gesamtheit des bewussten Erlebens vereint ein Phänomen die Wahrnehmung der verschiedenen Qualitäten einer Sache und repräsentiert gebündelt alle wesentlichen Eigenschaften und Merkmale. Daher lässt sich auch von direkt wahrnehmbaren und indirekt spürbaren Phänomenen sprechen. So ist Musik etwa zugleich hörbar und bewegend, eine Landschaft sichtbar und atemberaubend, ein Stein anfassbar und energiegeladen, eine Erzählung nachvollziehbar und ergreifend.

Durch die Spiegelung der Außen- und Innenwelt, zu der das Bewusstsein in der Lage ist, lassen sich zwei Ordnungsebenen unterscheiden: Zum einen wird Äußeres abgebildet, zum anderen Inneres. Im einen Fall können die Spiegelinhalte konkrete Gegenstände sein, im anderen Begriffe und Gefühle. Weil äußere Gegenstände nicht isoliert vorkommen, sondern immer in ein Umfeld eingebettet sind und von einer Atmosphäre umhüllt werden, sind sie phänomenale Ganze.

Die äußere Welt enthält Phänomene, die im Bewusstsein Repräsentanten der ersten Ordnung sind. Sie gehören also in ihrer Materialität zu den Tatsachen. Die innere Welt, also die der Gedanken und Gefühle, enthält Phänomene zweiter Ordnung. In wie weit sie Repräsentanten der ersten sind, ist ein erkenntnistheoretisches Problem. Im Bereich des Denkens gibt es eine logische Spiegelungsordnung, in der Begriffe Phänomenen explizit zugeordnet werden.

Ob eine Wesensschau grundsätzlich gelingen kann, hängt von zwei Annahmen ab: Die erste geht davon aus, dass das Wesen aus den Dingen selbst, „herausscheinen" muss, sonst könnten wir nicht sehen, was sie eigentlich sind. Die zweite bezieht sich auf die Fähigkeit des Bewusstseins, dies auch angemessen zu leisten.

(b) Der phänomenologische Weg und dessen Ziel

Die Phänomenologie geht vom Sichtbaren schrittweise zu dessen Wesen. Parallel dazu will sie zu einer Analyse dessen gelangen, wie dieser Vorgang im Bewusstsein selbst vonstatten geht. Denn das Wesen hinter den Dingen kann nur aufgeklärt werden, wenn auch das Wesen des Bewusstseins bekannt ist.

Der Ausgang vom Sichtbaren setzt gegenüber der Außenwelt eine wache und geschärfte Aufmerksamkeit voraus. Sie wird dadurch erreicht, dass wir uns auf die Wahrnehmung konzentrieren. Die uns dabei entgegeneilenden „Dinge" werden durch eine Anknüpfung an deren *Vertrautheit* erfasst. Diese wiederum steht in Verbindung mit vertrauten Erfahrungen in uns. D.h. es kommt zu einer Identifikation des Vertrauten. Dabei trifft der Geist eine Auswahl aus dem gesamten Wahrnehmungsspektrum, in dem er das, für das Interesse der Aufmerksamkeit Einschlägige von dem nicht Dazugehörigen trennt. Es wird also das, was zu einer Sache direkt gehört von dem am Objekt befindlichen Überflüssigen sowie von den Vorurteilen getrennt. Auf diese Weise kommt es

7.2 Phänomenologie oder das blitzschnelle Erfassen thematischer Einschlägigkeit 239

zu einklammernden Reduktionen des Objekts und des Subjekts. Die Reduktionen werden solange fortgeführt, bis das Wesentliche einigermaßen klar ist.

Ziel dieses Erkenntnisweges ist die Gewinnung von Sicherheit darüber, dass es sich bei dem, was wir erleben, auch von der Sache selbst her um das handelt, was wir davon zu erkennen glauben. Dieses Ziel wird durch ständiges methodisches Rückfragen zu erreichen versucht. Eine Frage im Gespräch könnte dazu lauten: Handelt es sich immer noch um das, was wir ursprünglich meinten? Oder geht es um etwas anderes?

Die Überwindung der Subjektivität und die Ausklammerung von unwesentlichem Beiwerk der Zutaten stehen also im Mittelpunkt.

(c) Vertiefung der Methode

Alfred Schütz umgrenzt in seinem Buch *Das Problem der Relevanz* (1982) das phänomenologische Programm auf sehr anschauliche Weise. Dem Husserl-Schüler gelingt es, das komplexe Denksystem griffig darzustellen. Wir wollen daraus einige Gedanken zitieren, um den Erkenntnisweg zu verdeutlichen.

In der Einleitung des Buches wird von Thomas Luckmann Wesentliches zum Werk des Autors vorangestellt (ebd.: 7–23). Ausgehend von der Frage der Reichweite naturwissenschaftlicher Erkenntnis wird deutlich, wo der reduktionistische Verwertungszusammenhang des Quantitativen, also des Zählens, Wiegens und Messens und deren asketische Distanz begrenzt ist: im Grunde bei der Vielfalt menschlichen Handelns und der erlebten Individualität. Die Darstellung der logischen Form eines Ergebnisses sagt zwar etwas über den Charakter einer Atmosphäre vor Ort aus, von dem her das Ergebnis stammt, es entbindet aber das Handeln an eben diesem Ort nicht vom sensiblen Umgang mit Individualität.

So gesehen sind empirische Ansätze nicht prophylaktisch, weil sie den Zugang zum Prozess des Geschehens nicht in der Weise haben können wie es der Versuch darstellt, den *sinnhaften Aufbau* eines sozialen Geschehens zu erfassen. In diesem Ansatz geht es um eine Erkundung der Gültigkeit der „Motivstrukturen der Alltagswelt", also um deren phänomenalen Kern. Dieser besteht im Gegensatz zur positivistischen Realität der Tatsachen in *mannigfaltigen Wirklichkeiten*. Die Welt der Symbole, der gegenüber ein vom Interesse getragener eigentümlicher „Rhythmus von Phantasie und praktischem Handeln" steht, wird zum Gegenstand. Vor allem aber ist die Erkundung der „Selbstverständlichkeit als Basis einer natürlichen Einstellung" ein wesentlicher Beitrag zur professionellen Kommunikation (ebd.:15).

Schütz entwirft sein Programm mit der lebendigen Beschreibung dessen, was er gerade während er zu schreiben beginnt wahrnimmt, was er einklammert und ausblendet: „Während ich die ersten Striche mit meinem Federhalter ziehe, habe ich dieses weiße Blatt Papier, meine schreibende Hand und die Tintenzeichen, aus denen eine Zeile Buchstaben nach der anderen auf dem weißen Hintergrund entsteht, in meinem Gesichtsfeld. Er spricht von den Dingen um ihn herum, dem grünen Tisch, dem Baum, dem Garten, dem See mit den Booten, dem Berg und den Wolken im Hintergrund. Er hört das Summen eines Motorbootes, Kinderstimmen und Vögel zwitschern. „Ich empfinde die Kinästhesen meiner schreibenden Hand, ich habe ein Wärmegefühl, ich spüre den Tisch, der meinen schreibenden Arm unterstützt. All das liegt innerhalb meines Wahrnehmungsfeldes" (ebd.: 27).

Während Schütz dies tut, konzentriert er gleichzeitig die Aufmerksamkeit auf seine Aufgabe. Er will das Problem der Relevanz der Wahrnehmung klären. Zur äußeren Wahrnehmung und der darin stattfindenden Selektion gesellen sich Assoziationen zur „autobiographischen Situation" als „Sediment" seiner „persönlichen Geschichte", seiner „Erfahrungen" und seinem „gegenwärtig zuhandenen Wissensvorrat". Es ist all das, was er „direkt" erfahren hat, aber auch das „sozial vermittelte Wissen" (ebd.: 28).

Alles zusammen umgrenzt den natürlichen äußeren und inneren Horizont der Wahrnehmung, je nachdem, wie die Situation gerade definiert ist. Mehr geschieht, wenn daraus ein selbstverständliches Thema hervorkommt, das zwar begrifflich verdichtet ist, aber dennoch der Natürlichkeit entspringt, als sei es soeben gewachsen. Aus dem Jetzt kommend reicht es über sich hinaus, ohne den Charakter einer fremd werdenden Abstraktion anzunehmen. Schütz spricht von „gradueller Vertrautheit" und dem Wechsel einer „Nähe zum intimsten Kern" der Persönlichkeit und einer Handlungsverbindung zur „Vitalsphäre" des Lebens (ebd.: 35).

Dieses Eingebettetsein in verschiedene Sphären (oder Dimensionen) macht es möglich, sich auf den Kern und Horizont einer Sphäre zu konzentrieren und die „Spanne" des inneren und äußeren Lebens zu bestimmen. Damit aber kommt eine Tätigkeit zustande, die ein Thema über dessen Relevanz innerhalb eines Horizonts bestimmt. Für Schütz ist entscheidend, dass es dabei nicht zu einer „Ichspaltung" kommt, wohl auch deswegen, weil es nur *ein* phänomenologisches Kontinuum gibt. Wir können Dinge „aus dem Griff lassen", ohne dass sie überhaupt verloren sind (ebd.: 38).

Dennoch müssen wir eine „künstliche Spaltung", ein „kontrapunktisches Verhältnis" bei der Bestimmung von Thema und Horizont annehmen, weil es sonst keine Unterscheidung gäbe. Dazu gibt es nur den Hinweis, dass es sich eben um verschiedene Tätigkeiten der Konzentration handelt. Die Erfahrungssedimente des Vergangenen spielen dabei eine wesentliche Rolle. Er sagt: „[...] jedes Thema bezieht sich auf Elemente, die früher innerhalb unseres Bewusstseinsfeldes lagen, entweder als früheres Thema oder zumindest als wesentlich thematisierbarer Horizont". Damit ist für ihn auch das „unbewusste Leben" durch den energetischen Kern seiner Motive der Thematisierung fähig (ebd.: 41).

Die Frage nach dem Zustandekommen der Wahrnehmungsauswahl ist der entscheidende Teil der Phänomenologie. Daran geknüpft sind zwei Aspekte: Der erste befasst sich mit dem Mechanismus der Selektion, der zweite mit der Aufrechterhaltung der Echtheit und Glaubwürdigkeit des Erfassten. Zum ersten wird Bergson zitiert, der in seiner *Interpretation der Auswahl* deutlich macht, dass es nur Wahlmöglichkeiten im Hinblick auf Ziele gibt, die man sich erst „vorsetzen muss", im Unterschied zu Interpretationen. Das Ausgewählte sind also Handlungsweisen oder Ziele und nicht Handlungsabläufe (ebd.: 45).

Der zweite Aspekt nimmt Bezug zur Theorie des griechischen Skeptikers Carneades und dessen Vorstellung vom *pithanon*, dem Bereich des Wahrscheinlichen. Darin wiederum ist die Haltung der *epochä*, der „Zurückhaltung" der Wahrscheinlichkeit gegenüber, substantiell.

Die grundsätzlich zweifelnde Haltung durchläuft drei Schritte, um zur Sicherheit eines Themas zu gelangen: Erstens muss die „einfache Wahrscheinlichkeit" eines Anvisierten akzeptiert werden. Zweitens müssen Beiläufigkeiten als unwahrscheinlich „durchgestrichen" werden. Schließlich muss man zur einfachen Vorstellung zurückkehren, die auf diese Weise durch das Durchgestrichene gereinigt wurde. Dieser Schritt ist eine Form der Verifikation des Ursprünglichen. Auf diese Weise lassen sich Thema und Horizont trennen und Themen zu ihrer eigentlichen *Gestalt* führen (ebd.: 52).

Die tiefere Erfassung der *Vertrautheit*, also der „Bekanntheitsqualitäten" und „Gewohnheiten", ist das wichtigste Ziel. Durch Erfahrung der „Selbigkeit, Ähnlichkeit und Gleichheit" wird geprüft, ob die Relevanz ein subjektives Sediment ist oder ob sie von außen „auferlegt" wurde. Auf diese Weise unterscheidet die Auslegung der Relevanz zwischen dem Bekannten und dem Neuen (ebd.: 58).

Die Aufforderung „Lasst uns genauer hinsehen!" will nun den Horizont klären und den Ausgangspunkt der Relevanzen eingrenzen. So kann etwa gefragt werden, was an einem Thema der „vorprädikativen Sphäre" des Subjekts und was dem „Außenhorizont" zugehörig ist. Die Frage ist: Was ist Auslegung? Und: Welche Erfahrungen sind unverträglich? So wird die *Verträglichkeit* zum Maß des Verhältnisses zwischen beiden und zu dem der „Auslegungsrelevanz" (ebd.: 76).

Ein weiterer Aspekt kommt hinzu: die *Motivation*. Unterschieden werden „Um-zu- und Weil-Motive". Handeln entsteht, wenn eine Auslegung nicht genügt, eine Entscheidung aber trotzdem wichtig ist. Damit wird die Wichtigkeit als Verdichtung der Wahrscheinlichkeit mit der Relevanz direkt verbunden. Diese Relevanz wird bei Schütz „Motivationsrelevanz" genannt (ebd.: 79).

Danach werden die Relevanzarten miteinander verbunden: „Motivationsrelevanz" und „Auslegungsrelevanz" führen zur eigentlichen „thematischen Relevanz" (ebd.: Skizze 107). Ins Spiel kommen der „habituelle Wissensbesitz", das Verhältnis von „Vertrautheit und Fremdheit" sowie das „Interesse". Alle zusammen erzeugen im Bewusstsein die „Einheiten eines Sinnzusammenhangs", also die Verbindung von Vergangenheit und Zukunft, Konstanzen und Synthetisierungen in der Erfahrung und den Erinnerungen (ebd.: 112 ff.). Für die Erfahrung von Sinnzusammenhängen der Außenwelt ist deren Symbolkraft zuständig, die sich in der Kultur, der Sprache, Kunst und Musik, also im symbolischen Leben äußert (hier wird neben Max Wertheimer und Henri Bergson vor allem Ernst Cassirer genannt; ebd.: 132 ff.). Zudem wird der Sinn der Phänomenologie deutlich: Zu erfassen versucht wird „die rhythmische Gliederung unseres geistigen Lebens, die für unsere geschichtlich-autobiographische Existenz als menschliche Wesen in dieser Welt konstitutiv ist" (ebd.: 177). Manches davon ist in der Zeitstruktur „ontologisch auch schon im voraus festgesetzt" (ebd.: 226).

7.3 Hermeneutik oder die Konstitution des Verstehens

- Die Hermeneutik wird dort auf den Plan gerufen, wo keine Eindeutigkeit bei der Einschätzung einer Situation und der sie repräsentierenden geschriebenen und gesprochenen Schrift- und Sprachzeichen vorliegt. Erkenntnisse erschließen sich hier aus dem **Wort** als Gesprächspartner. Hermeneutik heißt: Lesen und Wiedererkennen im Verstehen. Die Suche nach zusammenpassenden Bedeutungen macht diese Erkenntnismethode zu einer organischen Entfaltungskunst des Sinns und zu einer Leseart.

- Zentrale Fragen sind: Wie lässt sich etwas verstehen? Was wissen wir über ein Thema? Wie lässt sich etwas beibehalten und in Bestehendes integrieren?
- Erkenntnisleitende Axiome: (a) Es gibt das Lösbare, ebenso wie ein harmonisches Ganzes. (b) Die Erkenntnis steht beim Verstehen auf einer Metaebene *über* den Dingen.
- Hermeneutische Haltung: Wir leben in der besten aller Welten. Aus den Tatsachen das Bestmögliche zu machen, heißt, sie anzuerkennen und mit ihnen positiv zu kooperieren. Verstehen gelingt.

Wenn wir umgangsprachlich sagen, „wir verstehen", dann ist uns das Gesagte klar, dann bringen wir Sachverhalte „auf die Reihe". Genauer betrachtet können wir uns ein Bild machen, wir kennen den Inhalt oder können uns gedanklich und gefühlsmäßig in das Gesagte hineinversetzen. In jedem Fall machen wir etwas für uns *stimmig*, indem wir dafür in uns eine eigene Sprache einsetzen, die wir authentisch aus dem Ich der ersten Person heraus verstehen.

In der professionellen Kommunikation kann von gegenseitigem Verstehen gesprochen werden, wenn Vereinbarungen und Handlungsregeln klar sind. Dazu muss die Sprache aber eindeutig geregelt sein.

(a) Die Sprache als Basis

Eine Hauptvoraussetzung für das Verstehen ist ein *Sprachsystem*, das sich im Individuum und in der Gesellschaft aus mehreren Bereichen generiert:

- In der Person wird das Verstehen durch die individuelle *Sprachfähigkeit* aktiviert, die über eine bestimmte Menge von Wörtern und Sätzen verfügt und in der Lage ist, Bedeutungen zu erfassen. Hinzukommt die Fähigkeit zu sprechen und Inhalte auszudrücken. Aber auch die Gefühlsfähigkeit, innere und äußere Erlebnisse emotional verstehen zu können, gehört zum Kreis der allgemeinen Verstehensenergien. Hier ist das Verstehen auch eine Form von Empathie.
- Im Außenbereich des Subjekts wird das Verstehen als Kommunikationsbasis durch das Sprachsystem einer *Sprachgemeinschaft* repräsentiert. Hier ist die gesprochene Sprache Ausgangspunkt für das Verstehen von Bedeutungen.

Das Erfassen einer Bedeutung beruht auf einem *natürlichen Sprachverstehen*. Die Natürlichkeit ist Ausdruck einer anthropologisch fundierten Gegebenheit, das in Kombination mit einem Anpassungsbedürfnis an eine Sprachumwelt und des Bedürfnisses nach Spracherwerb steht.

Dabei wird die Kompetenz des *native speakers* über die Imitation von Lauten und über eine ganzheitliche Aufnahme der dazugehörigen Situationen erlernt. Eine Sprache wird leichter aufgenommen, wenn das Lernen eine dem Lernenden gegenüber positiv gestimmte Vertrauenssituation darstellt. Im anderen Fall wird sie zwar auch gelernt, meist aber über einen Jargon der Abwehr.

7.3 Hermeneutik oder die Konstitution des Verstehens

Während sich die Phänomenologie auf die situative Welt der Erscheinungen und des bewussten Erlebens konzentriert, liegt der Betrachtungsschwerpunkt der Hermeneutik auf der Sprache. Sie behandelt also – wenn man so will – eine Folgerscheinung, nämlich die Repräsentation einer Sache im Medium eines *Textes*, also eines aus Wörtern und Sätzen bestehenden Zeichensystems. Dabei kommt ein Universalanspruch hinzu: Für die Hermeneutik kann alles im und um den Menschen herum Befindliche als ein Text verstanden werden, also als ein Zeichensystem, dessen Chiffren erschlossen und dessen Symbolik gedeutet bzw. interpretiert werden müssen.

Zu unterscheiden sind individuelle Lesearten und kulturspezifische Intentionen. Beide sind nicht nur an die Merkmale eines professionellen Lesekreises geknüpft, so als würden ein Ingenieur, eine Bibliothekarin, ein Dramaturg am Theater oder eine Politikerin einen Text lesen, sondern auch an das gesellschaftliche Umfeld. Daher wird ein Text immer unter beiden Aspekten dechiffriert. Parallel dazu können pragmatische und poetische Anteile, kreative und funktionale Momente im Vordergrund stehen.

(b) Die Welt als Text

Zunächst bildet die Sprache die innere und äußere Welt ab und kommuniziert sie. Sie produziert in einem bestimmten Sprachgenre Texte über Chiffren der Welt. Die Aufforderung zur Dechiffrierung gehört zum Innenleben der Hermeneutik.

> Wenn Texte produziert, geschrieben oder gesprochen werden, tritt die bereits oben genannte *Sprachkompetenz* in Aktion. Sie besteht darin, Sätze grundsätzlich generieren zu können, sie also hervorzubringen und zu verstehen, sie in eine grammatikalische Form zu bringen und ihre Bedeutung zu erfassen. Die *Sprachperformance* vermag zusätzlich, Wörter und Sätze akustisch und optisch zu gestalten. Dabei ist die aktuelle Rede im Gegensatz zur Schreibe ein lebendig produzierter Text und ist Akt und Prozess in einem. Gestik und Mimik sind darin rhetorische Figuren mit einem gewissen apellativen Charakter.

Unterschieden werden können neben anderen Sprachebenen auch Alltags- und Fachsprache. Dabei ist für unser Thema der inhaltliche Bezug interessant. Von beiden werden nämlich Kenntnisse in der Form eines praktischen und theoretischen Wissens benutzt, das dem Verstehen offensichtlich dient. In der äußeren Welt ist die Sprachkompetenz mit einer Art *Entzifferungskompetenz* vergleichbar.

(c) Wissen, Kontext, Symbolik

Das Verhältnis von Sprache und Wissen kann so aussehen: Ein Text ist die in eine bestimmte Form gegossene Sprache, die ein bestimmtes Wissen – z.B. praktisches Erfahrungswissen oder theoretisches Fachwissen – repräsentiert. Die Sprache setzt nun über einen Text kommunikative Verbindungslinien zwischen Wissensausschnitten. In diesem Zusammenhang kann daher auch vom jeweiligen *Kontext* gesprochen werden, wobei sich das Wort in der Regel auf die Umwelt und das Milieu bezieht bzw. auf gegenwärtige und historische Situationen und deren Strukturen und weniger auf psychische Zustände. Dennoch wird auch dort, wie wir bei Foucault noch sehen werden, vom Kontext des Psychischen gesprochen.

Wird ein Text oder Kontext über seine soziale Einbindung auf die *Symbolik der inneren und äußeren Welt* ausgedehnt, so wird gleichzeitig die Welt selbst zu einem riesigen Text. Darin drückt sich aus, dass nicht nur die gesprochene und geschriebene Sprache der einzige kommunikative Träger von Bedeutungen und Sinnhintergründen ist, sondern auch die gesamte Ästhetik, also Form und Erscheinungsbild der Welt insgesamt und insbesondere die der Kultur, der Kunst, der Musik etc. Das Verstehen erhält dementsprechend einen universellen Anspruch.

(d) Struktur der Hermeneutik und der Bezug zum Ganzen im Verstehen

Hermeneutik ist die *Kunstlehre des Verstehens und des Sich-verständlich-machens*. Sie dient der Findung der Bedeutung und des Sinns eines Textes, eines Kontextes und einer Symbolik. Der Teil, der sich auf die Kunstlehre bezieht, wird meist als Interpretations- oder Deutungskunst verstanden. Dabei geht es – ähnlich wie in der Archäologie – darum, aus Text-bruchstücken oder Textspuren ein *Text-Ganzes* zu machen. Gegenüber der Möglichkeit des Verstehens heißt dies, dass ein solches nur durch die Bildung oder das Heranziehen eines Ganzen, in das sich Teile integrieren lassen, möglich ist.

Dieses so genannte Ganze kann ein praktisches oder theoretisches Wissen sein, also ein Handlungsablauf oder eine bestimmte Theorie. In der Kommunikation ist das Ganze der *Konsens* einer Sprachgemeinsamkeit. Er regelt den Sprachgebrauch und das Sprachverständnis von Begriffen und Aussagen. Dahinter stehen Werte und Normen, zu denen sich eine Gesellschaft bekennt und die sie über die Tradition mit Hilfe der Bewahrung des Rechts aufrechterhält.

Mit dem Konsens kommt ein weiterer wichtiger Aspekt ins Spiel. Es ist der *Entstehungszusammenhang* eines Textes, der dessen Verständnis wesentlich prägt. Ein solcher kann ein *historischer* sein also einer, der einem bestimmten Zeitgeist entwachsen ist. Es kann aber auch ein Geschehen sein, ein *aktueller Prozess*, der durch ein Ereignis ausgelöst wurde und zur Fassung des Textes führte. Weitere Quellen sind an Interessen geknüpft.

> In der Diagnose eines Problems wird das Verstehen u.a. durch das Heranziehen einer Theorie hergestellt, die ihrerseits eine gewisse Erklärung für etwaige Ursachen liefert. Verstehen wird dabei meist selbst nur als solches erlebt, wenn die Theorie griffig ist, d.h. wenn das Modell darin *nachvollzogen* werden kann und dem Benutzer nicht mehr fremd ist.

> Das Verstehen benötigt ein nachvollziehbares Ganzes, dem das Nicht- oder Noch-nicht-Verstehen angepasst werden kann und es so zu etwas Vertrautem macht. Diese Annahme der Passungssuche wird als ein natürlicher Vorgang aufgefasst, der beim Missverstehen oder Nicht-Verstehen zunächst auf das zugeht, was einem bekannt ist.

> Wenn kein Ganzes, kein Sinnhorizont, kein Weltbild, keine innere Heimat vorhanden sind, bringt das Subjekt nichts mehr für sich auf die Reihe und beginnt an Orientierungslosigkeit solange zu leiden, bis es sich selbst einen Horizont schafft. Wie dieser Horizont dann allerdings mit dem der Umwelt oder dem von anderen in Übereinstimmung gebracht werden kann, ist eine Frage der dialektischen Weiterführung des Hermeneutischen.

7.3 Hermeneutik oder die Konstitution des Verstehens

(e) Bezugsvarianten

Die hermeneutische Patchworkarbeit dient der Rekonstruktion vorhandener Sinnsysteme und der Sinnfindung des Neuen. In diesem nach einem Sinnganzen strebenden Vorgang kommen zwei Varianten in Betracht:

- Zum einen werden Teile in eine vorhandene Einheit, einem Vorverständnis, einer Tradition, einer Denkgewohnheit integriert, wobei es um das Einfügen in einen Rahmen, also um die Rekonstruktion vorhandener Sinnsysteme geht – ähnlich wie es die Traumdeutung der Psychoanalyse versucht, wenn irrationale Traumbilder auf eine rationale Ebene von vorhandenen Verstehensmöglichkeiten gehoben werden.
- Zum anderen werden aus Erfahrungen kreativ neue Kombinationen gebildet. Dabei ist jedoch die Frage, ob es sich dann um ein neues Ganzes handelt, oder zwangsläufig immer um Varianten des Alten. Diese Alternativen sind ein viel diskutiertes Problem, auf das wir im Rahmen der Frage nach den Kräften des Wandels von Traditionen bereits an verschiedenen Stellen hingewiesen haben.

In beiden Fällen wird deutlich, dass die Rationalität als geschlossenes und offenes Strukturierungsinstrument eine der Hauptmontagestationen der Interpretationskunst ist. Sie ist traditionell, wenn sie sich des Vertrauten erinnert und der damit verbundenen inneren Heimat. Innovativ ist sie, wenn sie Teile zu einem Neuen zusammenfügt und ein erweitertes Verständnis bildet.

Vertrautheit und Irritation bilden so gesehen die besondere Herausforderung des hermeneutischen Verstehens. Ihr Einsatz in der Praxis ist an der Stelle brisant, wo die professionelle Kommunikation Verstehen und Verständnis durch ein Pendeln *zwischen* dem einen und dem anderen aufbauen will. In der Beratung heißt dies, sowohl am Vertrauten anknüpfen zu müssen, als auch verkrustete Vorstellungen zu durchbrechen, um den Wiederholungszwang eingefahrener Problemkreise zu stören.

Damit direkt verbunden ist freilich die Frage, was dem Sinnhorizont überhaupt inhaltlich einverleibt werden kann und was draußen bleiben muss, um ihn nicht zu gefährden. Hier wird die Hermeneutik zu einem schwierigen Unterfangen. Zum einen gibt es den Wunsch nach einer idyllischen Harmonie, zum anderen aber auch die Not, aus einem festen Weltbild aussteigen zu müssen. Der Anfang für den Ausstieg ist immer gleich: Er beginnt mit einer radikalen Neuorientierung.

Dem Nichtverstehen aus der Perspektive des Verstehenkönnens zu begegnen macht Toleranz erforderlich. Dieser Gedanke aber scheint der Hermeneutik nicht so nahe zu liegen.

(f) Der hermeneutische Weg

Der Rekurs auf den Sprachgebrauch, auf die Verwendungsweise von Wörtern, Begriffen und Aussagen bildet den Hauptansatz. Dazu seien zunächst praktische Schritte genannt:

- Habe ich einen für mich unklaren Text vor mir, so geht der Weg zunächst vom Eigenverständnis, also von der Frage aus, was ich davon verstehe oder wie ich z.B. einen darin verwendeten Begriff selbst verwenden würde. Das subjektive Vorverstehen bildet also den Einstieg.

- Danach wendet sich der Blick auf den Text selbst. Es wird gefragt, wie das zu Klärende vor Ort und im Text verwendet wird.
- Als nächstes muss der Text als Ganzes in einen Zusammenhang gestellt werden, aus dem heraus er autobiographisch hervorgegangen ist. Es muss also nach Quellen gesucht werden, die für sich genommen helfen können, den Text zu dechiffrieren. Dazu muss ein allgemeines Verstehen der Bezugssysteme der Quellen vorhanden sein, um Klarheit darüber zu besitzen, welches Interesse ihrerseits die Quelle sprudeln lässt.

Im Hintergrund wird auch hier die unvermeidliche Zirkularität des Verstehens deutlich: Das Verstehen kommt an einen Punkt, sich irgendwann selbst verstehen zu müssen, um den eigenen Weg klar machen zu können. Diesem Dilemma des *hermeneutischen Zirkels* zu entkommen, ist jedoch nicht wirklich möglich. Der einzig brauchbare Versuch ist meines Erachtens die Einführung von Metaebenen, die das inhaltliche Verstehen vom formalen trennen und so das Blickfeld differenzieren.

Zur Textdechiffrierung existieren unterschiedliche Konzeptionen. Zwei diametrale werden wir anschließend darstellen. Die erste beschäftigt sich mit den *hermeneutischen Strukturen des Subjekts*, die zweite mit dem Ansatz der *Objektiven Hermeneutik*.

(g) Die Hermeneutik des Subjekts

Das Buch *Die Hermeneutik des Subjekts* (2004) enthält eine eindruckvolle Sammlung von Vorlesungen, die Michel Foucault 1981/82 am Collège des France gehalten hat. Alle Texte wollen sich dem Kern des *Selbstverständnisses und der Selbstsorge des Subjekts* nähern. Von Anfang an ist klar, dass dieses Subjekt für Foucault ein historisches ist und dass es sich vor allem über die dazu vorhandenen Vorstellungen in überlieferten Texten erschließt. So gesehen ist der hermeneutische Ansatz ein doppelter: Er versucht zum einen die relevanten Texte aus deren historischer Einbettung zu verstehen und sie zum anderen in ein universelles Montagesystem des Subjekts zu integrieren. Genauer gesagt wird die Meinung vertreten, dass all das, was etwas mit unserem Selbst zu tun hat, einerseits historisch gewachsen, andererseits systematisch darin implementiert ist.

Ausgehend von der Notwendigkeit einer „Sorge um sich selbst" und der damit einhergehenden Aufforderung nach „Selbsterkenntnis" wird vor allem mit philosophischen Quellen gearbeitet. Die Erkenntnis der wahren Selbstsorge, im Gegensatz zu einer vorgetäuschten, entwickelt sich über die darstellende und vergleichende Betrachtung von Texten. Von Anfang an ist klar, dass sich das Wesen des Subjekts nur über das *Wort* repräsentiert, also über eine große Anzahl von Wörtern aus dem Griechischen und Lateinischen, deren Bedeutungsumfeld sorgfältig erschlossen wird.

Aus dem sehr umfangreichen Programm werden nachfolgend nur einige Stellen herausgegriffen und kommentiert. Sie sollen insgesamt eine kleine Vorahnung zum sehr reichhaltigen Gesamttext vermitteln. Das Buch enthält zudem eine Zusammenfassung sowie einige von Frédéric Gros verfasste informative Hinweise zur *Situierung der Vorlesung*.

7.3 Hermeneutik oder die Konstitution des Verstehens

Bei Epiktet steht die *cura sui* im „Mittelpunkt der Menschengemeinschaft". Sie ist eine Vorstufe, um überhaupt eine Beziehung zu den Göttern zu bekommen (ebd.: 17). Auch Sokrates, der „Mann der Sorge um sich selbst" lehrt der Jugend den Gedanken, sich um sich selbst zu kümmern (ebd.: 23). Dazu ist eine von der Welt abgekehrte und nach innen gewandte Sicht notwendig. Gefordert wird eine Art meditative Aufmerksamkeit, den Rückwirkungen des Geistes auf der Suche nach Wahrheit nachzugehen. Wichtig ist zu betonen, dass nur das Subjekt dazu in der Lage ist (ebd.: 36).

Foucault holt weit aus. Er schildert anschaulich das Begehren des Alkibiades nach einem ihn mehr erfüllenden Leben. Ist es eines in den Sphären der Macht oder eines in der Bescheidenheit des Nicht-Spektakulären? Den Weg der Selbsterkenntnis zu gehen, bedeutet jedenfalls zur *Umsicht* zu finden, zur Dringlichkeit der menschlichen Natur auf dem Weg zu sich selbst (ebd.: 62).

Die Formen der Selbstsorge sind vielfältig. Sie beginnen bei Platon mit der Kritik an der Autorität, der Erziehung und der Kultur. Man muss sich von all dem lösen, um der Zerstreuung des *pneuma*, dem Atem der Seele, entgegenzuwirken. Pragmatische Instanzen dazu sind der Traum, der dies versucht, und Techniken der „Seelenkonzentration", die das Denken anhalten. Dies wiederum leistet die Seele „qua Subjekt", indem sie als Sehorgan fungiert (ebd.: 71, 75, 85).

Daneben ist die „Echtheit eines Dialogs" eine Voraussetzung. Sie ist nicht immer vorhanden und wird von Interessen getrübt, nicht nur von politischen, sondern auch von therapeutischen. Erstere verbiegen zu ihren Gunsten die „Sorge um die Gerechtigkeit", die zweiten wähnen sich in der Nähe eines vordefinierten „Heils" (ebd.: 111 f., 143 f.).

Die erste Form der Versubjektivierung der Sorge um sich selbst ist das Erlernen einer Art „Lebenskunst". Um sie jedoch zu erwerben, ist die Beseitigung des lasterhaften Kerns – wie mancherorts geglaubt – ein Reinigungsgedanke, der aus moralischer Sicht leicht missverständlich wirkt. Er kann nämlich zur Unachtsamkeit dem Streben nach seelischer Ruhe gegenüber führen. So muss also, wenn überhaupt, eher der Wille durch die Einsicht in den Verzicht therapeutisch gereinigt werden, nicht aber der Kern des Subjekts (ebd.: 171, 181).

Die Frage nach der „Leitung der Existenz" im Rahmen dieser Lebenskunst muss sich politischen, ökonomischen und erotischen Kräften stellen. Dabei spielt das Gewissen die „Rolle des Lehrmeisters". Sie muss aber auch mit der „Freimütigkeit" umgehen (ebd.: 201, 211).

Die Setzung des Selbst für sich als „Zweck" gerät in den Konflikt mit der „Offenheit" zur Umwelt. Dabei kommt die Frage auf, ob eine so verstandene Selbstkultur überhaupt freimütig und sozial sein kann.

Die Abwendung von den Erscheinungen und die Hinwendung zur inneren Heimat ist bei Platon ein erkenntnistheoretisches Programm. Prinzip ist das „Wiedererkennen" eines Alten, dem sodann die Praxis und deren Technik dienen. Hermeneutik wäre eine solche Praxis, die aufzeigt, wie das Verstehen durch eine Angleichung an sich selbst stattfindet. Zu diesem Thema wird der Hellenismus gegen das Römertum gestellt. Im Platonismus kehrt sich die Angleichung auf dem Weg zur Ideenwelt gänzlich von der Leiblichkeit des Selbst ab, in der römischen Selbstkultur hingegen kehrt sie dorthin auf einer höheren Stufe des Verstehens zurück. Sich selbst zu entfliehen und zu entkommen, ist für Seneca in Wirklichkeit eine Rückkehr zur erlebten Situation des Diesseits. Man fühlt sich wie in alter Frische, dennoch aber umgewandelt. So dient auch jeder Umweg im Grunde dem Schutz der Seele. Offen bleibt die Frage, ob die Seele auch durch geistige Askese zu sich finden kann, wenn sie sich zum reinen Objekt der Erkenntnis macht, oder ob sie nicht grade dadurch unfreiwillig in die Zwangsjacke eines Einheitsgedankens wandert, während sie sich von der Verstreuung verabschiedet. Umgekehrt könnte die Frage lauten, ob eine Verstreuung in einer Zierrede etwa, ein Beispiel für Nutzlosigkeit ist oder eben eines für die Vielfalt des freien Geistes (ebd.: 265, 267, 294).

Der Aufenthalt im Festen und Heiteren zugleich scheint indes wichtiger als der in der „schmückenden Bildung", die nur prahlt und schwätzt, der „Seinsweise des Subjekts" aber zu keiner inhaltlichen Veränderung verhilft. Dieser Standpunkt radikalisiert natürlich auch die Ethik des Wissens. Ethisches Wissen ist nur dann Bildungswissen, wenn es auch die Seinsweise verändert und zur *ataraxia* kommt, zur Zuversicht und Unerschütterlichkeit der Seele, wie sie die Stoiker lehren, indem sie zwar der Seele Ablenkungsmöglichkeiten zeigen, diese aber dennoch nicht dem Eigentlichen, eben jener Gelassenheit, entführen (ebd.: 304).

Die Kunst, den richtigen Weg zu finden, macht die Sorge um sich selbst mit einer Odyssee vergleichbar. Die Kunst des Steuerns wird lebensnotwendig. Foucault hält dazu aus der Kenntnis der Antike drei Techniken für notwendig: „erstens die Heilkunst, zweitens die Regierung der Polis, drittens die Leitung und Regierung seiner selbst" (ebd.: 310). Dass das Selbst am Ende steht, zeigt etwas vom Weg der Antike: Erst am Ende des Weges steht das Selbst, der heimatliche Hafen, und nicht am Anfang. Die Umkehr ist erst ein Diskursthema neueren Denkens. Dort wird die Frage gestellt, ob das Selbst zu jeder Zeit zur Ethik finden kann, sobald es das Scheitern am Ästhetischen überwindet, indem es das Ästhetische als solches, als eine Art Rhetorik des Scheins, entlarvt und in einer Weise authentisch ist wie es vielleicht nur Kinder sein können.

Die Entdeckung der Ethik im Selbst ist nach Foucault jedenfalls bisher eher misslungen, solange der Aufruf „wir müssen mehr zu uns selbst finden", zur reinen Egofloskel verkommt. Anders wäre es zu sagen, „wir müssen uns zu uns umkehren, zu uns zurückkehren". Hier hat das Ich einen aufrichtigeren und radikaleren Charakter und dient der Selbstentzifferung und nicht der Selbstliebe.

Um den geeigneten Ansatz entsprechend freizulegen, müssen für Foucault drei Modelle diskutiert werden, das platonische, das hellenistische und das christliche, es sind das „Erinnerungsmodell", das Modell, das den Selbstzweck des Selbst in den Vordergrund stellt, und das „Exegesemodell". Im ersten ist die Sorge um sich ein Prinzip, im Gegensatz zu einem Gesetz. Der Mensch ist per se in die Erinnerung an die Ideenwelt gnostisch eingebettet, was auch heißt, „um das Wort zu verstehen, bedarf es eines gereinigten Herzens" (ebd.: 318).

Dem gegenüber hat die christliche Kirche das exegetische Modell entwickelt, in der die „Selbsterkenntnis keine Erinnerungsfunktion" hat, sondern eine Aufdeckung oder Exegese der „sich in der Seele vollziehenden Bewegungen" ist (ebd.: 320).

Das hellenistische Modell, das historisch dazwischen liegt, ist nun das Modell, das Foucault favorisiert. Es ist das einzige, das das Selbst sich selbst zum Ziel macht und sich über die „Denkübung an der Wahrheit" auf dem Weg zu seiner eigenen Moral befindet (ebd.: 324). Hier wäre –

7.3 Hermeneutik oder die Konstitution des Verstehens

so jedenfalls rät Seneca, der mehrfach zitiert wird – eine allzu große Komplexität, wie sie etwa in der Bibliothek von Alexandria vorlag, eher ein Hindernis, das das Auge für das Wahre trübe. Im Grunde steht hinter der Auffassung der selbstbezogenen Zwecksetzung der Seele das naturwissenschaftliche Interesse ihrer Vermessung. „Man soll sich also nicht um ferne Güter kümmern, sondern um den nächstliegenden Besitz" im Selbst (ebd.: 327 f.). Dabei ist auch die Rede von der dem Selbst nahen Vernunft, die den inneren Höhenflug ermöglicht, zusammen mit dem *consortium dei*, der Teilhabe an der göttlichen Erkenntnis (ebd.: 342 f.).

Die *contemplatio sui*, die Selbsterkenntnis, steht insofern nicht im Widerspruch zur naturwissenschaftlichen Erkenntnis, als sie auch in einen „Bestimmungs- und Notwendigkeitszusammenhang" eingebunden ist (ebd.: 347). Doch dann kommt Foucault mit einem Senecabrief *Trostschrift an Marcia* zum Kern der Sache: Die Selbsterkenntnis ist eine Vogelschau auf das Leben und auf die Welt. Sie lernt Staunen, Bewunderung, Glück, Lust, Liebe, Leid, Sehnsucht und Hoffnung und sie hat die Wahl.

Das Thema der „Umkehr zu sich" ist auch das des zurücktretenden Ichs, das auf den Gipfel der Welt steigt, um sie zu betrachten, um Geheimnisse zu entlüften. Bezug genommen wird zur Marc Aurels Schrift *Zu sich selbst*. Dort scheint der Weg umgekehrt zu sein. Nicht die Entfernung ist es, sondern die Nähe, die das Selbst erkennbar macht. Je näher wir einer Sache sind, umso mehr lässt sich auch ihr Wert bestimmen. Damit kommt bei Aurel auch eine phänomenologische Position ins Spiel. Durch das Eintauchen in die Nähe wird das Wesen sichtbar (ebd.: 358).

Auch dem Begriff *Askese* wird ein großer Raum gewidmet. Sie ist als Selbstkultur und Selbstpraxis im eigentlichen Sinn „Wahrheitspraxis" (ebd.: 389). Durch die Einübung des Subjekts in die Wahrheit wird eine Art geistige Gymnastik betrieben. Der nach Erkenntnis und Weisheit strebende ist mit einem Ringer vergleichbar, der effiziente Bewegungen einübt und so zu einer Lebenskunst findet, ähnlich der des Tanzes (ebd.: 395). Dazu ist freilich eine Ausrüstung (*paraskeue*) erforderlich. Zu ihr zählen in erster Linie das Zuhören und eine nicht zaudernde dialektische Diskursfähigkeit. Alles in allem aber ist wohl die Heiterkeit der Seele ein ihr innewohnendes, aber auch besonders zu bewahrendes Gut, neben der Offenheit und Freiheit, also der offenen Anerkennung der Seele, eingeschlossen der Schmeichelei im positiven Sinn, ohne pathetische Effekte und eingeschränkte Reden (ebd.: 449, 463).

Wenn das Selbst in die Sphäre des Übels gerät, sei es durch Agonie oder durch einen inneren Verfall, so ist eine besondere Kraft erforderlich. Es ist die vom Schicksal geprüfte Kraft eines Prometheus und eines Ödipus, die auf die Notwendigkeit einer lebenslangen Selbstbildung hinweisen (ebd.: 540 f.).

Die Frage, die aus den Erkenntnissen über den Kontext der *cura suis* hervorgeht, mündet schließlich in ein Problem der abendländischen Philosophie. Für Foucault lautet sie in einem deutlichen Hinweis auf die *Phänomenologie des Geistes*: „[...]wie kann die Welt Erkenntnisobjekt und zugleich Ort der Bewährung [épreuve] für das Subjekt sein?" (ebd.: 594). Mit dieser Frage wird umso mehr deutlich, wie Hermeneutik im therapeutischen Sinn als Selbstordnung der Selbstsorge ihrerseits zur „Selbstkultur" der Dechiffrierung des Subjekts wird.

(h) Zur Interpretationstechnik der „Objektiven Hermeneutik"

Das Konzept der *Objektiven Hermeneutik* setzt in erster Linie nicht bei der introspektiven Selbsterkenntnis und dementsprechend auch nicht am Modell der historischen Entwicklung des Subjekts an, sondern an der konkreten Sprache, deren Bedeutungsnetzwerk sich über empirisch nachweisliche Faktoren erschließt. Schwerpunkt des Interesses liegt daher in einer Analyse protokollierter Sprachäußerungen. Mit Hilfe feststehender Konstrukte – wie allgemeine Sprachregeln und speziell geregelte Verwendungsweisen von Wörtern – wird die Bedeutung des Ausgedrückten *objektiv* bestimmt.

Das Verfahren, das auf einer von Ulrich Oevermann (1993) entwickelten Theorie beruht, wird von Andreas Wernet (2006) weiterverfolgt. In seiner Veröffentlichung *Einführung in die Interpretationstechnik der Objektiven Hermeneutik* wird die Technik dazu beschrieben. Im Einstieg wird das Anliegen klar: Textinterpretation ist „Wirklichkeitswissenschaft" (ebd.: 11 f.). Der Text ist das protokollierte Material einer subjektiv erschlossenen und konstruierten Wirklichkeit. Während der Text die Wirklichkeit (eines Sachverhaltes, Gegenstandes, Zustandes etc.) konstruiert, macht das Protokoll als ein „wirklichkeitsadäquater" Spiegel den Vorgang – z.B. für Analysen und Diagnosen – rekonstruierbar.

Unterstützend hinzu kommt die Tatsache, dass ein Text immer ein „regelerzeugtes Gebilde" der Lebenspraxis ist (ebd.: 13 f.). Diese ist allerorts gegeben und darum selbst nicht hintergehbar. Konkreter heißt das, das jeweilige Milieu, das jeden Menschen umgibt, ist ein nicht wegzuschiebendes Feld, aus dem der materiale Gehalt von Regeln, von spezifischen Normen und Geltungsübereinkünften stammt. Die erforderliche Strukturerfahrung und Regelkompetenz gehört zur Ausstattung der allgemeinen Sprachkompetenz des Menschen, etwa genau zu wissen, was es bedeutet, „etwas zu versprechen".

Da die Lebenspraxis ein interaktives und symbolträchtiges Strukturgebilde verkörpert, sind die in ihr stattfindenden Fälle ebenso dadurch geprägt. Mit Hilfe von Strukturmomenten, innerhalb derer die Regeln die konkretesten sind, werden Wirklichkeitsausschnitte hermeneutisch erfassbar bzw. im Hinblick auf ihren tatsächlichen Bedeutungsumfang und Kontext objektiv erkennbar. Die Lebenspraxis ist so gesehen das eigentliche Regelwerk. Innerhalb der Lebenspraxis umfasst ein Kontext die Praxis der Regelung, während ein Fall ein den Regeln folgendes Geschehen ist. Damit sind Regeln letztlich die konkretesten Indikatoren von Strukturen. Sie lassen sich über sie nicht nur rekonstruieren, sondern sie deuten zugleich auch auf die Gesetzlichkeit, auf die „Sinn- und Bedeutungsstruktur" von Fällen hin (ebd.: 16).

Die soziale Lebenspraxis vollzieht sich „prozessual". Sie ist durch Ereignissequenzen gekennzeichnet, deren Ablaufstruktur auf Entscheidungsketten beruht. Sie hermeneutisch zu umrahmen, macht den Einbau von selektiven Stopps erforderlich, die ihrerseits mit „Rastplätzen" vergleichbar sind, mit Hilfe derer die Ereignisse unter dem Blickwinkel ihrer „Regelgeleitetheit" betrachtet werden können (ebd.: 17).

Die Konsequenz dessen ist folgende: Die latente Sinnstruktur eines Textes wird nicht über die Perspektive möglicher Motive oder des empathischen „Sich-Hineinversetzens" entdekt, sondern „entlang geltender Regeln" aus den Möglichkeiten einer Textrekonstruktion. Das Interesse an einer möglichen „mentalen Repräsentanz" ist durch den Blick auf den Text selbst also

7.3 Hermeneutik oder die Konstitution des Verstehens

gering. Wenn überhaupt, dann bezieht sich der Blick nur auf den Bereich im Subjekt, der als „Selbstauffassung des handelnden Subjekts" im Sinne der Regelorientiertheit verstanden wird (ebd.: 18).

Die Generalisierung eines Falls, mit dem auch der Begriff des Objektiven verbunden ist, macht eine Menge von Einschränkungen erforderlich. Eine davon ist die Unmöglichkeit einer naturwissenschaftlichen Subsumbtion unter induktive und deduktive Denkmodelle. Es wird eher die „Dialektik von Allgemeinem und Besonderem" zur Grundlage gemacht. Dazu muss das besondere Verhältnis von Textimmanenz und Texttranszendenz hervorgehoben werden (ebd.: 19).

Zunächst setzt die objektive Hermeneutik bei der Textimmanenz an. Wichtig ist dabei festzuhalten, dass nicht mit dem Zählen der „Häufigkeit einer Merkmalsausprägung im Sinne einer statistischen Generalisierung" begonnen wird, sondern mit der „Formulierung einer materialen, empiriegesättigten Theorie" (ebd.: 20).

Was dies heißt wird durch prinzipielle Regeln des Protokollierens verdeutlicht. Genannt werden eine relative „Kontextfreiheit", „Wörtlichkeit", „Sequenzialität", „Extensivität" und „Sparsamkeit". Die Prinzipien werden am Ende der Veröffentlichung zusammengetragen (ebd.: 90 f.):

- Die Kontextfreiheit legt Wert auf den internen Bedeutungsgehalt eines Textes an sich. So würde bei dem Satz, „Mama, ich habe Hunger", zunächst das Thema „Hunger" in einen „gedankenexperimentellen Kontext" gestellt und erst danach in einen situativen.
- Das Prinzip der Wörtlichkeit will aufzeigen, was ein Text tatsächlich sagt, nicht also, was er sagen will. Es kommt also zunächst das Wort zum Vorschein und nicht schon sein Hintergrund.
- Das Prinzip der Sequenzialität gibt die Regel vor, dem Text schrittweise zu folgen, um klarer hervorzuheben, wie das Gewordensein eines Ereignisses dargestellt ist.
- Die Regel, die der Extensivität folgt, will sicherstellen, dass nichts vergessen wurde.
- Die Sparsamkeit gleicht einer Selbstdisziplinierung, nur das anzugehen, was durch den Text selbst vorliegt.

Für die Fallanalyse und Diagnose in der Praxis gibt Wernet Schritte zur Objektiven Hermeneutik an. Es wird ein Dreischritt vorgeschlagen (ebd.: 92 f.):

- Zunächst werden Geschichten erzählt, die sich um den zu interpretierenden Text ranken. Wenn die Geschichten „wohlgeformte Äußerungen" sind, so handelt es sich um keine Ausschweifungen, sondern um den Versuch, Zugänge zum Text zu schaffen.
- Danach werden die Geschichten „typologisch gruppiert", was zur Formulierung und Einführung der „Lesearten des Textes" und zur möglichen Einbettung der Textbedeutung in eigene Ganze führt.
- Ferner werden alle Aussagen mit dem „tatsächlichen Kontext der Äußerung und der manifesten Aussageintention des Textes konfrontiert".

Kurzes Resümee:

Die Schrittfolge wirkt durch ihren Regelblick streng festgelegt, und es gibt eigentlich nur an einer Stelle eine kreative Variante, um die Mikroskopie des Ganzen verlassen zu können. Es ist das „kontrastierende Gedankenexperiment", „die Frage der Wohlgeformtheit *ex negativo* zu klären". Doch das, was alles nicht einschlägig ist, auszuklammern ist meines Erachtens problematisch. Zum einen werden damit kreative Lösungen, die noch im Verborgenen schlummern, verhindert und zum anderen kann es sein, dass all das nicht in Frage kommt, was politisch nicht opportun wäre.

Insgesamt gesehen verbleibt die Hermeneutik letztlich doch in der Not gefangen, ihre in der Einheitsstiftung sich erfüllende Identität nicht verlassen zu dürfen. Sie kann zwar das Verstehen im historischen Subjekt durch Rekonstruktion der Geschichte leisten, sie kann auch das Verstehen im systematischen Subjekt durch Rekonstruktion der aktuell konstruierten Wirklichkeit instrumentell und methodisch präzise herstellen, sie kann aber nicht wirklich dialektisch sein und sich ein Scheitern erlauben.

7.4 Dialektik oder die Wirkung des Widerspruchs

- Die Dialektik tritt dort auf den Plan, wo Gegensätzliches bearbeitet wird. Erkenntnisse stammen hier aus der Auseinandersetzung und der Versöhnung mit der **Differenz**. Themen sind „Variation" und „Erneuerung", „Veränderung" und „Strukturwandel". Gegenstand ist die Bedeutungsvielfalt eines Themas auf Grund von differenten gesellschaftlichen Abhängigkeiten sowie der Verankerung von Zuständen in den nicht lösbaren Widersprüchlichkeiten des Seins. Dialektik will sich einen kritischen Zugang zur Deutungsdominanz und Deutungshoheit von Definitionen und Erkenntnisinteressen erarbeiten, um der durch sie verbreiteten Ohnmacht vernünftig zu begegnen.

- Zentrale Fragen: Wie lässt sich etwas kritisch durchleuchten? Wie lässt es sich verändern?

- Erkenntnisleitende Axiome: Es gibt zwar das Nicht-Lösbare, aber auch die Versöhnung. Dialektisches Erkenntnisprinzip ist die Negation, Handlungsprinzip der Widerstand. Das Existentielle spielt sich *zwischen* den Dingen ab. Die Erkenntnis ist das Ergebnis des Lebens in Zwischenräumen, in deren Mitte sich auch die Erfahrung des Scheiterns befindet.

- Dialektische Haltung: Wir leben in der schlechtesten aller Welten. Aus Tatsachen das Beste zu machen, bedeutet Zivilcourage. Erkenntnis ist permanentes Ringen und unendliche Kommunikation.

(a) Allgemeine Bedeutung

Das Wort „Dialektik" meint die *Rede nach zwei Seiten*. Repräsentiert wird die Unterschiedlichkeit von zwei Gesprächspartnern. Umfassender gesehen sind Gegensatz und Widerspruch die vorantreibenden Gesprächskräfte. Beide sind auf allen Ebenen vorhanden. Sie bestimmen wirkungsvoll das Verhältnis von Gegensatzpaaren, z.B. von Bewusstsein und Sein, Geist und Materie, Denken und Handeln, Begriff und Realität, Vorstellung und Wirklichkeit, Theorie und Praxis, Ziel und Methode etc.

7.4 Dialektik oder die Wirkung des Widerspruchs

Eine kurze Erläuterung zum Widerspruch von Denken und Sein: Das was wir im Kopf tragen, sind Figuren ohne Körperlichkeit und Gewicht, ohne Geruch, Lärm und Temperatur. Es sind u.a. Begriffe oder Abstraktionen mit einer anderen Eigentlichkeit wie ihre Repräsentanten. Wenn wir intensiv an Feuer denken, brennt unser Kopf nicht.

Dialektik kann auf allen Ebenen ausgemacht werden:

- Auf der *Dialogebene* bedeutet Dialektik den Austausch von Meinungen. Im Diskurs werden wissenschaftliche Positionen diskutiert.
- Auf der *Erkenntnisebene*, an der das Handeln ansetzt, ist Dialektik der ständige Vergleich des Realen mit dem Ideal, mit einem Zustand, auf den durch die Negation des Bestehenden hingearbeitet wird. Durch das Denken wird die Welt auf den Begriff gebracht. Im Bewusstsein wird das Sein gespiegelt. In der Ethik wird das, was ist, auf das, was sein soll, zurückgeführt. Anders als im Denken in Analogien bilden jedoch die Spannung und Reibung der Gegensätze bzw. die Konflikte, die das Geschehen lebendig halten und zu Veränderungen im Denken und Handeln führen, den Gegenstand. Das Denken in Kontrasten und Gegensätzen ist zugleich ein kritisches Bewusstsein. Es wird dort notwendig, wo Gegensätze aufgedeckt und Zustände enthüllt werden müssen und wo die Frage gestellt wird, ob Verhältnisse noch dem Menschen dienen. Die Vorstellung, wir würden im Hinblick auf das, wie Verhältnisse sein sollten, in der schlechtesten aller Welten leben, ist auch gegen die Hermeneutik gerichtet, die das Gegenteil davon meint.
- Auf der *Handlungsebene* entstehen durch die Dialektik Veränderungen, die den Gestaltwandel der Welt, also das Werden und Vergehen von Ereignissen, spiegeln und Vervollkommnungsprozessen von Einsichten nachgehen. Themen sind der „Umgang mit Widersprüchen in der Gesellschaft", also mit Armut und Reichtum und der menschenwürdige Umgang. Auf der *sozialen und politischen Ebene* sind übergreifende Themen wie „Kapital und Arbeit", „Gleichbehandlung und Gleichstellung", „Mitbestimmung und Mitwirkung" abstrakte und konkrete Gegenstände der Auseinandersetzung. Der dialektische Ansatz auf der Handlungsebene hat einen ethischen Auftrag, mit Mitteln des kritischen Bewusstseins Menschen aus ungerechtfertigter Herrschaft und Gewalt zu emanzipieren. In die Handlungsebene hinein dringt der Widerspruch zwischen Realität und Wunsch, zwischen Krieg und Frieden, Konflikt und Harmonie, Zerstrittenheit und Einigkeit. Hier ist Dialektik Erkenntnishintergrund eines ethischen Auftrags, der lautet, die Idee des Friedens und der Gewaltfreiheit zu sichern.
- Themen auf der *Ebene der Ideenwelt* und ihrer Geschichte sind „Freiheit" und „Gerechtigkeit", die den Widerspruch zur Knechtschaft und Unterdrückung ausfzeigen. Die Ideenwelt ist auf der Handlungsebene eine Art Gegenwirklichkeit, eine Soll-Welt, in der Visionen und Utopien vorkommen, während die konkrete Handlungswelt selbst mit der sozialen und politischen Realität konfrontiert ist. Sie hat dort einen ethischen Auftrag, mit Mitteln des kritischen Bewusstseins Menschen aus ungerechtfertigter Herrschaft und Gewalt zu emanzipieren.

Die Ideenwelt nimmt als Soll-Welt auf der Handlungsebene die Position einer Art *Gegenwirklichkeit* ein, in der Visionen und Utopien vorkommen.

Allen Ebenen gemeinsam ist der Begriff des Widerspruchs bzw. der der Differenz. Die Aufhebung von Differenz im Begriff der Identität ist nur eine Vorstellung im Subjekt, wenn es sich mit sich selbst eins glaubt, in der Subjekt-Welt-Beziehung realisiert sich der Widerspruch jedoch in vollem Umfang. Ist er nur graduell vorhanden, so ist er in der Regel lösbar, weil es eine Rest-Analogie gibt, auf die sich alle beziehen, nachdem sich Gemeinsamkeiten in der Kultur und Lebenspraxis finden konnten.

Die gemäßigte Form der Dialektik ist die der argumentierenden Erörterung, bei der eine These über eine Antithese zu einer Synthese findet. Dabei wird die Wahrheit entweder durch das Zusammenfügen zweier Halbwahrheiten gebildet oder es setzt sich die Argumentationskraft einer These solange durch, bis sie durch eine andere abgelöst wird.

Die Dialektik hat hermeneutische Wurzeln, wenn sie der Auffassung folgt, es gäbe prinzipiell eine Annäherung an die Wahrheit, ohne diese zu zerstören. Im Unterschied zur Revolution – in der Form eines dialektischen Sprungs in der Gesellschaft – ist diesen Wurzeln der Gedanke der Evolution näher.

Kommt es zu einem Kompromiss, bleiben die Wahrheiten der sich widersprechenden Teile grundsätzlich bestehen. Sie werden lediglich durch einen Mantel auf Zeit vereint, sie werden also aufgeschoben, nicht aber wirklich aufgehoben.

Wo weder Eindeutigkeit noch Konsens und – radikal gesehen – auch kein intersubjektives Verstehen hergestellt werden können, spricht die Dialektik die Sprache des Konflikts, des unversöhnlichen Widerspruchs zwischen Teilen. Wenn sich der Widerspruch nicht auflösen lässt und nur noch Zerstrittenheit übrig ist, so bleibt die Realität ein permanentes Konfliktfeld. Dialektik ist dann das Spiegelbild der Auseinandersetzung mit dem Nicht-Lösbaren. Die entsprechenden Schauplätze heißen Revolution und Krieg.

> Wenn diese Auseinandersetzung als prinzipiell verstanden wird, so kann sie die Neigung fördern, die Geschichte als ein Treiben und Getriebenwerden zu verstehen, im dem der Mensch wenig Chancen hat. Der entsprechende Satz dazu heißt: „Es lässt sich sowieso nichts machen". Ist also ein Mensch je nach seiner sozialen Position nicht so sehr von existenziellen Widersprüchlichkeiten betroffen, die ihn bedrängen, die er aber dennoch beklagen könnte, wird er den allgemeinen Zuwachs an Widersprüchen, von dem die Dialektik ausgeht, solange nicht wirklich bemerken, so lange es nicht zu einem qualitativen Sprung auch für ihn persönlich kommt. Um ihn herum gruppieren sich zwar dialektische Kräfte. Von ihnen selbst aber ist er je nach Maßgabe seiner sozialen Einbettung mehr oder weniger betroffen. Denn das Kapital schützt immer nur die Besitzer davor, sich selbst in Frage zu stellen.

> Um jedoch einen Krieg der Parteien zu verhindern, werden Kompromisse notwendig. Die Mediation, die in diesem Fall stattfinden muss, appelliert an den Friedenswillen. Es muss der geringste gemeinsame Nenner von Interessen gefunden werden, auf dem sich wieder aufbauen lässt. Die komplette Ablösung von überkommenen Strukturen führt zum Kampf und gesellschaftlich zur Revolution, im Unterschied zur Evolution von Zuständen.

7.4 Dialektik oder die Wirkung des Widerspruchs

(b) Dialektik und Ethik

Das Denken und Handeln in den Kategorien der *Überwindung von Widersprüchen* darf nicht revolutionäre Willkür werden. Sie muss sich immer ethischen Normen beugen, sonst macht sich der Widerspruch auf den Weg der Legitimierung radikaler Demontagen, und es wird nicht möglich, zwischen gerechtfertigten und ungerechtfertigten Aktionen zu unterscheiden. Die Ethik selbst ist daher ein Standpunkt außerhalb der Dialektik.

Auch die Erkenntnis der Differenz in der Betrachtung des Fremden trägt in sich das Prinzip der Toleranz. Nur so werden Verständnismöglichkeiten lebendig gehalten und zur Chance von Dialogen und Diskursen, deren Ziel es ist, Widersprüche zu überwinden. Auch der Begriff der Differenz macht einen solchen Versuch, Konflikte über versöhnliche Aspekte aufzudecken, um nicht in den Sog einer kriegerischen Sprachlosigkeit zu geraten.

(c) Ein methodischer Weg aus der emanzipatorischen Pädagogik

Die emanzipatorische Pädagogik schlägt Schritte vor, die ein kritisches Bewusstsein fördern (vgl. Callo 2002). Das Konzept ist auch auf die Diskursebene der Themenbehandlung übertragbar. Wir werden hier nur die Hauptschritte nennen. Sie lauten:

- Herstellung von Betroffenheit
- kreative Entwicklung einer Gegenwirklichkeit, z.B. einer Idee
- solidarische Realisierung der Idee.

Der erste Schritt will die Verankerung eines Themas innerhalb der persönlichen Lebenslage und Lebenswelt beschreiben, der zweite integriert die Beschreibung in eine Denkwerkstatt, die mit den Mitteln der Fantasie Lösungen kreiert, der dritte versucht mit Hilfe anderer realistische Möglichkeiten zu umgrenzen.

(d) Der Begriff der dialektischen Differenz oder der ägyptisch-griechische Blick der Dekonstruktion

Die Vielfalt und Tiefe der Gedanken, die Jacques Derrida (2004) mit dem Begriff *différance* verbindet, wird in dem gleichnamigen Reclam-Buch ausgebreitet. Es enthält ausgewählte Texte, von Peter Engelmann herausgegeben und mit einer Einleitung versehen, die dem Ruf des Schwerverständlichen der hermeneutischen Dialektik Derridas entgegenarbeiten will. Wir können diesem Höhepunkt der europäischen Philosophie in unserem Kontext freilich niemals gerecht werden. Das einzige, was sich sagen lässt, ist der Satz, dass es sich dabei vergleichbar mit Hegels *Phänomenologie des Geistes* wirklich um einen Höhepunkt des Denkens in der Gegenwartsphilosophie handelt.

Vor diesem Hintergrund können daher nur ganz wenige markante Punkte zur Einschätzung seiner Position herausgegriffen und subjektiv gedeutet werden. Der erste betrifft den Begriff „Existenz" und der zweite zitiert einige Äußerungen von Peter Sloterdijk zum Werk.

Der Begriff der Differenz bei Jacques Derrida nimmt vom *Ereignis* seinen Ausgang. Der erste Sprung in die Verschiedenheit geschieht durch den Wunsch, die Handschrift von Ereignissen zu lesen. Das Abtasten der Zeichen führt zur Bedrohung der Sprache, da durch die dynamische und irreversible Prozessgewalt von Ereignissen per se die parallelisierte Welt der Zeichen gesprengt wird. Am Ende des Buchs über das Ereignis steht daher der Beginn einer Schrift (ebd.: 31 f.). Auch wenn diese nur am Ereignis zu kleben scheint, ist sie in der Lage, auf die von der intersubjektiven Sprache losgelösten individuellen Existenz zumindest hinzuweisen. Sie kann die Welt zwar nicht zu Ende lesen, da diese woanders – nämlich dort, wo ihre einzigartige Existenz herrührt – geschrieben wurde. Sie kann aber über sie als etwas Differentes sprechen.

Sich der Existenz zu nähern, kann einerseits nur über die Deutung der Schrift geleistet werden. Andererseits kann das Entziffern der Schrift nur durch die Existenz selbst geschehen. Je näher die Schrift der Existenz kommt, umso mehr wird sie auch zur *Sprache der Differenz*. Nur eines bliebt: die Einheit mit der Existenz ist Utopie und das Leid der Erkenntnis.

Auch eine hermeneutische Annäherung wäre dafür ungeeignet. Sie wäre ein Scheingefecht, weil sie nichts Existentielles und damit nichts eigentlich Wesenhaftes aufzubrechen vermag. Folglich muss sich die Sprache radikal an die Existenz heranmachen. Radikal heißt, sie muss sie dekonstruieren, um sie zu recherchieren.

Durch den so gewonnenen freieren Blick hinter die Dinge wird die vergessene und bewusst ausgehebelte Metaphysik nicht einfach wiederbelebt, sondern eher zu einem neuen Kraftfeld, das aus der Eigenschaft seiner Differenz wirkt. Die Eigenschaft selbst ist die Differenzkraft der Schriftzeichen. Sie ist darin keine Ursache, sondern Bewegung. Sie ist nicht „Effekt" und „Bestimmung", sondern deren „Urschrift" (ebd: 130).

In *Der Schacht und die Pyramide* (ebd.: 151–217) führt Derrida in die Hegelsche Semiologie ein. Das Spannungsfeld zwischen der primären Präsenz von Zeichen und deren Schwimmversuche auf dem Meer der Geschichte wird bei Hegel auf das mächtige Vervollkommnungsstreben des Selbst des Geistes zurückgeführt. Dieses Kontinuum automatisch sich vollziehender Gesetzmäßigkeit wird bei Derrida aber durch die unzertrennliche Einheit von Schrift und Existenz aufgebrochen und in ein neues Licht, nämlich das der Differenz gestellt. Dazu herangezogen werden Hegels Symbole für die Rätsel der Menschheit. Eines davon ist die ägyptische Sphinx, das Symbol des Symbolischen, die Inkarnation des Rätsels, das einzig durch Ödipus' Streben nach Selbsterkenntnis gelöst wird. Der Sprung vom Stein zum Geist ist gigantisch. Das Bewusstsein hat dies geleistet. Es „vertreibt oder zerstört die Petroglyphe". Der Sprung selbst ist das Zeichen, die Schrift oder eben die Differenz, die die Verwandlung verwaltet. Derrida schreibt: „Der Gestalt der Sphinx – der im steinernen Zeichen schlafenden Animalität des Geistes, Vermittlung zwischen der Materie und dem Menschen, Duplizität des Übergangs – korrespondiert die Figur des Thot, des Gottes der Schrift" (ebd.: 192). Thot ist freilich nur ein Halbgott, in seiner Notwendigkeit aber ist er absolut. Die Schrift, die optische Sammlung aller Zeichen, die er bewahrt, steht existentiell zwischen zwei Gewissheiten: dem Bezeugen des materiellen Zerfalls der Existenz und der Tradition kultureller Erinnerung und Erneuerung durch sie.

7.4 Dialektik oder die Wirkung des Widerspruchs

Damit wird vieles deutlich, was auch Peter Sloterdijk in seinem Buch *Derrida ein Ägypter. Über das Problem der jüdischen Pyramide* (2007) in seiner Hommage an den verstorbenen Philosophen behandelt. Die *posthume Existenz* ist von zwei gegensätzlichen und unverbunden nebeneinander stehenden Überzeugungen durchdrungen, „der Gewissheit, vom Tag seines Todes an völlig vergessen zu werden, zum anderen von der Gewissheit, das kulturelle Gedächtnis werde doch etwas von seinem Werk aufbewahren". Jede dieser Existenzen ist trotz der Gegensätzlichkeit „auf ihre Weise in sich schlüssig" und evident (ebd.: 9).

Darin vollzieht sich Dialektik: Sie demontiert das Hermeneutische um der Differenz von Gewissheit wegen und der Aufrechterhaltung der Sinnpluralität.

Sloterdijk schreibt dazu (ebd.: 35): „Nach Lage der Dinge hatte dies in Form einer radikalen Semiologie zu geschehen, die den Nachweis erbrachte, dass die Zeichen des Seins nie die Fülle des Sinns liefern, die sie zu geben versprechen – was eine andere Art ist zu sagen: Das Sein ist kein wirklicher Absender, und das Subjekt kann kein Ort vollkommener Sammlung sein".

Was als Kern erhalten bleibt ist ein Merkmal, das als *ägyptisch* bezeichnet werden kann:

„Ägyptisch ist das Prädikat aller Konstrukte, die der Dekonstruktion unterliegen können – ausgenommen das ägyptischte aller Gebilde, die Pyramide. Sie steht für alle Zeiten unerschütterlich an ihrem Ort, weil ihre Form nichts anderes ist als der undekonstruierbare Rest einer Konstruktion, die dem Plan des Architekten zufolge so gebaut wird, wie sie nach ihrem Einsturz aussehen würde" (ebd.).

Derridas Denkansatz ist vor allem in der interkulturellen Sozialen Arbeit von großer Bedeutung. Denn eine Begegnung mit dem Anderen, dem Fremden hat die Chance ihrer Erweiterung nur durch den Blick auf die Existenz und deren Differenz.

Literatur

Adorno, Th. (1969): Jargon der Eigentlichkeit. Frankfurt/M.
- (1975): Erziehung zur Mündigkeit, 4. Aufl. Frankfurt/M.

Aristoteles Werke: Aristotelis Opera. Ex recensione I. Bekkeri, 5.Bde. Berlin 1831–1870; Nachdruck 1955 ff.
- (Ausg. 1955): Politik und Staat der Athener, hrsg. v.O. Gigon, Zürich.

Arendt, H. (2006): Denken ohne Geländer. Texte und Briefe, 3. Aufl. München, Zürich.
- (2006): Vom Leben des Geistes. Das Denken, das Wollen, 3. Aufl., München, Zürich.

Austin, J. (1975): Wort und Bedeutung. Philosophische Aufsätze, übersetzt v. J. Schulte, München.

Baecker, D. (Hrsg.) (2005): Schlüsselwerke der Systemtheorie, Wiesbaden.

Berkley, G. (1957): Prinzipien der menschlichen Erkenntnis, Hamburg.

Berlin, I. (1995): Der Magnus des Nordens. J.G. Hamann und der Ursprung des modernen Irrationalismus, Berlin.

Boëthius (1972): Trost der Philosophie. Übers. u. hrsg. von Karl Büchner, Stuttgart.

Bommes, M.; Scherr, A. (2000): Soziologie der Sozialen Arbeit, Weinheim/München.

Brasser, M. (Hrsg.) (1999): Person. Philosophische Texte von der Antike bis zur Gegenwart, Stuttgart.

Brumlik, M. (1997): Mittäter und Zeuge im Inferno. Die Lebensbeichte des Calel Perechodnik, in: Perechodnik: Bin ich ein Mörder? Das Testament eines jüdischen Ghettopolizisten, Lüneburg, 7–12.

Bunge, M. (1999): The Sociology-Philosophy Connection, Transaction Publ. New Brunswick/London.

Callo, Chr. (2002): Modelle des Erziehungsbegriffs, München, Wien.
- (2005): Handlungstheorie in der Sozialen Arbeit, München, Wien.

Chamberlain, S. (1997): Adolf Hitler, die deutsche Mutter und ihr erstes Kind. Über zwei NS-Erziehungsbücher, mit einem Nachwort von Gregor Dill, 3. Aufl. Gießen.

Chomsky, N. (1970): Sprache und Geist. Mit einem Anhang Linguistik und Politik. Frankfurt/M.

Comte-Sponnville, A. (2001): Ermutigung zum unzeitgemäßen Leben. Ein kleines Brevier der Tugenden und Werte, 2. Aufl. Reinbek bei Hamburg.

Cohn, R. C. (1975): Von der Psychoanalyse zur themenzentrierten Interaktion: Von der Behandlung einzelner zu einer Pädagogik für alle, Stuttgart.

Christiansen, K. (1995): Biologische Grundlagen der Geschlechterdifferenz, in: U. Pasero; F. Braun (Hrsg.): Konstruktion von Geschlecht, 14 –28, Pfaffenweiler.

Csikszentmihalyi, M. (1992): Flow. Das Geheimnis des Glücks, Stuttgart.

Dahms, H.-J. (1998): Positivismusstreit. Die Auseinandersetzung der Frankfurter Schule mit dem logischen Positivismus, dem amerikanischen Pragmatismus und dem kritischen Rationalismus, 2. Aufl. Frankfurt/M.

Dahrendorf, R. (1967): Pfade aus Utopia. Arbeiten zur Theorie und Methode der Soziologie, München.

Damm, D. (1980): Die Praxis bedürfnisorientierter Jugendarbeit, München.

Davidson, D. (1986): Wahrheit und Interpretation, übers. v. J. Schulte, Frankfurt /M.
- (2005): subjektiv, objektiv, intersubjektiv, Frankfurt /M.

Descartes, R. (Ausg.1969): Discours de la methode. Von der Methode des richtigen Vernunftgebrauchs und der wissenschaftlichen Forschung, frz.-dt., übers. und hrsg. v. L. Gäbe, Hamburg.
- (Ausg. 1976): Meditationes de prima philosophia, Meditationen über die Grundlagen der Philosophie, frz.-dt., übers. und hrsg. v. L. Gäbe, Hamburg.

Dennett, D.C. (1981): Bedingungen der Personalität. In: P. Bieri (Hrsg.): Analytische Philosophie des Geistes, Königstein i.Ts., 303–324.

Der Brockhaus (2004): Philosophie. Ideen, Denker und Begriffe, Mannheim.

Derrida, Jacques (2004): Die différance. Ausgewählte Texte, Stuttgart.
- (1974): Grammatologie, Frankfurt /M.
- (1976): Die Schrift und die Differenz, Frankfurt/M.
- (2006): Schurken. Zwei Essays über die Vernunft, Frankfurt/M.

Domasio, A.R. (2000): Ich fühle, also bin ich. Die Entschlüsselung des Bewusstseins, München/ Leipzig.

Dybowski, St. (1992): Barmherzigkeit im Neuen Testament – Ein Grundmotiv caritativen Handelns, Aachen.

Edelmann, G.M.; Tononi, G. (2002): Gehirn und Geist. Wie aus Materie Bewusstsein entsteht, München.

Engelke, E. (1993): Soziale Arbeit als Wissenschaft. Eine Orientierung, 2. Aufl. Freiburg/Br.

Feyerabend, P.K. (1973): Die Wissenschaftstheorie – eine bisher unbekannte Form des Irrsinns. In: K. Hübner; A. Menne (Hrsg.): Natur und Geschichte, Hamburg.

Freud, S. (1994): Das Unbehagen in der Kultur und andere kulturtheoretische Schriften, Frankfurt/M.

Foucault, M. (1973): Wahnsinn und Gesellschaft. Eine Geschichte des Wahns im Zeitalter der Vernunft, Frankfurt/M.
- (2004): Hermeneutik des Subjekts. Vorlesung am *Collége de France* (1981/82), aus dem Französischen v. U. Bokelmann, Frankfurt/M.

Gadamer, H.-G. (1974): Hermeneutik, in: Historisches Wörterbuch der Philosophie, Bd. 3, Basel.

Gehlen, A. (1963): Über die kulturelle Kristallisation (Vortrag 1961), in ders.: Studien zur Anthropologie und Soziologie, Neuwied.

Germain, C.B.; Gitterman, A. (1988): Praktische Sozialarbeit. Das >Life Model< der sozialen Arbeit, Stuttgart.

Gloy, K. (2004): Wahrheitstheorien. Eine Einführung, Tübingen, Basel.

Glucksmann, A. (2005): Hass. Die Rückkehr einer elementaren Gewalt, München, Wien.

Goleman, D. (1998): Emotionale Intelligenz, 5. Aufl. München.

Gruber, H. (2005): Ethisch denken und handeln. Dimensionen Sozialer Arbeit und Pflege Bd. 8, Stuttgart.

Habermas, J. (1968): Erkenntnis und Interesse, Frankfurt/M.
- (1970): Der Universalanspruch der Hermeneutik. In: R. Bubner (Hrsg.): Hermeneutik und Dialektik. Bd.1, Tübingen.
- u.a. (Hrsg.) (1971): Hermeneutik und Ideologiekritik. Frankfurt/M.
- (1971): Vorbereitende Bemerkungen zu einer Theorie der kommunikativen Kompetenz, in: ders. u. N. Luhmann: Theorie der Gesellschaft oder Sozialtechnologie – Was leistet die Systemforschung?, Frankfurt/M, 101–141.
- (1973): Wahrheitstheorien, in: Wirklichkeit und Reflexion, Festschrift für Walter Schulz zum 60. Geburtstag, Pfullingen, 211–265.
- (1981): Theorie des kommunikativen Handelns, Bd. 1: Handlungsrationalität und gesellschaftliche Rationalisierung, Frankfurt/M.; Bd. 2.: Zur Kritik der funktonalistischen Vernunft, Frankfurt/M.
- (1985): Die neue Unübersichtlichkeit, Frankfurt/M.
- (1996): Die Einbeziehung des Anderen, Frankfurt/M.

Hagemann-White, C. (1995): Die Konstrukteure des Geschlechts auf frischer Tat ertappen? Methodische Konsequenzen einer theoretischen Einsicht, in: U. Pasero; F. Braun (Hrsg.): Konstruktion von Geschlecht, 182–197, Pfaffenweiler.

Handschuck, S.; Klawe, W. (2004): Interkulturelle Verständigung in der Sozialen Arbeit. Ein Erfahrungs-, Lern- und Übungsprogramm zum Erwerb interkultureller Kompetenz, Weinheim, München.

Hastedt, H. (2005): Gefühle. Philosophische Bemerkungen, Stuttgart.
- (1998): Der Wert des Einzelnen. Eine Verteidigung des Individualismus, Frankfurt/M.

Heiner, M. (2004): Professionalität in der Sozialen Arbeit, Stuttgart.

Hegel, G.W.F. (1807; 1987): Phänomenologie des Geistes. System der Wissenschaft 1.Teil, Stuttgart.

Heidegger, M. (2004): Die Grundbegriffe der Metaphysik. Welt – Endlichkeit – Einsamkeit, 1.-3. Tausend, Frankfurt/M.

Heller, A. (1981): Theorie der Gefühle, Hamburg.

Hoffmann-Axthelm, D. (1998): Wenn Narziß Athena küsst. Über die Verachtung, Frankfurt/M.

Hofstede, G. (1993): Interkulturelle Zusammenarbeit, Wiesbaden.

Horkheimer, M. (1967): Zur Kritik der instrumentellen Vernunft. Frankfurt/M.

Houellebecq, M. (2001): Die Welt als Supermarkt, Hamburg.

Hume, D. (1978): Ein Traktat über die menschliche Natur. Bd. 2: Über die Affekte. Über die Moral, Hamburg.

Husserl, E. (2002): Phänomenologie der Lebenswelt. Ausgewählte Texte II, Stuttgart. Darin Einleitung von Klaus Held, 5–53.

Illouz, E. (2003): Der Konsum der Romantik. Liebe und die kulturellen Widersprüche des Kapitalismus. Franfurt/M; New York.

Jankélévitch, V. (2004): Das Verzeihen, Frankfurt/M.

Jonas, H. (1984): Das Prinzip Verantwortung: Versuch einer Ethik für die technische Zivilisation, Franfurt/M.

Kambartel, F. (1968): Erfahrung und Struktur. Bausteine zu einer Kritik des Empirismus und Formalismus, Frankfurt/M.

Kambartel, F.; Stekeler-Weithofer, P. (2005): Sprachphilosophie. Probleme und Methoden, Stuttgart.

Kamlah, W.; Lorenzen, P. (1996): Logische Propädeutik oder Vorschule des vernünftigen Redens. 3. Aufl. Stuttgart, Weimar.

Kant, I. (2005): Zum ewigen Frieden (1781), Stuttgart.

Keller, A. (2006): Allgemeine Erkenntnistheorie, 3. Aufl. Stuttgart.

Kern, A. (2006): Quellen des Wissens. Zum Begriff vernünftiger Erkenntnisfähigkeiten, Frankfurt/M.

Kertész, I. (2007): Europas bedrückende Erbschaft, SZ 125, 2/.3. 6., 16.

Kluge, A. (2000): Chronik der Gefühle, Bd. 1: Basisgeschichten, Frankfurt/M.

Knapp, M.; Kobusch, Th. (Hrsg.) (2005): Querdenker. Visionäre und Außenseiter in Philosophie und Theologie, Darmstadt.

Krappmann, L. (1973): Soziologische Dimensionen der Identität. Strukturelle Bedingungen für die Teilnahme an Interaktionsprozessen, 3. Aufl. Stuttgart.

Krohs, U.; Toepfer, G. (Hrsg.) (2005): Philosophie der Biologie. Eine Einführung, Frankfurt/M.

Leibniz, G.W. (1998): Monadologie. Französisch/Deutsch, Stuttgart.

Levinas, E. (1992 a): Jenseits des Seins oder anders als Sein geschieht, Freiburg i.Br.
- (1992 b): Die Spur des Anderen. Untersuchungen zur Phänomenologie und Sozialphilosophie, 3. Aufl. Freiburg i.Br.

Loch, W. (1968): Enkulturation als anthropologischer Grundbegriff der Pädagogik, in: Bildung und Erziehung, Jg. 1968, 161 ff.

Locke, J. (1962): Über den menschlichen Verstand, 2. Bd., Berlin.

Lorenz, K. (1972): Der dialogische Wahrheitsbegriff, in: *neue hefte für philosophie*, Heft 2/3, 111–123.

Luhmann, N. (1982) : Liebe als Passion. Zur Codierung von Intimität, Frankfurt/M.
- (1984): Soziale Systeme. Grundriß einer allgemeinen Theorie, Frankfurt/M.
- (1997): Gesellschaft der Gesellschaft, Frankfurt/M.

Lurija, A.R. (1992): Das Gehirn in Aktion. Eine Einführung in die Neuropsychologie, übrs. v. A. Métraux und P. Schwab, Reinbek/Hamburg.

Mann, H. (1978): Der Untertan, Leipzig.

Marcel, G. (1963): Schöpferische Treue, München, Paderborn,Wien.

Marquard, O. (2000): Philosophie des Stattdessen. Studien, Stuttgart.

Maslow, A.H. (1977): Motivation und Persönlichkeit, Olten, Freiburg i.Br.

McDowell, J.: (1996): Mind and World, Cambridge/Mass.

Menke, Chr.; Pollmann, A. (2007): Philosophie der Menschenrechte zur Einführung, Hamburg.

Metzinger, Th. (Hrsg.) (2005): Bewußtsein. Beiträge aus der Gegenwartsphilosophie, 5. erw. Aufl. Paderborn.
- (Hrsg.) (2006): Grundkurs Philosophie des Geistes, Bd. 1: Phänomenales Bewusstsein, Paderborn.

Miller, A. (1979): Das Drama des begabten Kindes und die Suche nach dem wahren Selbst, Frankfurt/M.

Moore, G.E. (1970; 1996): Principia Ethica, erw. Ausg., übers. u. hrsg. v. B. Wisser, Übers. d. Anhangs v. M. Sandhop, Stuttgart.

Montaigne, M. de (2007): Von der Kunst, das Leben zu lieben, München.

Münch, R. (1998): Globale Dynamik, lokale Lebenswelten. Der schwierige Weg in die Weltgesellschaft, Frankfurt/M.

Nagel, Th. (1990): Was bedeutet das alles? Eine kurze Einführung in die Philosophie, Stuttgart.

Nelson, L. (1973): Gesammelte Schriften in neun Bänden, Hamburg.

Nida-Rümelin, J. (2001): Strukturelle Rationalität. Ein philosophischer Essay über praktische Vernunft, Stuttgart.
- (2005): Über menschliche Freiheit, Stuttgart.

Nietzsche, F. (2005): Zur Genealogie der Moral. Eine Streitschrift, mit einem Nachwort von Volker Gerhardt, Stuttgart.

Nussbaum, M.C. (1999): Gerechtigkeit oder Das gute Leben, Frankfurt/M.

Oevermann, U. (1993): Die objektive Hermeneutik als unverzichtbare methodologische Grundlage für die Analyse von Subjektivität. Zugleich eine Kritik der Tiefenhermeneutik, in: Th. Jung; St. Müller-Doom (Hrsg.): „Wirklichkeit" im Deutungsprozess: Verstehen und Methoden in den Kultur- und Sozialwissenschaften, Frankfurt/M., 106–189.

Parsons, T. (1951): The Social System, New York.

Pasero, U.; Braun, F. (Hrsg.) (1995): Konstruktion von Geschlecht, Pfaffenweiler.

Piaget, J. (1992): Einführung in die genetische Erkenntnistheorie, 5. Aufl. Frankfurt/M.

Pieper, A. (Hrsg.) (1998): Philosophische Disziplinen. Ein Handbuch, Leipzig.

Platon (1987): Phaidon. Stuttgart.

Plessner, H. (1982): Mit anderen Augen. Aspekte einer philosophischen Anthropologie, Stuttgart.

Price, H. (1969): Belief. London.

Quine, W. V. O. (1975): Ontologische Relativität und andere Schriften, übers. v. W. Spohn, Stuttgart.

Rahner, K. (2005): Menschsein und Menschwerdung Gottes, Freiburg, Basel Wien.

Reich-Ranicki, M. (1963): Deutsche Literatur heute, München.

Ricoeur, P. (1996): Das Selbst als ein Anderer. Aus dem französischen von J. Greisch in Zusammenarbeit mit Th. Bedorf und B. Schaaf, München.
- (2004): Gedächtnis-Geschichte-Vergessen. Aus dem Französischen von H.-D. Gondek, H. Jatho und M. Seldlaczek, München (Wilhelm Fink).

Rawls, J. (1975): Eine Theorie der Gerechtigkeit, Frankfurt/M.

Rödl, S. (1998): Selbstbezug und Normativität, Paderborn.

Rorty, R. (1981): Der Spiegel der Natur. Eine Kritik der Philosophie, übers. v. M. Gebauer, Frankfurt/M.
- (1988): Solidarität oder Objektivität. Drei philosophische Essays, Stuttgart.

Roth, G. (2003): Aus der Sicht des Gehirns, Frankfurt/M.

Russell, B. (1971): Der logische Atomismus (1924), in: ders.: Philosophische und politische Aufsätze, hrsg. v. K. Baier, Stuttgart.
- (2004): Philosophie des Abendlandes, München, Zürich.

Ryle, G. (1969): Der Begriff des Geistes, Stuttgart.

Saussure, F. de (1967): Grundfragen der allgemeinen Sprachwissenschaft, 2. Aufl. Berlin.

Schmid, W. (1998): Philosophie der Lebenskunst. Eine Grundlegung, Franfurt/M:

Schmitz, H. (1989): Leib und Gefühl. Materialien zu einer philosophischen Therapeutik, Paderborn.
- (1998): Der Leib, der Raum und die Gefühle, Ostfildern.

Schnädelbach, H. (1977): Reflexion und Diskurs. Fragen einer Logik der Philosophie, Frankfurt/.M.
- (2004): Erkenntnistheorie zur Einführung, 2. Aufl. Hamburg.

Schopenhauer, A. (2005): Über das Mitleid. Das Mitleid hebt die Mauer zwischen du und ich auf. Herausgegeben und mit einem Nachwort von Franco Volpi, München.

Schröder, J. (2004): Einführung in die Philosophie des Geistes, Frankfurt/M.

Schütz, A. (1982): Das Problem der Relevanz, Frankfurt/M.

Schweppenhäuser, G. (2003): Grundbegriffe der Ethik zur Einführung, Hamburg.

Simmel, G. (1989): Philosophie des Geldes, Frankfurt/M.

Sloterdijk, P. (2007): Derrida ein Ägypter. Über das Problem der jüdischen Pyramide, Frankfurt/M.

Snell, B. (2000): Die Entdeckung des Geistes. Studien zur Entstehung des europäischen Denkens bei den Griechen, 8. Aufl. Göttingen.

Solms, M; Turnbull, O. (2007): Das Gehirn und die innere Welt. Neurowissenschaft und Psychoanalyse, Düsseldorf.

Spaemann, R.; Löw, R. (2005): Natürliche Ziele. Geschichte und Wiederentdeckung des teleologischen Denkens, Stuttgart.

Staub-Bernasconi, S. (1995): Systemtheorie, soziale Probleme und Soziale Arbeit: lokal, national, international, Bern.
-(2000): Klarer oder trügerischer Konsens über eine Wissenschaftsdefinition in den Debatten über Sozialarbeitswissenschaft, in: H. Pfaffenberger; H. Scherr; R. Sorg (Hrsg.): Von der Wissenschaft des Sozialwesens, Rostock, 144–175.
- (2002): Soziale Arbeit und soziale Probleme. Eine disziplin- und professionsbezogene Bestimmung, in: W. Thole (Hrsg.): Grundriss Soziale Arbeit. Ein einführendes Handbuch, unter Mitarbeit von Karin Bock und Ernst-Uwe Küster, Opladen.
- (2007): Soziale Arbeit als Handlungswissenschaft. Systemische Grundlagen und professionelle Praxis – Ein Lehrbuch, Bern, Stuttgart, Wien.

Stegmaier, W. (Hrsg.) (2005): Orientierung. Philosophische Perspektiven, Frankfurt/M.

Stiftung Deutsches Hygiene-Museum und Deutsche Behindertenhilfe-Aktion Mensch e.V. (Hrsg.): der [im]perfekte mensch. vom recht auf unvollkommenheit, Dresden 2001.

Stopczyk-Pfundstein, A. (2003): Sophias Leib. Der Körper als Quelle der Weisheit, Heidelberg.

Strauß, B. (2000): Die Fehler der Kopisten. München,Wien.

Strawson, P.F. (1985): Einzelding und logisches Objekt (Individuals), übers. v. F. Scholz, Stuttgart.

Tayler, Ch. (1994): Quellen des Selbst. Die Entstehung der neuzeitlichen Identität. Frankfurt/M.
- (1995): Das Unbehagen an der Moderne. Frankfurt/M.

Tetens, H. (2004): Philosophisches Argumentieren. Eine Einführung, München.

Thiersch, H. (1992): Lebensweltorientierte Sozialarbeit, Weinheim.

Thole, W. (Hrsg.) (2002): Grundriss Soziale Arbeit. Ein einführendes Handbuch, unter Mitarbeit von Karin Bock und Ernst-Uwe Küster, Opladen.

Tocqueville, Alexis de (2004): Über die Demokratie in Amerika (1835), Stuttgart.

Thomä, D. (2006): Totalität und Mitleid. Richard Wagner, Sergej Eisenstein und unsere ethisch-ästhetische Moderne, Frankfurt/M.

Thomas von Aquin (1986): Von der Wahrheit – De veritate (Quaestio I), lat.-dt., hrsg. v. A. Zimmermann, Hamburg.
- (1988): Über Seiendes und Wesenheit – De Ente et Essentia, lat.-dt., hrsg. v. H. Seidl, Hamburg. s

United Nations (1994/1992): Human Rights and Social Work. A Manual for Schools of Social Work and Social Work Profession, Geneva (Deutsche Übersetzung durch Moravek).

Uzarewicz, Ch. (1999): Transkulturalität, in: Pflegetheoretische Grundbegriffe, hrsg. v. I. Kollak u. H. S. Kim, Bern u.a., 113–127.

Watzlawick, P. (1983): Anleitung zum Unglücklichsein, München.
- (Hrsg.) (1984): Die erfundene Wirklichkeit. Wie wir wissen, was wir zu wissen glauben, München.

Weber, M. (1995): Schriften zur Soziologie, Stuttgart.

Welsch, W. (1998): Transkulturalität. Zwischen Globalisierung und Partikularisierung, in: P. Drechsel (Hrsg.): Interkulturalität – Grundprobleme der Kulturbegegnung, Mainz, 45–72.

Wernet, A. (2006): Einführung in die Interpretationstechnik der Objektiven Hermeneutik, 2. Aufl. Wiesbaden.

Wittgenstein, L. (1973): Tractatus logico-philosophicus. Logische Abhandlung (1921), 9. Aufl. Frankfurt/M.
- (1971): Philosophische Untersuchungen (1958), Frankfurt/M.

Yourgrau, P. (2005): Gödel, Einstein und die Folgen. Vermächtnis einer ungewöhnlichen Freundschaft, München.

Zagal, H.; Galindo, J. (2000) : Ethik für junge Menschen, übers. aus dem Spanischen v. B. Goebel, Stuttgart.

Zimmermann, R. (2005): Philosophie nach Auschwitz. Eine Neubesinnung von Moral in Politik und Gesellschaft, Reinbek b. Hamburg.

Personenregister

A
Adams, Jane 14
Adorno, Theodor 56, 103
Allen, Woody 143
Altwegg, Jürg 171
Anaxagoras 43
Apel, Karl-Otto 119, 122, 174
Arendt, Hanna 109, 144, 175
Aristoteles 42, 57, 72, 92, 121, 128, 145, 159, 178, 184, 192
Arlt, Ilse 13
Asby, W. Ross 222
Augustinus 148
Aurel, Marc 249
Austin, John Langshaw 113

B
Baecker, Dirk 221, 222
Bateson, Gregory 222
Beauvoir, Simone de 56
Beckermann, Ansgar 99
Bentham, Jeremy 122, 192
Bergson, Henri 241
Berkeley, George 60, 84, 92, 209
Berlin, Isaiha 133
Bieri, Peter 95
Birnbacher, Dieter 99
Block, Ned 99
Boethius 57, 136, 194
Böhme, Gernot 56
Bommes, Michael 5
Brasser, Martin 194, 195
Braun, Friederike 14
Buddha 142
Bunge, Mario 7
Burge, Tyler 99

C
Callo, Christian 1, 13, 85, 125
Camus, Albert 136
Canning, Ferdinand 212
Carnap, Rudolf 86, 122, 218
Cassirer, Ernst 241
Chalmers, David 62, 98
Chompsky, Noam 183, 203
Churchland, Patricia Smith 97, 99
Cohn, Ruth 80
Cómte, August 122
Comte-Sponville, André 140
Corsi, Giancarlo 223
Csikszentmihalyi, Mihaly 66

D
Dahms, Hans-Joachim 102
Dahrendorf, Ralf 161, 186
Dalferth, Ingolf U. 21
Damm, Diethelm 66
Davidson, Donald 88, 203, 204
Dennett, Daniel C. 99, 195
Derrida, Jacques 172, 221, 255
Descartes, René 18, 42, 47, 50, 82, 84, 86, 92, 96, 105, 117, 127, 141, 155, 209, 213
Dewey, John 212
Diderot, Denis 142
Dilthey, Wilhelm 183
Domaiso, Antonio R. 50, 130

E
Edelmann, Gerald M. 54
Eisenstein, Sergej 169
Engelke, Ernst 4
Epiktet 147, 247
Epikur 136

F

Feuerbach, Ludwig 56
Feyerabend, Paul F. 86
Flanagan, Owen 99
Foucault, Michael 133, 186, 246
Freire, Paolo 16
Freud, Sigmund 106, 129, 186

G

Gadamer, Hans-Georg 107, 182
Gage, Phineas 49
Gilson, Étienne 149
Glinka, Michail 168
Gloy, Karen 208
Glucksmann, André 125
Gödel, Kurt 4, 154
Goethe, Johann Wolfgang von 156, 170
Goleman, Daniel 129, 136
Gruber, Hans-Günter 123
Grush, Rick 97
Güzeldere, Güven 98

H

Habermas, Jürgen 118, 119, 122, 174, 175, 180, 182, 194, 211
Hagemann-White, Carol 14, 196
Haman, Johann Georg 133
Handschuck, Sabine 188
Hartmann, Nikolai 122
Hastedt, Heiner 126, 186
Hauptmann, Gerhard 168
Hegel, Georg Wilhelm Friedrich 44, 60, 72, 89, 105, 156, 195, 221, 256
Heidegger, Martin 20, 82, 110, 153, 196, 199, 208, 218
Heiner, Maja 158
Held, Klaus 197, 200
Heraklit 43
Hesse, Heidrun 20
Hirsch, Alfred 20
Hobbes, Thomas 121, 167, 178, 195
Höffe, Otfried 173
Hoffmann, E.T.A. 83
Hofstede, Geert 185
Homer 132, 140
Horkheimer, Max 56, 119, 130, 135
Houellebecq, Michel 136
Humboldt, Wilhelm 105, 107
Hume, David 104, 117, 122, 129
Husserl, Edmund 62, 197, 199

I

Illouz, Eva 131

J

James, William 212
Jankélévitch, Vladimir 140, 141, 164, 170, 171
Jesus 146
Jonas, Hans 120

K

Kalpaka, Anita 188
Kambartel, Friedrich 102
Kamlah, Wilhelm 157
Kant, Immanuel 18, 43, 44, 45, 60, 71, 84, 85, 93, 105, 112, 117, 121, 122, 128, 131, 144, 166, 167, 195, 196, 209, 216
Kauffmann, Louis H. 223
Keller, Albert 81, 154
Kern, Andrea 112
Kertész, Imre 138
Kirk, Robert 99
Klawe, Willy 188
Knapp, Markus 139
Kobusch, Theo 139
Krappmann, Lothar 196
Kripke, Saul 213
Kroß, Matthias 20
Kurthen, Martin 96

L

Leibniz, Gottfried Wilhelm 59, 84, 92, 208
Lévinas, Emmanuel 122, 165, 195
Levine, Joseph 96, 98
Lichtenberg, Georg Christoph 19
Lißke, Dagmar 21
Loch, Werner 184
Locke, John 84, 86, 102, 104, 122, 172, 195, 209
Lorenz, Konrad 138

Lorenz, Kuno 211
Lorenzen, Paul 157
Löw, Reinhard 159
Luckmann, Thomas 239
Luckner, Andreas 21
Luhmann, Niklas 133, 169, 177, 180, 196, 222
Lurija, Aleksander R. 65
Lycan, Wilhelm 97

M

MacDowell, Josh 112
Mann, Heinrich 135
Marcel, Gabriel 195
Marquard, Odo 135
Marx, Karl 155
Maslow, Abraham Harold 66
Maturana, Humberto R. 222
McGinn, Colin 96
Menke, Christoph 171
Metschl, Ulrich 20
Metzinger, Thomas 44, 61, 95, 126, 199
Mill, John Stuart 122, 148, 192
Miller, Alice 64
Mollyneux, William 102
Moltmann-Wendel, Elisabeth 56
Montaigne, Michel de 75, 140, 167
Moore, George Edward 122
Morin, Edgar 223
Mozart, Wolfgang Amadeus 168
Münch, Richard 180

N

Nagel, Thomas 61, 63, 126, 134
Nelson, Leonard 87, 88
Neurath, Otto 122
Nida-Rümelin, Julian 72, 188
Nida-Rümelin, Martine 97
Nietzsche, Friedrich 43, 56, 109, 122, 129, 135, 144, 169
Novalis 56, 154

Nussbaum, Martha C. 176

O

Oevermann, Ulrich 107, 250

P

Papineau, David 97
Parker Follett, Mary 14
Parmenides 57, 92
Parsons, Talcott 180
Pasero, Ursula 14
Paulus 146
Peirce, Charles 107, 212
Perechodnik, Calel 138
Piaget, Jean 69, 90, 212
Pieper, Annemarie 138
Platon 18, 42, 44, 92, 93, 148, 159, 178, 213, 247
Plessner, Helmuth 135
Pollmann, Arnd 171
Popper, Karl 107
Price, Henry Habberley 113
Puschkin, Alexander Sergejewitsch 168
Putnam, Hilary 117, 214

Q

Quine, Willard van Orman 88, 106

R

Raffman, Diana 98
Rahner, Karl 87
Rawls, John 122, 193
Reich-Ranicki, Marcel 120
Rey, George 96
Ricoeur, Paul 164, 165
Rödel, Sebastian 113
Rorty, Richard 88, 129, 173, 175
Rosenthal, David 62, 98
Roth, Gerhard 130
Rousseau, Jean-Jacques 60, 163, 166
Ruhnau, Eva 97
Russell, Bertrand 59

S

Saussure, Ferdinand de 152
Scheiermacher, Friedrich 19
Scheler, Max 122
Schelling 220
Scherr, Albert 5
Schildknecht, Christiane 20
Schiller, Friedrich 128, 168, 183, 202
Schiller, Scott 212
Schipperges, Heinrich 56
Schlick, Moritz 86, 210
Schmid, Wilhelm 163, 164, 165
Schmitz, Hermann 56
Schnädelbach, Herbert 68, 85, 92, 103, 117, 129
Schopenhauer, Arthur 43, 122, 135, 164, 166, 167
Schröder, Jürgen 46
Schütz, Alfred 185, 200, 239
Schwanitz, Dieter 179
Schwarzenegger, Arnold 56
Schweitzer, Albert 123
Schweppenhäuser, Gerhard 138
Scotus, Duns 109, 149
Seibt, Johanna 20
Seneca 249
Simmel, Georg 135
Sloterdijk, Peter 255
Snell, Bruno 132
Sokrates 117, 119, 146, 155, 247
Solms, Mark 65, 67
Spaemann, Robert 123, 159
Spencer, Herbert 122
Spencer-Brown, George 222, 223
Spinoza, Baruch de 43, 121, 140, 141
Staub-Bernasconi, Silvia 4, 13, 15, 185
Stegmaier, Werner 18
Steigleder, Klaus 21
Strauß, Botho 135
Strawson, Peter F. 195
Sukale, Michael 178

T

Tarski, Alfred 72, 210
Taylor, Charles 122, 134
Tetens, Holm 212
Thiersch, Hans 200
Thomä, Dieter 21, 164, 168
Thomas, von Aquin 121, 141, 148, 158, 208
Tillich, Paul 218
Tocqueville, Alexis de 166, 190
Todorov, Tzvetan 142
Tononi, Guilio 54
Tschernyschewski, Nicolai 57
Turnbull, Oliver 65, 67
Tye, Michael 62

U

Unterstöger, Hermann 162
Uzarewicz, Charlotte 182

V

Varela, Francisco J. 222
Vico, Giovanni Battista 183
Volpi, Franco 167
von Aquin, Martin 194
von Herder, Johann Gottfried 128

W

Wagner, Richard 168
Watzlawick, Paul 133, 206
Weber, Max 106, 135, 178
Weil, Simone 139, 142
Weizsäcker, Carl Friedrich von 212
Welsch, Wolfgang 188
Wernet, Andreas 250
Wertheimer, Max 241
Willkes, Kathy 95
Wimmer, Rainer 139
Winch, Peter 139
Wittgenstein, Ludwig 20, 96, 117, 118, 134, 152, 154, 186, 209
Woolf, Virginia 205

Sachregister

A
a posteriori 93
a priori 93
Abbildtheorie 209
Alltagswissen 111
analogia entis 107
Analyse 235
Anschauung 39, 101
Apperzeption 59
Arbeit
    soziale 1, 3, 40, 48, 69, 79, 102, 114–115, 125, 157, 179, 199, 217, 223
argumentieren 212
ästhetische Weisheit 56
ataraxia 147, 248
Auseinandersetzung 27
Autopoiesis 223

B
Barmherzigkeit 142, 164
Basisemotionen 53
Bedürfnisses 66
Begriffe 69
Betrachten 27
Bewusstsein 33, 54, 59–60
    kritisches 60
    phänomenales 99
Bewusstseinsforschung 61
Beziehung 108
Buddhismus 164

C
Christentum 164

D
Definition 1
Dekonstruktion 255
Denken 67, 109
Deutung 102
Diagnose 14, 235
Dialektik 19, 87, 135, 252
Differenz 219
Dimension
    affektive 28
    kognitive 29
Diskursethik 122
Dogmatismus 117
Dualismus 52, 54

E
Eigenschaft 70
Einheit 219
Einstellung 34, 137
Emanzipation 22
Empirie 12
Empirismus 92, 209
Enkulturation 22, 184
epistemisch 88
epochä 240
Ereignis 256
Erfahrung 39, 100, 102
Erinnerung 101, 104
Erkenntnis 34, 73
Erkenntniskompetenz 28
Erkenntnismethoden 226
Erkenntnisrahmen 77
Erkenntnistheorie 77, 87, 103, 117
Erkenntnisvarianten 77
Erklären 27, 106

Erklärung 70
Erleben 100
    bewusstes 94
Erscheinung 45
ES 67
es 65
Ethik 33, 35, 51, 120–121, 123, 132, 166, 248
    protestantische 135
ethisch 163
Existentialismus 122
Existenz 149
Explanandum 29
explanatory gap 96

F
Forschung
    empirisch-analytische 10
Frage 81
Freiheit 146, 188

G
Gefühl 174
Gefühle 34, 46, 126
Gegenstand 1
Gegenwirklichkeit 82, 253
Gehirn 48, 50
Gehirnforschung 99
Geist 33, 43, 47, 60
Geisteswissenschaft 10
gender mainstreaming 14
Genotyp 54
Gesellschaft 35
Gewissheit 86
Glaubwürdigkeit 114
Gleichheit 191
Gnade 146, 164
Gott 150, 194
Grammatik 68

H
Haltung 34, 137
    kritische 11
Handeln 34
Handlungstheorie 13
Handlungstheorien 16
Handlungswissenschaft 13

Hermeneutik 241
    objektive 250
Heuristik 19
holistisch 87

I
ICH 64
Idealismus 158
Idee 145
Ideen 104
Identität 194
Identitätshilfen 22
Ideologiekritik 61
Integrationshilfen 22
Intentionalen 48
Interaktion 52
Interaktionismus
    symbolischer 7
Intersubjektivität 3, 12, 82, 202–203
Intuition 130, 136–137

K
Kategorischer Imperativ 51
Kognition 11, 39
Kognitionsraum 31
Kompetenz 111
    ethisch-soziale 28
Kompetenzen
    pädagogische 22
Komplexität 222
Konfuzianismus 164
Konsenstheorie 16
Konstruktivismus 134, 206
Kontext 243
Korrespondenztheorie 15
Kreativität 66, 130, 137
Kritik 83, 118
Kultur 35, 181
Kunst 104

L
Lebenslage 29, 35, 197
Lebenssituation 29, 35
Lebenswelt 29, 35, 197
Leibniz 220
Leib-Seele-Problem 42, 127

Lernen 109
Litotes 170
Logik 72
Logos 146

M
Macht 104, 109, 139, 144, 193
Mäeutik 119
Materialismus 52, 158
Materialität 48
Materie 49
Menschenrechte 121, 171
Metaphysik 85
Methode 34, 158
Methoden 225
methodisch 7
Mitleid 166–167
Monaden 59
Monismus 52, 65–66, 220
Moral 137–138

N
Natur 49
Naturwissenschaften 107
Neigung 146
Normalität 133

O
Objekt 29, 81
objektiv 12
Objektivität 3, 12, 82, 105
Ontogenetik 222
Ontologie 134
Ordnung 73
Orientierung 3, 18–19
Orientierungskrisen 21

P
paideía 105
Paradigma
    soziozentriertes 8
    systemisches 9
Parallelismus 52
Person 194
Perspektivenwechsel 6
Perzeption 59

Phänomenologie 136, 237
Phänotyp 54
Philosophie
    analytische 21, 82, 86, 189, 195
Physikalismus 190
pithanon 240
Positivismus 122
    logischer 218
Positivismusstreit 102, 119
Prädikatoren 211
Pragmatismus 107, 212
prima philosphia 82
Professionalität 9
Proposition 46
propositional 81
Prozess 222
Psychoanalyse 245

Q
Qualia 53, 96
Qualität 45, 48
Quantengravitation 97

R
Rationalismus 209
Rationalität 190
raw feelings 98
Realität 83
Rechtfertigung 115
Reduktionismus 52
Reflexion 51
Relevanz 233
res cogitans 47
res extensa 47
Ressource
    emotionale 28
    instrumentelle 28
    kognitive 28
Richtigkeit 112

S
Schrift 68
Seele 33
Sein 47
Selbst 54
Semantik 152

Semiotik 152
Skeptizismus 117, 155, 206
Solipsismus 206
Sophologie 57
sozial 161
Sozial- und Gesellschaftstheorien 23
Sozialethik 51
Sphäre 80
Sprache 3, 10, 34, 40, 69, 151, 186, 205
    wissenschaftliche 10
Sprachkompetenz 39, 243
Sprachperformance 152, 243
Sprachspiel 41
Spritualität 87
Standartanalyse 113
Subjekt 28, 105, 114
Subjektivität 3
Subjekt-Objekt-Interaktion 206
Subjekttheorien 23
Substanz 70
Supervenienztheorie 213
Syntax 41
Systemtheorie 221

T
Taoismus 164
Tatsachen 87
Teilhabe 37
The Astonishing Hypthesis 52
Thema 231
Theorie 23, 26
tiefenhermeneutisch 66
Toleranz 142
Totalität 168, 173
Transkulturalität 188
Transzendentalität 45
Tugend 140, 205

U
überich 65
Unbewusste 34
Unbewussten 64
Urteil
    analytisch und synthetisch 216
Utilitarismus 122, 192

V
Verantwortung 188, 190
Vernunft 33, 72, 145
vernünftig 72
Verstand 33, 127
Verständnis 113
Verstehen 27, 106, 113
Verzeihen 170
Vorstellung 100, 105

W
Wahrheit 83, 112, 205
Wahrnehmen 27
Wahrnehmung 68, 89
Wahrnehmungskompetenz 39
Wille 34, 72, 143, 220
Wirklichkeit 83, 205, 207
Wirklichkeiten 133
Wissen 85, 93, 104, 110
    diskursives 11
Wissenschaft 9
Würde 173, 194

Z
Ziel 159
Zirkel
    hermeneutischer 246
Zweck-Mittel-Denken 135
Zweifel 83, 117

Die ideale Anleitung

Alfred Brink
Anfertigung wissenschaftlicher Arbeiten
Ein prozessorientierter Leitfaden zur Erstellung von Bachelor-, Master- und Diplomarbeiten in acht Lerneinheiten

3., überarbeitete Auflage 2007
XII, 247 Seiten | Broschur
€ 17,80 | ISBN 978-3-486-58512-4
Mit E-Booklet Wissenschaftliches Arbeiten in Englisch

Wie erstelle ich eine wissenschaftliche Arbeit? Dieser Frage geht der Autor in der bereits dritten Auflage dieses Buches auf den Grund.

Dabei orientiert er sich am Ablauf der Erstellung einer Bachelor-, Master- und Diplomarbeit. Dadurch wird das Buch zum idealen Ratgeber für alle, die gerade eine Arbeit verfassen. Auch bereits für die effiziente Vorbereitung einer wissenschaftlichen Arbeit ist das Buch eine zeitsparende Hilfe.

Da immer mehr Studierende ihre Abschlussarbeit an einer deutschen Hochschule in englischer Sprache verfassen, steht für den Leser zu diesem Thema auch ein vom Autor erstelltes E-Booklet im Internet zum Download bereit.

Lerneinheit 1: Vorarbeiten
Lerneinheit 2: Literaturrecherche
Lerneinheit 3: Literaturbeschaffung
               und -beurteilung
Lerneinheit 4: Betreuungs- und Expertengespräche
Lerneinheit 5: Gliedern
Lerneinheit 6: Erstellung des Manuskriptes
Lerneinheit 7: Zitieren
Lerneinheit 8: Kontrolle des Manuskriptes

Dr. Alfred Brink ist Dozent, Studienberater für Betriebswirtschaftslehre und Leiter der Fachbereichsbibliothek Wirtschaftswissenschaften an der Westfälischen Wilhelms-Universität Münster.

economag.

Wissenschaftsmagazin für
Betriebs- und Volkswirtschaftslehre

Über den Tellerrand schauen

Ihr wollt mehr wissen...
...und parallel zum Studium in interessanten und spannenden Artikeln rund um BWL und VWL schmökern?

Dann klickt auf euer neues Online-Magazin:
www.economag.de

Wir bieten euch monatlich und kostenfrei...

...interessante zitierfähige BWL- und VWL-Artikel
  zum Studium,
...Tipps rund ums Studium und den Jobeinstieg,
...Interviews mit Berufseinsteigern und Managern,
...ein Online-Glossar und Wissenstests
...sowie monatlich ein Podcast zur Titelgeschichte.

Abonniere das Online-Magazin kostenfrei unter
www.economag.de.

Oldenbourg

www.ingramcontent.com/pod-product-compliance
Lightning Source LLC
Chambersburg PA
CBHW081543300426
44116CB00015B/2733